ARMOIRIES
ET
FAMILLES NOBLES
de la Bresse Louhannaise

ARMOIRIES OUVRIÈRES

ARMOIRIES PARTICULIÈRES & DE FAMILLES

PAR

Lucien GUILLEMAUT

LOUHANS
IMPRIMERIE Vᵛᵉ LOUIS ROMAND
1909

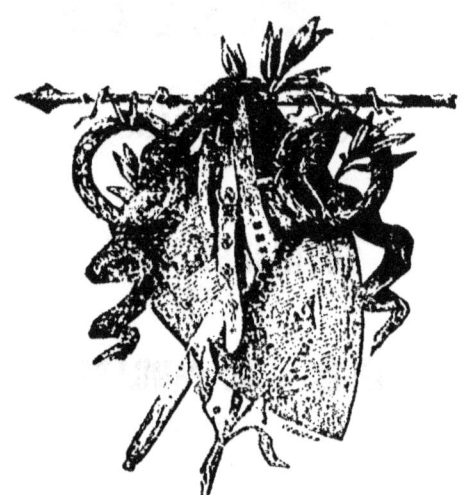

ARMOIRIES
ET
FAMILLES NOBLES
DU LOUHANNAIS

OUVRAGES DU MÊME AUTEUR

Notes et Remarques sur la Bresse Louhannaise, Topographie, Météorologie, Terrains, Eaux, Localités, Habitations, Vêtements, Nourriture, Usages, Mœurs, Préjugés, Superstitions, Instruction, Statistique, Culture, Histoire naturelle, Maladies et Épidémies, Assistance publique, Hygiène, par le Dr Lucien Guillemaut. — Louhans, imp. Aug. Romand.

Un petit Coin de la Bourgogne a travers les ages. Histoire de la Bresse Louhannaise :
Les Temps anciens et le Moyen âge. Louhans, 1892, 1 volume in-8, 640 pages. Aug. Romand, impr à Louhans.
Les Temps modernes jusqu'à 1789, 1 vol. in-8 de 760 pages.
Histoire de la Révolution dans le Louhannais (1789-1792), 1re partie, 1 vol., in-8° de 544 pages.
Histoire de la Révolution dans le Louhannais, 2° partie, La Convention jusqu'à la fin de la Terreur (21 septembre 1792-août 1794), 1 vol. in-8° de 524 pages.

Une Petite Ville pendant la Terreur : Louhans, chef-lieu de district (Saône-et-Loire) (1793-1794).

Petite Histoire illustrée de la Révolution dans le Louhannais (1789-1800).

Dictionnaire patois, Recueil par ordre alphabétique des mots patois et des expressions du langage populaire, les plus usités dans la Bresse Louhannaise et une partie de la Bourgogne, avec l'origine et l'étymologie des mots. — *Dictionnaire français-patois,* pour faire suite, cette dernière partie en préparation.

Les Mois de l'année en Bresse. Usages, Mœurs, Fêtes, Traditions populaires.

Armoiries et Familles nobles de la Bresse Louhannaise. — Armoiries ouvrières ; Armoiries particulières et de Familles.

Notices diverses.

EN PRÉPARATION

Histoire-Album de la Bresse Louhannaise jusqu'à nos jours : 300 pages de texte, 300 gravures. — Louhans, imprimerie veuve Louis Romand.

ARMOIRIES ET FAMILLES NOBLES

de la Bresse Louhannaise

ARMOIRIES OUVRIÈRES

ARMOIRIES PARTICULIÈRES & DE FAMILLES

PAR

Lucien GUILLEMAUT

LOUHANS
IMPRIMERIE Vve LOUIS ROMAND
1909

INTRODUCTION

L'Histoire des familles nobles est une mine de renseignements où il est nécessaire de fouiller, car elle recèle des matériaux utiles à l'histoire du pays. On trouve éparpillés dans les archives des départements, des communes et aussi dans les archives particulières de certains châteaux, des documents divers, héraldiques, nobiliaires, concernant les droits seigneuriaux, relatifs aux mœurs anciennes, d'intéressantes curiosités, titres, autographes... etc...

Cette étude n'est pas à négliger. Je l'avais entreprise, il y a quelques années, en vue de l'Histoire de la Bresse Louhannaise. J'ai tenu à colliger encore tous les matériaux, à rassembler les notes que j'avais trouvées çà et là, et à continuer ce travail, mais sans avoir la prétention d'être complet, la facilité des recherches m'ayant, on le conçoit, fait trop souvent défaut.

J'ai voulu utiliser, en les reproduisant, les dessins d'armoiries retrouvés dans les ouvrages spéciaux de science héraldique, dans le *Grand Armorial* de Ch. d'Hozier (1) qui existe à la Bibliothèque Nationale, section des manuscrits, dans les divers armoriaux de Bourgogne et de Bresse, ou dans quelques collections particulières et papiers de famille qu'on a bien voulu me communiquer.

J'ai fait établir successivement, d'après les dessins représentant les armoiries de ces familles nobles du Louhannais, des clichés pour douze planches contenant chacune 6 armoiries ; et j'ai dû accompagner la reproduction de ces dessins héraldiques de notices sur chaque famille, et de gravures, portraits... etc...

Comme les dessins des armoiries, les notices ont été établies par ordre alphabétique, notamment pour les huit premières planches, depuis les d'Antigny de Sainte-Croix, nobles auteurs de nos Franchises communales, jusqu'à la maison de Vienne, puissante famille dont ils étaient issus.

Les premiers blasons, au nombre de 48, avec notice biographique, se rapportent à des familles anciennes ayant donné depuis des siècles un certain lustre à la contrée, comme à d'autres plus récentes dont on retrouvera aussi le détail dans une table alphabétique générale à la fin du volume.

Cette table comprendra en même temps la liste des nouvelles notices que j'ai pu ajouter à la suite ainsi que celles des armoiries reproduites dans les quatre dernières planches.

Il était nécessaire pour la compréhension facile des armoiries, ou armes peintes de l'écu armorial, d'entrer dans quelques détails de science héraldique, ou blason. Nous le faisons ci-après, brièvement, d'après les auteurs les plus clairs, les plus précis, et en indiquant les signes particuliers par lesquels les couleurs sont représentées en gravure.

Nous avons consacré une seconde partie de ce

(1) Le *Grand Armorial* de Ch. d'Hozier comprend 34 volumes texte et 35 volumes d'armoiries. Il a été commencé en 1696. Il comprend les armoiries des hommes, des sociétés, des villes. Il a pour complément l'*Indicateur du Grand Armorial de France*, publié en 1854 par Louis Paris.

petit volume aux armoiries des corps de métiers des petites villes de Louhans, Cuiseaux et Cuisery, en Bresse Louhannaise, en les reproduisant d'après le manuscrit de d'Hozier où nous en avons retrouvé un certain nombre. Elles occupent 5 planches, dont trois pour Louhans, une pour Cuiseaux, une pour Cuisery : chaque planche contient également 6 écussons.

Enfin une dernière planche, qu'accompagne aussi une petite notice descriptive, contient des armoiries particulières, bourgeoises, de curés, médecins, notaires... etc. Elles sont au nombre de 24, et elles offrent aussi un réel intérêt.

Courte Notice sur les Armoiries

Les armoiries sont des emblèmes servant de signes distinctifs pour les personnes, familles, villes, corporations... Elles ont été ainsi nommées parce qu'elles se peignaient sur les armes, sur le bouclier ou écu. Elles sont souvent allusives et parlantes, c'est-à-dire qu'elles expriment plus ou moins exactement, par l'objet représenté, le nom de la famille à laquelle elles appartiennent, indiquent le fait le plus saillant de son histoire ou donnent la marque de la profession, comme on le verra surtout pour les armoiries ouvrières de corps de métiers et les armoiries particulières et bourgeoises.

Parmi les armoiries parlantes des familles nobles que nous avons reproduites et dont quelques-unes offrent des rébus faciles à déchiffrer, on peut citer ici, sans qu'il y ait lieu d'en expliquer autrement la signification, celles des d'Antigny de Sainte-Croix qui sont de sable à la *croix* d'or, des de Berbis où figure une *brebis* d'argent, des Le Compasseur Créquy de Courtivron où figurent en premier quartier trois *compas*, des Deschamps de la Villeneuve où figurent trois *chardons des champs*, des de Mailly où figurent trois *lys* de jardin, en raison de la syllabe du nom, des Quarré de Loisy où une partie de l'écu est échiquetée en *carrés* d'argent et d'azur, de la *Rodde* où ce nom par changement de lettres du milieu a fait placer une *roue* à la partie inférieure de l'écu ; et parmi les plus récentes, celles des Arnoux de Corgeat où figure un *arc* d'or, en raison de la première syllabe du nom, des de Beuverand où figure un *bœuf* d'or, des de Branges où figurent en chef deux têtes d'*anges* d'argent, des David où figure la *harpe* qui rappelle celle du roi David, des de la Chapelle où figure une *chapelle* d'or, des Lorin où figure une branche de *laurier*...

Les armoiries comprennent trois choses principales : le *champ de l'écu*, l'*émail*, es *figures* ou *meubles*.

Le Champ de l'écu est le fond sur lequel sont représentées les armoiries. Il rappelle la surface du bouclier ou de la bannière, où l'on peignait les pièces.

L'écu porte les *partitions*, les *répartitions*, les *figures*.

PRÉFACE II

Les partitions sont au nombre de quatre : 1° le *coupé*, qui partage l'écu horizontalement ; 2° le *parti*, qui le divise verticalement ; 3° le *tranché*, qui le divise obliquement, de droite à gauche ; 4° le *taillé*, qui le divise en diagonale, dans le sens inverse.

Les quatre partitions donnent lieu aux répartitions suivantes : 1° l'*écartelé*, qui est fait du parti et du coupé ; 2° l'*écartelé en sautoir*, qui est fait du tranché et du taillé ; 3° le *gironné*, résumant à lui seul les quatre partitions ; 4° le *tiercé*, résultant du partage en trois parties égales.

L'**Émail** se compose, dans les armoiries, de deux *métaux* de cinq *couleurs* (ou émaux) et de deux *fourrures*.

Les deux métaux sont : or (jaune), argent (blanc) ;

Les cinq couleurs sont : *azur* (bleu), *gueules* (rouge), *sinople* (vert), *sable* (noir), *pourpre* (violet) ;

Les deux fourrures sont l'*hermine* et le *vair*.

En gravure, les couleurs sont représentées par des signes particuliers : l'or est pointillé ; l'argent, blanc ; l'azur s'indique par des lignes horizontales ; les gueules par des lignes perpendiculaires ; le sinople, par des diagonales de droite à gauche ; le pourpre par des diagonales en sens inverse ; le sable, par des lignes horizontales et de lignes verticales croisées ; l'hermine, par l'argent, moucheté de sable ; le vair, par l'azur, chargé de petites clochettes renversées d'argent.

La couleur rouge (gueules) domine dans les armoiries des familles bourguignonnes, car cette couleur était celle des ducs de Bourgogne, de même que la couleur bleue (azur) et l'or dominent dans les armoiries françaises, notamment de la province de l'Île de France, elles sont les couleurs du souverain.

Les **Figures** ou **Meubles** sont de quatre sortes : 1° *propres*, qui comprennent les partitions, les pièces honorables du premier et du deuxième degré ; 2° *naturelles*, résumant tous les éléments de la nature, arbres, animaux, etc ; 3° *artificielles*, figurant les objets créés de main d'homme, tels que châteaux, instruments de guerre, d'industrie, etc ; 4° *chimériques*, comme les monstres, diables, etc.

— Les pièces honorables du premier degré sont au nombre de sept :

Le *chef*, qui occupe horizontalement la partie supérieure de l'écu. Il a la largeur du tiers de celui-ci.

Le *pal* est formé par deux lignes parallèles posées perpendiculairement au milieu de l'écu.

La *fasce* est la même figure que le pal, mais posée horizontalement au milieu de l'écu.

La *bande* va obliquement de la partie *dextre* du *chef* à la partie *sénestre* de la pointe.

La *barre* va obliquement en sens inverse.

La *croix* est formée du pal et de la fasce réunis.

Le *sautoir* se forme de la bande et de la barre.

— Les pièces honorables du second degré sont nombreuses.

On peut citer : les *bordures*, le *franc-quartier*, le *chevron*, l'*orle*, le *canton*.

Toute figure placée dans la partie supérieure de l'écu est dite *en chef* ; dans la partie inférieure, *en pointe* ; au milieu, *en abime* ; sur les côtés, *en flanc* ; dans les coins, cantonnée *en chef*, *en pointe*, à dextre ou à sénestre.

Il y a des *armoiries pleines* et des *armoiries brisées* : les *pleines* sont celles qui appartiennent au chef ou à la branche aînée d'une famille ; les brisées sont le partage des puînés et des cadets.

Les armoiries nobles se distinguent des armoiries bourgeoises ou ouvrières, en ce qu'elles sont timbrées, c'est-à-dire surmontées d'une couronne ou d'un casque, figurant dans les ornements extérieurs des blasons : ces ornements ne sont pas indiqués dans les planches jointes aux notices de cet ouvrage.

Dans leur ensemble, les ornements extérieurs des blasons ont trait au rang, aux charges, dignités, fonctions des possédants : ce sont les couronnes de ducs, marquis, comtes..., les cimiers, les casques, les lambrequins, les colliers d'ordres, les cordelières, les pavillons, les manteaux, les drapeaux, les armes, les bâtons, les sceptres et mains de justice, les clefs, les crosses, chapeaux de cardinal, les toques. Et il faut encore signaler les supports, animaux, monstres ou figures humaines. Un type nous en est fourni par l'Ex libris, que nous reproduisons ci-dessous d'après une gravure d'Eisen, où nous voyons en haut la couronne de marquis, et en support deux cygnes.

Ch. Eisen delin.   R. De Ghendt Sculp

QUELQUES CITATIONS EN GUISE DE PRÉFACE

Le *Dictionnaire Larousse* définit ainsi la noblesse, telle que l'ancien régime l'avait conçue : « une classe sociale à laquelle le droit reconnaissait des privilèges se transmettant héréditairement par le fait de la naissance ». Classe privilégiée, c'était aussi une classe dirigeante. Mais, à la fin de l'Ancien régime, le rôle des nobles n'était plus ce qu'il était autrefois, rôle patronal et de protection des manants ou vilains. Les liens qui les avaient unis, nobles et vilains, dans le passé, s'étaient distendus par l'oubli ou la négligence des devoirs qui incombaient à la noblesse et qui pouvaient seuls justifier ses privilèges. Elle n'avait plus qu'à disparaître et elle fut supprimée en effet lors de la première Révolution, après avoir constitué pendant des siècles un ordre à part dans l'Etat, celui qui se posait comme le premier de tous, le plus superbe. En même temps étaient abolis les titres de prince, duc, marquis, comte, vicomte, baron, chevalier, écuyer, etc...

Sous le premier Empire, les titres nobiliaires furent rétablis par Napoléon qui, en 1806, créa une noblesse nouvelle à côté de l'ancienne.

Avant et après, la noblesse reçut de rudes coups dans son prestige, par le fait des usurpations nombreuses dues aux incertitudes de la législation et de la jurisprudence ; et, elle fut frappée aussi par le ridicule lorsqu'on vit prendre impunément la particule nobiliaire par des propriétaires enrichis, roturiers d'hier, avec le nom de leur domaine, ferme, coin de terre d'un hameau ou village, étang ou rivière.

La Révolution de 1848 supprima, à son tour, tous les titres nobiliaires ; mais, ces titres reparurent bien vite après elle, rétablis en 1852 par Louis-Napoléon qui, empereur, fortifia encore la noblesse par des décrets refrénant les usurpations. En revanche, il arriva que bon nombre de particuliers vinrent demander aux tribunaux de reconnaître et de confirmer leur droit à porter la préposition, et l'on vit ainsi, plus d'une fois, cette juridiction couvrir et consommer des usurpations de la veille, et la concession de la particule accordée avec trop de bienveillance.

De plus on donna volontiers aux familles qui le sollicitaient le moyen de régulariser leur situation et d'obtenir, par ordonnance impériale, mais à titre gracieux et non point comme un droit, la faculté de porter ces surnoms à particule nobiliaire. C'était une véritable faveur accordée aux impétrants et le gouvernement autorisa assez fréquemment diverses personnes à ajouter la particule à leur nom.

La noblesse continua à exister, mais sans pouvoir redevenir, comme avant la Révolution de 1789, une classe dirigeante.

Avec la troisième République, son crédit et son influence devaient grandement diminuer encore.

Il nous semble utile d'entrer maintenant dans quelques autres détails.

Bien des qualificatifs montrent la noblesse à travers les âges sous des aspects variés et avec des degrés divers qui peuvent être résumés ainsi :

Noblesse d'extraction, celle dont l'origine remonte si haut qu'on ne sait exactement à quelle époque elle a commencé ; c'est *la noblesse de nom et d'armes*, la plus ancienne noblesse, « noblesse d'ancienne roche ».

Noblesse de race ou *de parage*, noblesse moins ancienne, dont l'origine est peu connue et qui s'est transmise par la ligne paternelle.

Noblesse d'épée, celle acquise originairement par des services militaires et à une époque déjà reculée.

Noblesse militaire, celle qui appartenait de droit aux roturiers qui parvenaient à certains grades supérieurs dans l'armée.

Noblesse de robe ou *d'office*, celle qu'on acquérait par la possession de certains offices de judicature : « L'édit de 1644 a prévalu : les cours de judicature ont joui des privilèges de la noblesse et la nation ne les a pas contestés à ceux qui jugent la nation. » Voltaire, *Mœurs*.

Noblesse de finance ou *d'argent*, noblesse que l'on acquérait par l'achat de lettres de noblesse. « Qui prend des lettres de noblesse, dit un proverbe, déclare d'où vient sa richesse », car on rappelait dans les lettres de noblesse la profession de l'anobli.

Noblesse de la cloche, celle qui venait de mairie ou d'échevinage.

Noblesse par lettres, noblesse conférée par le roi : le roi anoblissait pour services divers, puis l'anobli transmettait sa qualité à ses enfants.

Noblesse titrée, noblesse de ceux qui ont un titre de duc, marquis, comte, etc...

Noblesse excellente ou *de quatre lignes*, celle qui peut faire preuve de quatre quartiers du côté paternel et d'autant du côté maternel.

Noblesse transmissible, noblesse héréditaire au premier degré, noblesse qui se transmettait de père en fils.

Noblesse personnelle, noblesse au second degré, celle qui ne se transmettait point aux enfants.

Noblesse présentée, nobles ayant leur entrée à la cour.

Haute noblesse, la partie de la noblesse qui a le plus d'ancienneté ou d'illustration ; la *petite noblesse* est par conséquent celle qui en a le moins.

Simple noblesse, celle dont la marque extérieure n'existe que dans la particule, et qui se trouve ainsi caractérisée par l'absence des titres de duc, marquis, comte, baron, etc... C'est ainsi qu'on voit simplement figurer, le mot de « noble homme » dans des actes ou sur une tombe... Les gens de simple noblesse prenaient assez volontiers le nom de chevalier, écuyer, titres qui avaient perdu leur acception primitive et devinrent très répandus, surtout à la fin du XVIIe siècle, pris par tous les cadets de famille.

Ancienne noblesse, celle qui existait avant la Révolution de 1789 ; *nouvelle noblesse,* celle qui a été créée depuis.

Noblesse de l'Empire, titre de noblesse conféré par Napoléon 1er à certains personnages et principalement à des généraux, même à des militaires d'un grade moins élevé (Voy. Lhuillier, Patigny... pour le Louhannais.)

Noblesse dormante, noblesse suspendue à cause de quelque acte dérogeant. Nous indiquerons tout à l'heure comment pouvait se perdre la noblesse.

Fausse noblesse se disait de la noblesse résultant de l'acquisition de fiefs ou terres nobles par un particulier non noble ou roturier, à qui cette terre ne donnait pas un titre de noblesse, la possession d'un marquisat ou d'un comté ne faisant ni un marquis ni un comte. « Les fiefs n'anoblissent point sans le consentement du prince, dit La Roque, dans son *Traité de la noblesse.* Si la possession de la terre pouvait suffire, en effet pour anoblir l'homme, il arriverait que les roturiers, par l'achat des fiefs, pourraient s'anoblir d'eux-mêmes, ce qui est impossible ».

Noblesse par les mères, noblesse qui, dans quelques coutumes, passait de la mère aux enfants, ce que l'on exprimait en disant : « le ventre anoblit ». Des titres ont été relevés par des descendances féminines. Ce n'était pas toujours facile sous les régimes passés où l'on n'obtenait pas si aisément la faveur qu'accorde maintenant la République (en laissant faire). Des lettres patentes contenant la sanction du souverain étaient autrefois indispensables ; il appréciait la valeur des motifs invoqués et jugeait si les services rendus par le postulant et sa situation le rendaient digne de relever le nom.

Dans beaucoup de cas, et dans des circonstances analogues, c'est l'intéressé qui a tranché la question pour lui et pour ses enfants, avec la complicité ou la complaisance de l'officier de l'État civil, satisfaisant ainsi la vaniteuse manie de certaines personnes de vouloir se distinguer par un titre ou adjonction d'un nom : c'est qu'à cela on y trouve profit et que la particule nobiliaire, le titre de noblesse sont considérés comme de rapport. Il y a là un état de chose abusif, qui serait moins regrettable s'il y avait comme autrefois paiement d'une taxe, mais cela aurait l'inconvénient de donner une sorte de consécration au titre, ce qui ne serait ni rationnel ni démocratique.

Littré, dans le *Supplément à son Dictionnaire*, donne comme néologisme le mot *Nobliau*, terme de dénigrement, qui se dit d'un noble de petite noblesse, de noblesse douteuse ; — *Noblaille, noblaillon*, sont des termes vulgaires de dénigrement plus accentué encore.

La noblesse se perdait par la *révocation*, la *déchéance*, la *dégradation* et la *dérogeance* (1). Les trois premières faisaient tomber le privilège de façon définitive et irréparable, la dérogeance était provisoire et réparable.

La révocation pouvait être faite par celui qui avait concédé la noblesse, c'est-à-dire être le fait du prince.

La déchéance se produisait lorsqu'un anobli moyennant finance ne payait pas au Trésor les sommes dues pour l'obtention des lettres d'anoblissement ou de confirmation.

La condamnation à une peine infamante entraînait la dégradation.

L'exercice de certaines professions lucratives entraînait la dérogeance : « Le sire qui fait œuvre de vilain est vilain ».

<blockquote>J'ai déjà dit que j'étais gentilhomme
Né pour chômer et pour ne rien savoir. (La Fontaine)</blockquote>

Il valait mieux rester pauvre que de travailler ; « pauvreté n'est pas vice et ne désennoblit pas » porte une sentence de Loysel.

Les professions d'avocat et de médecin, quoique lucratives, n'entraînaient point la dérogeance. « Il n'est point de vie plus noble, avaient dit les avocats, que de la passer à procurer le repos aux familles par une forte application à leur faire rendre justice, si bien que les combats du barreau ne doivent pas être moins estimés que ceux de la tranchée » ; — et les médecins invoquaient, eux aussi, les qualités de leur profession, « car la médecine est un art divin, et il vaut autant rétablir la santé à des malades par une industrie particulière que de défendre la vie des citoyens par l'épée ». Ainsi l'exprimait de La Roque. « Il ne fallait cependant

---

(1) Cheruel, *Dict. des Institutions de France*. — De Nimal, *Nobles et Noblesse*, Paris 1892,... etc.

point, ajoutait-il, que les médecins fissent trafics de drogues et épiceries ».

L'agriculture sur ses terres (mais non sur celles des autres), les emplois de finance, le commerce en gros n'entraînaient point la dérogeance ; le commerce de détail ou à boutique ouverte était au contraire dérogeant au premier chef, de même, les métiers manuels.

On a fait l'éloge et la critique de la Noblesse. Et, vraiment, l'éloge et la critique peuvent être justifiés. Plutôt que de faire à cet opuscule une longue préface, nous avons préféré nous borner à des citations dans l'un et l'autre sens, mêlées de courtes réflexions. Beaucoup de ces citations sont de contemporains, et sont ainsi comme des témoignages de ce qu'était, aux diverses époques, l'état d'âme, la psychologie de la noblesse.

D'abord un ancien proverbe est tout à son avantage :

> « Li vrais et bons noblois
> Sont tosjors très courtois ».

et cette phrase de La Bruyère qui le corrobore : « La noblesse expose sa vie pour le salut de l'Etat et la gloire du souverain », phrase à laquelle on peut opposer, il est vrai, cette anecdote que Grimm raconte dans sa *Correspondance* : « Un gentilhomme des Etats d'une de nos provinces disait pour soutenir la primatie de la noblesse : « Songez à tout le sang que la noblesse a versé dans les batailles ». Un homme du Tiers Etat lui répondit : « Et le sang du peuple versé en même temps était-il de l'eau ? »

La Bruyère avait dit encore : « Cette disposition de cœur et d'esprit, qui passe des aïeux par les pères dans leurs descendants est cette bravoure si familière aux personnes nobles et peut-être la noblesse même ».

Il parlait, dans la phrase citée plus haut, du sang versé par la noblesse pour la gloire du souverain ; mais en démocratie, c'est le peuple qui est souverain. La noblesse aurait eu un beau rôle à continuer pour le salut de l'Etat, l'honneur du pays, le bien-être et la gloire du peuple. Mériter et acquérir de l'estime en agissant pour le bien public, telle aurait dû être sa devise pour la maintenir en haute réputation.

Un écrivain du siècle dernier, Adolphe de Granier de Cassagnac, écrivait, en 1840, dans son *Histoire des classes nobles et des classes anoblies* : « On est le maître d'estimer ou de n'estimer point la noblesse. Euripide peut lui préférer la richesse, Ménandre la vertu, Platon la gloire, Aristote le talent, Socrate la sagesse, Saint-Jérôme la sainteté ; on peut, en un mot, avoir de la noblesse comparée à d'autres faits, à d'autres avantages, l'idée qu'on voudra, mais tout cela n'empêchera pas la noblesse d'exister et d'être ce qu'elle est ».

Qu'elle s'efforce alors en développant ses qualités, d'accroître ou conserver tout au moins la beauté que tant d'auteurs lui ont reconnue à certains moments de son histoire !

Plutarque avait dit de la noblesse : « La noblesse est belle, mais c'est un bien fortuit et venu de nos ancêtres. La richesse est avantageuse, mais dépend des caprices de l'aveugle fortune. La gloire est vénérable, mais incertaine et de peu de durée. La santé précieuse, mais variable. La force utile et désirable, mais facile à perdre et commune aux animaux. La sagesse est la seule qualité divine et immortelle en nous ».

Boèce a dit dans son livre de la *Consolation philosophique* : « La noblesse n'est pas au visage, à la table, à la parole, au corps ; elle est en l'esprit et s'achète au temple de la vertu ; son prix est l'ouvrage de l'âme propre et non de l'âme d'autrui ».

« La vertu fait la tige et vaut tous les aïeux ». Lemierre.

« Il fallait, a dit un auteur moderne (1), que la noblesse fut jadis une bien belle chose, puisque tant de familles se faisaient gloire d'y appartenir. En effet elle obligeait peu et conférait des droits superbes, utiles et honorifiques. Elle comptait parmi ses beaux privilèges l'exemption des tailles, des aides, des subventions et autres impositions ; au lieu d'être obligés à la servitude personnelle, comme à la milice, au logement des gens de guerre, aux corvées, à la banalité du four, du moulin et du pressoir, les nobles y contraignaient les manants ou vilains de leurs seigneuries. Ils pouvaient chasser à force de chiens et oiseaux dans leurs forêts, buissons, garennes et plaines. Ils avaient, selon l'importance de leur fiefs, haute, moyenne ou basse justice, et souvent toutes ensemble, avec fourches patibulaires. Ils avaient aussi droit de banc et de sépulture au chœur de l'église de leur fief. Et puis il ne faut pas oublier un droit essentiel qui flattait beaucoup la noblesse et la distinguait des autres classes, c'était de porter l'épée et de pouvoir s'habiller en gentilhommes, velours pour les hommes, satin pour les femmes. On comprendra qu'éblouis de tous ces avantages et de bien d'autres encore, les vilains ou roturiers aient cherché, de siècle en siècle, à pénétrer dans l'ordre de la noblesse par toutes sortes de voies plus ou moins droites, plus ou moins obliques ».

Nous allons indiquer, dans un instant, les moyens employés pour cela.

(1) Alph. Chassant : *Les nobles et les vilains au temps passé* ou *Recherches critiques sur la noblesse et les usurpations nobiliaires*, Paris 1857. — Du même auteur, *Nobiliana, Curiosités nobiliaires et héraldiques*, Paris 1858.

La noblesse, il faut le reconnaître et nous l'avons indiqué déjà, eut dans le principe un rôle utile et glorieux ; et sa décadence, aux XVII° et XVIII° siècles, décadence que nous allons montrer dans de nombreuses citations, ne doit pas faire oublier ce qu'elle avait été dans les siècles précédents. Nous l'avons fait ressortir dans certaines des notices biographiques sur les grandes maisons nobiliaires de la contrée. Mais si ses qualités existèrent, ses fautes aussi furent grandes ; et, comme l'a dit Chéruel dans son *Dictionnaire des institutions de la France*, les privilèges qu'elle avait obtenus ne tardèrent pas à dégénérer en abus qui provoquèrent de vives réclamations.

La fameuse satire de Boileau sur la noblesse nous en fournit tout d'abord une preuve éloquente. L'illustre poète s'adresse ainsi au marquis de Dangeau, à qui il avait dédié sa satire :

« La noblesse, Dangeau, n'est pas une chimère,
Quand sous l'étroite loi d'une vertu sévère,
Un homme issu d'un sang fécond en demi-dieux
Suit, comme toi, la trace où marchaient ses aïeux.
Mais je ne puis souffrir qu'un fat, dont la mollesse
N'a rien pour s'appuyer qu'une vaine noblesse,
Se pare insolemment du mérite d'autrui,
Et me vante un honneur qui ne vient pas de lui.
. . . .
Que sert ce vain amas d'une inutile gloire,
Si, de tant de héros, célèbres dans l'histoire,
Il ne peut rien offrir aux yeux de l'univers
Que de vieux parchemins qu'ont épargnés les vers ;
Si, tout sorti qu'il est d'une source divine,
Son cœur dément en lui sa superbe origine,
Et, n'ayant rien de grand qu'une sotte fierté,
S'endort dans une lâche et molle oisiveté.
Cependant, à le voir avec tant d'arrogance
Vanter le faux éclat de sa haute naissance,
On dirait que le ciel est soumis à sa loi,
Et que Dieu l'a pétri d'autre limon que moi.
Enivré de lui-même, il croit dans sa folie
Qu'il faut que devant lui d'abord tout s'humilie.
. . . .
Pourquoi donc voulez-vous que par un sot abus
Chacun respecte en vous un honneur qui n'est plus ?
On ne m'éblouit point d'une apparence vaine :
La vertu d'un cœur noble est la marque certaine.
Si vous êtes sorti de ces héros fameux,
Montrez-nous cette ardeur qu'on vit briller en eux,
Ce zèle pour l'honneur, cette horreur pour le vice.
Respectez-vous les lois ? Fuyez-vous l'injustice ?
Savez-vous pour la gloire oublier le repos,
Et dormir en plein champ le harnois sur le dos ?
Je vous connais pour noble à ces illustres marques ».
. . . .

Mais, s'il en est autrement, ajoute le satirique, vous ne montrez que chimères

« Et d'un tronc fort illustre une branche pourrie ».

On lit dans le *Songe du Vergier*, de Charles de Louviers :

« Je dis que l'on doit doncques, quant à la noblesse, considérer plus les œuvres et les vertus d'une personne que du lignaige... Et à ce propos, disait Socrate : Se tu loues aultry par ce qu'il est de grant lignaige, tu ne le loues pas mais ses parents ; se pour ce qu'il est riche, tu loues les richesses ; se pour ce qu'il est beau, attendez un petit, il ne le sera plus ; se tu le loues pour ce qu'il est vertueux, certes adoncques tu le loues proprement. — Doncques, celui qui est anobly pour ses propres vertus doit estre plus honoré que celui qui l'est par lignaige ».

C'est le cas de rappeler ici le vers de Voltaire :

« Qui sert bien son pays n'a pas besoin d'aïeux ».

Et, du même, ces autres vers encore :

« Il est de ces mortels favorisés des dieux,
Qui sont tout par eux-mêmes et rien par leurs aïeux ».

Corneille, dans une de ses comédies, *Don Sanche d'Aragon*, nous montre aussi le peu de cas qu'il fait des généalogies :

« Se pare qui voudra du nom de ses aïeux,
Moi je ne veux porter que moi-même en tous lieux ;
Je ne veux rien devoir à ceux qui m'ont vu naître,
Et suis assez connu sans les faire connaître ».

« Noblesse vient de vertu », dit un proverbe, un homme n'est proprement au-dessus d'un autre que par la vertu et par le mérite. — « Noblesse oblige », dit un autre proverbe ; quand on est noble ou qu'on prétend l'être on doit se bien conduire.

Mais il n'en est pas toujours ainsi, et Boursault, dans son *Esope à la Cour*, a flagellé les indignes :

« On dit que la noblesse a la vertu pour mère ;
S'il est vrai, ses enfants ne lui ressemblent guère ».

Un philosophe ancien, Diogène de Laerce, après avoir rappelé que « de quelque lieu que l'on vienne, pourvu qu'on ait de la vertu, l'âme bonne, voilà toute la noblesse », avait dit encore que « la noblesse était un manteau qui couvrait parfois la sottise ».

On peut rappeler aussi les paroles de Bossuet : « N'écoutons pas les vanteries ridicules dont il arrive assez ordinairement que la noblesse étourdit le monde » ; et du même encore, cette autre observation : « La noblesse n'est souvent qu'une pauvreté vaine, ignorante et grossière, oisive qui se pique de mépriser tout ce qui lui manque ; est-ce là de quoi avoir le cœur si enflé ? ».

Orgueil, vanité ? Et il y a aussi la question d'intérêt. Beaucoup de gens sans mérite personnel n'ont plus que leurs titres, leur noblesse pour les rehausser quelque peu. D'autres enfin ont usurpé ces titres et cherchent ainsi à donner à leur nom un lustre qui lui manque, en même temps qu'ils s'adjugent une chose qui a pour eux, nous l'avons dit déjà, la valeur d'un capital, et qui devient, notamment pour les mariages à conclure, un apport apprécié par certaines familles orgueilleuses qui y trouvent le moyen de se dorer un blason.

« C'est une grande simplicité, écrivait La Bruyère, d'apporter à la Cour la moindre roture et de n'y être pas gentilhomme » ; et plus loin il ajoutait : « Un homme qui n'a pas un assez beau nom, doit l'ensevelir sous un meilleur » ; et encore : « Combien de nobles dont le père et les aînés sont roturiers ». C'est ce qu'il fit entendre aussi sous une forme allégorique : « Sylvain, de ses deniers, a acquis la naissance et un autre nom ; il est seigneur de la paroisse où ses aïeux payaient la taille ; il n'aurait pu entrer page chez Cléobule et il est son gendre ». *Caractères.*

Le moindre petit bourgeois devenu opulent, et de même, le vilain enrichi, le rural ayant grossi son pécule et acheté quelque terre, voulait être gentilhomme ou tout au moins prendre la particule pour se distinguer du roturier : « Au moyen de la facilité qu'on a d'acquérir la noblesse à prix d'argent, écrivait d'Argenson dans ses *Mémoires*, il n'est aucun homme riche qui ne soit sur le champ ne devienne noble ».

Il arrivait toutefois que le roturier, après avoir acquis une terre à droits féodaux, un *fief*, hésitait à en prendre immédiatement le nom ; il se donnait seulement la satisfaction de se dire, dans les actes publics, seigneur de.... (ici le nom du fief, souvent ce n'était qu'un simple domaine sans droit seigneurial), et on n'ignorait pas qu'être seigneur et noble était chose distincte. Si c'était réellement une seigneurie, l'acquéreur ou son fils ne tardaient pas à ajouter à leur nom roturier celui de cette seigneurie. On pourrait multiplier les exemples de cette adjonction du nom de la terre, adjonction bien tentante et vite réalisée, adjonction naturelle, du reste, en ce qu'elle aidait à distinguer entre elles diverses branches d'une famille. Mais ce qui est moins naturel, et malgré cela n'était pas moins fréquent, c'est l'effacement du premier nom par le second, si bien que le premier, le nom générique de famille, finit par avoir entièrement disparu. Il faut aller le chercher dans les actes de l'Etat civil, et parfois, là même, on voit qu'on a cherché déjà à le faire oublier.

On a vu appliquer aussi un autre procédé, surtout quand la terre acquise était notoirement roturière. L'acquéreur la baptisait de son propre nom de famille, pour avoir le plaisir ensuite d'y joindre la préposition inhérente à tout nom de terre et de se dire : Monsieur de... (nom de la propriété).

De même aussi, ainsi que l'a fait remarquer l'auteur d'une thèse récente et très intéressante, thèse de doctorat à la faculté de droit de Paris (1) sur *la particule dite nobiliaire*,

(1) *De la particule dite nobiliaire (étude historique et juridique)*, thèse pour le doctorat par Michel Breuil, avocat à la Cour d'Appel. Paris, Larose, 1903.

« des cadets de bourgeoisie pour se distinguer de leur aîné ont joint à leur nom de famille un second nom puisé dans le lieu de naissance, dans la possession d'une terre, de quelque menu domaine, ou même encore tout simplement, dans le souvenir d'un pays, souvent même dans une simple fantaisie ». Il leur était ainsi utile et agréable de reconnaître cette nouvelle appellation ; mais si le *de* peut bien être, en ce cas, un signe de possession, il n'est pas le moins du monde un signe de noblesse ».

A ce propos le comte de Sémainville, dans son *Code de la Noblesse française*, rappelle l'anecdote de ces trois frères qui n'ayant pour tout héritage qu'une pauvre cour, où se trouvait par grand bonheur un puits et une mare, y puisèrent au moins de quoi s'appeler, l'aîné M. de la Cour, le cadet M. du Puits, et le dernier M. de la Mare. Y-a-t-il besoin de ces remarques et de cette anecdote facétieuse pour dire qu'un nom de terre, pourvu de particule, ne démontre ni l'ancienneté, ni la noblesse de la famille qui le porte. « On aurait cru injurieux, disait au contraire un ancien auteur d'un traité de la Noblesse (1), que la terre faite pour le service de l'homme, put relever sa condition ».

Que dire alors de l'influence qu'on voudrait donner à la particule fièrement campée devant des noms, empruntés aux idées les plus dissemblables ou puisés dans les règnes de la nature, ainsi qu'on le verra plus loin par des exemples que nous donnerons. Les ignorants seuls pouvaient s'y laisser prendre, et, comme le dit Levesque, dans son *Traité du droit nobiliaire français*, « quiconque avait quelques notions de la matière nobiliaire, ne concluait point de la particule à la noblesse, mais demandait à s'édifier sur la noblesse avant d'apprécier la particule ». On peut dire en droit que la particule ne se rattache nullement, si ce n'est par suite d'un préjugé beaucoup trop répandu, aux titres de noblesse.

Aussi, bien des jurisconsultes reconnaissant légitime la demande de rectification faite, pour rétablir le *de* de certaines familles, ce *de* supprimé à certaines époques, notamment pendant la première Révolution, sur les registres de l'Etat civil, ou même après ; le *de* était resté supprimé, ou était resté joint au nom, au lieu d'en être séparé comme précédemment. Il ont pu considérer cela comme une omission irrégulière, ou comme une faute, une erreur qu'on pouvait réparer.

« L'action en rectification peut se trouver mise en mouvement par quiconque, par le plus humble citoyen, si le nom était écrit de la sorte, c'est-à-dire avec le *de*, particule, dans les précédents actes de la famille. Il n'y aurait là de leur part qu'une simple revendication de propriété qu'il faut recevoir comme telle, alors même que cette réclamation

---

(1) Belleguise, éd. 1579

servirait à cacher certaines prétentions nobiliaires. En effet, la mission précise des tribunaux est de « déclarer le fait existant, constater l'orthographe des noms et la possession des familles, faire disparaître les altérations causées par l'ignorance ou la crainte exagérée des lois révolutionnaires » et non pas d'apprécier le caractère plus ou moins honorifique d'un nom ou d'une particule.

« Peu importe si les demandes en rectification se multiplient, si la recherche du *de* grandit encore, si la race du bourgeois gentilhomme se développe ; la justice n'a pas à faire la loi, mais à l'appliquer. Elle ne réglemente pas les mœurs, dit H. Beaune, elle les protège, et elle doit planer au-dessus des préjugés de la foule et des lamentations intéressées de la vanité méconnue.

« Mais il ne peut y avoir matière à rectification que s'il y a eu primitivement omission ou erreur, si le tribunal acquiert la preuve que le vrai nom patronymique a éprouvé une modification illégitime ; sinon, il ne peut pas la réparer en rétablissant le nom et la particule.

« Si le *de* n'est jamais entré régulièrement dans le nom de la famille, le réclamant doit recourir non plus au tribunal, pas même à la Chancellerie, qui ne statue que sur les questions nobiliaires, mais au chef de l'Etat lui-même, et l'on sait que, sous le régime actuel, une pareille faculté est purement théorique.

« Peu importe l'objet de la correction désirée : le réclamant peut demander la rectification d'un acte de naissance, dans le but de faire précéder de la particule le nom qui s'y trouve indiqué, ou encore d'y faire séparer la préposition du nom avec lequel elle a été confondue ». (1)

Continuons encore nos citations : « Il faut de la naissance, a dit Marin dans l'*Homme aimable*. On s'en donne, cela n'est pas difficile. Les uns, après bien des efforts, estropient leurs noms ; les autres font précéder le leur d'un monosyllabe orgueilleux, et les voilà dans les règles ». Ils ont apposé la marque, et avec le *de*, ajouté le « signe gentilhommesque, qui est comme « la pierre d'attente d'un titre ».

Et, comme l'a dit Boursault, dans son *Esope à la cour* :

« Si pour votre noblesse, il vous manque des titres,
Il faudra recourir à quelques vieilles vitres,
Où nous ferons entrer d'une adroite façon
Une devise antique avec votre écusson ».

Le même auteur, dans le *Mercure galant*, met encore en scène un personnage atteint de cette manie d'anoblissement,

---

(1) Nous empruntons cette argumentation juridique à la thèse, *op. cit. supra*, de M. Michel Breuil, *De la particule dite nobiliaire, étude historique et juridique*. L'auteur indique ensuite les moyens par lesquels la preuve que la particule fait partie intégrante du nom peut être administrée par interprétation de la loi de 1858, et de divers articles du code de procédure civile.

un roturier, fils de médecin, petit-fils d'apothicaire en quête d'un titre de noblesse, et auquel il fait dire à un généalogiste récalcitrant :

« ..... Greffez-moi sur quelque vieille tige ;
Cherchez quelque maison dont le nom soit péri ;
Ajoutez une branche à quelque tronc pourri ».

Louis Petit, dans ses *Satyres générales* (1686), a fait de piquants tableaux, portraits taillés sur le vif :

« Un de ces beaux messieurs, fils d'un vendeur de sarge,
Après qu'il se fut fait la conscience large,
Et marchant sur les pas des plus riches traitants,
Devint un gros monsieur, mais en fort peu de temps.
Il ne lui manquait plus qu'un peu de qualité ;
Sur une vieille tige il fut bientôt enté.
Jamais homme ne fut ni plus fat, ni plus vain
Que (déguisons son nom) ce monsieur le Villain,
Tellement entesté de sa race nouvelle
Qu'il croit que sa noblesse est antique et réelle ».

Du même auteur cet autre tableau :

« D'un franc bourgeois enté sur une tige antique
Il cache adroitement et l'aune et la boutique ;
Un *de* que l'on ajoute à son nom inconnu,
Qui sans cet ornement paraîtrait un peu nu ,
Une lettre à propos dans ce nom ménagée,
Ou, selon l'occurence, une lettre changée
Fonde sa qualité, lui prête des aïeux
Que l'on tire à plaisir des nobles les plus vieux ».

Puis, mon faux gentilhomme effrontément étale
Douze prédécesseurs dont il pare une salle,
Tous armés jusqu'aux dents comme des Jacquemars,
Et peints des mêmes airs dont on peindrait un Mars.
Impudemment ensuite il vous forge l'histoire
Des faits où leur valeur leur acquit de la gloire » *Id.*

De Boileau, extrait d'une de ses épîtres :

« Tout fier du faux éclat de sa vaine richesse,
Déjà, nouveau seigneur, il vante sa noblesse ;
Quoique fils de meunier encore blanc du moulin,
Il est prêt à fournir ses titres sur vélin ».

Du *Dictionnaire d'Anecdotes* : « Un officier, fils d'un messager, croyant n'être pas connu se faisait passer pour un homme de qualité. Quelqu'un, dans le dessein de rabaisser son sot orgueil, lui dit : « J'ai bien entendu parler de Monsieur votre père, c'était un homme de lettres qui allait toujours son grand chemin ».

Tous ces pseudo-nobles avaient vite oublié l'origine de leur noblesse usurpée ou acquise à prix d'argent. Encore une citation du poète satiritique, L. Petit :

« Que de faquins masqués d'une fausse noblesse
Ne se souviennent plus quelle fut leur bassesse !
Mais en vain ces veaux d'or marchent en orgueilleux,
Ils sont ce qu'ils étaient lorsqu'ils étaient des gueux.

> Ils ont beau se targuer de leur haute opulence,
> La fortune jamais ne change leur naissance ;
> Ils ont beau s'allier à d'illustres maisons
> Et charger de quartiers leurs nouveaux écussons,
> Malgré les gros présents d'une fortune heureuse,
> Ils se sentent toujours de leur race poudreuse.
> De quelque beau harnois qu'un cheval soit paré,
> Il est toujours cheval, malgré le mors doré ».

A celui qui prenait la qualité de noble ou ajoutait une particule à son nom, il fallait des armoiries. Aussi, comme l'a dit Boileau,

> « .... Maint esprit fécond en rêveries
> Inventa le blason avec les armoiries ».

« On se forgeait, nous rappelle encore l'auteur de *Nobles et Noblesse*, (op. cit. supra) des armoiries qu'on surmontait d'un casque ou d'une couronne. On faisait acquisition d'une pacifique épée qu'on s'attachait au côté, on se donnait du messire, de l'écuyer, du chevalier, l'on hérissait son nom bourgeois d'un article gentilhommesque et le tour était joué : le roturier d'hier était noble, rossait les manants et refusait de payer la taille. « Il suffit, disait déjà La Bruyère, de n'être point né dans une ville, mais sous une chaumière répandue dans la campagne ou sous une ruine qui trempe dans un marécage et qu'on appelle château pour être cru noble sur parole ».

Molière, par la bouche de Chrisalde, dans l'*Ecole des femmes*, plaisantait ainsi Arnolphe devenu *Monsieur de la Souche* :

> « Qui diable vous a fait aussi vous aviser
> A quarante et deux ans de vous débaptiser !
> Et d'un vieux tronc pourri de votre métairie
> Vous faire dans le monde un nom de seigneurie.
>
> Quel abus de quitter le vrai nom de ses pères,
> Pour en vouloir prendre un bâti sur des chimères ?
> De la plupart des gens c'est la démangeaison ;
> Et sans vous embrasser dans la comparaison,
> Je sais un paysan qu'on appelait Gros-Pierre,
> Qui n'ayant pour tout bien qu'un seul quartier de terre,
> Y fit tout à l'entour faire un fossé bourbeux
> Et de *Monsieur de l'Isle* en prit le nom pompeux ».

Un bourguignon, auteur du XVIe siècle, Etienne Tabourot, *dans ses Bigarrures du seigneur des Accords*, avait résumé ainsi dans une lettre, un discours prononcé par Colard, conseiller au parlement de Dijon, sur les abus des changements de nom :

« Entre ses beaux traits d'intégrité et justice qui reluisent en lui, j'ai remarqué une juste indignation qu'il a conçue contre ces *obereaux* et *mouchets de noblesse*, qui estans yssus de bonnes et honnestes familles des villes et cités de ce royaume, après le décès de leurs pères, lesquels à grand travail ont acquis plusieurs biens et seigneuries, venans à appréhender leurs successions, changent incontinent le surnom d'yceux, comme s'ils desdaignaient de se dire et faire remarquer leurs enfants ; et, oublieux de leur origine, prenaient plaisir, par une insigne faulseté, de s'esleuer par dessus leurs ancestres, et vouloient par ce moyen fouler aux pieds leur mémoire. En quoy ils commettent une ingratitude merueilleuse, car ils frustrent indignement l'intention de ces bons pères, qui amassent leur bien en grand trauail, afin de conserver vraysemblablement le *nom* de leur famille, et que leur postérité paruienne aux honneurs par le moyen de leurs richesses et se puissent illustrer, et prendre accroissement, selon que naturellement tout homme est enclin à ce désir.

« Et ont accoustumé ces *surnoms* de changer de deux façons, qui descouurent de quelle ambition sont poussés leurs autheurs à ce changement. L'vn est qu'ils prendront le surnom de la terre qu'aura acquis le bon père, et d'autant plus volontiers et auec plus grande facilité, quand ils cognoistront qu'il n'y aura plus aucun des possesseurs d'ycelle, parce qu'auec le temps ils espèrent que leurs fils persuaderont aisément qu'ils ont esté autrefois nés ou entrez par quelque légitime moyen dans ces familles. L'autre moyen, vn peu plus tolérable et moins dangereux, se fait par la ridicule adjonction à leur vray *surnom* d'un article gentilhommesque comme *de, du, le, la, des, de la*. — Les histoires anciennes et modernes sont bien pleines d'infinis exemples de plusieurs qui, estans naifs de bas lieu, se sont osez par mensonge et impudence aduoüer et nommer pour quelques vns d'illustre famille.

« Que dirons nous de ceux qui, estans riches et bien à leur aise, vsent de ces faulsetez ? Qu'est ce qui les pourroit excuser ? Et toutefois ils ronflent sur le paué, ils tranchent des tiercelets de prince et deuiennent si arrogants que les rues ne sont pas capables de les tenir, et semblent mesme être fauorisez et recogneus par les vrays nobles, avec lesquels ils se contrecarent.

« Encores passe pour ceux qui se retirent au village et font les messieurs à triple rebras parmi les paysans. Car, comme s'ils se sentaient coupables et se jugeaient indignes de la fréquentation et familiarité des parents et amys de leurs pères, ils se bannissent eux mesmes de l'honneste et ciuile habitation des villes.

« Or, ce qu'en font nos *changeurs de nom* est afin qu'auec ce changement de *nom*, leur qualité peu à peu se change pour deuenir *escuyers* et *gentilshommes* indirectement : car auec le temps, sans preuue de valeur, ils en *usurpent* le tiltre et les priuilèges ; et sous ce prétexte ne sont pas cottisez aux tailles et autres impositions qui se lèuent sur le peuple, non plus que les vrays gentilshommes.

« Et je pense asseurément que si on tenoit la main à bon

escient a refrener ceste ambition que l'on porteroit plus d'honneur aux vrais gentilshommes, ce qu'on ne fait pas car comme ils ne seroient pas semez si drus, la multitude n'en engendreroit pas le mespris.... Du reste, examinant l'âme et la raison de la loi, on trouueroit que tous ces *roturiers* en général qui changent leur *nom* en vn autre gentilhommesque, ou lesquels y ajoutent vn *article*, sont subjets à la peine de faux.

« Quant aux gentilshommes ils sont bien *vilains* et recognoissent bien qu'ils ne sont de vraye trempe quant ils changent de *surnom* pour en prendre vn autre. Non que je leur vueille dénier ceste liberté d'estre surnommez du nom de leurs terres, à la différence de leur parents, de mesme nom et armes. Mais quand il sera question d'acte sérieux, je voudrois qu'ils signassent de leur vray *surnom*.

« Je ne vouldrois pourtant, sous ombre de ce que dessus, inférer que les vertueuses personnes du tiers estat et honnestes familles des villes fussent frustrées de paruenir au rang des nobles. Car, comme cela s'acquiert par vertu, par les grandes richesses et fiefs liges, par la profession des armes trente ans de suite, et par le rang qu'on peut acquérir ès compagnies des gens de guerre, suiuant les ordonnances, et enfin par la seule volonté du prince, il est bien raisonnable de leur conseruer ce priuilège. Mais il faudroit que cela se fist sans *altération de nom*, si par exprès ils n'avoient à cest effet lettres du prince.... — Voilà ce que je me suis a peu près remémoré du discours de ce docte personnage ».

Citons encore ces lignes d'un savant jurisconsulte du siècle suivant, Charles Loiseau :

« Nos gentilshommes d'à présent sont tellement possédés par leurs terres qu'ils aiment mieux en porter le nom que celui de leurs pères, lequel ils suppriment indignement et l'abolissent de la mémoire des hommes.... Il semble qu'en ce faisant, ils renient leurs pères, et se reconnoissent eux-mesmes pour bastards, puisqu'ils prennent un nouveau *nom*, comme s'ils estoient les premiers de leur race. Encore ceux qui, pour estre héritiers d'autruy, se chargent de porter son *nom* et *armes*, retiennent ils toujours avec iceluy le nom de leurs pères, et puisque ceux qui n'ont point d'enfants donnent leurs biens aux étrangers, à condition de porter leur nom, quelle injure est-ce faire aux pères, quand leurs enfants veulent avoir leur bien sans porter leur *nom* ! Je concluray donc que celui-là ne mérite pas l'hérédité du père qui dédaigne de se qualifier son enfant en refusant de porter son nom ».

Que de gens aussi se sont baptisés de noms de *saints*, ce qui a fait naître cette protestation ou plutôt inspiré cette boutade du maréchal de Vieilleville : « Parce que communément aux hostelleries de France les enseignes qui y pendent sont soubscrites du *nom de quelque sainct* ou *saincte* ceste racaille portait le *nom d'un sainct* ou *d'une saincte*, selon l'enseigne qui pendoit aux maisons desquelles ils estoient sortis..., s'institulant de cette façon, car ils n'avaient point de terres, ny de seigneuries, méthairies, clozeries, borderies, cassines, ny bastides dont ils se peussent à la françoyse *qualifier* ou *anoblir* ».

Nombre de gens devenus riches trouvaient ainsi diverses manières de changer leur nom et faire disparaître la mémoire de leur ancienne roture et pauvreté. Ce qui était le plus fréquent, — et c'était comme leur premier mouvement de vanité, — c'était d'accoler à leur nom un nom de terre, pour lui donner ainsi une allure féodale. C'est ce qu'ont fait et font encore assez souvent de notre temps, quelques hobereaux vaniteux ou de simples roturiers gonflés d'orgueil, qui, le concours de la loi pouvant leur faire défaut, prennent sur eux-mêmes de transformer leur nom.

Et, dans ce cas, il faut distinguer généralement trois périodes. Dans la première, le nom véritable et le nom d'emprunt voisinent comme signatures au bas de leur correspondance et sur leur carte de visite. Dans la seconde, le nom réel n'est plus représenté que par une initiale. Dans la troisième le nom de terre survit seul. La particule souvent n'a pas d'autre origine ; et c'est là tout l'anoblissement auquel une sorte de consécration se trouve ensuite donnée, dans des actes, ceux de l'Etat civil, les actes de naissance notamment, par la complaisance, l'insouciance indulgente ou la complicité d'un maire ou d'un secrétaire de mairie.

Citons ce que disait déjà, en 1765, Renauldon dans son *Dictionnaire des fiefs*, — et cette usurpation d'un titre nobiliaire avait alors plus d'importance en raison des prérogatives qu'on en pouvait retirer : « Les usurpateurs de noblesse sont ceux qui, sans être nobles, en prennent le titre et la qualité et par cette voie s'attribuent les prérogatives et les exemptions dont jouissent les vrais nobles. Il arrive très souvent que dans les campagnes on trouve de ces faux nobles, ils y sont très incommodes et par leur impertinence et par les exemptions dont ils jouissent qui retombent à la charge des habitants ».

Citons aussi cette remarque de La Bruyère : « Le noble de province inutile à sa patrie, à sa famille et à lui-même, souvent sans toit, sans habits, et sans aucun mérite, répète dix fois le jour qu'il est gentilhomme, traite les fourrures et les mortiers de bourgeoisie, occupé toute sa vie de ses parchemins et de ses titres qu'ils ne changerait pas contre les masses d'un chancelier ».

Et Hamilton, dans les *Mémoires du comte de Grammont* :

« La cérémonie, partout employée jusqu'à outrance, est le cheval de bataille de la noblesse campagnarde ».

La Bruyère a signalé un autre ridicule que se donnait encore, à l'égard des noms de baptême, la petite noblesse à l'instar de la grande : « C'est déjà trop d'avoir avec le peuple une même religion et un même Dieu ; quel moyen encore de s'appeler *Pierre, Jean, Jacques*, comme le marchand ou le laboureur ; évitons d'avoir rien de commun avec la multitude, affectons au contraire toutes les distinctions qui nous en séparent. Qu'elle s'approprie les douze apôtres, leurs disciples, les premiers martyrs (tels gens, tels patrons) ; qu'elle voit avec plaisir revenir toutes les années ce jour particulier que chacun célèbre comme sa fête. Pour nous autres, nobles, ayons recours aux noms prophanes, faisons-nous baptiser sous ceux d'*Annibal, César*, c'étaient de grands hommes ; sous celui de *Lucrèce*, c'était une illustre romaine ; sous ceux de *Renaud*, d'*Olivier*, de *Tancrède*, c'étaient des paladins, etc... ». — *Les Caractères*, chapitre des *Grands*.

Mais revenons aux usurpations de titres. Nous n'en avons pas fini encore avec les citations qui s'y rapportent.

Chérin disait, en 1788, dans son *Abrégé chronologique d'Edits, Déclarations* : « Le mal s'est accru avec une telle rapidité qu'il est devenu presque universel. On voit dans les actes publics et passés devant notaires, dans les actes de célébration de mariage, de baptême et de sépulture, et jusque dans les tribunaux même, usurper avec audace, et sans aucune espèce de retenue, des qualités nobles, lorsque l'on n'est véritablement que roturier par la naissance ; s'arroger des titres superbes lorsqu'on a de place marquée que dans l'ordre de la plus simple noblesse et se parer fièrement de livrées et d'armoiries empruntées ».

A une époque plus rapprochée de nous, un journaliste qui eut une grande réputation sous le second Empire, Léon Plée, écrivait dans le journal *Le Siècle* (1857) : « Nombreux sont les gens qui ont usurpé des titres et surtout les *de*. La manie de cette usurpation prend toutes sortes de formes, quelquefois les plus innocentes. Tantôt, c'est la syllabe *de* qui fait partie du nom de famille que l'on sépare progressivement de façon à en faire une particule ; tantôt c'est une simple apostrophe que l'on insère d'abord comme par oubli, (par mégarde) et qui devient bientôt patronymique. Beaucoup se contentent de se recommander à un saint du calendrier et de se canoniser eux-mêmes, comme disait un spirituel président. D'autrefois on ajoute à son nom, en se mariant, le nom de sa femme, cela est reçu dans plusieurs provinces.... ».

Parmi toutes les usurpations celle de la particule était la

plus fréquente : « Le *de* s'usurpait par qui voulait depuis quelque temps ». Saint-Simon, *Mémoires*.

Il y avait pourtant une législation contre les usurpateurs, des décisions du parlement, dès 1566, interdisant de prendre ou ordonnant de faire enlever la particule comme signe de noblesse.

Un procureur du roi au bailliage de Dijon, vers la même époque, examinant l'âme et la raison de la loi, trouvait que : « tous roturiers en général qui changent leur nom en un autre gentilhommesque, ou lesquels y adjoutent un article sont sujets à la peine de faux, car ils usurpent une qualité de noble, qui tient espèce de rang signalé en France ».

Des ordonnances royales plusieurs fois renouvelèrent la défense.

Il était de même interdit, sous peine d'amende, d'usurper des armoiries *timbrées*, ainsi que les titres et qualifications de noble, de noble homme, de messire, d'écuyer, chevalier, baron, vicomte, comte, marquis et autres caractéristiques de noblesse.

L'interdiction était peu efficace et Boileau l'a constaté ainsi :

« Mais enfin par le temps le mérite avili
Vit l'honneur en roture, et le vice anobli ;
Et l'orgueil, d'un faux titre appuyant sa faiblesse,
Maîtrisa les humains sous le nom de noblesse :
De là vinrent en foule et marquis et barons,
Chacun pour ses vertus n'offrit plus que des noms ».

Et la Bruyère aussi de son côté : « Tel abandonne son père qui est connu et dont on cite le greffe ou la boutique, pour se retrancher sur son aïeul qui, mort depuis longtemps, est inconnu et hors de prise. Il montre ensuite un gros revenu, une grande charge, de belles alliances, et pour être noble il ne lui manque que des titres ».

Et Furetière, dans son *Dictionnaire des mots français* : « Quelques-uns n'ayant point de seigneurie ajoutent par vanité à leurs noms de famille un *du* ou un *de*, qui est un génitif possessif, lequel suppose un fief ou une terre dont on porte le nom ».

On prenait le nom d'une chose qu'on possédait ou du lieu d'où l'on venait ou qu'on habitait, le *de* n'était plus alors qu'un ablatif venant d'une circonstance de voisinage. « Il y avait tant de Jean, tant de Pierre, tant de Paul, dit Lorédan-Larcher, l'auteur du *Dictionnaire des noms*, qu'il y avait bien fallu trouver des moyens de distinguer, et le *de* ne fut certainement dans l'origine qu'un de ces moyens-là. Lorsqu'un receveur d'impôts eut à coucher sur ses rôles une vingtaine de Jean tout court, lorsqu'un payeur de gens de guerre rencontra une dizaine de Pierre dans la même compagnie, il fallut bien donner une indication qui empêchât de les confondre. Le Jean qui venait d'une métairie languedocienne s'appela Jean du Mas ; celui qui venait d'une métairie située plus ou moins au nord, s'appela Jean du Clos, ou bien Jean de la Borde, ou encore Jean du Mesnil ; Le Jean logé au château ou à la forteresse s'appela Jean du Castel ou Jean de la Ferté. Le Jean qui habitait une hauteur devint Jean du Roc, ou de la Roque, ou du Rocher, ou du Mont, ou du Moncel, ou de la Motte. Le Jean de la vallée fut Jean de Van, ou Jean du Val, ou encore de la Combe. Le Jean du ruisseau fut Jean du Rieu ou du Ruy. Le Jean possesseur ou habitant un lieu boisé : de hêtres, fut Jean de la Faille ou du Fau ; d'ormeaux, Jean de l'Ormel, de l'Orme, des Ormeaux ; de chênes, Jean du Chesne, du Quesne, ou du Cusse. Quand les essences forestières étaient trop mêlées, on disait Jean du Bois, ou du Bosq ou du Bouchet, et ainsi de suite pour tous les Jean de notre belle France ». Et cette énumération déjà longue n'est qu'un simple aperçu. Comme on pourrait l'enfler encore, en citant des noms comme *du* Bois, *du* Buisson, *de* la Haie, *du* Pin, *du* Tilleul, *du* Verger, *du* Breuil, *du* Mont, *du* Val, *des* Fossés, *du* Bief, *de* la Rive, *des* Etangs, *des* Marais, *de* la Mare, *du* Lac, *du* Pré, *de* la Motte, *de* la Roche, *de* la Croix, *de* la Brosse, *de* la Souche pour terminer par ce nom que donna Molière à un de ses personnages de comédie.

D'un autre écrivain de notre époque, de Nimal, l'auteur de *Nobles et Noblesse* que nous avons déjà cité, donnons encore le passage suivant : « L'on vit cette particule qui, linguistiquement, doit marquer, sinon la possession et la seigneurie, tout au moins l'origine et la provenance, s'accrocher comiquement à des prénoms, à des adjectifs, à de simples lettres de l'alphabet, à des chiffres, à des noms de mois, de métiers, d'animaux, de plantes, de légumes, d'ustensiles de ménage. Ce fut un ridicule bariolage.... ».

Et le même auteur appuie son observation satirique d'exemples nombreux : *de* Catherine, *de* Grosjean, *de* Grandjean, *de* Cousin, *de* Fleury, *de* la Blanche, *de* Beauregard, *de* Coublanc, *de* Riche-panse, *de* la Grue, *de* Bontemps, *de* Janvier, *de* Cinq, *du* Haut, *de* Bataille, *d'*Arc, *de* l'Epée, *de* la Lance, *de* La Ville, *de* La Rue, *du* Coin, *du* Bois, *de* La Porte, *de* La Chambre, *de* Bien-assis, *de* Malassis, *de* La Grange, *de* La Chapelle, *du* Blé, *des* Champs, *de* La Cuisine, *des* Plats, etc... ». On continuerait encore aisément cette nomenclature, et on trouverait d'autres exemples dans la région même.

Etienne Arago, dans sa comédie *Les Aristocrates*, a pu dire à de vaniteux personnages :

« Songez, si votre nom à pour vous peu d'appas,
Qu'un *de* souvent l'allonge et ne l'anoblit pas ».

La noblesse, il faut le répéter après tant d'auteurs des mieux autorisés, est une qualité tout à fait personnelle et indépendante non pas seulement de la terre, mais même aussi du nom et du *de* dont on le fait précéder par tant de modes différents. Mais, il faut le reconnaître aussi, la particule *de*, cette fière particule, particule nobiliaire comme on l'appelle, la *particule*, tout court, est une distinction qui reste chère aux vanités de caste, aux vanités bourgeoises, à tous les mortels « désireux de paraître » ; et, la course à la particule a, comme nous l'avons dit déjà, un but intéressé qui explique le nombre de ceux qui y prétendent. Aussi elle a résisté à bien des révolutions. Supprimée en même temps que les titres de noblesse, la particule renaissait avec eux, et le nombre de ceux qui y prétendent ne paraît pas vouloir diminuer.

Mais voici maintenant une autre remarque faite encore par l'auteur de *Nobles et Noblesse* : « La noblesse n'a fait que se rapetisser de jour en jour, jusqu'à devenir ce quelle est à présent : un grand et respectable souvenir, mais rien de plus, quand elle est ancienne ; un puéril et frivole hochet, si elle est récente. Les blasons, les titres, les noms ont été conservés, mais la chose est morte. Comme disait Champfort : « Les nobles rappellent leurs ancêtres à peu près comme un *cicerone* d'Italie rappelle Cicéron ».

Et voici encore une observation d'un autre auteur (1) : « La noblesse, hermétiquement close au talent et pour qui un crétin, fils de vicomte, comptait plus qu'un roturier de génie, d'ailleurs aussi onéreuse qu'encombrante et bouffonne, a fini par fatiguer le peuple qui le lui a fait bien voir à la Révolution et ne lui a laissé que de vains hochets propres seulement à éblouir les snobs et impressionner les fournisseurs... Elle a eu le sort qu'elle méritait et personne ne peut la plaindre d'avoir été précipitée au néant où nous la voyons aujourd'hui ».

Nous trouvons dans les *Dialogues philosophiques* de Renan la remarque suivante : « La noblesse, à l'heure qu'il est, en France, est quelque chose d'assez insignifiant, puisque les titres de noblesse, dont les trois quarts sont usurpés et dont le quart restant provient, à une dizaine d'exceptions près, d'anoblissements et non de conquête, ne répondent pas à une supériorité de race, comme cela fut à l'origine... ».

La vénalité des titres nobiliaires n'avait fait que s'accentuer au XVIIIe siècle sous le règne de Louis XV, et déjà même antérieurement, car le fameux généalogiste d'Hozier, au temps de Louis XIV se trouvait lui-même assez accomodant pour constituer une généalogie aux nobles créés à prix d'argent, ainsi que l'a dit Boileau :

> « Et quand un homme est riche, il vaut toujours son prix,
> Et l'eut-on vu porter la mandille à Paris,
> N'eut-il de son vrai nom ni titre ni mémoire,
> D'Hozier lui trouvera cent aïeux dans l'histoire ».

(1) In *Le Temps*, 12 novembre 1907.

Boursault a médit aussi des généalogistes, en faisant dire à un de ses personnages, à la recherche d'aïeux, mais qui venait d'éprouver de l'auteur du *Mercure* un honnête refus :

« Morbleu ! Tant pis pour vous d'être si formaliste.
Adieu. Je vais chercher un généalogiste,
Qui, pour quelques louis que je lui donnerai,
Ne fera sur le champ venir d'où je voudrai ».

On cherchait bien par de fortes taxes imposées pour la confirmation des titres de noblesse à diminuer le nombre des nobles, mais on n'y arrivait pas : « Ceux chargés de la besogne, dit Saint-Simon, firent plus de nobles qu'ils n'en défirent », et, ainsi que le constate le même auteur, « les titres de comte et de marquis sont tombés dans la poussière par la quantité de gens de rien et même sans terre qui les usurpent, si bien que les gens de qualité qui sont marquis ou comtes, qu'ils me permettent de le leur dire, ont le ridicule d'être blessés qu'on leur donne ces titres en parlant d'eux ».

Clairambault, généalogiste des ordres du roi, vers le milieu du XVIII⁰ siècle, faisait remarquer à son tour que : « Les titres de marquis, comte ou baron, étaient devenus prodigués et aussi communs pour les militaires que celui d'abbé pour tous les ecclésiastiques sans abbaye ; il est vrai, ajoutait-il, que ces titres n'étant pas soutenus de leurs vrais fondements, qui sont des lettres patentes d'érection registrées, ne sont utiles que pour les adresses de lettres et les conversations avec les inférieurs ».

Louis XV, par son édit du mois de décembre 1770, autorisa les anciens gentilshommes qui ne pouvaient asseoir leurs titres honorifiques sur des fiefs ou domaines ou autres terres, à se pourvoir néanmoins en obtention des brevets de duc, de marquis, de comte et de baron, « à charge toutefois par l'impétrant de payer le droit de marc d'or ».

Le titre de chevalier était donné par politesse aux nobles qui n'étaient ni ducs, ni marquis, ni comtes, ni barons, et il était devenu l'apanage des cadets de famille noble.

Saint-Simon, dont la causticité s'attaquait souvent à la nouvelle noblesse, parle dans ses *Mémoires* du mariage de la fille d'un riche financier devenue Madame de Chamillard, et qui fut comtesse de Louhans (*Voy.* au mot Guyet, p. 105). Elle épousa le frère du ministre Chamillard qui fut, selon une épigramme bien connue : Un héros au billard, un zéro dans le ministère. « Chamillard, dit Saint-Simon, avait deux frères qu'on peut dire qui excellaient en imbécilité, le second méchant autant que la sottise le lui pouvait permettre. Il s'appelait le chevalier Chamillard... Son frère lui fit épouser la fille unique de Guyet. Depuis longtemps tout cadet usurpe le nom de chevalier. Il ne pouvait être porté par un homme marié ; celui-ci s'appela donc le comte de Chamillard. Le *de* s'usurpait par qui voulait depuis quelque temps, mais de marquiser ou comtiser son nom bourgeois de famille, c'en fut le premier exemple ». On sait combien depuis se multiplièrent ces exemples.

Nous parlions des chevaliers. Rappelons ici que, sous le premier Empire, les membres de la Légion d'honneur prenaient le titre de chevalier ; les fils puînés du titulaire d'un majorat jouissaient aussi de ce titre.

Montrant combien les titres tombaient en discrédit, l'héraldiste de la Roque faisait déjà remarquer dans son *Traité de la Noblesse*, en 1678, que « le mot d'écuyer était si avili, que les cuisiniers s'en paraient ».

Quelques anecdotes, et de date plus récente, sont à signaler ici.

On a raconté qu'un écrivain du XIX° siècle, non content de mettre un *de* en tête de son nom, en mit encore un à la queue ; fils du cafetier Genou il devint *de Genoude* ; mais c'aurait été, il est vrai, par une fantaisie du roi Louis XVIII, qui voulut l'anoblir ainsi.

On a raconté aussi que l'archéologue Quatremère s'étant adressé au roi pour obtenir la particule : « Je veux bien, avait répondu Louis XVIII, mais à la condition qu'il la mettra après son nom ». Quatremère ne redemanda plus.

On sait que le poète et littérateur de la Harpe se faisait appeler de la sorte, parce qu'il avait été recueilli, enfant abandonné, par les sœurs de charité de la rue de la Harpe.

Nous nous arrêtons là. C'est beaucoup trop déjà pour une préface. Toutefois à propos du rôle qu'a joué la noblesse et de celui qu'elle aurait pu jouer après la chute de ses prérogatives, nous ajouterons ces remarques tirées de la *Grande Encyclopédie* (tome XXIV, *Noblesse*, H. Hauser).

Après avoir parlé de l'usurpation des titres nobiliaires, et de l'erreur commune qui voit dans la particule une preuve de noblesse, « qu'ils soient d'ancienne ou de nouvelle fabrique, nos nobles, dit l'auteur, ont ceci de commun, qu'ils se croient obligés à vivre noblement, c'est-à-dire à ne pas se livrer aux occupations qui jadis dérogeaient à la noblesse ; on ne les verra s'adonner ni au commerce, ni à l'industrie, ni même, sauf de rares exceptions, au travail intellectuel ; cependant ils ne possèdent pas toujours une fortune qui leur permette l'oisiveté. La vie du propriétaire sur ses terres suffit encore à certains d'entre eux ; ceux-là rendent service au pays et peuvent exercer dans leur cercle une utile influence. D'autres préfèrent les sinécures... ».

On sait que le commerce de l'automobilisme qui, à son début, s'adressait surtout au monde du plaisir et du luxe, ne leur a pas répugné. Je ne veux pas rappeler en entier les phrases cinglantes d'Octave Mirbeau sur le personnel groupé fatalement, automatiquement, autour de ce négoce, comprenant de grands noms..., « soutiens des religions mortes et des monarchies disparues, qui rougiraient de pratiquer des commerces licites.... », mais s'adonnent volontiers à celui-ci « pourvu que leur élégance n'en souffre pas trop publiquement et que s'y rassurent leurs principes traditionnels... ». Nombre de gentilshommes « se ruèrent donc sur l'automobilisme avec frénésie ». Il se mirent « à brocanter des automobiles, à décorer des garages de leur présence rétribuée.... (1) ». Je préfère arrêter ici la citation, et je reviens aux remarques que faisait l'auteur de l'article sur la noblesse dans la *Grande Encyclopédie*, A. Hauser : « Un certain nombre de jeunes gens titrés, — dit-il à un autre point de vue, — ont toujours une prédilection marquée pour le métier des armes, spécialement pour l'arme noble entre toutes, la cavalerie ; mais en se réfugiant dans l'armée, en y portant ses préjugés et ses habitudes de caste, la jeune noblesse a souvent contribué à rompre l'harmonie nécessaire entre l'armée et la nation.... ».

Quoiqu'il en soit, la noblesse n'a pas cherché ou n'a pas pu trouver à jouer un rôle important dans la démocratie : « Sauf exception, elle a boudé au régime nouveau que la France s'est donné ; elle l'a considéré perpétuellement comme un provisoire ; elle en a souhaité, elle a même tenté d'en amener la fin ; elle a vécu de regrets stériles et de vaines espérances, elle s'est ruinée en des entreprises chimériques et pas toujours honorables. Loin de chercher à perfectionner le régime elle a pratiqué la doctrine du tout au pire. Au lieu de former un parti conservateur, elle a formé un parti réactionnaire. Elle était peut-être entraînée à commettre cette faute par ce fait que, issue d'une révolution antinobiliaire, la France contemporaine est, en politique, foncièrement hostile aux nobles.... ».

On pourrait même, avec quelque malignité, faire ressortir que parmi les plus ardents ennemis des principes de la Révolution, on trouverait quelques-uns de ces nobles récents, anoblis de fraîche date et souvent par eux-mêmes, qui emploient à les combattre la fortune qu'ils tiennent de leurs grands-pères, acquéreurs de biens nationaux, de biens d'église, ce qui les ferait excommunier aujourd'hui.

Ceux-ci plus que les vrais, les anciens nobles, restent entichés de leur petite noblesse ; ils cherchent à se distinguer du commun des mortels par certains usages qui les font reconnaître.

Nous avons voulu, comme préface de cet ouvrage sur les familles nobles, rappeler des appréciations d'ordre général, et nous l'avons fait sous formes de citations d'auteurs, philosophes, moralistes et historiens des diverses époques. Elles sont parfois un peu sévères, nous les trouvons justes.

(1) La 628-E8 p. 13.

Maintenant dans le cours de cet ouvrage, on verra que nous nous sommes attachés surtout à faire ressortir les titres honorables des vieilles familles nobles se rattachant à ce pays, ainsi que ceux des familles plus récentes, tels que nous avons pu les trouver établis, pour les unes et pour les autres, par certains actes, documents et souvenirs évoqués.

A chacun de conclure pour le général et pour le particulier.

M'excusant par avance des erreurs qui ont pu être commises et des inévitables oublis, j'espère qu'on trouvera que ce travail, fruit de recherches souvent laborieuses et qui est loin d'avoir la prétention d'être complet, a été fait avec une grande impartialité.

L. GUILLEMAUT.

INDEX BIBLIOGRAPHIQUE

Armorial général de France, recueil officiel manuscrit dressé en vertu de l'édit de 1696, 34 vol. in-fol. de texte et 35 vol. in-fol. d'armoiries peintes par Charles d'Hozier, juge d'armes, — M. S. S. Bibl. nationale.

Armorial général de France, Id. *Généralité de Bourgogne*, 2 tomes. Publié par Henry Bouchot. Paris, Champion, 1876.

Indicateur du grand Armorial de France, ou table alphabétique de tous les noms de personnes, villes, communautés et corporations dont les armoiries sont aux registres..., publié par Louis. Paris 1834, 2 vol. in-8°.

Armorial général où *Registre de la noblesse de France*, par Louis-Pierre d'Hozier et Marie-Antoine d'Hozier de Sérigny, juge d'armes de France, publié en 10 vol. in-fol. de 1736 à 1768, — réimprimé de 1865 à 1858, — suppl. 1908.

(Le recueil de d'Hozier, dit la Grande Encyclopédie, est à juste titre considéré comme la source la plus vraie, la plus authentique que l'on puisse consulter en matière nobiliaire. « Etre dans d'Hozier » est un privilège dont les familles nobles tirent vanité ; cela signifie qu'elles figurent dans l'une des 879 notices généalogiques contenues dans cet ouvrage qui a acquis une valeur considérable que le temps ne fait qu'accroître. Il a été réimprimé de 1865 à 1808, — suppl. 1908).

Armorial général de l'Empire par Henry Simon. Paris 1812, 2 vol. in-fol.

Armorial du 1er Empire, par A. Révérend.

Armorial de Bourgogne et de Bresse, dressé en 1726 par Jacques Chevillard l'aîné, sur de grandes feuilles in-fol. comprenant les armes de la noblesse du duché de Bourgogne, de la province de Bresse et pays environnants, les noms des gentilshommes du gouvernement de Bourgogne, aussi bien ceux qui furent maintenus dans leur noblesse après la recherche par les intendants Boucher et Ferrand, commis à cet effet, que ceux qui eurent entrée aux Etats de 1764.

Menetrier. *Origine des Armoiries*. Lyon, 1679, in-12.

La Vraye et parfaite Science des Armoiries ou *l'Indice armorial* de feu maistre Louvan Geliot, augmenté par Pierre Palliot. Paris, 1660. 2 gros vol. in-fol.

Palliot. *La Science de la Noblesse*. Paris, 1691, in-12.

Id. *Histoire du Parlement de Bourgogne*.

Id. *Histoire généalogique de la maison de Boulon*. Dijon, 1671, in-fol.

Id. *Mémoires généalogiques de diverses familles de Bourgogne*, 2 vol. in-fol. M. S. S. 1721-1742.

Saint-Allais. *Dictionnaire universel de la noblesse de France*. Paris, 1820. 5 vol. in-8°.

Courdon de Camouillac. *Recueil d'Armoiries des maisons nobles de France.* Paris, 1860, in-8°.

Le chevalier de Courcelles. *Nobiliaire universel de France*, 1821.

De Saint-Allais, de Courcelles... etc, id. 1872-1878, 41 vol. in-8°.

De la Chenaye-Desbois. *Dictionnaire généalogique, héraldique...* etc, 1757-1765. — *Dictionnaire de la Noblesse.* Paris, Schlesinger, 19 vol.

Borel d'Hauterive. *Nobiliaire de France*, 1854.

Id. *Annuaires de la Noblesse.*

André de la Roque. *Traité de la Noblesse*, 1710.

Boulainvilliers. *Essai sur la noblesse de France*, 1732.

Loiseau. *Traité des seigneuries*, 1708.

Renauldon. *Traité historique et pratique des droits seigneuriaux*, 1765.

Guyot. *Traité des fiefs*, 1751.

Chérin. *Abrégé chronologique d'Edits, déclarations...* 1788.

Adolphe Granier de Cassagnac. *Histoire des classes nobles et des classes anoblies.* Paris, 1840.

La Noblesse en France avant et après 1789, 1858, in-12.

Alfred Levesque. *Le Droit nobiliaire français au XIX° siècle.* Paris, 1866.

Henri Beaune et Jules d'Arbaumont. *La Noblesse aux Etats de Bourgogne*, de 1330 à 1789. Dijon, Lamarche, 1864, in-4°.

D'Arbaumont. *Les Anoblis de Bourgogne.*

Mémoires de la Société d'histoire et d'archéologie de Chalon-sur-Saône : *La généalogie des d'Antigny*, in 2° vol.

Id. *Notice historique sur la commune de Branges*, par Gaspard, 1860, in 4° vol.

R. de Lurion. *Nobiliaire de Franche-Comté.* Besançon, 1894, vol. g⁴ in-8°, nouv. édition.

Rousset. *Dictionnaire historique, géographique et statistique des communes du Jura.* Besançon, 1853, 6 vol.

Suchaux. *Nobiliaire de la Haute-Saône.*

Jules Baux. *Nobiliaire du département de l'Ain, XVII° et XVIII° siècles*, Bresse et Dombes, Bugey et pays de Gex. Bourg, 1862, 2 vol. in-4°.

Louis de la Roque et Edmond de Barthélemy. *Catalogue des gentilshommes de Bourgogne qui ont pris part aux assemblées de la noblesse pour l'élection des députés, aux états généraux de 1789.* Paris, Dentu, 1862.

Courtépée et Béguillet. *Description générale et particulière du Duché de Bourgogne*, 7 vol. Dijon, 1775-1785. — Edition nouvelle, Victor Lagier, Dijon, 1845, 4 vol.

La Revue héraldique, historique et nobiliaire, fondée en 1862.

Grand dictionnaire universel, par Pierre Larousse, en 15 vol. — *Le Nouveau Larousse illustré*, dictionnaire universel encyclopédique, en 7 volumes, — avec suppléments.

La Grande Encyclopédie, inventaire raisonné des Sciences, des Lettres et des Arts, par une Société de savants et de gens de lettres, sous la direction de Berthelot. Paris, 31 volumes.

Dictionnaire historique des Institutions, Mœurs et Coutumes de la France, par A. Chéruel. Paris 1855, 2 vol. in-8°.

Rambaud. *Histoire de la civilisation française*, 1887.

H. Taine. *Les Origines de la France comtemporaine, l'Ancien régime*, 1880.

Alphonse Chassant. *Les Nobles et Vilains du temps passé ou Recherches critiques sur la noblesse et les usurpations nobiliaires.* Paris, 1857.

Id. *Nobiliana, Curiosités nobiliaires et héraldiques.* Paris, 1858.

De Nimal, *Nobles et Noblesse.* Paris, Savine, 1892.

Traité élémentaire du blason, par Alphonse Labitte. Paris, 1893.

De Royer. *Avons-nous une noblesse française ?* Paris, 1898, in Revue des Revues.

Etat présent de la Noblesse française, par Bachelin-Deflorenne, 1860 et 1887, gros vol. gr. in-8°.

Nouveau traité des Armoiries, ou la science et l'art du blason, par Bouton, 1887, fort vol. gr. in-8°, orné de 900 blasons.

Le Livre d'or de la noblesse, par De Magny, 1845-47, 3 gros vol. in-folio.

Code la Noblesse Française ou Précis de la législation sur les titres, épithètes, noms, particules nobiliaires et honorifiques, les armoiries... etc... etc., par de Semainville. Paris, 1860, gros vol. in-8°.

Essai sur l'origine de la noblesse en France, par P. Guilhiermoz. Paris, 1902.

Louis Viau. *La Particule nobiliaire*. Paris, Dentu.

De la Particule dite nobiliaire (étude historique et juridique), thèse pour le doctorat, fac. de droit de Paris, par Michel Breuil. Paris, Librairie de la Soc. du Recueil général des lois et arrêts... Larose, 1893.

Ouvrages et auteurs divers : *Mémoires* de Saint-Simon ; — *Caractères* de Labruyère ; — *Comédies* de Molière, Boursault... ; — *Satires* de Boileau, de Louis Petit... ; — *Œuvres* de Montesquieu, Voltaire... etc. — *Les Aristocrates*, comédie d'Et. Arago... etc... etc.

Manuscrits de la Bibliothèque nationale, collection de Bourgogne, 134 vol. — Généalogies... etc.

Archives nationales, série J., Bourgogne. — Archives départementales, E., Saône-et-Loire, notaires et titres de famille... etc. — Archives communales.

Annuaires de Saône-et-Loire, de la Côte-d'Or, de l'Ain et du Jura

Anciens terriers de seigneuries.

Un petit coin de la Bourgogne à travers les âges. Histoire de la Bresse Louhannaise par Lucien Guillemaut. Louhans, Romand, 1892-1903, 2 vol. in-8°. — *Histoire de la Révolution dans le Louhannais*, id. 2 vol.

TABLE DES GRAVURES

Contenues dans ce volume

1re planche des Armoiries (Antigny de Sainte-Croix, Arviset, Badoux, Bataille de Mandelot, de Batz de Castelmore d'Artagnan, de la Baume-Montrevel), p. 2.

Seigneur armé, 4. — Le duc de Bourgogne, 5. — Octroi des franchises de Louhans par Henri d'Antigny, 7. — Pierre tombale d'Etienne de Sainte-Croix, 9. — Huguette de Sainte-Croix, 11. — Chevauchée d'Huguette, 12. — Guillaume de Vienne, dit le Sage, 13. — Ruines du château d'Authumes, 15.

2e planche des Armoiries (de Beaurepaire, de Berbis, Bernard de Montessus, Bernard de Sassenay, Bouton du Fay, de Brancion-Visargent), 20.

Château de Beaurepaire, 25. — Château sur une motte, aux premiers temps du moyen âge, 27. — Bernard, le pauvre prêtre, 31. — Tombe de Jean Bouton, seigneur du Fay, 38. — Clermont Mont-Saint-Jean, 46. — Ruines du château de Branges, 48. — Ancienne chapelle seigneuriale id., 49. — Serfs battant l'eau des fossés, 51.

3e planche des Armoiries (Le Camus, de Chaignon, Chartraire de Bourbonne, de Chatenay, de la Chaux, de Courtivron), 53.

Chapuys-Montlaville (de) père, sénateur, 60. — Chapuys-Montlaville (de) fils, député, 60. — Tombe d'Antoine de la Marche, 63. — Un vieux droit seigneurial, promenade baladoire des prêtres familiers de l'église de Louhans pour présenter un gâteau au seigneur de Châteaurenaud le jour de St-Laurent, 66. — La corvée, 69.

4e planche des Armoiries (de Chalon-Orange, de Chanteret, Deschamps de la Villeneuve, Fyot de la Marche, de Créon, Gravier de Vergennes), 74.

Anciens remparts de Cuiseaux, porte du verger, 76. — Ancien château des princes d'Orange (école des filles de Cuiseaux), 79. — Ruines d'une tour à Cuisery, 82. — Le château de Durotal, à Montpont, 86. — Tombe de Claude de Sainte-Croix, seigneur de Clémencey, 90. — L'église romane de la Frette, 93. — Tombe de Ponce de Tenarre, 94 et 208. — Le comte de Vergennes, 100.

5e planche des Armoiries (Guyet, Gagne de Perrigny, Le Goux de Saint-Seine, de Lacurne, de Laurencin, de la Michaudière), 102.

Mme de Chamillard, 104. — Louhans au moyen âge, 116. — Louhans au XVIIe siècle, 117. — Louhans en 1789, 118. — Louhans au commencement du XXe siècle, 119. — J. d'Hochberg, dame de Sainte-Croix, Louhans, 121. — Louis de Bourbon-Condé, seigneur de Louhans, 122. — Henri de Bourbon-Condé, id., 123. — De la Michaudière, 126.

6e planche des Armoiries (de Mailly de Châteaurenaud, de la Marche, de Monteonis, du Périeux, Pot, du Puget de Chardenoux), 128.

Antoine Mailly, marquis de Châteaurenaud, 132. — Château de Châteaurenaud, 133. — Mailly, membre de l'Assemblée nationale (Eisen), 135. — Mailly, membre du Conseil des anciens, 136. — Tombe de Guillaume de la Marche et de sa femme,

140. — Olivier de la Marche, 149. — Abbaye du Miroir, 150. — La Dîme, 151 Château de Montcony, 153. — Le bon vieux temps, 157. — Château de Pierre, vue ancienne, 163. — Quatre vues, le château de Pierre, 164-165. — Tombeau de Philippe Pot, 167.

7e planche des Armoiries (Quarré, de Renouard, de la Rodde, de Saint-Mauris-Montbarrey, de Saumaise, de Scorailles), 173.

Église de Rancy, 176. — Tombe de Jacobus de Ratte, 178. — Château de Sainte-Croix, 180. — Le mousquetaire d'Artagnan, seigneur de Sainte-Croix, 187. — L'église de Sainte-Croix, 188. — Vue actuelle de Sainte-Croix, à l'arrivée du côté de Louhans, 189. — Péage seigneurial, 190. — Fours banaux, 191. — L'ancien hôtel du marquis de Scorailles à Saint-Germain-du-Bois (hôtel du Lion d'or), 193.

8e planche des Armoiries (de Ténarre, de Thésut, de Tholsy, de Thiard, de Truchis, de Vienne), 209.

Pontus de Thiard, 213. — Héliodore de Thiard, gouverneur de Verdun (1558-1593), 215. — Marguerite de Bussoull, femme d'Héliodore de Thiard, 216. — Mort de Marguerite de Bussoull, au siège de Verdun (1593), 217. — Claude de Thiard, maréchal de camp, seigneur de Pierre, 219. — Henry de Thiard (Le cardinal de Bissy) (1633-1737), 222. — Thiard Anne-Louis, lieutenant général (1715-1748), 224. — Le général Thiard (Auxonne-Marie-Théodose) (1772-1852), 229. — Le château du Bouchat à Varennes-St-Sauveur, 243. — Jean de Vienne, amiral de France (1341-1390), 245. — Mort de Jean de Vienne à la bataille de Nicopolis, 248. — Tournoi au château de Vincelles, 251.

9e planche des Armoiries (Arnoux de Corgeat, de Couverand, de Branges, Carrelet de Loisy, Clerguet, David), 254.

De Branges, maire, sous-préfet, député de l'arrondissement de Louhans, 267.

10e planche des Armoiries (Gauchat, Mareschal de Longeville, Jehannin, Rolin, Tupinier, Vitte), 276. — Tombe de Jeanne Blèvre à l'église de la Genête, 283. — Le baron Tupinier, député, pair de France, ministre, 288. — Fête de la Fédération à Louhans en 1790, 297.

11e planche des Armoiries (d'Estampes, Du Breuil de Sacconay, de la Chapelle, de la Cuisine, Garnier des Garets, Guerret de Granod), 300.

12e planche des Armoiries (Lorin, du Marché, Jordan, Puvis de Chavannes, Quarré de Verneuil, Courlet de Vrégille), 313.

Château de la Motte à Sainte-Croix, 326.

Armoiries des Corporations ouvrières de Louhans, 3 planches, 329-331. — Id., id., Cuiseaux, 333. — Id., id., Cuisery, 334.

Armoiries particulières et de familles (curés, médecins, bourgeois), 337.

ARMOIRIES

FAMILLES NOBLES

ANCIENS CHATEAUX

DU LOUHANNAIS

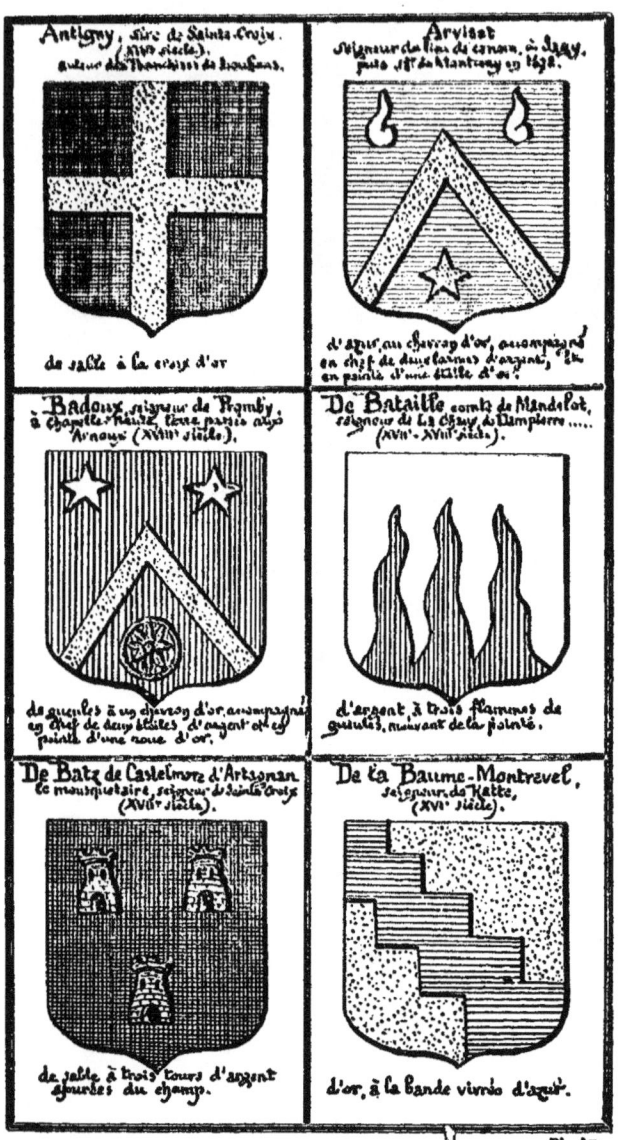

ARMOIRIES ET FAMILLES NOBLES
du Louhannais

Antigny de Sainte-Croix (D'). — Ce nom vient le premier par ordre alphabétique, et aussi, heureuse coïncidence, par ancienneté d'origine et par rang d'importance : à lui se rattache un des faits les plus importants de notre histoire locale, l'établissement des Franchises communales à Louhans et dans d'autres communes du Louhannais, comme Beaurepaire... La maison d'Antigny était issue des anciens comtes de Vienne qui, à l'époque féodale, aux XII° et XIII° siècles, possédaient avec Pagny, Seurre, Pourlans, Longepierre..., de nombreuses terres dans la région, Mervans, Louhans, Sainte Croix..., sous la souveraineté des Ducs de Bourgogne. Cette maison d'Antigny, branche cadette de la maison de Vienne, a relevé ensuite, au milieu du XIII° siècle, le nom et les armes de cette ancienne et puissante maison, par suite du mariage, vers 1250, de Guillaume d'Antigny, seigneur de Pagny, avec Béatrix de Vienne, héritière du dernier comte de Vienne et de Mâcon. (Voir au mot Vienne, pour d'autres seigneurs, quelques-uns grands et illustres, de cette maison de Vienne)

Parmi les biens que Béatrix de Vienne apportait à Guillaume d'Antigny, se trouvaient toutes les possessions que la maison de Vienne avait dans la région Louhannaise et qui devinrent bientôt, à la mort de Guillaume d'Antigny, le lot de Henri, sire de Sainte-Croix, auteur de la branche des seigneurs de ce nom.

Louhans, dont l'Abbé de Tournus revendiquait la suzeraineté avec les droits et profits seigneuriaux, depuis la donation qu'en avait faite le roi de France, Louis le Bègue, en 878, était devenu à la faveur des troubles et des guerres de l'époque, entre seigneurs, un véritable fief des seigneurs d'Antigny, sous réserve de quelques droits que l'abbaye partageait avec eux.

Le petit village était devenu bourg, avec un port surtout pour le sel venant du comté de Bourgogne, et, grâce à son heureuse situation au confluent de deux rivières et à l'esprit industrieux de ses habitants, s'était accru, devenant petite ville entourée de fossés, de murailles, avec tour et château.

C'est à Henri d'Antigny que Louhans doit sa charte d'affranchissement octroyée en 1269, avant son départ pour la croisade avec le roi Louis IX. Son nom mérite de rester dans le souvenir des Louhannais.

Cette charte dont la ville possède l'original, et que nous voudrions voir encadrée et placée dans la salle de la mairie ou au musée de Louhans, est le titre primordial de la liberté de nos aïeux, les exonérant du servage de la main-morte et de la plupart des droits féodaux. Elle donnait un « majour » ou maire à la ville et comme un rudiment d'administration communale, avec des privilèges aux habitants et les conditions pour acquérir la bourgeoisie. Elle fut, comme toutes les chartes de franchises, publiée avec solennité et jurée par le seigneur et les bourgeois ou habitants affranchis.

Henri d'Antigny donnait quelques années après, en 1275, la charte des franchises de Beaurepaire qui est la reproduction à peu près intégrale de celle de Louhans ; il espérait, comme cela réussit à d'autres seigneurs, pour Branges, Cuiseaux, Sagy..., attirer à Beaurepaire, qui se trouve à égale distance de Louhans et de Lons-le-Saunier, de plus nombreux habitants et créer ainsi un centre plus important de population. Quelle qu'ait été l'intention qui ait dirigé leurs auteurs, motif d'intérêt personnel ou de philanthropique générosité, « *utilitate nostra* », disait le seigneur dans les chartes de Cuiseaux et de Sagy, « pour le profit de nous et de nos hoirs et l'accroissement que nous voulons », disait celui de Louhans et de Beaurepaire, ces chartes d'affranchissement eurent une grande influence et elles portent, du reste, nettement avec elles le cachet de leur époque.

Nous ne pouvons entrer ici dans de plus amples détails ; d'autres bourgs ou communautés d'habitants furent aussi dotés par différents seigneurs de franchises analogues, obtenant ainsi ces garanties que les Vilains et Manants d'autres villages n'acquirent que plus tardivement : l'émancipation des classes plus spécialement rurales devait être plus lente à se produire.

Octroi des Franchises par le seigneur de Louhans, Henri d'Antigny, en 1269

Les seigneurs d'Antigny ou sires de Sainte-Croix (c'est la qualification qu'ils prenaient) possédaient directement ou comme seigneurs suzerains la plus grande partie de la région, depuis la Saône jusqu'à Lons-le-Saunier et Cuiseaux. Leur château de Sainte-Croix s'élevait sur la rive gauche du Solnan; il était fortifié avec tourelles, fossés, ponts-levis. Tout autour étaient groupées les habitations des paysans qui s'y réfugiaient en cas de péril. Sur la hauteur qui domine le bourg s'élevait comme une forteresse qui a conservé au lieu le nom de « la Citadelle ». Tout a été détruit pendant les guerres de religion, à la fin du XVI° siècle. Sainte-Croix ne fut plus ensuite qu'un village avec un petit bourg et un château d'apparence moderne, où on avait pu conserver pendant quelque temps encore une des tours de l'ancien château fort.

Les hauts et puissants seigneurs de Vienne ou d'Antigny, sires de Sainte-Croix, conservèrent leurs possessions dans le Louhannais jusque dans la seconde moitié du XV° siècle. Elles passèrent alors aux d'Hochberg, puis aux de Rothelin, d'Orléans, de Longueville, Bourbon-Condé, Nemours..., qui les possédèrent de loin, se bornant à jouir de leurs revenus. Mais, tant qu'elles appartinrent aux sires d'Antigny, ceux-ci avaient fait du château fort de Sainte-Croix un de leurs séjours habituels ou de prédilection, où des fêtes étaient souvent données quand ils n'étaient point occupés dans les guerres ou retenus à la cour des Ducs de Bourgogne, dont ils reconnaissaient depuis longtemps la suzeraineté.

Plusieurs des seigneurs de Vienne et d'Antigny furent des chevaliers renommés par leur vaillance et se distinguèrent dans les croisades et dans les guerres, sous les ordres de leur suzerain ; d'autres furent de hauts prélats de l'Eglise. En même temps, ces familles eurent, par les femmes, des alliances avec les plus grandes maisons nobles de la région.

Celui dont le nom, avons-nous dit, doit rester le plus dans nos souvenirs, l'auteur des Franchises de Louhans, Henri d'Antigny, mort en 1284, quinze ans après l'octroi de ces franchises, eut pour successeurs, comme sires d'Antigny et de Sainte-Croix, Guillaume son fils, puis le fils de celui-ci, Henri d'Antigny.

Pierre tombale d'Étienne de Sainte-Croix (XIVe siècle)
en l'église de Sainte-Croix, à gauche en entrant

Dessin relevé par M. Bougenot et publié par lui dans le
*Bulletin archéologique du Comité des Travaux historiques
et scientifiques*, au ministère de l'Instruction publique, 1892,
n° 3.

Un des frères de ce dernier, Etienne de Sainte-Croix, fut seigneur de Savigny-en-Revermont ; une pierre tombale d'un Etienne de Sainte-Croix, probablement le fils de celui-ci, existe dans l'église de Sainte-Croix, représentant un maître d'école, qui, du haut d'une estrade, enseigne ses élèves, qu'on voit assis à des tables et tenant à la main un livre où sont inscrites en latin des sentences morales. Cet Etienne de Sainte Croix, licencié en droit civil et en droit canon, décédé en 1350, était un chanoine *Ecolatre*, ayant dans sa charge la direction des écoles.

Pour continuer la généalogie de cette illustre maison, disons que le seigneur de Sainte-Croix dont nous venons de parler, Henri d'Antigny, épousa Marguerite de Bellevesvre et eut de son mariage un fils, Guillaume d'Antigny, qui lui succéda comme seigneur de Sainte-Croix, et une fille, Huguette de Sainte-Croix, qui eut une grande, mais triste célébrité comme dame de Saint-Laurent la-Roche en Comté, haute dame dont nous avons raconté ailleurs (1) la très curieuse histoire, les fêtes données pour son mariage au château de Sainte-Croix et la mort de son mari qu'elle fit assassiner, en 1328, par le frère de celui-ci. Elle se remaria ensuite et une de ses filles épousa Louis de Chalon, seigneur de Cuiseaux.

Le frère d'Huguette, Guillaume d'Antigny, seigneur de Sainte-Croix, eut d'un premier mariage Henri d'Antigny, qui, vers 1360, fut seigneur de Sainte-Croix et mourut sans enfants, et d'un deuxième mariage Jeanne de Sainte-Croix, qui épousa Henri de Vienne, seigneur de Mirebel.

Le fils de celui-ci, Hugues de Vienne, fut seigneur de Seurre et de Sainte-Croix, Montpont, etc... Son héritier, Guillaume dit le Sage, seigneur de Saint-Georges et de Sainte-Croix, « marié en grande et seigneuriale maison », et dont Olivier de la Marche fait un grand éloge dans ses *Mémoires*, fut conseiller et chambellan du duc Philippe le Bon, gouverneur du comté et du duché de Bourgogne, ambassadeur au concile de Constance, premier chevalier de la Toison d'or (1430).

Mais, après lui, vint Guillaume son fils, seigneur de

---

(1) *Histoire de la Bresse Louhannaise*, 1ᵉʳ vol. : *Les Temps anciens et le Moyen âge*, p. 430.

Huguette de Sainte-Croix

Chevauchée d'Huguette de Sainte-Croix, promenade et rentrée au château

Guillaume de Vienne, dit le Sage
Seigneur de St-Georges et de Ste-Croix
Conseiller et Chambellan du duc de Bourgogne
Chevalier de la Toison d'Or
(1430)

Saint-Georges et de Sainte-Croix, marié avec Alix de Chalon, sœur de Louis, prince d'Orange. Il fut loin d'avoir les qualités du père, et « par faute de sens et de conduite » il vendit et engagea ses plus belles seigneuries et dissipa les biens de ses ancêtres pour satisfaire à ses prodigalités.

Ce fut lui qui remit Louhans, en 1431, à Rodolphe d'Hochberg, époux de Marguerite de Vienne, comtesse de Blamont. Il mourut à Tours en Touraine, et son fils, Jehan de Vienne, valut encore moins « de vertus et de personnage » et acheva la ruine de cette maison de Saint-Georges et Sainte-Croix, « non pas celle de Vienne, car encore, Dieu merci, disait Olivier de la Marche, il y en a qui honorablement se conduisent. » Voy. plus loin, Vienne (de).

On a indiqué plusieurs armoiries pour les seigneurs d'Antigny, qui possesseurs de nombreuses terres, formèrent divers rameaux de la branche principale. L'armoirie que nous donnons en tête de l'Armorial (1re planche, n° 1) est celle que conservèrent, comme sires de Sainte-Croix, les seigneurs les plus importants de cette grande maison, « la *croix* d'or sur champ de sable ».

Les symboles des blasons n'étaient souvent comme nous aurons maintes fois l'occasion de le voir, que des objets faisant allusion à leur dénomination, ce qui a constitué des sortes d'armes parlantes.

Arnoux, *voy.* plus loin 9° feuille des armoiries et détails sur cette famille.

Artagnan (D'), *voy.* Batz de Castelmore d'Artagnan, seigneur de Sainte-Croix.

Arviset, famille éteinte, originaire de Dijon, anoblie au XVIe siècle et pour laquelle fut érigée, par lettres patentes de 1672, le fief d'*Arviset* à Sagy, en faveur d'Antoine Arviset, écuyer, conseiller du roi, trésorier général de Bourgogne et de Bresse, époux de demoiselle Renée-Ursule Jehannin, qui, dans la même paroisse, avait déjà le fief du *Verger*, au village de Servignat. Antoine Arviset fut ensuite seigneur et baron de Montcony, par acquisition, après la mort du dernier seigneur de ce nom, et avant que cette terre ne passa, par acquisition également, aux de la Rodde, en 1712.

Ruines du château d'Authumes.

Le fils d'Antoine Arviset, Philibert Arviset, écuyer, seigneur de Montcony, compta en 1697 parmi les gentilshommes reçus sur preuves, pour les assemblées des Etats de Bourgogne.

Aumont (D'), illustre famille de Normandie, dont un des derniers membres fut possesseur de terres dans la Bresse Louhannaise et notamment à Chapelle-Naude, acquises au XIX° siècle, aujourd'hui à son héritier, M. Aristide Gavillot, de Sens, ancien député de la nation française au Caire et membre de l'Institut Egyptien.

La famille d'Aumont avait fourni à diverses époques des ducs et pairs, maréchaux de camp, lieutenants généraux, évêques. Un des derniers ducs d'Aumont fut député de la Noblesse de Normandie aux Etats généraux de 1789, démissionnaire, puis émigré. Le dernier duc d'Aumont (et de Villequier), Louis-Marie-Joseph, né en octobre 1809, résidait au Caire dans la seconde moitié du XIX° siècle. Sa sœur, Ambroisine-Mélanie-Marie d'Aumont, née en octobre 1810, avait épousé en 1835 Edmond Charles-Andronic Poullain, comte de la Vincendière.

Les armes des d'Aumont étaient « d'argent au chevron de gueules, accompagné de sept merlettes du même, 4 en chef et 3 en pointe mal ordonnées ».

Authumes (seigneurs d'). — Un des seigneurs de la maison de Vienne, qui possédait, au moyen âge, la plupart des terres de la région, avait vendu en 1302 la *ville et maison forte d'Authumes* au duc de Bourgogne, Robert. Au XV° siècle, le duc Philippe le Bon la donna au chancelier Rolin (Voir ce nom, avec la 10° feuille des armoiries).

Le château d'Authumes était une vraie forteresse qui eut à subir de nombreux sièges, surtout au temps des guerres de religion, dans la seconde moitié du XVI° siècle et des guerres de Comté au XVII°. Pris par les Comtois en 1637, repris par les Français en 1638, il avait été démantelé à cette époque par ordre du roi ; il en reste encore une vieille tour et les traces des anciens fossés.

La seigneurie d'Authumes était passée à une des filles du chancelier Rolin, mariée au sire d'Oyselet, gouverneur de Beaune, et ensuite, par le mariage de leur fille, à Emart Bouton du Fay, et de là aux Bouton, seigneurs de Pierre.

L'un deux, Charles Bouton, la vendit en 1534, ainsi que celle de Lays, à Philippe Chabot, amiral de France, lieutenant général et gouverneur de Bourgogne (*Voy.* Chabot).

La seigneurie d'Authumes fut plus tard, en 1666, à Catherine de Neuville, comtesse d'Armagnac ; puis à Ignace Desain, bourgeois de Paris ; puis à Pierre Belon, conseiller au Parlement de Bourgogne, qui l'acquit d'Ignace Desain, et la vendit ensuite, en 1680, ainsi que la seigneurie de Fretterans, en 1685, à Louis de Lorraine, grand écuyer de France.

L'année suivante, elle était, ainsi que la seigneurie de Fretterans, à Jacques de Thiard, marquis de Bissy ; ces deux seigneuries restèrent dès lors à la famille de Thiard (*Voy.* ce mot).

Badoux, Claude-Elysée, de famille originaire de Bresse, était, au commencement du XVIIIe siècle, écuyer, seigneur de Promby, à Chapelle-Naude. Il était aussi possesseur du meix Culey, à Bruailles, pour lequel il rendait foi et hommage au seigneur de Louhans. Pour prouver sa noblesse aux Etats de 1700, il produisit les provisions de son aïeul, trésorier du bureau des Finances, vétéran en 1665, et de son père, successivement trésorier de France (1660) et président à la Chambre des Comptes (1680).

Le fief de Promby, dans la première moitié du XVIIIe siècle, passa aux Arnoux (*Voy.* ce mot).

Bantanges (seigneurs de). — La terre de Bantanges qui, comme la plus grande partie de la région louhannaise, avait anciennement appartenu aux de Vienne, fut plus tard aux d'Uxelles, puis, à la fin du XVIe siècle, aux Saint-Clément de Taisé, d'où elle passa par acquisition, vers le milieu du XVIIe, à Philibert Potet, chevalier, maître des Requêtes, conseiller du roi en ses conseils, qui la fit ériger en marquisat en 1675. Son fils, Jean-Baptiste Potet, ou plutôt les créanciers de celui-ci l'aliénèrent en 1696, ainsi que la baronnie de St-Germain-du-Plain, au profit de « Messire François Guyet, chevalier, seigneur de La Faye (à St-Germain-du-Bois), intendant des Finances, qui la fit ériger de nouveau en marquisat, au mois de décembre de la même année « pour lui et ses hoirs, mâles ou femelles ». Partie de Bantanges était de la baronnie de

Montpont. Au hameau de la Grande Buclière, nom d'origine féodale, existait autrefois un château fort, dominant en amont la vallée de Sâne-la-Morte. Son importance était assez considérable si l'on considère la grande quantité de débris qui ont été mis à jour en remuant le sol, et surtout l'existence de fossés de circonvallation actuellement comblés, mais se révélant encore par des quantités de roseaux croissant sur leur emplacement. Le château seigneurial des nouveaux marquis de Bantanges fut aux Dallemands. — *Voy.* Guyet 5ᵉ feuille des Armoiries, Mme de Chamillard... etc.

Bataille de Mandelot (De), seigneurs de La Chaux. — *Voy.* Chaux (La).

Batz de Castelmore d'Artagnan (De), seigneur de Sainte-Croix. — L'antique baronnie de Sainte-Croix, passée au XVᵉ siècle de l'illustre maison des d'Antigny de Vienne, aux d'Hochberg, princes de Neufchâtel, puis, au commencement du XVIᵉ, aux princes et princesses d'Orléans, Longueville, puis de Bourbon-Condé qui la conservèrent jusqu'en 1656, était passée alors à une famille noble, d'origine charolaise, celle de Champlecy. Les armes de cette maison étaient « d'or à une colonne d'azur », leur devise : *vertus mihi et ensis*.

Anne-Charlotte de Champlecy porta quelque temps après la baronnie de Sainte-Croix, dans la famille des Semur, par son mariage avec Jean-Léonard Damas, seigneur de La Clayette. Devenue veuve, elle la porta ensuite par un nouveau mariage, en 1659, à Charles de Batz de Castelmore d'Artagnan, capitaine lieutenant des Mousquetaires du roi ; et ce mousquetaire n'est pas autre que le fameux d'Artagnan dont les aventures belliqueuses et romanesques ont inspiré le roman d'Alexandre Dumas. Nous avons raconté dans l'*Histoire de la Bresse Louhannaise*, les circonstances de ce mariage du mousquetaire béarnais, enfant de la Gascogne, avec la riche héritière, qui s'était laissé séduire, à la cour du roi Louis XIV, par ses bonnes grâces et ses brillantes qualités. L'union des deux époux, d'après l'histoire et les chroniques du temps, ne fut pas longtemps heureuse. D'artagnan n'avait que 36 ans à l'époque de son mariage ; d'autres passions lui firent vite oublier son épouse, en même temps qu'il trouvait dans la vie des camps des distinctions et de la gloire. Deux fils, toutefois, naquirent de ce mariage : le premier, filleul de Louis XIV et de la reine Marie-Thérèse, fut comte d'Artagnan, seigneur de Castelmore en Béarn ; le second, filleul de Louis de Bourbon, dauphin de France, et de Louise de Bourbon, princesse de Dombes et Montpensier, fut le chevalier d'Artagnan, seigneur de Sainte-Croix.

Le glorieux mousquetaire, après s'être distingué par de nombreux faits d'armes et notamment au siège de Dôle, lors de la seconde conquête de la Comté, en 1668, fut ensuite nommé maréchal de camp, et perdit la vie au siège de Maestricht, en 1673, à l'âge de cinquante ans.

Le seigneur de Sainte-Croix, son fils, Louis Gabriel de Batz de Castelmore d'Artagnan, fut officier au régiment des gardes du roi et capitaine de dragons au régiment de Nicolaï. Les armes des de Batz Castelmore, que nous reproduisons dans la planche 1re, étaient : « de sable à trois tours d'argent, ajourées de champ ».

Ce fut ce seigneur, fils du mousquetaire, qui affranchit les habitants de Sainte-Croix « de l'obligation où ils étaient de cuire leurs pains dans les fours banaux à lui appartenant, moyennant un cens annuel de dix sous sur chaque habitant, sujet à la dite banalité ».

Sa mère, Charlotte de Champlecy, veuve d'Artagnan, mourut au château de Sainte-Croix, en 1683 ; et sa femme, la comtesse d'Artagnan de Sainte-Croix, mourut à Chalon en 1714. Toutes deux furent inhumées en l'église de Sainte-Croix, dans leur caveau de la chapelle de Notre-Dame de Pitié.

Après la mort du seigneur de Sainte-Croix, la seigneurie fut acquise des de Batz d'Artagnan, ses fils, par Jean-François-Joseph du Venant, comte d'Iverny, en faveur duquel elle fut érigée en marquisat, en 1739. Vingt ans plus tard, en 1759, elle passa par acquisition aux Renouard de Fleury. *Voy.* ce nom et les armoiries des Renouard, pl. 7.

Baume Montrevel (De la), seigneurs de Ratte. — Les de la Baume Montrevel, seigneurs de Ratte, étaient de l'illustre famille de ce nom, originaire du Bugey, mais dont l'histoire appartient également à la Franche-Comté et un

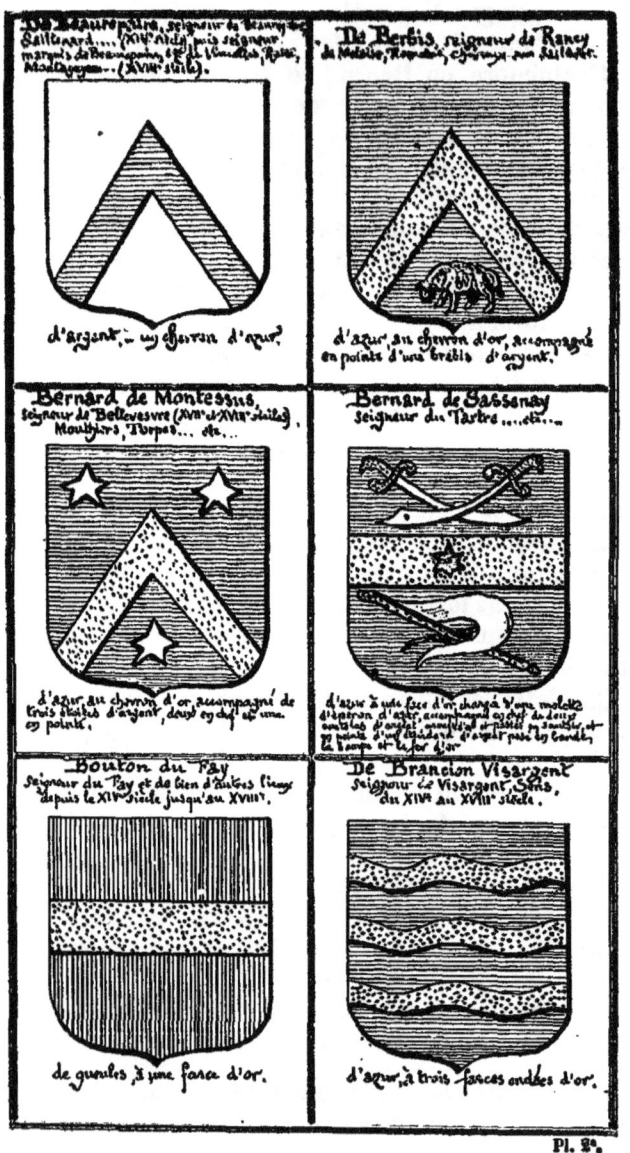

peu à notre Bresse : elle occupait déjà, au XII° siècle, un rang élevé dans la noblesse féodale. Elle a fourni deux cardinaux, archevêques de Besançon, deux grands maîtres des arbalétriers, deux maréchaux de France, un vice-roi de Naples, dix-sept gouverneurs de provinces, des chevaliers de la Toison d'Or, de Saint-Georges, Elle était alliée aux de Ténarre. On voit, à partir du XVI° siècle, plusieurs nobles de ce nom, seigneurs de Ratte, où ils avaient un château sur motte. Il ne reste plus aucune trace de ce château, qu'on appelait le château de la Baume, dont l'emplacement était au chef-lieu du village, sur une motte de 25 à 30 mètres de diamètre, dont le sommet formait une terrasse circulaire raccordée maintenant au terrain voisin.

Les de la Baume Montrevel possédaient de nombreuses terres en Bresse et quelques-unes en Bourgogne. C'est pour eux que Saint-Martin-en-Bresse fut érigé en marquisat en 1584 : leurs armes, reproduites dans la première planche de notre armorial bressan, étaient « d'or à la bande ornée d'azur » et leur devise : « L'honneur guide mes pas ».

Beaurepaire (De). — Beaurepaire, qui, au XIII° siècle et antérieurement, appartenait aux seigneurs de Vienne et d'Antigny, dont l'un d'eux avait affranchi les habitants en 1275, était passé ensuite à d'autres seigneurs, leurs vassaux, qu'on voit figurer dans les actes du XIV° et du XV° siècle avec le rang d'écuyer et le nom de Beaurepaire, famille qui serait une des plus anciennes de la région.

Un Guillaume de Beaurepaire était en 1398, il y a plus de cinq siècles, châtelain de la baronnie de Beaurepaire. Néanmoins, la filiation de la famille ne serait établie selon Beaune et d'Arbaumont, (*La noblesse aux Etats de Bourgogne*, Dijon 1864), que depuis Jacques, écuyer, au commencement du XVI° siècle. Mais, d'après une *généalogie* de cette famille publiée en 1884 et que nous avons citée dans notre *Histoire de la Bresse Louhannaise*, la filiation serait plus ancienne. Plusieurs des ancêtres assistèrent, au XIV° et au XV° siècles, aux montres d'armes des compagnies des seigneurs de Vienne, et un prince d'Orange, Louis de Chalon, par lettre du 5 septembre 1429, datée du Chastel de Bletterans, octroya à Thibaut de Belrepaire la permission « d'édifier une tour saule de telle hauteur qui pourra, et autour d'icelle faire fossés tels que bon lui semblera pour lui et ses hoirs, où est à présent la maison de Guillaume de Belrepaire, son père, en nostre bourg du dit Belrepaire ». Certains de leurs descendants figurèrent honorablement parmi les hommes d'armes du prince d'Orange, Philibert de Chalon, au XVIe siècle, et plus tard dans les armées du roi.

Les armes des seigneurs de Beaurepaire portaient, dès le XIVe siècle, « d'argent à un chevron d'azur ».

Des membres de cette famille furent alliés par mariage à celle des de Salins, seigneurs de Vincelles, des de Brancion, seigneurs de Visargent, de Scée, d'Ugny..., etc. L'un d'eux, Philibert de Beaurepaire, se distingua dans la guerre de Comté et fut quelque temps gouverneur du château du Fay. Il laissa huit filles et deux fils ; et, caractéristique des mœurs de l'époque, ses huit filles furent religieuses, l'un des fils fut moine franciscain, l'aîné Joachim lui succéda comme seigneur de Beaurepaire en 1651.

Joachim de Beaurepaire, seigneur et baron de Beaurepaire, les Villerots, les Repos, Ratte, Quintigny, Saillenard, Chichevière, Varey, Ognat, siégeait en 1665 aux Etats de Bourgogne, où il fut du nombre des commissaires chargés de recevoir les preuves des aspirants à la Chambre « jalouse de la conservation de la pureté de son corps et pour empescher qu'à l'advenir, aucune personne qui ne soit pas de qualité requise puisse entrer. » Sa veuve, en 1676, fit hommage au Roi, en sa chambre des comptes de Bourgogne et Bresse, des terres et seigneuries de Beaurepaire et de Saillenard, situées au bailliage de Chalon, mouvant de sa Majesté, à cause de son duché de Bourgogne ; elle fournit dénombrement par lequel elle reconnut « tenir et porter du seigneur Roi, les tours, seigneurie et maison-fort de Beaurepaire en toutes justices, haute, moyenne et basse, avec pouvoir d'instituer et destituer toutes sortes d'officiers, comme juge, greffier, procureur d'office, messiers et forestiers ; faire exploiter et amender à son profit, déclarant la diteseigneurie consister en la maison-fort, cours, écuries, grange, entourées de fossés, avec la place et le jardin joignant la dite maison, la rente noble..., etc.

Des huit enfants qu'eut Joachim de Beaurepaire, les six filles furent religieuses, le plus jeune des fils fut confrère des Pénitents de la Miséricorde de Lyon. L'aîné des fils, Gaspard-Marie, fut chevalier, marquis de Beaurepaire, baron de Varey, seigneur de Jujurieu, Saillenard, Villerot-Quintigny, Molambiez, et co-seigneur de Ratte. Ils assistait aux Etats du duché de Bourgogne. Il avait épousé Anne-Marie d'Hénin-Liétard, dame de Vincelles, qui fut inhumée le 17 janvier 1719 dans l'église de Beaurepaire. Lui-même mourut à Beaurepaire le 27 janvier 1721.

Son fils aîné, Jacques de Beaurepaire, chevalier, marquis de Beaurepaire, comte de Varey, seigneur de Saillenard, les Repos, le Villard, Quintigny, Vincelles, Ratte et Montagny, était né le 4 janvier 1696. Il servit, dès l'âge de dix-huit ans, de 1714 à 1716, dans la compagnie de mousquetaires de l'armée du roi et fit partie ensuite de la Chambre de la noblesse des Etats de Bourgogne. Il mourut à Lons-le-Saunier en 1776 et y fut inhumé.

L'aîné de ses fils, Jean-Baptiste-Joseph, comte puis marquis de Beaurepaire, comme son père, et seigneur des mêmes lieux, fit profession des armes dans sa jeunesse et fut nommé capitaine au régiment du roi. Il fut aussi membre de la Chambre de la noblesse aux Etats de Bourgogne et aussi du comté d'Auxonne et présida celle du bailliage de Chalon lors de la réunion pour la rédaction des cahiers et la nomination des députés aux Etats généraux du royaume. On trouve dans le *Bonheur des Campagnes*, ouvrage paru en 1785, un éloge de ce seigneur « qui habite ordinairement la terre de ce nom, située dans la partie la plus malsaine de la Bresse et dont les habitants ont le plus grand besoin de secours ».

Pendant la période révolutionnaire, il fut détenu à Louhans comme suspect et père d'émigré, ainsi que sa femme Marie-Louise-Catherine de Moyria, née en 1746, dont il eut 12 enfants.

L'aîné, Joseph-Claude-François, marquis de Beaurepaire, né en 1769, cadet à l'Ecole militaire en 1783, puis officier, émigra en 1791 et servit jusqu'en 1797 dans les armées des Princes et de Condé. Sous la Restauration, il fut capitaine en 1815, puis commandant des gardes nationales à cheval de l'arrondissement de Louhans, chevalier de Saint-Louis en 1815 et officier de la Légion d'honneur en 1825. Conseiller d'arrondissement, puis conseiller général de Saône-et-Loire

(1822) ; député du département de Saône-et-Loire de 1815 à 1827, il siégea sur les bancs de la droite ; il fut nommé pair de France par ordonnance du 4 novembre 1827. Il mourut à Paris en 1854.

L'aîné de ses fils, Victor-Xavier-Marguerite, né à Dijon en 1802, fut, comme lui, marquis de Beaurepaire, plusieurs fois maire de sa commune (de 1834 à 1860), membre du Conseil général de Saône-et-Loire depuis 1851 jusqu'à sa mort, à Beaurepaire, en 1865. Il eut de sa femme Marie-Gabrielle de la Croix de Castries, neuf enfants.

L'aîné d'entr'eux, François-Eugène-Henri, né à Paris en 1833, marquis de Beaurepaire à la mort de son père, fut conseiller général du canton de Beaurepaire de 1865 à 1870, maire de Beaurepaire (1865 et 1884), révoqué de ces dernières fonctions en 1885 pour refus d'application d'articles de la loi sur l'enseignement gratuit, laïque et obligatoire.

Son frère, Paul-Joseph-Augustin, né en 1834 à Paris, marié en 1863 à Mlle de Garidel Thoron, fut membre du Conseil d'arrondissement de Louhans.

Son autre frère Antoine-Félix, né à Paris en 1836, fut autorisé, par ordonnance de 1843, à ajouter à son nom celui « de la Marche », nom de son grand oncle maternel qui l'avait institué son héritier universel : *voy.* Marche (la). Il est mort à Paris en 1883.

Un autre frère des précédents, Pierre-Henri de Beaurepaire, né en 1841, épousa en 1867 Mlle de Thoisy.

Une des filles, Marie-Corentine de Beaurepaire, née à Paris en 1843, épousa Yoland Marie-René, vicomte de Saint-Mauris, né à Saint-Amour en 1837 et mort à Beaurepaire en 1883. Les armes de celui-ci étaient « de gueules à la croix fleuronnée d'argent, au chef cousu d'azur, chargé d'une aigle éployée d'or », armes des Saint-Mauris-Montbarrey. Beaune et d'Arbaumont, *op. cit. supra*, donnent sur lui les renseignements suivants : Ancien élève de l'Ecole des Chartes, il prit part à la rédaction du *Polybiblion* et de la *Revue des questions historiques*, publia en 1865, sous le voile de l'anonyme, une plaquette sous ce titre : *Conseils à ma fille et à mon gendre ; Lettres d'un député de la noblesse aux Etats généraux ;* et en 1873, dans la « Revue historique et nobiliaire », le *Ban et arrière-ban du bailliage de Bresse*, avec annotations. Membre du bureau central de l'Union des

Château de Beaurepaire

œuvres ouvrières et catholiques, il publia en 1880 une brochure intitulée : *L'exécution des décrets du 29 mars dans le département de Saône-et-Loire : Paray, La Chaux, Mâcon, Autun.* Il a donné dans les *Saints de l'Atelier*, une petite *Vie de Saint-Cloud.* Il est mort à Beaurepaire, le 5 février 1883, sans enfants.

Le marquis de Beaurepaire, François-Eugène-Henri, désigné plus haut, avait épousé, en 1873, Marie-Charlotte-Elisabeth de Raincourt, dont il a eu : Xavier-Prosper-Marie-Joseph, en 1874 ; Paul-Marie-Joseph, en 1875 ; d'autres fils encore et plusieurs filles.

Le château de Beaurepaire, réparé à la moderne, est en plaine, là où était l'ancien château fortifié.

Beauvernois (Seigneurs de). — La seigneurie de Beauvernois, à l'extrême confin du duché et du comté de Bourgogne, appartenait en 1563, à Claude-François de Neufchâtel et Françoise de Rye, son épouse, seigneur et dame de Neufchâtel, Rye, Rahon et Beauvernois. Le château alors n'existait plus, mais le seigneur faisait reconnaître, dans la rénovation de son terrier, tous les droits seigneuriaux, y compris celui de guet pour le « chatel et maison forte » en « une motte entre l'église et le grand étang », chatel détruit, mais qu'il se réservait de faire relever.

La seigneurie passa ensuite à Marguerite de Chabot, duchesse d'Elbœuf. Henri de Lorraine, comte d'Harcourt, était seigneur de Beauvernois, en 1660 ; puis Louis de Lorraine, comte d'Armagnac, en 1680.

Démembrée par de nombreuses ventes, la seigneurie passa ensuite à la famille Noyrot, dont un des membres fût, en même temps que seigneur de Beauvernois, maire perpétuel de Chalon au commencement du XVIIIe siècle. Elle appartint ensuite aux Quarré, puis, par acquisition, en 1721, aux Ryard, dont plusieurs furent prévôts des maréchaux de Chalon : cette famille la conserva jusqu'à la Révolution.

Les droits seigneuriaux consacrés par les terriers, dont une dernière rénovation eut lieu encore au temps de Louis XVI, étaient fort accablants : « Droit d'indire et des

Château sur une Motte

quatre cas, droits de mainmorte sur le plus grand nombre des habitants, de justice haute, moyenne et basse, épaves et confiscations, montres d'armes, banalités pour le moulin, le batteur et le four, corvées, charroyage, fauchage, gelinés, censes, lods... Droit de bâchelerie sur les jeux et divertissements de la jeunesse, amendes des blasphémateurs, certains menus droits sur les nouveaux mariés et jeunes compagnons non mariés... ». Aussi, comme le rappelle un mémoire de l'avocat Masuyer, en 1788, « le pays est très pauvre, les seigneurs de Beauvernois et du voisinage et le prieur de Mouthiers possèdent tout, en sorte qu'une multitude de paysans sont obligés de tirer leur subsistance journalière en se louant aux fermiers des seigneurs. »

Bellevesvre (Seigneurs de). — Bellevesvre, bourg situé à l'extrémité du pays, sur la limite de la Bourgogne et de la Comté, avait appartenu longtemps à une famille noble de ce nom qui, au X° siècle, avait avec l'abbé de Cluny, Bernon, fondé le monastère de Mouthiers, et qui, alliée aux plus puissantes familles de la contrée donna, au XIII° et au XIV° siècles, des chevaliers pour la carrière des armes, des évêques à l'église, des abbesses aux couvents. A la fin du XIV° siècle la seigneurie appartenait à Jacques de Vienne, sire de Pagny.

Le château de Bellevesvre était situé au milieu de la prairie, au Nord, sur une motte entourée de fossés. Il n'en reste plus rien, non plus que du châtelet qui était sur une hauteur, à 600 pas du bourg, et qui servait à la défense du côté de la Comté.

Bellevesvre était autrefois un lieu considérable, bourg entouré de murs avec trois portes et double fossé, qui, comme pays frontière, eût beaucoup à souffrir pendant les guerres, surtout les guerres de religion à la fin du XVI° siècle et celles de Comté au XVII°.

La seigneurie était passée, au XV° siècle, à la famille Fourneret, dont plusieurs membres occupèrent en Bourgogne des charges de judicature et de finance ; puis, au XVI°, aux Damas de Marcilly, de qui l'acquit, en 1630, Théode Pinsonnat, président à la Chambre des Comptes de Dijon, aïeul du célèbre professeur en langue hébraïque, curé de

Saint-Sauveur, censeur royal des livres, Jacques Pinsonnat, mort à Paris en 1723, mais originaire de Bellevesvre. Des Pinsonnat, la baronnie de Bellevesvre était passée aux Montessus vers le milieu du XVII° siècle.

Bernard de Montessus, seigneurs de Bellevesvre. — La baronnie de Bellevesvre, qui comprenait Dissey, Torpes, Bellevesvre et le clocher de Mouthiers, fut portée par alliance aux Bernard de Montessus, l'un des membres de cette famille ayant épousé, vers 1640, la fille de Théode Pinsonnat. *Voy. supra*: Bellevesvre (seigneurs de).

Les de Montessus restèrent seigneurs de Bellevesvre. Antoine-Charles-Gabriel-Bernard de Montessus, chevalier, maître de camp au régiment du Maine, était en 1789 comte de Rully et de Bellevesvre, baron de Dissey, seigneur de Mouthiers, Torpes et autres lieux : « Les nobles de cette famille, disait déjà, en 1698, Ferrand, intendant de Bourgogne, dans son *Mémoire*, ont toujours servi dans l'armée : la maison est bonne et ancienne ». Ils comptent, en effet, depuis 1360 dans l'ancienne noblesse du duché, ayant fourni un chanoine comte du chapitre de Lyon en 1766, des gouverneurs de Chalon et Beaune, des gentilshommes de la chambre du roi et des chevaliers des ordres du roi, et de Saint-Louis et de Saint Georges, etc.

Etablie en Franche-Comté par suite d'une alliance en 1539, la branche aînée des barons, puis comtes de Rully, n'y séjourna que momentanément. La branche cadette, dite de Chauvirey, ne l'a jamais quittée et s'est éteinte au commencement du XIX° siècle.

Le comte de Rully et de Bellevesvre, Antoine-Charles-Gabriel-Bernard de Montessus, élu député suppléant de la noblesse du bailliage de Chalon, aux Etats généraux de 1789, fut admis à siéger au mois de novembre de la même année, en remplacement de M. Bernard de Sassenay, démissionnaire. Il émigra en 1791, servit à l'armée de Condé et fit, jusqu'en 1796, campagne contre la République. Nommé maréchal de camp en 1803, par le comte de Provence, et confirmé dans ce grade, le 12 septembre 1814, après le retour des Bourbons, il fut promu lieutenant-général le 1ᵉʳ juillet 1815 et appelé à la Chambre des pairs, le 17 août suivant. Il quitta la Chambre haute à la Révolution de 1830, pour ne pas prêter serment, et mourut à Paris en 1831.

Les armes des Bernard de Montessus, reproduites dans la planche 2° des armoiries, étaient « d'azur au chevron d'or, accompagné de trois étoiles d'argent ».

Bernard de Sassenay, seigneurs du Tartre. — La seigneurie du Tartre, avec son château sur une motte élevée, entouré de murs et de fossés d'où la vue, avec un magnifique horizon, s'étendait au loin sur la Bresse, après avoir appartenu à des seigneurs portant le nom du lieu, puis au baron de Bosjean, était passée au XVIII° siècle aux Bernard de Saint-Aubin ; mais la justice ressortissait encore au bailli de Bosjean. Avant la Révolution, la seigneurie du Tartre était au marquis Bernard de Sassenay, vicomte de Chalon-sur-Saône, baron du Tartre, seigneur de Perrey, Le Deffend, Chemenod, Saint-Aubin et autres lieux, capitaine d'un régiment de dragons.

Cette famille avait donné plusieurs conseillers au Parlement de Bourgogne dont l'un, le plus connu, Etienne Bernard, se fit remarquer aux Etats de Blois en 1588, servit d'abord Mayenne et le parti de la Ligue, se soumit ensuite à Henri IV victorieux et reçut la charge de lieutenant-général du bailliage de Chalon ; il est l'auteur de discours et divers autres écrits, publiés dans les *Mémoires de la Ligue*.

Un autre Bernard, non moins célèbre, mais à un autre titre, fut un ecclésiastique réputé par sa charité, Claude Bernard, dit le *Pauvre Prêtre*, né à Dijon en 1588, fils du conseiller Etienne Bernard, et qui déjà se rattachait au Louhannais par sa mère, Marguerite Parradin.

Ce fut une grande et noble figure, comparable de tout point à saint Vincent-de-Paul, dont il fut l'ami. La vie de Bernard, *le Pauvre Prêtre*, commencée dans le plaisir, avait été assez mouvementée. Après sa conversion, il consacra toute sa fortune, qui était considérable, aux œuvres de charité et refusa tous les honneurs qu'on voulut lui donner. Sa vie (racontée dans une notice parue dans l'*Almanach de la Société d'Agriculture de Louhans*, en 1879) est riche

Le Pourtrait du Reuerend Pere Bernard surnommé le Pauure Prebstre, tres-deuot a la tres-saincte mere de Dieu, l'Azile des pauures affligés.

Desrochers ex.

d'intéressantes anecdotes dont il n'est pas hors de propos d'en raconter ici quelques-unes.

« Il visitait les détenus des prisons de Paris, descendant dans les plus noirs cachots pour réveiller dans les âmes criminelles de meilleurs sentiments et éclairer les incrédules, y mettant une patience qui, une fois pourtant, se trouva en défaut. Il s'était oublié à frapper un détenu qui continuait à blasphémer, malgré ses avertissements; celui-ci le lui rendit avec usure et le rossa d'importance : « Assomme moi, mon enfant, s'écria Bernard, mais ne jure plus. »

« Un homme de condition était condamné à faire amende honorable à la porte d'une église, pieds nus, couvert seulement d'une chemise et une torche à la main. Il ne pouvait se résigner à supporter cette honte. Pour la lui épargner, Bernard n'hésita pas ; il prit la place de cet homme et s'exposa ainsi à la vue et aux mauvais jugements d'une foule curieuse.

« Malgré son habit, le *Pauvre Prêtre* ne craignait pas de pénétrer dans les lieux les plus équivoques. Là, il tâchait de ramener à de meilleurs sentiments les filles perdues, et dès que, par hasard, il avait opéré quelque conversion, il s'occupait de créer une position à son intéressante protégée.

« Dans ses élans de charité, il se dépouillait de ses vêtements pour les malheureux. Que de fois, il rentra au logis, s'étant privé de son pourpoint ou ayant changé ses souliers contre ceux de quelque vagabond. Il poussait l'abnégation jusqu'à se joindre aux rangs de ceux qu'il soulageait et on le surprit, plusieurs fois, mendiant à la porte de l'abbaye de Sainte-Geneviève.

« On le croyait fou dans le monde. Ses amis le plaignaient. Le cardinal Richelieu ayant désiré le voir, fut surpris et satisfait de son entretien et, lui ayant demandé en quoi il pouvait lui être utile, le Pauvre Prêtre sollicita et obtint la permission d'assister au supplice des criminels pour les consoler et les exhorter, refusant le bénéfice d'une abbaye qu'on lui offrait.

« Il voulut qu'après sa mort, survenue en 1541, son corps fut inhumé dans le cimetière des Pauvres. On crut à des miracles opérés sur son tombeau. Sa béatification fut demandée : elle est encore attendue. »

Mais revenons à la famille des seigneurs du Tartre dont

il fut un des membres illustres par les actes de sa générosité et la réputation dont il a joui.

Les armes des Bernard de Sassenay (2° pl. des armoiries) étaient « d'azur à une fasce d'or, chargée d'une molette d'éperon d'azur, accompagnée en chef de deux coutelas d'argent, garnis d'or et passés en sautoir, et en pointe d'un étendard d'argent posé en bande, la hampe et le fer d'or ».

Leur château du Tartre tombait en vétusté à la fin du XVIII° siècle et fut démoli pendant la Révolution. Il n'en reste plus rien, mais l'emplacement est encore facilement reconnaissable par la motte gazonnée et mise en culture, de 12 mètres de côté environ et de 4 mètres d'élévation au centre, dans sa partie la plus haute et par des fossés de 4 à 6 mètres de largeur qui l'entourent encore en partie.

Le seigneur Claude-Henry-Etienne Bernard, marquis de Sassenay, après avoir été, comme nous l'avons dit, capitaine de cavalerie, s'était fixé à Dijon. Il fut un des élus de l'ordre de la Noblesse du bailliage de Chalon aux Etats généraux de 1789. Adversaire des idées nouvelles, il ne siégea que peu de temps dans l'Assemblée qu'il quitta le 10 novembre de la même année. Il fut, sous la Restauration, secrétaire des commandements de la duchesse de Berry et député légitimiste, élu quelques semaines avant la fin de ce régime. Il adhéra toutefois au fait accompli après la chute de Charles X et prêta serment à la Monarchie de Juillet. Il ne fit pas partie de la Chambre de 1831.

Un membre de la famille, le marquis de Sassenay, est l'auteur d'un ouvrage : *Les derniers mois de Murat. Le guet-apens de Pizzo, Paris 1896.*

Berbis (De), seigneurs de Rancy. — La seigneurie de Rancy était aux de Berbis, barons des Barres, qui, au XVIII° siècle, possédaient encore sur le territoire d'Huilly, les fiefs de Molaise, Romaine et le port de Chevru sur la Seille. Les de Berbis étaient de famille originaire de Seurre, où l'on trouve un maire de ce nom en 1378, anoblie au XV° siècle, ayant fourni des conseillers au Parlement de Dijon, et à la Chambre des Comptes, ainsi que des officiers aux armées du roi ; leurs armes que nous reproduisons étaient :

« d'azur au chevron d'or, accompagné, en pointe, d'une brebis d'argent » (2ᵉ planche des armoiries).

Beuverand (De). — *Voy.* plus loin, 9ᵉ planche des armoiries.

Bisson (Le comte). — La famille Bisson appartient à la noblesse louhannaise par la naissance et le mariage du fils du général Bisson, comte de l'Empire. Le général Bisson, dont le nom est devenu légendaire, non seulement comme glorieux militaire (son nom est inscrit sur l'Arc de triomphe de l'Etoile et sur la colonne Vendôme), mais aussi dans les annales de la *Table* (Brillat-Savarin lui-même a parlé de lui), était un enfant du Midi, né à Montpellier, le 16 février 1767. D'abord enfant de troupe, il passa par tous les grades inférieurs. Il prit part aux campagnes de la Révolution, dans les armées du Nord, de Sambre-et-Meuse et d'Italie : il était à la bataille de Marengo. Il fut nommé général de brigade le 16 messidor an VIII, puis général de division (au camp de Boulogne), grand officier de la Légion d'honneur et chevalier de la Couronne de fer ; comte de l'Empire le 10 septembre 1808, il reçut une dotation (partie en Hanovre, partie en Westphalie). Il se distingua à Friedland et à Wagram. Il fut blessé deux fois. Il mourut, gouverneur de Mantoue, le 26 juillet 1811. Son cœur fut transporté à l'Hôtel des Invalides, à Paris.

Le général Bisson était ami de la bonne chère, grand mangeur et très honorable buveur. Nombreuses sont les anecdotes qui ont couru sur son compte, et, à ce point de vue, sur la capacité de son estomac. Les vins de Bourgogne étaient dans ses préférences. On raconte qu'en 1808, par une belle journée d'automne, le brave général traversant avec les grognards de la Vieille Garde les vignobles bourguignons, arrêta ses hommes, tira l'épée, fit battre aux champs et porter les armes devant le clos Vougeot.

Le général Bisson avait épousé Marie Fournier, de famille originaire, je crois, de Saint-Amour, et qui, pendant que son mari était aux armées, avait fixé son domicile à Cuiseaux.

Le comte Pierre-Jean-Baptiste-Nicolas-Gaspard Bisson, son fils, naquit, en octobre 1803, à Cuiseaux, et se maria a l'âge de 20 ans, le 15 décembre 1823, à Louhans, où il demeurait, avec Anne Guillemin, de Louhans. Il fut 12 ans percepteur dans le département de Saône-et-Loire, à Montret le 5 mai 1829, à Louhans le 1er octobre 1830, à Mâcon le 6 février 1834 ; il fut nommé payeur à Albi en novembre 1841 et à Avignon en mai 1846. La chute de l'Empire lui avait fait perdre la dotation qu'il tenait de la « magnificence de l'Empereur ». Il mourut en 1850. La comtesse Bisson habita Louhans jusqu'à sa mort, en 1885, ainsi que sa fille, Mlle Adel (sic), décédée elle-même en 1904 à l'âge de 80 ans, comme sa mère.

Bosjean (Seigneurs de). — La seigneurie de Bosjean, ancien fief au XIIIe siècle de la maison de Vienne « avec chastel et maison fort », avait été acquise en 1517 par Charles Bouton, seigneur du Fay, de Henri de Neufchâtel, gendre de Marguerite de Vienne. La famille des Bouton la conserva près d'un siècle. Elle passa ensuite de la famille des Bouton à celle de Saint-Mauris, avec toutes les seigneuries du Fay, Frangy, Beauvoir, Sens, la Faye, etc., par le mariage de Dorothée Bouton, dernière héritière de ce nom, avec Alexandre de Saint-Mauris, seigneur de Montbarrey. Elle fut érigée en comté, en 1634, en faveur de leur fils, Eléonor de Saint-Mauris, gentilhomme de la maison du roi ; et pendant que la baronnie du Fay, dans la seconde moitié du XVIIe siècle, appartenait, ainsi que le comté de Savigny, à un des comtes de Saint-Mauris-Montbarrey, le comté de Bosjean appartenait à son frère. Ce dernier aliéna sa propriété et, en 1680, Bosjean fut érigé de nouveau en comté, en faveur des Fyot, qui ajoutèrent à leur nom celui de La Marche, et qui viendront plus loin, *Voy. Fyot* de la Marche et 4e planche des armoiries.

La justice du *comté de Bosjean* comprenait toutes les terres du comté, c'est-à-dire depuis 1680, date de l'érection du comté, toute la terre de Bosjean et aussi une partie de Sens (Conde, l'Etalet.....), une partie du Tartre (Gommerans...), une partie aussi de Frangy et Le Planois.

L'ancien château fort de Bosjean, qui existait au hameau de Saint-Jean, avait été détruit pendant les guerres, au temps de Louis XI, pour l'annexion de la Bourgogne à la

France, après la mort du duc de Bourgogne, Charles le Téméraire. Longtemps il en resta des ruines sur une motte assez élevée et entourée d'un fossé très profond.

Bouhans (Seigneurs de). — A Bouhans, *Boens*, village qui, au XII° siècle, avec toutes ses dépendances, terres, prés, bois et eaux, appartenait à l'église de St-Vincent de Chalon, puis à l'abbaye de Saint-Marcel, la seigneurie de Saubertier, s'était formée ensuite et devenue seigneurie de la Balme, elle comprenait encore plusieurs hameaux de Serley. Ce fief important avait donné le nom à une famille : Claude de Saubertier, pitancier à l'abbaye de Tournus, était prieur et doyen de l'église de Louhans, en 1428. Denise de Luysieux fut dame de Saubertier en 1558... Etienne Bernardon, conseiller au Parlement, était en 1689 seigneur de ce fief : il le vendit à Louis de la Balme de la Forêt. La fille de celui-ci, Jeanne-Claude de la Balme, dame de Saubertier, porta cette seigneurie, par mariage en 1658, à François de Scorailles, écuyer, fils de Jourdain de Scorailles, qui avait déjà acquis, quelques années avant, la terre et seigneurie de Bouhans et Vorne, de Messire Henri-Anne Pot, baron d'Aubigny, et qui avait aussi les fiefs de La Barre, Diombe, Devrouze, etc...

D'autres fiefs existaient en la paroisse de Bouhans, *Evrarde*, terre et seigneurie, à Claude de Brancion, écuyer, par acquisition en 1624, — puis à d'autres de Brancion, — à Marie Gratepain, notaire, acquéreur de Claude-Simon de Brancion en 1663, — à François de Scorailles en 1695 ; — le *fief des Chênes*, à Claude Hocard, écuyer, capitaine d'infanterie, qui pour ledit fief (1756-1773) devait foi et hommage au marquis de Scorailles ; — et *Lisle-en-Bresse*, qui, comme les fiefs précédents, passa bientôt aux de Scorailles.

Voy., plus loin, Scorailles (de) et 7° planche des armoiries.

Bourbon-Condé (Princes de), — **de Longueville,** — **de Nemours...., seigneurs et dames de Louhans.** — *Voy.* Louhans (seigneurs de).

Bourbonne (De), seigneurs de Loisy. — *Voy.* Chartraire et 3° planche des armoiries.

Bouton (Les), seigneurs du Fay. — Le château du Fay était autrefois un des plus forts de la région, flanqué de onze tours, avec un mur d'enceinte et des fossés profonds. Il avait été longtemps le séjour des premiers seigneurs de ce nom, dont l'héritière, Marguerite du Fay, l'avait fait passer à la maison des Bouton, qui joua un rôle marqué dans les conseils et les armées du dernier duc de Bourgogne et ensuite du roi de France. Leurs seigneuries s'étendaient non seulement sur le Fay, mais sur un vaste territoire à Bosjean, Frangy, Charangeroux, Clémencey, Grandmont...

Les Bouton furent aussi, à la suite du mariage de l'un d'eux, seigneurs de Pierre, et cette branche de leur maison, qui eut aussi le château fort d'Authumes, la seigneurie de Lays et de nombreuses terres dans le comté d'Auxonne et la Bresse Chalonnaise, devait se fondre plus tard dans la maison des Thiard qui fut aussi une des plus illustres de la région.

La maison de Bouton était alliée aux plus grandes familles du pays. Olivier de la Marche, par sa mère, descendait des Bouton. Une branche de cette maison forma celle non moins connue des Bouton-Chamilly, qui, elle-même, donna dans notre région des seigneurs de Mons, La Tournelle, Châteaurenaud, Denizet, etc...

Nous avons donné, dans notre *Histoire de la Bresse Louhannaise*, de très intéressants détails, d'après l'*Histoire généalogique de la maison de Bouton*, de Pierre Paillot, historiographe du roi (1671), sur la suite de ces anciens seigneurs, dont l'histoire remonte au temps des croisades, qui se distinguèrent aussi aux XIV°, XV° et XVI° siècles, furent châtelains de Sagy, vaillants capitaines, conseillers des derniers ducs de Bourgogne et ensuite du roi de France, et dont plusieurs ont eu leur sépulture en la chapelle Notre-Dame de l'église du Fay et celle de Savigny-en-Revermont, où ils avaient mis leur devise : *Ailleurs jamais*, voulant dire que leur cœur et leurs affections ne pouvaient être en aucun autre lieu qu'à la Vierge. Les armes des Bouton étaient : « de gueules à une fasce d'or » (2° planche des armoiries).

Leur château était sur le point le plus élevé du Fay. Il fut en partie détruit pendant les guerres de Comté et il n'en restait déjà que des ruines au XVIII° siècle. On prétend, — la même croyance existe, du reste, pour plusieurs

Cygist noble seigneur iehan bouton

Aue Maria

cheualier seigneur du fay et de corberon lyquel fit faire et fonde ceste chapel

le est le chaistel du fay et trepassa le xiiii iour du mois de octembre mil ccccxxx[...] priez dieu par luy siuous plait autres châteaux comme à St-Vincent, — qu'un souterrain conduisait du château à l'église.

L'histoire de la maison de Bouton peut se résumer ainsi :

Elle était originaire de Flandre et on la disait provenir de celle de Jauche, qui du temps de Charlemagne avait une des douze baronnies du duché de Brabant. Elle avait fourni de nombreux seigneurs aux Croisades. Dans la première moitié du XIV° siècle elle vint se fixer en Bourgogne avec Jean de Jauche, dit Bouton, capitaine d'une compagnie d'hommes d'armes au service de Savoie. D'après Palliot, ce surnom de Bouton avait été à l'origine un sobriquet de guerre : Jean de Jauche avait fait garnir tous ses vêtements de boutons et, à son imitation, ses officiers et gens d'armes avaient fait de même ; d'où la compagnie des Boutons et son chef le capitaine Bouton, qui, connu sous ce nom, le transmit à sa postérité.

De ses fils, l'un, Jean Bouton, fut seigneur de Quintigny et figure dans le rôle de la montre d'armes qui fut faite près d'Avallon en 1358, pour servir dans l'armée de Girard de Thurey, avec le commandement sur cinq écuyers; il y acquit le titre de chevalier, sous Jacques de Vienne, seigneur de Sainte-Croix et de Saint-Georges ; l'autre, Philippe, qui s'était fixé à Savigny-en-Revermont et avait de nombreux biens acquis dans l'Etat du comte de Savoie, devint seigneur du Fay, par son mariage avec Marguerite du Fay, fille unique de Jean, seigneur du Fay, chevalier qui était à la tête de quatre écuyers dans la même levée destinée à s'opposer aux incursions des Anglais.

Jean Bouton avait eu deux enfants. L'un d'eux, Guillaume, fut seigneur de Varennes-St-Sauveur et Labarre près Cuiseaux. Il habitait le château de Varennes-St-Sauveur en 1398, et fut fondateur de la Chapelle Notre-Dame ou du Rosaire, en l'église collégiale de St-Thomas, à Cuiseaux. Sa sœur, Jeanne, fut mariée au seigneur de Sainte-Croix dont elle eut Jean de Sainte-Croix, et en secondes noces à Jean de Salins, chevalier, seigneur de Vincelles (près Louhans), conseiller et chambellan du duc, maître d'hôtel d'Isabelle de Portugal, sa femme, et bailli de Dôle.

Philippe Bouton avait eu aussi deux héritiers. Le plus jeune, Emard, fut châtelain de Sagy. L'aîné, Jean-Genevois

Bouton, fut, comme son père, seigneur du Fay, il le fut aussi de Grandmont près Pierre et de beaucoup d'autres lieux. Conseiller et chambellan du duc de Bourgogne, Philippe le Bon, capitaine et châtelain de Sagy, il fut un de ceux qui maintint le plus la gloire et l'honneur de la maison. Il termina en 1427 le différend que le duc avait avec Amé, duc de Savoie, pour les limites de leurs duchés qui se confinaient par les pays de Bresse, de Revermont et de Montagne ; il suivit ensuite (1433) le duc de Bourgogne dans ses armées contre le roi de France, pour la défense de ses états et aussi comme conseiller pour la résolution de ses plus importantes affaires. Il dota généreusement la Chapelle Notre-Dame, en l'église paroissiale de Saint-Christophe du Fay. Décédé en 1436, il fut inhumé au milieu du chœur de l'église devant le balustre du grand autel : il avait voulut, par humilité chrétienne, que sa tombe le représenta, non avec son costume de chevalier, mais ce qu'il allait devenir, un squelette (p. 38).

Il laissait de sa femme, Jeanne de Villers, deux enfants : Jeanne et Jacques Bouton, dont nous allons parler :

Jeanne Bouton, à qui il donna en dot la seigneurie de Grandmont, entra dans l'alliance de la maison de la Marche par le mariage qu'elle contracta avec Philippe de la Marche, écuyer, seigneur de la Marche, en la Bresse Chalonnaise et gouverneur du Château de Joux au comté de Bourgogne. Devenue veuve, elle acheta, en 1449, du sire de Sainte-Croix la ville et seigneurie de Louhans qu'elle fut obligée de rétrocéder au duc, « celui-ci ayant été adverti que Louans estoit bonne ville et de grand passaige ». Elle avait eu de Philippe, son mari, un fils destiné à une grande célébrité, Olivier de la Marche. (*Voy.* Marche (La) et 6ᵉ planche des Armoiries).

Jacques Bouton fut seigneur du Fay à la mort de son père ; en 1436 il fut aussi capitaine et châtelain de Sagy, à la mort de son oncle Emard. Il épousa Antoinette de Salins, fille d'Etienne de Salins, chevalier, seigneur de Poupet, de Flacey, de Beaufort, etc... Il augmenta beaucoup le nombre de ses seigneuries, notamment de celle de Baran, en la paroisse de Saint-Usuges, qu'il tint de Guillaume de Vienne, seigneur de Sainte-Croix. Il accompagna dans leurs guerres les ducs de Bourgogne et, après la mort de Charles, il embrassa quelque temps le parti de Marie de Bourgogne contre Louis XI et s'enferma dans Beaune. Ses fils suivaient au contraire alors le parti du Roi qu'ils quittèrent ensuite pour soutenir celui de la princesse Marie ; à la fin ils abandonnèrent la princesse et se rallièrent de nouveau au Roi.

Jacques Bouton mourut en 1479. Son fils, Emart Bouton, chevalier, seigneur du Fay, acquit une grande célébrité comme conseiller et chambellan des ducs Philippe et Charles de Bourgogne et aussi du roi Louis XI. « Ce fut, dit Palliot, un des généreux héros de son temps, un des sages conseillers de son siècle et un des prudents négociateurs des affaires de ses princes. » Comme aîné, il avait eu en partage la seigneurie du Fay. Par un testament de 1469, son père lui avait déjà donné toutes les terres, seigneuries et biens qu'il avait dans le comté d'Auxonne, Bresse Chalonnaise, Ressort de Saint-Laurent « de là la rivière de Saône, en l'Empire », savoir sa maison forte du Fay et ses appartenances, ce qu'il avait à Savigny, au Perron, à Frangy, à Beaubois, à Pierre... Emart du Fay avait été du nombre des seigneurs qui, à la nouvelle de la prise de Constantinople par Mahomet II, en 1454, s'étaient voués pour accompagner le duc Philippe le Bon dans une croisade qui, du reste, n'eut pas lieu. Il avait assisté à la bataille de Montlhéry où commandait Charles, comte de Charolais, futur duc de Bourgogne, contre le roi Louis XI, dans la guerre dite du *Bien public*; il y avait donné des marques de sa valeur qui lui avaient valu le titre de chevalier et l'accolade du comte. A la mort de Philippe le Bon, ce fut lui qui fut choisi par son fils pour aller en avertir le roi.

En 1476, après la bataille de Nancy et la mort du duc Charles, Emart Bouton (ainsi que Philippe, son frère) entra dans le parti du roi qui lui conserva son titre de conseiller et chambellan et lui donna la charge de bailli et maître des foires de Chalon. Mais bientôt l'un et l'autre se révoltèrent et suivirent le prince d'Orange dans sa nouvelle attitude : « La loy de la guerre fit alors, dit Palliot, courir sur leurs terres et l'on y brusla et desmolit plusieurs de leurs maisons. »

Emart fut auprès de Marie de Bourgogne et de Maximilien, l'intendant de leurs domaines et de leurs finances, remplaçant dans ces fonctions Olivier de la Marche, employé alors par eux à d'autres affaires plus importantes,

Enfin, lorsque le roi fut maître du duché et du comté de Bourgogne, Emart fit comme la plupart des autres seigneurs, il se soumit à la domination française et tous ses biens qui avaient été confisqués lui furent remis. Il mourut le 3 novembre 1485 et fut inhumé à Sellières en comté. Sa veuve, Anne d'Oyselet, qui était la petite-fille du chancelier de Bourgogne, Nicolas Rollin, qui fut seigneur d'Authumes, mourut en 1492 et eut sa sépulture dans le chœur de l'église du Fay.

De leurs enfants, l'aîné, Philippe, fut chanoine d'Autun, docteur ès-lois et conseiller du roi au parlement de Bourgogne ; il acquit autant d'honneur dans ses dignités et charges que ses devanciers avaient acquis de gloire dans la profession des armes. Charles Bouton, son frère, fut seigneur du Fay, de Bosjean, de Frangy, Baran... etc., capitaine et châtelain de Sagy et maintint sa maison par ses alliances, l'enrichit par ses acquisitions et l'honora par ses vertus guerrières et politiques.

Charles Bouton fut au nombre des députés de la noblesse du comté d'Auxonne qui furent envoyés, en 1526, vers la reine régente, Louise de Savoie, mère de François I*er*, alors prisonnier en Espagne, pour lui manifester la résolution de ce pays de rester à la France et lui demander des forces pour soutenir la guerre dans ce comté, si l'empereur Charles-Quint voulait les contraindre à se mettre sous sa domination suivant une des clauses du traité de Madrid. Durant les dernières années de sa vie, Charles Bouton habitait Louhans où il avait une maison ; il mourut après 1536. Par son testament fait en 1532, après avoir institué un grand nombre de messes, de profondis, salve regina, requiem, libera, etc..., pour mériter le repos de la seconde vie, il avait ordonné qu'après sa mort son corps fut mis dans le cercueil avec un simple *linceu* blanc, par les chapelains de la ville de Louhans où il résidait et qu'ils réciteront le *psautier* avant de le porter à l'église où son corps restera pour le *reposer* toute la nuit ; et que le lendemain au matin on fera mener son corps, *sur un char à quoi l'on mène le fumier*, en sa chapelle du Fay, dedans son charnier sans y faire d'autre luminaire que quatre petits cierges pesant chacun une demi-livre.

Déjà, en 1515, un autre Bouton, Philippe, qui fut bailli de

Dijon avait fait un testament empreint de certaine singularité. Il avait voulu que l'on dérogea à l'usage que l'on soit vêtu de noir dans les convois funèbres et ordonné que l'on choisit quatorze filles qui soient vêtues de drap vert à son enterrement et aux services qui auraient lieu à ce sujet ; il voyait dans cette couleur le symbole de l'espérance.

Un des autres fils d'Emart Bouton, Antoine, fut seigneur de Pierre.

Une de ses filles, Jacqueline Bouton, sœur des précédents, fut mariée à Claude de Brancion, seigneur de Visargent.

Des nombreux enfants qu'eut Charles Bouton, l'un d'eux, Christophe, seigneur du Fay, épousa Marie de Thiard, avec qui il fit sa demeure la plus ordinaire à Savigny-en-Revermond où ils moururent jeunes ; une de ses filles épousa Claude de Bernaut, seigneur de Châteaurenaud et Marcilly, etc. ; une autre épousa un seigneur de Clémencey, de la maison de Vienne ; un autre de ses fils, Jean, seigneur du Fay, Frangy, Bosjean, fit épouser par un même contrat et le même jour, en 1564, deux de ses fils aux deux sœurs Guillemette et Anne de Montconis.

L'un d'eux, Claude, seigneur du Fay, de la Faye, de Bosjean, Sens, Frangy, du pont de l'Etalet, de Beauvoir, etc., décédé lui-même en 1588, eut pour fils Jean-Baptiste Bouton qui n'eut pas d'enfants et laissa tous ses biens à sa sœur Dorothée, laquelle porta par mariage, en 1603, toutes les seigneuries du Fay, Bosjean, Frangy, Bauvoir, Sens, La Faye..., etc., à Alexandre de Saint-Mauris, seigneur de Montbarrey.

Rappelons maintenant, en remontant plus haut, qu'un des fils d'Emart Bouton du Fay et d'Anne d'Oyselet, avait été, par héritage, en 1496, seigneur de Pierre, Grandmont..., etc.., tige des Bouton de Pierre qui comptèrent Adrien, vers 1526, Christophe, vers 1566, et ensuite Claude, qui n'eut pas d'enfants. L'héritage de celui-ci passa au commencement du XVIIe siècle à sa sœur, Jeanne, mariée à Pontus de Thiard, seigneur de Bissy, qui fit entrer ces terres dans cette autre maison qui a aussi sa grande célébrité.

Parmi les nombreuses seigneuries possédées par la noble maison des Bouton et rappelées par Palliot, nous relevons par ordre alphabétique, celles d'Authumes, Baran, Bosjean

Charangeroux, Châteaurenaud, Clémencey, Denizey, Le Fay, La Faye, Frangey, Grandmont, Hauterive, Laiz, Louhans, Molombaiz, Mons, Pierre, Pont de Lestalet, Saint-Vincent, Sens, Serrigny, Suligny, La Tournelle, Varennes-Saint-Sauveur...

D'autres fiefs existaient au Fay. La terre et seigneurie des *Grands* et *Petits Molambiez* était au XVI° siècle au seigneur de l'Aubespin, au XVII° à Claude Montmoret, acquéreur de Charles de l'Aubespin, et dame Péronne d'Oiselay, sa femme ; elles furent plus tard au marquis de Beaurepaire ; pour la justice, elles ressortissaient au bailli de Louhans.

Il y avait encore au Fay, le château d'*Ignières* ou *Maître-Camp* ; le fief de *Montbertière*, etc...

Bouton de Chamilly. — La branche des Bouton-Chamilly donna, comme celle des Bouton du Fay, de hauts et puissants seigneurs, vaillants chevaliers. Un membre de cet famille fut Théode Bouton qui fit la branche de la Tournelle et fut seigneur de Châteaurenaud. *Voy.* Châteaurenaud (seigneurs de). Un autre avait été seigneur de Charangeroux, à Saint-Usuges.

Le plus connu et le plus célèbre d'entre eux, Noël Bouton de Chamilly, né en 1636, mort en 1715, sans postérité, parcourut presque tous les champs de bataille de l'Europe, maréchal de France ; il est l'auteur des *Lettres portugaises*, écrites à la suite de sa liaison avec une religieuse de ce pays.

La devise de cette maison, éteinte avec le frère du maréchal, mort lieutenant général en 1722, était : « *Le bouton vaut la rose* ».

De Brancion (Les) seigneurs de Visargent, à Sens. — Une partie de Sens avait appartenu aux Bouton du Fay ; elle était passée aux Fyot de la Marche. Une autre partie, la seigneurie de Visargent, avec son château au confluent de la Seille et de la Brenne, fut pendant plus de 400 ans à l'illustre maison de Brancion, une des plus anciennes de la Bourgogne, dont les seigneurs se glorifiaient de tenir leurs terres de Dieu et de leur épée.

Ils eurent aussi les terres et seigneuries de Frangy et de Charnay et de l'Abergement en la même paroisse. Les armes des de Brancion-Visargent étaient « d'azur à trois fasces ondées d'or », (planche n° 2).

Lorsque s'éteignit la principale branche de la maison de Brancion, si renommée, qui remontait aux croisades et dont la fortune disparut, dissipée par un de ses membres qui dut la vendre au duc de Bourgogne, Philippe le Bon, au XV° siècle, le duc fit construire alors le château de Brancion, dont d'imposantes ruines subsistent encore.

La branche des Brancion-Visargent se perpétua, au contraire, jusqu'à la fin du XVIII° siècle ; et, après avoir donné plusieurs capitaines renommés, elle s'éteignit à son tour en la personne de Madeleine-Gasparde de Brancion, mariée en 1749 à Jean-Claude de Clermont Mont-St-Jean. Cette dernière était née au château de Visargent.

Leur fils, Jacques de Clermont Mont-Saint-Jean, marquis de La Batie, en Savoie, né en 1752, et aussi comme sa mère au château de Visargent, entra au service des armées du roi en 1771 en qualité de sous-lieutenant au régiment de Lyonnais-infanterie, et devint colonel du régiment des chasseurs des Ardennes. Il fut élu député de la noblesse du Bugey aux Etats généraux de 1789, siégea à droite, et vota, du reste, contre toutes les réformes demandées dans cette assemblée. Son mandat expiré, il émigra en Savoie et se mit au service du roi de Sardaigne. Il ne rentra en France qu'après le Coup d'état du 18 brumaire. Sous la Restauration, en 1815, il devint maréchal de camp et fut nommé inspecteur des gardes nationales de Seine-et-Marne. Le 22 août de la même année, il fut élu député de ce département et siégea parmi les ultra-royalistes.

Sa mère avait continué à habiter le château au moment de la Révolution. Bien que les fils eussent émigré, les biens ne furent pas vendus.

L'héritier des domaines et du château, Joseph, vicomte de Clermont Mont-Saint-Jean, est décédé à Lyon en 1837. Sa veuve, Mme de Clermont Mont-Saint-Jean, épousa en secondes noces M. Léo de Laborde, archéologue et auteur bien connu, décédé à Sens, en décembre 1874. Elle mourut elle-même l'année suivante.

Toute la propriété a été vendue vers 1880, et le château, tombant en ruines, a été démoli. Il n'en reste plus que le puits et une ancienne chapelle depuis longtemps désaffectée. Le château était dans une belle situation, au confluent de la Seille et de la Brenne.

Ajoutons toutefois que, d'après l'*Annuaire de la noblesse* de Borel d'Hauterive, de 1865, le nom de Erancion, relevé par des alliances, subsistait encore et s'était montré avec éclat à la cour de l'empereur Napoléon III.

Branges (Seigneurs de). — Branges avait donné son nom à une famille féodale dont un des membres, Pierre de Branges, fut évêque de Chalon au XII° siècle, de 1153 à 1173. La seigneurie fut d'abord en franc-alleu et le sire ne relevait que de Dieu et de son épée. On la trouve bientôt après en la possession des seigneurs de Cuiseaux dont l'un deux fut au siècle suivant la tige d'une nouvelle maison de Branges, et l'auteur des Franchises du bourg en 1256. Comme les autres seigneurs du pays, les seigneurs de Branges devinrent à la fin du XIII° siècle les vassaux du duc de Bourgogne, soumis à son hommage féodal.

La seigneurie passa, au milieu du XIV° siècle, aux seigneurs de Saint-Trivier d'où elle fut transmise, vers la fin du XV° siècle aux seigneurs de Lugny, par le mariage de Philiberte de Saint-Trivier, dame de Branges, avec Liébaud de Lugny, de noble maison, qui, du temps des ducs, avait déjà donné des chanceliers de Bourgogne, des présidents du Parlement, des baillis et gouverneurs de ville : « Il n'y a oiseau de bon nid qui n'ait une plume de Lugny » disait sa devise.

Le château de Branges était situé tout près du bourg, dans l'île au delà et au sud du moulin en la prairie, tandis que l'église était placée où elle est encore aujourd'hui sur un monticule.

Elle datait vraisemblablement du XII° ou XIII° siècle, et resta longtemps remarquable malgré sa vétusté (et avant la trop complète restauration qui en fut faite vers le milieu du XIX° siècle) : « par l'architecture des voûtes, des portes et des fenêtres, les fonts baptismaux les inscriptions tumulaires, l'ancien repositoire isolé de l'autel, les écussons

Restes des ruines du Château de Branges en 1860

Ancienne chapelle seigneuriale dans l'église de Branges
(D'après un dessin de 1830)

Les voûtes de cette chapelle, style de la Renaissance, avait été construites en ogive, avec pendentifs sculptés à jour, descendant très bas et terminés par des anges ou génies présentant un écusson. Inscription de quatre vers sur le bénitier :

« Ce sont les Fonts d'iaux sacrés emplis,
« Où les enfants viennent prendre baptême,
« Par mots de foy, dignement accomplis,
« Que prêtre dit en baillant le Saint Chresme. »

féodaux, les chapelles collatérales... etc. (Gaspard, *Notice sur Branges*, publiée en 1880 dans les Mémoires de la Société d'Histoire et d'Archéologie de Chalon-sur-Saône.)

Le château fut détruit en 1478 sous Louis XI, lors des guerres pour l'annexion de la Bourgogne, et il ne pût renaître de ses ruines, quoiqu'on essaya de le restaurer et que des actes du XVIe siècle indiquent encore : « le *Chatel* et *Maison fort* de Branges ». Son emplacement a été converti en terres labourables et la charrue a remué de nombreux débris dont la trace disparaît peu à peu.

On a cité le château de Branges comme un de ceux de notre Bresse où les paysans, les anciens serfs des temps féodaux étaient tenus de venir pendant les couches de la dame battre l'eau des fossés, les uns avec des hallebardes, d'autres avec des bâtons pour empêcher les grenouilles de coasser (Monnier, *Annuaire de Saône-et-Loire*, 1859).

La seigneurie de Branges passa, vers le milieu du XVIe siècle, aux de la Chambre, seigneurs de Savigny-en-Revermont, par le mariage d'Anne de Lugny avec Philibert de la Chambre, en 1540.

Après avoir appartenu aussi à son fils, Jean de la Chambre, comte de Savigny-en-Revermont et baron de Branges, elle passa, en 1604, par un autre mariage aux d'Amoncourt, de noble et ancienne famille, originaire du Bassigny, portant : « de gueules au sautoir d'or », et en 1640, par le mariage de Philiberte d'Amoncourt, dernière héritière de ce nom, aux Barillon de Morangis.

La baronnie de Branges, érigée alors en marquisat (1655) en faveur d'Antoine Barillon de Morangis, conseiller du roi, l'un des directeurs de ses finances, maître des requêtes de son hôtel, comprenait Branges, Montret, Juif et Savigny-sur-Seille.

Son fils, Paul de Barillon d'Amoncourt, seigneur et marquis de Branges, fut chevalier, conseiller d'Etat, maître des requêtes et ambassadeur en Angleterre. On retrouve son nom dans les œuvres de la Fontaine en dédicace d'une des fables du huitième livre.

Après sa mort, en 1691, le marquisat de Branges passa à son fils, Antoine de Barillon d'Amoncourt, également conseiller du roi, maître des requêtes, dont la fille, Bonne de Barillon, épousa François Germain Le Camus, marquis

Époque féodale : Serfs battant l'eau des fossés du château pour empêcher les grenouilles de crier pendant les couches de la Dame
(Usage indiqué comme ayant existé à Branges, Frontenard, etc...)

de Bligny, maréchal des camps et armées du roi, de noble famille originaire de Champagne. *Voy.* plus loin, Camus (Le), marquis de Branges, Armoiries 8ᵉ planche, et pour la suite des seigneurs de Branges ; voir aussi de Branges, 9ᵉ planche des Armoiries.

Breuil de Sacconay (Du). — *Voy.* plus loin et 11ᵉ planche des Armoiries.

Brienne (Seigneurs de). — Les moines bénédictins de l'abbaye de Tournus avaient jadis à Brienne, au XIᵉ siècle, un prieuré qu'ils abandonnèrent au XIVᵉ « à cause de sa pauvreté et caducité ». Une motte et une maison voisine, qui s'appela longtemps la *maison du Doyenné*, paraissent avoir été le siège de la seigneurie.

Bruailles (Seigneurs de). — Des seigneuries s'étaient formées, conséquence des institutions féodales, dans les diverses localités ; c'est ainsi que les reprises des fiefs indiquent dans la paroisse de Bruailles, la seigneurie de Marcilly à M. de Thoisy, où un château sur une motte existe près de la Vallière, seigneurie de la Farge « ou souloit être la maison fort de Marcilly le Mayeur ». M. de Thoisy avait aussi la seigneurie de Corcelles, avec motte ceinte de fossés, détruite en 1853 ; il était aussi seigneur du clocher de Bruailles.

Antoine de Bretagne avait été seigneur de Marcilly, Bruailles et Montagny à la fin du XVIIᵉ siècle ; mais dès 1714 nous trouvons dans les registres des fiefs, François de Thoisy, chevalier, seigneur de Marcilly, Bruailles et Montagny ; il était également, comme nous le verrons plus loin, seigneur de Joudes.

Nous verrons les du Puget, seigneurs de Chardenoux, de 1714 à 1790 et de Lavy et dépendances.

Patran était aux d'Epernay ; nous avons lu dans le *Mercure dijonnais*, que, le 3 février 1773, M. Raviot, vicomte maïeur de la ville de Dijon, épousa à Louhans Mˡˡᵉ Arnoux d'Epernay, fille de Claude-Philibert Arnoux de Ronfand et d'Anne-Valérienne Niepce, et l'emmena vers le 10 à Dijon, où il y eut de grandes fêtes pour les recevoir.

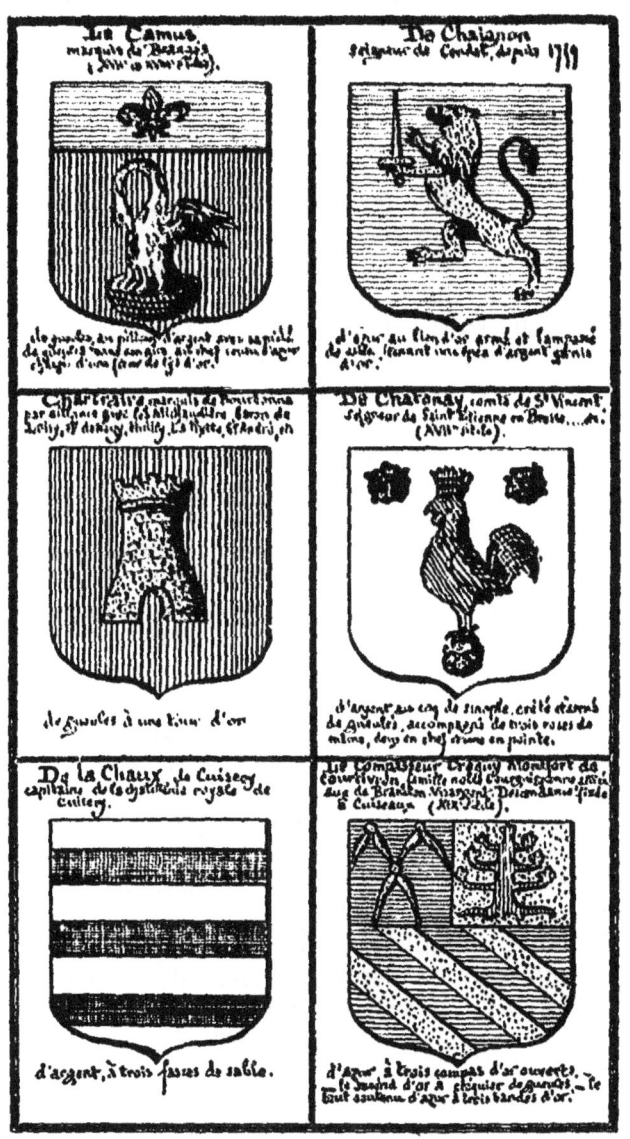

Les fiefs de Bruailles avaient été autrefois de la suzeraineté de Sainte-Croix, excepté Chichevières qui était à l'abbaye de Gigny, ressortissant à Louhans pour la justice.

Camus (Le), marquis de Branges. — La famille noble des Le Camus a possédé dans la contrée louhannaise le marquisat de Branges qui lui fut apporté, au commencement du XVIIIe siècle, par le mariage de Bonne de Barillon, fille du marquis de Branges, Antoine de Barillon d'Amoncourt, avec François-Germain Le Camus, marquis de Bligny, maréchal des camps et armées du roi. Cette famille, originaire de Champagne, avait donné des officiers à l'armée, un cardinal évêque à l'Eglise, un procureur général et un premier président à la Cour des aides, des chevaliers de Malte... etc. Les armes que nous reproduisons étaient « de gueules au pélican d'argent avec sa piété de gueules dans son aire, chargé d'une fleur de lys d'or ».

Antoine-Nicolas Le Camus, fils de François-Germain Le Camus et de Bonne de Barillon, marquis et marquise de Branges fut colonel d'artillerie, lieutenant au régiment des gardes françaises et reprit de fief le marquisat après la mort de sa mère en 1757.

Sa fille, Anne-Bonne-Geneviève-Antoinette Le Camus de Branges, épousa, en 1774, Louis-Joseph d'Ailly, chevalier de Saint-Louis, brigadier des armées du roi. Ils sont dénommés dans divers actes : marquis et marquise de Branges et terres et dépendances à Savigny-sur-Seille, Montret, Juif et Saint-André.

On trouve après leur mort, comme leurs héritiers sous bénéfice d'inventaire, en 1787, Antoine Barillon de Morangis, chevalier, conseiller d'honneur au Parlement de Paris, et Charlotte-Thérèse Tardieu de Malessis, veuve de Messire Jean-Bernard-Etienne de Cluny.

Le dernier marquis de Branges, en 1789, fut Charles-Antoine Tardieu de Malessis, maréchal de camp, dont la devise était : « Tard à Dieu », modifiée encore ainsi : « Tout à Dieu ». Il mourut, en 1793, sur l'échafaud révolutionnaire à Paris.

Ses biens, confisqués par la Nation, furent ensuite restitués en grande partie à ses héritiers, les Tardieu de

Malessis, qui, en 1706, par adjudication tranchée au Châtelet de Paris, vendirent la terre de Branges au banquier Coindre et à Jean-Auguste Germain, qui fut préfet de Saône-et-Loire en 1815, pair de France.

Ce dernier, ayant acheté en 1809 la part du banquier Coindre, laissa, en 1835, la terre de Branges à l'un de ses gendres, le vicomte de l'Aigle, qui la vendit ensuite à divers particuliers. (*Notice historique sur la commune de Branges*, par B. Gaspard.)

On verra plus loin que Branges a encore donné son nom à une ancienne famille qui a fourni plusieurs maires perpétuels à la ville de Louhans, voy. Debranges et de Branges, 9e feuille des Armoiries ; et que des membres de cette dernière famille, fixés au XVIIe siècle à Saint-Amour, avaient formé la branche des de Branges de Bourcia, de Civria et de la Boissière.

Carrelet de Loisy. — *Voy.* plus loin 9e planche des Armoiries.

Chabot (De). — Des membres de cette famille avaient été, à la fin du XVe siècle, seigneurs de Charette. Pierre Chabot-Brion (1490)... Ils étaient originaires du Poitou et d'ancienne maison, ayant fourni des conseillers, des chambellans, des ambassadeurs, des maréchaux, des évêques, des cardinaux. Ils portaient « d'or à trois chabots de gueules » et avaient pour devise : *Concussus surgo* et *Potius mori quam fœdari*.

Philippe Chabot, amiral de France, était, en 1534, seigneur d'Authumes. Ayant été nommé gouverneur de Bourgogne, après la mort de La Trémouille, tué à Pavie, il fut, par don du roi, seigneur temporaire de Cuisery, ainsi que de Cuiseaux, dont on le voit confirmer les franchises, quelque temps avant sa mort, en 1543 : la seigneurie de Cuiseaux reviendra peu après aux princes d'Orange, qui en avaient été dépossédés.

Le duc de Guise, Antoine de Lorraine, ayant été nommé après la mort de Chabot lieutenant-général et gouverneur de Bourgogne, la terre de Sagy avait alors été donnée, entre autres terres et seigneuries, au nouveau gouverneur pour jouir de ses revenus, sa vie durant ; c'est alors que le duc amodia Sagy à Guillaume Jehannin, pour 800 livres tournois (archives de la Côte-d'Or, B. 5892) ; mais il échangea ensuite, en 1547, avec l'autorisation du roi, cette seigneurie contre celle de Rouvres, à la veuve de l'amiral Chabot, Françoise de Longwy.

Le fils de l'amiral, Léonor Chabot, baron d'Authumes, comte de Charny, grand écuyer de France, fut, comme son père, gouverneur et lieutenant-général du royaume en Bourgogne. Disons à son honneur qu'il refusa, sur l'avis de Pierre Jeannin, conseiller au Parlement, de faire exécuter, en 1572, les ordres du roi pour la Saint-Barthélemy.

Chabrillan (De), nom de noblesse charollaise, à ne citer ici qu'accessoirement, un membre de cette famille, Théodore-Marie-Louis-Olivier de Moreton, comte de Chabrillan, ayant été député du Louhannais au commencement du second Empire, élu comme candidat officiel en 1852 et en 1857.

Chaignon (De), seigneurs de Condal. — La famille de ce nom, originaire du Périgord, eut la seigneurie de Condal au milieu du XVIII° siècle ; acquisition faite en 1759, par Pierre de Chaignon, chevalier, « résidant pour le roi à Sion, près la république du Valais ». Son nom est cité dans les *Confessions* de Jean-Jacques Rousseau, à qui « il fit mille amitiés » durant un séjour de ce dernier à Sion, en 1743.

Lorsque Maurice de Chaignon, son fils, officier au régiment de Courtin, fut reçu aux Etats de Bourgogne en 1787, il fit preuve de ses quartiers de noblesse et montra que sa famille avait été maintenue en Guyenne sur titres remontant en 1522. Armes : « d'azur au lion d'or, armé et lampassé de sable, tenant une épée d'argent, garnie d'or. » Maurice-Théodule-Pierre-Louis-Philippe-Marc-Georges de Chaignon était né à Sion le 22 avril 1762 ; il mourut à Condal le 22 mars 1822. Il avait été officier pendant douze ans en Suisse, chevalier de Saint-Louis, maire de Condal de l'an IX à 1822, conseiller général de Saône-et-Loire de

1816 à 1822. Son petit-fils, Henri de Chaignon, resta propriétaire à Condal.

Chalon, prince d'Orange. — *Voy.* plus loin et planche 4° des Armoiries.

Chamillard (M*me* la comtesse de). — *Voy.* plus loin Guyot et 5° planche des Armoiries.

Champagnat (Seigneurs de). — Champagnat était un annexe de Cuiseaux et dépendait de cette importante seigneurie: on l'appelait autrefois le petit Cuiseaux. Une partie d'Arbuans, hameau de cette commune, faisait partie de la seigneurie de Joudes. Un château moderne existe au Brouchy. *Voy.* Puvis de Chavannes.

Chapelle (De la), à Loisy. *Voy.* plus loin et 11° planche des Armoiries.

Chapelle-Naude (Seigneurs de la). — Les terres de Chapelle-Naude étaient en partie de la Seigneurie de Sainte-Croix, comme Promby, — en partie de celle de Montpont, comme Corgeat, *Voy.* plus loin, Arnoux, — et en partie de celle de Chardenoux, de Bruailles. Divers autres petits fiefs, Charnay... etc., sont mentionnés encore dans divers actes; mais nous ne pouvons donner plus d'extension à cette étude rétrospective. Ajoutons encore cependant que le curé prétendait être seigneur du clocher de la paroisse (Courtépée).

Chapelle-Saint-Sauveur (Seigneurs de la). — Il y avait eu anciennement des châteaux à *Masse*, à *La Motte*, à *Aloise*; mais les seigneurs de Pierre étaient, depuis longtemps déjà, seigneurs aussi de la Chapelle-Saint-Sauveur. Néanmoins, quelques fiefs étaient encore à d'autres seigneurs: *Aloise*, fief relevant de Bellevesvre, était au seigneur de Dampierre, ainsi que le *Bois d'Amange*, relevant de la baronnie d'Authumes. *Voy.* ces noms. Un château moderne, appartenant à la famille Massin, existe à *Masse*.

Chapelle-Thècle (Seigneurs de). — La baronnie de Montpont s'étendait sur une partie de Chapelle-Thècle. Le reste de cette paroisse dépendait de la Bresse et du bailliage de Bourg. Ici, comme dans la plupart des communes, on trouve encore divers fiefs mentionnés dans des actes ; ainsi, une reprise de fief, en 1772, indique la terre et seigneurie de Frottechise, à Augustin-Louis Bretin, trésorier des revenus casuels du roi. Bertrand de la Michaudière, conseiller au Parlement, était en 1710 seigneur de Coillat, fief relevant de M. Fyot de la Marche, baron de Montpont...

Chapuys-Montlaville (Baron de). — Le nom de Chapuys-Montlaville trouve sa place ici en raison de fonctions législatives occupées sous la monarchie de Juillet et sous l'Empire. Benoît-Marie-Louis Alceste, baron de Chapuys-Montlaville, né à Tournus, le 19 septembre 1800, mort à Chardonnay le 9 février 1868, avait remplacé à la Chambre des députés le docteur Jean-Joseph-Philibert Guillemaut, de Louhans, lorsque celui-ci donna sa démission, en 1833, pour revenir habiter Louhans et y reprendre ses fonctions médicales.

Comme son prédécesseur, il siégea à gauche, sur les bancs de l'opposition. Deux parts sont dans sa vie : la première, celle d'un chaleureux partisan de la Révolution démocratique de Juillet 1830, d'un homme de progrès et de liberté ; la deuxième, après la Révolution de 1848 et l'avènement de l'Empire, celle d'un complet réactionnaire que, dans ses *Châtiments*, Victor Hugo stigmatisa par ce vers :   La platitude a nom Montlaville-Chapuys

Il a joui d'une grande popularité, surtout dans la première phase de sa carrière. Il resta député de Saône-et-Loire de 1833 à 1848, et avait été aussi conseiller général pour le canton de Beaurepaire de 1842 à 1848. Il avait fait ses études à Lyon et s'était distingué de bonne heure par son goût pour les études historiques : à peine sorti des bancs de l'Ecole, il avait publié une *Histoire du Dauphiné* (1825, 2 vol. in-8°), qui avait obtenu non seulement un succès de localité, mais encore un succès d'estime générale. Il est piquant de rappeler que cet aristocrate de naissance, qui devait revenir, dans la seconde partie de sa carrière, à l'aristocratie, en même temps qu'il versait dans la réaction, avait formulé ainsi dans son premier ouvrage son opinion sur les titres de noblesse : « Les titres, les distinctions nobiliaires ne sont que de vains hochets à l'aide desquels les rois amusent la vanité des hommes ». Son opposition au pouvoir était qualifiée même, et sous Louis-Philippe, d'opposition *puritaine*. Il avait continué à se livrer à ses études favorites, et avait été successivement nommé membre des Académies de Bordeaux, Mâcon, Dijon et Lyon ; et, lors de son discours de réception à cette dernière Académie, en mai 1830, il s'élevait éloquemment en faveur de l'émancipation générale des peuples. A la Chambre, il défendit la liberté de la Presse, le droit d'association et fut un des champions les plus prononcés de l'abolition de la peine de mort. Il écrivait dans le *Journal du Peuple*, le *Bon sens*, le *Censeur de Lyon*, le *Patriote de Saône-et-Loire*. Ajouterai-je, détail peu connu, qu'il a publié le 1er volume d'une *Histoire universelle du XIXe siècle*, que des travaux préliminaires l'avaient forcé de suspendre.

Le baron de Chapuys-Montlaville que nous avons dû faire figurer, en raison de ses attaches si grandes et si prolongées avec le Louhannais, dans ces brèves annales de la Noblesse louhannaise, était d'ancienne famille appartenant à la vieille noblesse de Bourgogne, et dont un des membres avait rempli la charge de garde des sceaux au Parlement de Dôle. Elle portait dans ses armes un pélican s'ouvrant le sein pour nourrir ses petits, avec la devise qu'en 1710 lui avait donné le roi Louis XIV : *Miseres succurere disco*, afin de perpétuer dans sa famille le souvenir de sa belle conduite pendant la disette de 1709.

Revenons au député de Louhans. Dans les dernières années de la Monarchie de Juillet, l'opposition puritaine du baron de Chapuys-Montlaville se distingua de celle de ses amis politiques par des manifestations où l'on sentait se réveiller sa conscience religieuse et catholique. Dès 1845, il avait voté contre l'ordre du jour motivé de M. Thiers, qui voulait proscrire du royaume les congrégations reli-

CHAPUYS - MONTLAVILLE
(Benoit-Alceste, baron de)
né en 1800
Député de l'arrondissement de Louhans (1833-1848)
Sénateur de l'Empire, décédé en 1868

De CHAPUIS-MONTLAVILLE fils (GUSTAVE)
Député, 1863-1866

gieuses non autorisées, et il avait reçu à la suite de cette manifestation les félicitations du père de Ravignan.

Son puritanisme accru et exagéré faisait sonner haut et ferme ses appréciations sur la moralité de l'Etat en général, et des familles en particulier, il s'élevait contre la littérature immorale, qui s'étalait dans les feuilletons et principalement dans les journaux du gouvernement, et il attaquait violemment les *Mystères de Paris* et le *Juif Errant* d'Eugène Sue, ce qui lui valut de nouvelles félicitations du clergé, à propos de cette « mauvaise littérature » et des romans feuilletons qu'il voulait faire frapper d'un timbre spécial.

Durant la première partie de sa vie politique le baron Alceste de Chapuys-Montlaville avait publié diverses brochures et opuscules, ayant trait aux diverses questions du moment : la *Réforme électorale*, le *Principe et l'application*, une étude sur le célèbre pamphlétaire *Timon*, le récit de la belle *Défense de Mazagran*, la *Vie publique et privée de Lamartine*...

En 1843, M. de Chapuys-Montlaville était entré en relations avec le prince Louis-Napoléon ; et, en 1848, on le vit appuyer la candidature du prince à la Présidence de la République. Il fut, — et ici commence la seconde partie de sa carrière, — préfet de l'Isère de 1849 à 1851 (il l'était encore à l'époque du coup d'Etat), puis de la Haute-Garonne en 1852, où il déploya pour le futur empereur un enthousiasme indescriptible, pour ne pas dire qu'il prêta à l'ironie.

Il fut, en 1853, sénateur de l'Empire, grand-officier de la Légion d'honneur en 1867, commandeur de l'Ordre de Saint-Grégoire le Grand, des Saints-Maurice et Lazare et de Charles III d'Espagne. Il fut nommé conseiller général de Saône-et-Loire pour le canton de Lugny, de 1855 jusqu'à l'époque de sa mort en 1868, maire de Chardonnay, où était son château.

Il avait épousé, en 1824, Mademoiselle Ludivine de Riverieulx de Chambost, décédée en 1855, et dont il eut un fils, Antoine-Gustave, né à Lyon en 1824, maire de Chardonnay de 1849 à 1851, sous-préfet de Nantua (1851), de Trévoux (1853) et de Brignolles (1854), chevalier de la Légion d'honneur (1852) et commandeur de l'ordre de Saint-Grégoire le Grand, député de la circonscription de Louhans de 1803 à 1866, mort à Chardonnay le 15 octobre 1866. Au point de vue nobiliaire, quoique son père ne fût en possession que du titre de baron, il avait pris le même titre que lui, « ce qui quelquefois, dit l'*Annuaire de la Noblesse* de Borel d'Hauterive (1867), a occasionné une confusion de personnes ».

Du mariage de Gustave de Chapuys-Montlaville (1855) avec Mademoiselle Pierrette-Joséphine Bastide, était né à Saint-Etienne, le 6 novembre 1856, Antoine-Claude-Ludovic de Chapuys-Montlaville, avocat dans sa ville natale.

Charette (Seigneurs de). — Charette qui avait déjà *fort maison* au XIV° siècle (1371, registre des fiefs), eut pour seigneur en 1490, Pierre Chabot-Brion. La seigneurie fut depuis à Edme Vadot, à Bouquinet de Lante, et ensuite au XVIII° siècle, au petit-fils de celui-ci, Louis Quarré de Quintin, procureur général au Parlement de Bourgogne, qui eut pour héritier M. de Grosbois, premier président du Parlement de Besançon. Le fief de Quintin mouvait de Longepierre, et celui de Longbois, également de la paroisse de Charette, mouvait de la seigneurie de Verdun.

Chartraire de Bourbonne, baron de Loisy. — La seigneurie de Loisy qui, depuis plusieurs siècles, avait appartenu à diverses familles, était passée, au milieu du XVIII° siècle, en 1748, par mariage d'une héritière de la seigneurie, alors aux de la Michaudière, au marquis de Bourbonne, Jean-François-Gabriel-Bénigne Chartraire, premier président au Parlement de Dijon, qui fit construire un nouveau château sur les ruines de l'ancien ; puis, en 1761, à son fils, Marc-Antoine-Bernard-Claude Chartraire de Bourbonne, aussi président à mortier au Parlement ; puis, par mariage de la fille de celui-ci, au comte d'Avaux, qui devint marquis de Bourbonne, baron de Loisy... etc. *Voy.* plus loin Loisy, pour les premiers seigneurs de cette baronnie.

Châteaurenaud (Seigneurs de). — Bien des familles seigneuriales se succédèrent dans l'ancienne maison forte, qui s'élevait tout près de la ville de Louhans, sur le coteau qui la

domine, dans un lieu où fut peut-être un ancien retranchement, camp ou forteresse, *castrum Raynaldi*. Dès le XII° siècle, des seigneurs de ce nom de Raynaud, Renaut, figurent parmi les premiers bienfaiteurs de l'abbaye du Miroir. Leurs noms se trouvent aussi dans divers actes du XIV°. La terre de Châteaurenaud, relevant de fief du sire de Sainte-Croix, était passée au XV° siècle à Guillaume de la Marche, bailli de Chalon, puis à son fils Antoine, qui fut également bailli de Chalon, chambellan du duc de Bourgogne, et dont la tombe (1438) que nous avons reproduite d'après un manuscrit de l'époque, exista longtemps à l'église de Châteaurenaud.

La terre de Châteaurenaud fut ensuite à Olivier de la Marche, chroniqueur, historien, poète (*Voy.* ce nom et 6ᵐᵉ planche des Armoiries), dont la sœur Jeanne de la Marche porta cette terre à son mari, Jean le Mairet, grand écuyer du Chalonnais, qui la vendit à Nicolas Rollin. Elle revint à Jean le Mairet, dont la fille l'eut en dot, en épousant Guillaume de Thullière, dit Montjoie (1498); tous les deux furent inhumés dans l'église.

Ensuite, elle fut possédée par les de Moisy (1540), qui eurent aussi la Tournelle, Mont-les-Sagy, Mont-St-Martin, Marcilly et un grand nombre d'autres seigneuries, puis par Jean de la Borderye, seigneur de la Tournelle, époux d'Antoinette de Ténarre, dame de Denizet, Mons, Châteaurenaud, etc., remariée ensuite à Théode Bouton, de la branche des Bouton-Chamilly.

Théode Bouton était, en 1576, seigneur de la Tournelle, Mons, Châteaurenaud, Denizet, etc. Il embrassa, ainsi que sa femme, le parti de la religion réformée et fit baptiser son fils (1584) par le pasteur calviniste, en la maison seigneuriale de la Tournelle. Mais ils abjurèrent tous plus tard et rentrèrent dans l'église catholique romaine. Antoinette de Ténarre, dame de Châteaurenaud, décédée en 1598, fut inhumée en l'église de Sagy.

Leur fils, Salomon Bouton, épousa Philiberte de Garadeur; il passa une partie de sa vie en sa « maison forte » de Châteaurenaud et fut inhumé (1627), ainsi que sa femme (1631), en l'église de cette paroisse.

Jean-Baptiste Bouton, fils des précédents, fut tué à l'âge de 21 ans, à l'attaque de Philisbourg, sous le commandement de Louis Bourbon, duc d'Enghien. Une de leurs filles, Marie Bouton, épousa, en 1643, Joseph-Guillaume de Roverde, seigneur d'Attignat et Saint-Sulpis, qui devint ainsi seigneur de Châteaurenaud, Mons, la Tournelle, etc. Ce fut cette dame qui finit la branche ainée des Bouton-Chamilly.

La seigneurie de Châteaurenaud passa vers la fin du XVIIe siècle, par acquisition, à la famille Mailly, dont un des membres fut encore, un siècle plus tard, au moment de la Révolution, le dernier seigneur de la terre érigée en marquisat par lettres patentes du roi, en 1752. *Voy*. Mailly et 6e planche des Armoiries.

Châteaurenaud, par sa situation, ne pouvait manquer d'avoir et avait toujours eu, en effet — faisons-le remarquer ici — une certaine importance. Les seigneurs y avaient très anciennement établi deux foires, qui ont persisté et qui se tenaient autrefois avec grand appareil. Plusieurs des sujets de la terre étaient obligés de s'y trouver armés pour y faire la garde sous les ordres d'un gentilhomme, qui prenait le titre de capitaine de la foire. C'est apparemment pour donner plus d'éclat à la foire, que le seigneur de Châteaurenaud avait fait don de quatre soitures de pré aux prêtres familiers de l'église Saint-Pierre de Louhans, à la charge par eux de venir en grande pompe et au son des instruments lui présenter, la veille de la foire au-devant de son château, sous les ormes de la place, à l'issue des Vêpres et après différentes promenades sur la foire, deux gâteaux de chacun un quart de fleur de froment. Cet usage s'était continué, sauf quelques interruptions, notamment pendant les guerres de Comté, au XVIIe siècle, et était ensuite tombé quelque peu en désuétude. Mais le seigneur, à la suite d'un procès intenté par la douairière veuve de Mailly, mère et tutrice du jeune marquis de Châteaurenaud, Antoine de Mailly, dont nous parlerons plus loin, et d'une sentence rendue au bailliage de Chalon et au Parlement de Dijon, en 1754, tenta de faire revivre ce droit, qui donnait lieu à une fête baladoire suivie de réjouissances, qu'il voulait maintenir pour attirer plus de monde à la foire.

Il y avait eu encore à Châteaurenaud, en outre de la principale seigneurie, d'autres fiefs. Un des anciens seigneurs

Un vieux droit seigneurial qui existait encore à Châteaurenaud, au XVIII° siècle

Le jour de la foire de Saint-Laurent, très anciennement établie à Châteaurenaud, des prêtres familiers de l'église de Louhans étaient tenus de venir, en grande pompe et au son des instruments, présenter au seigneur de Châteaurenaud, sur la place publique, sous les ormes en devant du château, à l'issue des vêpres et après différentes promenades sur la foire, deux gâteaux de charmi un quart de livre de froment. L'origine ancienne de ce droit était le don par le seigneur de quatre soitures de pré, à leur chapelle du Saint-Esprit de l'église de Louhans, en échange de l'hommage de ces gâteaux.

de Vienne, Guillaume, comte de Mâcon, avait dès le XI⁰ siècle, à Breney, un port sur la Seille, établi surtout pour le sel que l'on tirait de Comté. On voit par divers actes que le fief de Breney appartenait aux Mailly, dans la première moitié du XVII⁰ siècle : Jean de Mailly, grand écuyer du Chalonnais, était seigneur de Breney.

Il y avait aussi anciennement, à Seugny, un château avec fief relevant de la seigneurie de Louhans. Les Mailly, seigneurs de Breney, devinrent aussi seigneurs de Seugny.

Il y eut aussi un château à la Mâconnière ; Jean le Mâconnier, qui en jouissait au XV⁰ siècle, lui avait donné son nom.

___

Chatenay (De), seigneurs de Saint-Vincent. — Pendant près de deux siècles, les de Chatenay furent barons, puis comtes de Saint-Vincent. Joachim de Chatenay était, en 1582, gentilhomme ordinaire de la chambre du roi, commissaire ordinaire des guerres en Bourgogne ; il fut, en 1589, pendant les guerres de religion, gouverneur de la ville de Chalon sous les ordres du duc de Mayenne. Cette maison des seigneurs de Saint-Vincent fut alliée aux de Ténarre : Aimée-Catherine de Ténarre fut dame, baronne, puis comtesse de Saint-Vincent, la baronnie ayant été érigée en comté en 1660. Charles de Chatenay fut ensuite comte de Saint-Vincent, baron de Baudrières, seigneur de Saint-Étienne, titres portés encore par d'autres seigneurs de ce nom. Les armes des de Chatenay étaient « d'argent au coq de sinople crêté, barbé, armé et couronné de gueules, accompagné de trois roses de même, deux en chef et une en pointe ».

Marie-Jeanne-Charlotte de Chatenay porta, vers 1780, la terre de Saint-Vincent au comte de la Teyssonnière, dont le fils, Charles-Henri-François, fut le dernier seigneur. On trouve porté, en 1792, sur la liste des émigrés.

Le château des seigneurs de Saint-Vincent, non loin du village, sur une butte entourée de deux fossés concentriques, était protégé par quatre tours. Il fut démoli en 1796. Le lieu où il était s'appelle encore *le château*, sur la route qui mène à Montret.

___

Chaux (Seigneurs de la). — La Chaux, entre Mervans et

Pierre, avait motte et fort maison avec large fossé (1473, 1ᵉʳ vol. des fiefs). Charles de Poupet, chevalier, était en 1511 seigneur de La Chaux et de Charette ; — Estienne d'Ugny (1555) ; — puis les Bataille de Mandelot, d'ancienne famille qui a produit, surtout au XVIIIᵉ siècle, plusieurs officiers des armées du roi. Leurs armes étaient « d'azur à trois flammes de gueules, mouvant de la pointe » ; leur devise : *ex bello pax*, qu'on voyait sur leur tombe dans l'église de La Chaux. Henri-Charles Bataille, comte de Mandelot, seigneur de La Chaux, était à la fin du règne de Louis XV, capitaine des vaisseaux du roi (1770). Henri-Camille-Sophie Bataille, comte de Mandelot, fut, sous le règne de Louis XVI, capitaine commandant de dragons au régiment d'Artois.

Une habitation de fermier existe actuellement à la place de l'ancien château dont il y a encore quelques restes, avec traces de fossés du côté du levant.

Chaux (La), à Cuisery. — Dans ce hameau situé à deux kilomètres de Cuisery, il y avait très anciennement, dès le XIIIᵉ siècle, un prieuré de religieuses dépendant de l'abbaye de Lancharre. Après le départ des religieuses au XIVᵉ siècle, le prieuré ne consista plus qu'en la Chapelle à laquelle on se rendait déjà en pèlerinage et qui fut cédée au XVIIᵉ siècle, à Nicolas Ruffin de Lozier, seigneur du Ponthet, conseiller du roi et maître ordinaire de son hôtel. Il résidait alors à Pont-de-Vaux : les Dames de Lancharre lui ayant, avec la chapelle qui était en ruines, cédé aussi la seigneurie, moyennant une rente foncière et annuelle de 60 livres, il devint seigneur de La Chaux.

Au XVIIIᵉ siècle, La Chaux redevint la propriété des Dames de Lancharre, qui la conservèrent jusqu'à la Révolution, époque à laquelle le prieuré fut vendu. Redevenu plus tard établissement religieux et lieu de pèlerinage, il devait subir encore d'autres vicissitudes, dont il n'y a pas lieu ici de s'occuper.

Clerguet. — *Voy.* plus loin 9ᵉ planche des Armoiries.

Clermont-Mont-Saint-Jean (de). — *Voy.* plus haut 2ᵉ planche des Armoiries et Brancion-Visargent.

Le Convoi

Coligny (de). — Plusieurs terres du Louhannais appartinrent, à diverses reprises, aux de Coligny. Ils furent, à la suite d'un mariage (de G. de Coligny avec Denise de Luyrieux, en 1532), seigneurs de Beaufort et de Flacey-en-Bresse. Ils le furent aussi de Lays, Bouhans, Sauberthier... Ainsi, nous aurons à indiquer plus loin que la famille de Truchis acquit Lays, vers le milieu du XVII° siècle, de Cleradius de Coligny. De même nous voyons, d'après un acte passé en 1644, chez M° Villedieu, notaire à Chalon, qu'un membre de la famille Chanussot, dont les descendants ont été et sont encore actuellement propriétaires à la Balme, fit alors une acquisition du même seigneur, « Messire Cleradius de Coligny, marquis du dit lieu, baron de Cressia, Bouhans, Beaufort, Flacey, Lais, Sauberthier (La Balme), etc... ».

Le fils de Cleriadus de Coligny, Joachin, marquis de Coligny et seigneur de Beaufort, Flacey, etc..., n'eut pas d'enfants. La seigneurie de Flacey fut vendue alors avec celle de Beaufort, à un Lyonnais, Etienne Berton, dont la fille épousa le comte de Laurencin. *Voy.* Flacey (Seigneurs de).

Condal (seigneurs de). — Condal avait une seigneurie en toute justice avec château. Après avoir appartenu aux moines de Gigny (jusqu'en 1693), époque à laquelle ils ne conservèrent, jusqu'à la suppression du monastère, que la dîme et le patronage de la cure, puis aux Tribillet, elle passa, en 1759, aux de Chaignon, famille originaire du Périgord, dont un des membres, Pierre de Chaignon, comme nous l'avons dit plus haut (*Voy.* ce mot), acquit alors la terre et le château.

Le fief de *Villers-Chapel* était, en 1780, à Madame de Montessus.

A Saint-Sulpis, ancienne paroisse, réunie en 1805 à celle de Condal, il y avait autrefois un vieux château, maison forte avec tours, aux seigneurs de ce nom, dont l'un figure, au XII° siècle, parmi les Croisés partis en terre sainte.

Condé (Princes et princesses de Bourbon), seigneurs et dames de Louhans. *Voy.* Louhans (Seigneurs de).

Gorgeat (Arnoux de). — *Voy.* Arnoux.

Courdier, seigneurs de l'Abergement-les-Frangy, du Tronchet ; *Voy.* Frangy.

Courlet de Vrégille. *Voy.* Vrégille.

Courtivron (Le Compasseur Créqui-Montfort de). — Un membre de cette famille, le comte Aymard de Courtivron, est fixé à Cuiseaux dont il est maire : il est né à Bussy (Côte-d'Or). La famille Le Compasseur est originaire du Roussillon. Elle est passée ensuite en Champagne et en Bourgogne, et, dès le XIV⁰ siècle, elle y occupa une situation importante, ainsi que le constatent divers actes. Elle donna des maîtres des comptes, des premiers présidents au bureau des Finances, un vicomte mayeur de Dijon et d'autres membres qui tinrent un rang distingué dans la robe et dans l'épée.

Les armes de cette famille, que nous avons reproduites dans la planche 3, sont : « Coupé au 1, parti d'azur à trois compas ouverts d'or, (qui est Le Compasseur), et d'or au créquier de gueules (qui est de Créqui) ; au 2, d'azur à trois bandes d'or » ; la devise : *Cuncta ad amussim*.

La terre de Courtivron avait été portée en dot par Françoise de Mâlain à Claude Le Compasseur de Vitrey, tué au service du roi en 1592, et érigée d'abord en baronnie, puis en marquisat en 1698, pour le président Jean Le Compasseur ; comme autre fief, il y avait la terre de Tarsul, changée au nom de Compasseur-Créqui-Montfort par lettres de 1758.

Gaspard Le Compasseur de Créqui-Montfort, marquis de Courtivron, né à Courtivron en 1715, mort le 4 octobre 1785, mestre de camp de cavalerie, mathématicien, membre de l'Académie des Sciences, a publié divers ouvrages : un *Traité d'optique,* en 1752 ; *l'Art des Forges* ; le *Catalogue et Armoiries* des gentilshommes qui ont assisté à la tenue des Etats généraux du duché de Bourgogne, depuis 1548 jusqu'en 1682 (par de Brosses de Tournay, Thésut de Verrey et Le Compasseur de Courtivron, auteur du Discours préliminaire), Dijon-1760-in-fol. Lors de sa mort, en 1785, son éloge, comme membre de l'Académie des sciences, fut fait par Condorcet.

Son fils, Antoine-Nicolas-Philippe-Taneguy-Gaspard Le Compasseur-Créqui-Montfort, marquis de Courtivron, né au château de Courtivron le 13 juillet 1753, mort à Bussy-la-Pesle le 28 octobre 1832, fut officier du Corps royal de l'Artillerie, capitaine, puis lieutenant-colonel en 1791 : il avait joué un rôle assez marqué dans la répression d'une révolte de la garnison de Nancy contre ses officiers en août 1790 et contribué à sauver la vie du général Malseigne, ce qui lui valut alors la croix de Saint-Louis. Il avait épousé en 1779 la fille du marquis de Clermont-Tonnerre. Il fit partie de l'Académie de Dijon, après s'être fait connaître par un *Essai historique* sur les guerres du temps et quelques poésies.

Il fut élu, en 1789, député suppléant de la noblesse du bailliage de Dijon aux Etats-généraux. Emigré en 1792, il resta à l'étranger pendant huit ans et ne rentra en France qu'en 1800. C'est alors qu'il publia une traduction d'un savant physicien anglais, Rumford, *Essais politiques, économiques et philosophiques*.

Il s'était fixé à Bussy-la-Pesle, dans l'arrondissement de Dijon, et il fut maire de cette commune.

Lieutenant de la grande louveterie de la Côte-d'Or, il publia encore (1809) un ouvrage sur les *Moyens faciles de détruire les loups et les renards*, dont la multiplication dans la contrée était grande alors et excitait les plaintes des cultivateurs.

En 1816, il communiqua à l'Académie une traduction française de la *Pucelle d'Orléans*, tragédie de Schiller, avec des observations sur le théâtre allemand.

Il touchait à sa soixante-neuvième année lorsqu'une ordonnance royale du 20 juin 1821, l'appela aux fonctions de maire de Dijon, qu'il conserva jusqu'au mois de mars 1830, administration qu'un de ses biographes, C.-N. Amanton, qualifia d' « éclairée, active, vigilante, juste, impartiale, généreuse et fraternelle », et qui fut marquée par des travaux d'intérêt public de constructions et d'embellissement d'une haute importance. Il était aussi membre et président du Conseil général de la Côte-d'Or, et chevalier de la Légion d'honneur depuis 1823.

Peu de temps avant sa mort, il s'était retiré à Bussy, qu'habitaient son fils aîné et sa famille, et où il demeura jusqu'à sa mort, en 1832, à l'âge de 80 ans.

C'était, dit son biographe Amanton, un ami des arts, un homme de mérite et de sage tolérance, sachant satisfaire aux convenances de sa position et du rang qu'il occupa dignement. Les Dijonnais, longtemps, ont conservé sa mémoire.

L'*Annuaire de la Noblesse*, de Borel d'Hauterive (année 1866), donne sur son fils les renseignements suivants : « Louis-Philippe-Marie Le Compasseur Créquy-Montfort, marquis de Courtivron, né en 1781 à Paris, dans l'hôtel du maréchal de Clermont-Tonnerre, son aïeul, fut, pendant la Révolution, incarcéré comme suspect à l'âge de 12 ans. Rendu à la liberté, il alla rejoindre son père dans l'émigration. En 1814, il entra comme brigadier aux chevaux-légers, fut nommé, en 1815, aide de camp du duc de Damas, et accompagna, en 1824, le marquis de Talaru, son oncle, comme attaché à l'ambassade d'Espagne. En 1825, il quitta le service militaire et siégea à la Chambre des députés. Il venait de succéder à son père comme maire de Dijon, lorsque la Révolution de Juillet le fit rentrer dans la vie privée : il se consacra désormais tout entier à la bienfaisance et aux relations de famille. »

Bussy est resté le séjour de membres de la famille de Compasseur-Créquy-Montfort de Courtivron : le comte Aimé-Justin-Marie, né en 1834, capitaine de frégate en retraite, officier de la Légion d'honneur... Nous manquons d'autres détails sur cette famille.

Devons-nous ajouter maintenant que le *Dictionnaire biographique de la Côte-d'Or* (Paris, janvier 1895), a dit dans la notice qui lui était consacrée que « l'illustre maison de Courtivron compte parmi ses ascendants des rois de France, des empereurs d'Allemagne, des rois d'Angleterre, de Castille, des ducs de Lorraine, de Bretagne, de Bourgogne et les comtes de Savoie ». Cette assertion peut être taxée d'exagération. Déjà une douairière, bien connue, la marquise de Créquy, décédée en 1803, exerçait dans ses *Souvenirs*, qui ne furent publiés qu'en 1834 et eurent un grand retentissement, la malignité de sa plume, en s'atta-

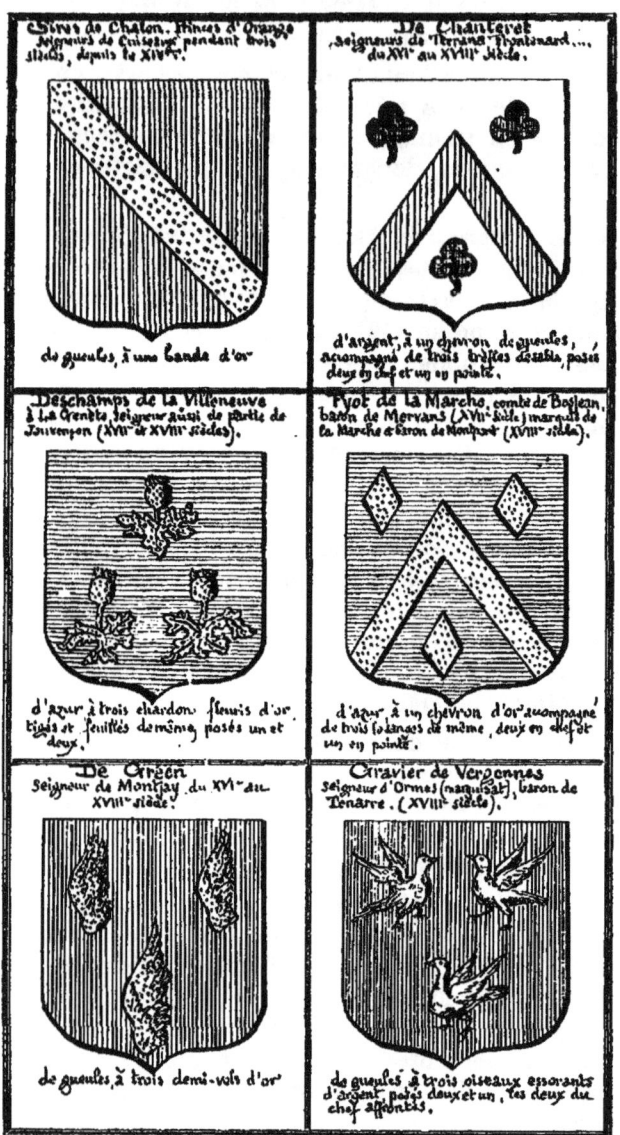

quant à diverses familles nobles, parmi lesquelles celles des Le Compasseur, à propos de l'adjonction faite à leurs noms de celui de Créquy-Montfort. Elle prétendait y voir « on ne sait quelle arrière-pensée d'usurpation », ajoutant qu'elle leur aurait contesté ces noms si ces familles n'avaient pas évité de passer des actes dans le ressort du Parlement de Paris. L'auteur que nous avons cité, O.-N. Amanton, dans l'éloge qu'il fit du marquis de Courtivron, en 1835 (Dijon, imp. Frontin), le rappelle en donnant des preuves en faveur du droit du nom de Créqui à cette famille de Courtivron, qui a, du reste, comme on l'a vu, des titres plus modernes à une place honorable dans l'histoire et les biographies bourguignonnes.

Cuiseaux (Anciens seigneurs de). — **Maison de Chalon.** — **Princes d'Orange.** — **Suite des seigneurs de Cuiseaux.** — Cuiseaux, ville très ancienne, bien placée sur la route de Lyon à Besançon, et comme le dit un titre du XV° siècle, « lieu d'une riche aménité, fructueux de tous biens pour la vie commune, et commerçant », avait, au dedans même des remparts de la ville, un très fort château, dont les seigneurs portant le nom du lieu, *sires de Cuseau*, étaient d'une noble et puissante famille, issue des comtes de Bourgogne. Plusieurs de ses membres s'étaient distingués dans les croisades. Placés sous la suzeraineté des comtes palatins de Bourgogne, puis des sires de Sainte-Croix, ils avaient eux-mêmes de nombreux fiefs dans leur dépendance, s'étendant jusqu'en Comté et en Bresse.

Aimon Lumbel de Cuiseaux figure, en 1131, dans l'acte de fondation de l'Abbaye du Miroir, par Humbert, sire de Coligny. Son fils, Ponce, qui fit comme son père à cette abbaye diverses libéralités, était dans la seconde moitié du XII° siècle, sire de Cuiseaux, Clairvaux, Branges, Virechâtel... etc. Le fils de ce seigneur, Ponce, second du nom, lui succéda comme seigneur de Cuiseaux, et après lui, son fils, Hugues, au commencement du XIII° siècle.

Jean, fils aîné de Hugues, fut, après la mort de son père, en 1238, seigneur de Cuiseaux, et Ponce, son frère, fut seigneur de Branges, dont il fut l'auteur des Franchises,

Anciens Remparts de Cuiseaux : la porte du Verger

en 1256, neuf ans avant l'octroi de celles de Cuiseaux par Jean, en 1265.

Quelques années après, en 1284, Henri d'Antigny, sire de Sainte-Croix, vendit au duc de Bourgogne, Robert II, la suzeraineté de Cuiseaux qui fit, dès lors, partie du duché, dans cette région bressane d'outre-Saône, la seconde Bresse chalonnaise, qui, dans la suite des temps, formera le Louhannais ou Bresse louhannaise.

Jean, seigneur de Cuiseaux, laissa, vers 1272, la seigneurie à son fils, Jean, deuxième du nom, qui mourut sans postérité. A la mort de celui-ci, en 1316, le duc de Bourgogne, Eudes IV, après avoir confirmé les franchises de Cuiseaux, donna la seigneurie à Hugues de Chalon, seigneur d'Arlay. On voit ensuite, de cette même maison, Henri de Chalon, au XIV⁰ siècle, seigneur de Cuiseaux, et au commencement du XV⁰, Jean de Chalon, premier prince d'Orange, par son mariage avec Marie de Beaux... Leurs armes étaient : « de gueules à une bande d'or ».

La très noble et très puissante maison de **Chalon** et celle des **Princes d'Orange**, plus illustre encore, qui lui succéda, possédèrent pendant environ trois siècles ce fief de Cuiseaux, qui ne leur fut enlevé que pendant certains intervalles par les événements politiques, ainsi lors des guerres pour l'annexion de la Bourgogne à la France, sous Louis XI, après la mort du dernier duc de Bourgogne, Charles le Téméraire. Pour punir les habitants de leur attachement à la princesse Marie, fille et héritière du duc, un des lieutenants de Louis XI, le farouche Craon, gouverneur de Bourgogne, avait presque entièrement détruit la belle petite ville, et la seigneurie avait été donnée alors à Guy de Rochefort.

Elle n'avait pas tardé, après la paix, d'être rendue aux princes d'Orange qui en furent dépossédés encore pendant les guerres avec Charles-Quint, car, possesseurs de nombreux fiefs en Franche-Comté, Jean et son fils, Philibert de Chalon, qui fut un des plus grands capitaines de son siècle, tué au siège de Florence, en 1530, et inhumé à Lons-le-Saunier, avaient toujours servi la cause de l'Espagne et de la maison d'Autriche. L'amiral Chabot, gouverneur de Bourgogne, en fut alors seigneur temporaire et confirma les franchises de cette ville, de même que les princes d'Orange les avaient confirmées antérieurement et les confirmèrent encore dans la suite.

Par le mariage de la princesse d'Orange, Claude de Chalon, avec le prince Henri de Nassau, la seigneurie de Cuiseaux et ses dépendances passèrent entre les mains de cette branche de la maison de Nassau, qui fut célèbre dans l'histoire. Le fils des précédents, René de Nassau, tué au siège de Saint-Dizier, en 1544, n'ayant pas d'enfants, laissa comme légataire Guillaume de Nassau, son cousin, qui fut le fondateur de la République des Provinces unies. Le roi d'Espagne, alors souverain de la Franche-Comté, se vengea de la rébellion de ce prince en confisquant ses domaines ; mais il furent encore une fois rendus plus tard à sa postérité. Le terrier de Cuiseaux de 1592 nous donne le manuel et déclaration des cens et redevances en froment, avoine, cire, poules..., etc., dûs à Philippe-Guillaume de Nassau, prince d'Orange, seigneur de Cuiseaux, Varennes-Saint-Sauveur, etc., et reconnus par les habitants dudit Cuiseaux et de divers hameaux des paroisses de Champagnat, Dommartin, Joudes, Saint-Sulpice, Condal et Saint-Amour.

Amélie de Nassau porta ensuite, par son mariage, la terre de Cuiseaux à Frédéric Casimir, prince palatin, de qui elle fut acquise par Henri de Condé, qui vint à Cuiseaux où il « jura les franchises », en 1634.

La postérité de ce dernier prince conserva la seigneurie de Cuiseaux jusqu'à la mort de Louise-Anne de Bourbon, dite Mademoiselle de Charollais, en 1764. Mais l'héritier de cette princesse, Louis-François-Joseph de Bourbon Conti, pair de France, lieutenant général des armées du roi, ne fut que peu de temps baron de Cuiseaux, car il vendit presque aussitôt cette terre à Alexis Fontaine des Bertins, d'Annonay, membre de l'Académie des Sciences qui, lui-même, mourut en 1771, et eut ainsi à peine le temps d'en prendre possession, ainsi que des fiefs qui en étaient la dépendance. L'année qui précéda sa mort, les échevins de Cuiseaux avaient été en procès contre lui, par suite de son refus de remplir l'obligation qu'avaient tous les seigneurs successifs de ce lieu, de promettre par serment de conserver inviolablement les privilèges et franchises de la ville ; aussi ne le considéraient-ils dans les pièces du procès que comme « le prétendu seigneur de Cuiseaux ».

Ecole de filles de Cuiseaux (Ancien château des Princes d'Orange)

Après lui, le seigneur de Cuiseaux fut Constantin Nayme, prêtre, docteur en théologie, l'un des curés de Bourg-Argental, en Forez. Il eut pour héritier, en 1780, son neveu, Etienne-Jean Nayme, conseiller garde des sceaux au parlement de Bourgogne. Ce fut le dernier seigneur de Cuiseaux et il habita assez longtemps cette ville. Il avait, comme ses prédécesseurs, dans les localités voisines, d'autres terres relevant de son fief, aussi il prenait dans les actes le titre de seigneur de Cuiseaux, Champagnat, Joudes, Condal, Dommartin et autres lieux. Etienne-Jean Nayme mourut en décembre 1810. Il était marié à Marie-Claudine Bouthillon, qui elle-même mourut en janvier 1838.

Le château des anciens seigneurs, au nord-est de l'hôpital, était très fort et étendu. Le prince palatin, Frédéric Casimir, en avait vendu les décombres et l'emplacement aux habitants pour 200 livres, en 1268.

Des fortifications de la ville, plusieurs furent démantelées, il reste encore la porte du Verger.

De l'ancienne maison seigneuriale, reconstruite par les princes d'Orange, et qui date de plusieurs siècles, une restauration récente a fait l'école communale des filles, sise dans la Grande-Rue.

Chanteret (De), seigneurs de Terrans, Frontenard... — Plusieurs seigneurs du nom de Chanteret furent inhumés dans l'église de Terrans. Ils avaient, au XVIe siècle, en même temps que la seigneurie de Terrans, une partie de Frontenard et quelques autres fiefs dans la région. L'un d'eux, François de Chanteret, qui était, pendant la guerre de Comté, commandant pour le roi au château de Pierre, fut tué, en 1642, en défendant avec succès contre les Comtois cette place qu'il sauva du désastre.

Les de Chanteret portaient comme armes : « d'argent à un chevron de gueules, accompagné de trois trèfles de sable ».

Au XVIIIe siècle, Catherine de Chanteret, dont les ascendants avaient fini par acquérir les diverses portions de la seigneurie de Terrans, la porta par mariage, en 1729, à François de Truchis, qui fut aussi seigneur de Frontenard. *Voy.* ces noms.

Croset (Du), Vte **Duretal**. — Voy. plus loin Duretal et Perreux, seigneur de Duretal; 6e planche des Armoiries.

Cuisery (Seigneurs et châtelains de). — Cuisery, à l'extrémité et sur la pente orientale d'un coteau très élevé au pied duquel coule lentement la Seille, venant de Louhans et du Jura, était une petite ville ou bourg important, protégé par sa situation et par le vieux château fort des sires de Bâgé, flanqué de quatre tours dont une existe encore aujourd'hui, tour en ruines que nous reproduisons ici.

Quoique appartenant aux sires de Bâgé et ensuite aux comtes de Savoie, les *chastels* et seigneuries de Cuisery et de Sagy relevaient déjà en fiefs des ducs de Bourgogne, avant le XIIIe siècle. En 1289, un échange avec le comte de Savoie les fit définitivement entrer dans le duché de Bourgogne. L'autorité du duc s'étendit alors directement ou par ses vassaux sur toute cette région louhannaise qui, bientôt, eut le nom de *seconde Bresse Chalonnaise*. Cuisery et Sagy allaient devenir alors le siège de deux châtellenies (1).

Les anciennes archives nous ont donné les noms de Renaud de Verrey, Hugues de Vercelx, Girard de Ture (Thurey), Philippe de Valois, Regnault de Montconis « châtelains et gouverneurs des châteaux et châtellenies de Cuisery et de Sagy. » La garde et administration de ces châtellenies furent ensuite divisées.

Plusieurs gentilshommes se succédèrent comme châtelains de Cuisery, parmi lesquels Charles de la Marche, « capitaine châtelain de Cuisery pour le roi », 1483. Dans la

---

(1) La châtellenie de Sagy comprenait les deux cantons actuels tout entiers de Beaurepaire et de Cuiseaux; la commune de Ste-Croix dans celui de Montpont; partie de la commune de Simard dans celui de Montrôt; parties des communes de Frangy et de St-Germain-du-Bois dans celui de St-Germain; enfin les communes de St-Usuge, Vincelles, Montagny, Ratte, Châteaurenaud et Bruailles dans celui de Louhans, y compris la moitié orientale de cette ville dont l'autre moitié dépendait de la châtellenie de Cuisery. Selon une charte de 1387, le puits dit de la Girarde, au milieu de cette ville, formait la limite de ces deux châtellenies. — La châtellenie de Cuisery comprenait à peu près tout le canton actuel de Cuisery, sauf Ormes et partie de Simandre; Montpont, Ménetreuil, Chapelle-Thècle et Bantanges dans celui de Montpont; Montret, St-Etienne, Juif et Savigny-sur-Seille dans celui de Montret; Branges, Chapelle-Naude, Sornay et moitié de Louhans dans celui de Louhans, et enfin le village de la Truchère et la paroisse de Préty.

Ruines d'une tour de l'ancien château-fort
des sires de Bâgé, à Cuisery

suite, dès la fin du XVIe siècle, la royauté nomma, dans la plupart des châtellenies, des seigneurs engagistes, c'est-à-dire des châtelains, nobles ou roturiers, qui, à certaines conditions, obtenaient ces offices pour un temps déterminé. Henri-François de Foix de Candolle, pair de France, était seigneur engagiste de Cuisery en 1682, le duc de Lauzun en 1701 ; plus tard Giraudin de Frangey, Delachaux, Droin père et fils, le duc de Biron, Barras, châtelain en 1778.

D'autres seigneurs avaient des fiefs à Cuisery : Philibert de Nanton, écuyer, reprenait en fief la *grande maison* de Cuisery (1524), qui passa ensuite à Richard de la Palu (1537), puis à André Busserol, acquéreur du précédent ; — La seigneurie de *la Fontenelle* appartint successivement pour moitié, au XVIIe et au XVIIIe siècles, à Gabriel de Brung, écuyer, Pierre de Launay, François David, Guy de la Loge, et pour l'autre moitié à Toussaint de Pize, le marquis de Rose, Cœur-de-Roi, etc... ; — La seigneurie de *Petitpont*, appelée depuis *Montrevost*, était d'après une reprise de fief de 1643, à Lazare-Humbert Perreault, avocat à Autun ; en récompense de sa belle conduite et de son dévouement à la cause royale Noble Humbert Perreault, avocat à la cour, seigneur de Petit-Pont de Montrevost, et l'un des notables habitants de Chalon, avait reçu d'Henry IV l'autorisation de placer dans ses armes les trois annelets d'or qui sont les armoiries de la ville de Chalon. Il appartenait à une ancienne maison de Bretagne, dont un des membres, qualifié noble homme et écuyer, sieur de Chanet, était venu au XVe siècle s'établir en Bourgogne. La seigneurie de Montrevost resta à cette famille Perreault, dont les armes « étaient d'azur à la croix patriarcale d'or, élevée sur trois annelets de même, et au 2e d'azur à trois bandes d'or ».

La Chaux, près Cuisery, eut aussi ses seigneurs. *Voy.* Chaux (La). Dans ce domaine, comme nous l'avons dit, était une chapelle de dévotion qui avait appartenu anciennement et revint ensuite à l'abbaye de Lancharre, à laquelle elle appartenait encore au XVIIIe siècle et qui la conserva jusqu'à l'époque de la Révolution.

Cuisine (De la). — *Voy.* plus loin et 11e planche des Armoiries.

Dampierre (Seigneurs de). — Les de Bataille ont possédé longtemps la terre de Dampierre avec celle de La Chaux, entre Mervans et Pierre. *Voy.* Chaux (La). Ils y avaient un château dont ils faisaient souvent leur résidence : en 1730, François Bataille, écuyer, ancien capitaine au régiment de Poitou, frère du seigneur de la Chaux, était seigneur de Dampierre ; en 1765, Antoine Esmonin, seigneur de La Palud, chevalier, commissaire provincial d'artillerie, rendait hommage à Fyot de La Marche, baron de Mervans, pour les terres et seigneuries de Dampierre, les Vaux, Trenard, la Vesvre, le Breuil... etc.

Au hameau de la Picardière, existe un château bâti vers la fin du XVIII° siècle, appartenant à M. R. de Saint-Seine, petit-fils par sa mère de M. Esmonin, ancien seigneur de Dampierre.

David. — *Voy.* plus loin et 9° planche des Armoiries.

Debranges. — *Voy.* plus loin et 9° planche des Armoiries.

Deschamps de la Villeneuve, à la Genête. — Un château fort, entouré de fossés, existait à la Villeneuve, qui était autrefois le lieu le plus important de la paroisse de la Genête. La seigneurie, après avoir appartenu au XVI° siècle aux de la Chambre, puis aux Seyssel, Le Goulz, d'Orgemont, de Bretagne, était passée en 1680, par le mariage de Marie Bernarde de Bretagne, à Nicolas Deschamps, écuyer, de famille originaire de la Champagne. Les Deschamps de la Villeneuve conservèrent cette terre qui, en 1699, était à Claude Deschamps, mari de Claudine-Françoise Petitjean, décédé en 1711, à l'âge de 30 ans, et inhumé dans le chœur de l'église, « sous les cloches du côté de l'évangile » ; plus tard, en 1737, à Charles-Marguerite Deschamps, époux de Marie-Catherine Dubois de la Rochette ; puis, vers 1760, à Antoine-Louis Deschamps, né en 1739, et qui figure dans les actes de 1772 avec les titres de chevalier, baron de la Villeneuve, Pirey, les Robins, la Mare Dondon, et autres lieux. Les armes portent : « d'azur à trois chardons fleuris d'or, tigés et feuillés de même, posés un et deux ».

Devrouze (Seigneurs de). — La terre de Devrouze, qui dépendait primitivement de la baronnie de Mervans, appartint ensuite à divers seigneurs, fut acquise, en 1679, de M. de Scorailles par l'abbé Claude Fyot (*Voy.* ce nom), et enfin englobée, au XVIII° siècle, dans le marquisat de la Marche.

La seigneurie de Ronfand, à M. Arnoux de Louhans « avec château à la moderne» est indiquée par Courtépée dans sa *Description du duché de Bourgogne* (1774). Le château a été réédifié en entier en 1863.

Diconne (Seigneurs de). — Diconne qui, ainsi que Devrouze, était de l'ancienne baronnie de Mervans, fut de même ensuite du marquisat de la Marche, avec les Fyot qui avaient acquis une grande partie de la seigneurie. Celle-ci avait appartenu au XVI° siècle à Hugues de Malain, puis à Jeanne de Malain qui, en 1579, la transmit à son neveu, Jérôme de Biollet, de qui elle fut acquise par les Fyot avec un vieux château près de l'église, siège de l'ancienne seigneurie de Diconne.

Dommartin (Seigneurs de). — La plus grande partie de la paroisse de Dommartin après avoir appartenu anciennement aux de Brancion, seigneurs de Visargent, dont l'un d'eux avait épousé, au XIV° siècle, Jeanne de Lugny, dame de Molaise et Dommartin, faisait partie de la baronnie de Cuiseaux (*Voy.* Cuiseaux, ses seigneurs).

Durand. — Famille alliée aux Arnoux et aux Lorin. (*Voy.* ces noms). Elle donna, au XVI° siècle, un capitaine châtelain de Sagy, et plusieurs autres dans la suite. Les armes des Durand portent d'après la *Revue héraldique :* « de gueules d'or côtoyée de six molettes du même. » Des membres de cette famille furent, dans la suite, fixés à Louhans : l'un d'eux, Stanislas Durand, chevalier de l'ordre pontifical de Grégoire-le-Grand, fut maire de Louhans, de décembre 1874 à juin 1876, pendant la période dite de l'Ordre moral.

Duretal (De), seigneurs du fief de ce nom, à Montpont.

Le château de Duretal, à Montpont

Le fief et château de Duretal avait appartenu longtemps à des seigneurs de ce nom, cités souvent dans les actes du XVIe siècle. Il appartenait en 1690, à Catherine du Crozet, veuve et héritière d'Alexandre du Perrieux, écuyer, seigneur de Duretal et successivement à Michel du Perrieux, écuyer, portant « d'azur au paon d'or sur branche d'olivier de sinople. » Voy. 6e planche des Armoiries. La seigneurie de Duretal appartint ensuite à Alexandre de Duretal, prêtre de l'oratoire de Dijon, mort nonagénaire en 1775, qui, entre autres dons qu'il fit à la maison de son ordre, lui laissa une très belle bibliothèque ; puis à Florimond du Crozet, chevalier, comte de Curvignat, seigneur de Javaugnes et autres lieux, capitaine au régiment Dauphin-cavalerie, qui fut le dernier seigneur de Duretal. Ses armes, étaient « d'azur à la bande d'argent chargée de trois roses de gueules ».

Epernay (D'). — Les d'Epernay avaient un petit fief à Patran, dans la paroisse de Bruailles. Laurent-Arnoux d'Epernay, chevalier, né le 4 mars 1744, capitaine au corps royal d'artillerie, fut maire de Louhans pendant la Révolution.

Esmonin, seigneur de Dampierre, Voy. Dampierre (Seigneurs de). — La fille d'Antoine Esmonin, seigneur de Dampierre dans la seconde moitié du XVIIIe siècle, épousa Claude-Jean-Bernard Lantin, chevalier, seigneur de Montcoy et autres lieux, major du régiment d'Enghien, dont le fils, Antoine Lantin de Montcoy, né à Chalon-sur-Saône le 11 novembre 1775, officier de cavalerie sous le premier empire, fut ensuite, sous la Restauration et le règne de Louis-Philippe, conseiller général de Saône-et-Loire, de 1816 à 1833, plusieurs fois maire de Montcoy, et laissa deux filles dont l'une fut mariée avec le baron de Bretenières et l'autre avec le comte de Varax.

Estampes (D'). — Voy. plus loin 11e planche des Armoiries, famille alliée aux de Thiard, du château de Pierre.

Eudel du Gord, de famille picarde, dont plusieurs

membres furent directeurs des douanes, et qui fournit aussi des officiers, des hommes de lettres. Armes : « d'azur au chevron d'or, accompagné de trois demi-vols, deux en chef et un en pointe ». Mᵐᵉ Eudel, de la famille des Guéret, habita, comme ceux-ci, le château de Grannod, à Sornay. *Voy*. plus loin, Guerret de Grannod.

Fay (Seigneurs du). — *Voy*. plus haut Bouton et Saint-Mauris.

Flacey-en-Bresse (Seigneurs de). — La seigneurie de Flacey appartenait au XIVᵉ siècle à Henri de Belvoir, qui la tenait en fief du seigneur de Sainte-Croix, vassal lui-même du duc de Bourgogne. Elle était passée en 1358, par un échange, aux sires de Poupet, de la maison de Salins-la-Tour ; mais l'hommage était dû au duc de Bourgogne, et la seigneurie restait ainsi toujours comprise dans le Duché. Renaudine de Salins, dame de Flacey et de Beaufort, l'ayant portée en dot, en 1419, à Lancelot de Luyrieux, bailli de Savoie, elle passa ensuite dans une branche de la maison de Coligny, par le mariage, en 1532, de Denise de Luyrieux avec Gaspard de Coligny. Depuis cette époque, elle ne cessa pas d'avoir d'autres maîtres que ceux de la seigneurie de Beaufort, Philibert, puis Cléradius de Coligny... Les de Luyrieux avaient conservé Beaufort et Flacey pendant cent treize ans et les de Coligny pendant cent trente ans.

Les seigneurs de Coligny tenaient leur nom du bourg de Coligny où existait, sur la hauteur qui domine le village, une ancienne forteresse qui fut autrefois leur séjour. Ils appartenaient à une des plus anciennes et des plus puissantes familles et portaient sur leurs armoiries des couronnes sur un aigle qui prend son vol. Leurs ancêtres s'étaient distingués aux croisades ; et plus tard, au XVIᵉ siècle, Gaspard de Coligny, chef des protestants, fut un des plus célèbres des hauts personnages de cette maison.

Le dernier des Coligny, Joachin, fils de Cléradius, mort sans enfant et sa femme, Jeanne de Talaru, la vendirent en 1662 à Etienne Berton, écuyer, conseiller au présidial de Lyon, avec la seigneurie de Beaufort. La fille de celui-ci porta ces seigneuries en dot à Antoine de Laurencin. Dans les dernières années de l'ancien régime, le comte de Laurencin, seigneur de Beaufort, Flacey et autres lieux, rendait encore foi et hommage au marquis de Ste-Croix pour la terre et seigneurie de Flacey.

Les Laurencin portaient « de sable au chevron d'or, accompagné de trois étoiles d'argent » et avaient pour devise : *Lux in tenebris*, et *Post tenebras spero lucem*. Ils étaient d'ancienne famille du Beaujolais qui avait fourni plusieurs échevins de Lyon, au XVe et au XVIe siècles, et nombre d'officiers, gouverneurs de places... etc. Philippe de Laurencin, baron de la Bussière, seigneur de la Garde et de Flacey, avait obtenu, en 1742, l'érection en comté des terres de Beaufort et de Crèvecœur. Il fut allié aux de Beaurepaire. *Voy.* plus loin Laurencin (de), 5e planche des Armoiries.

Le château de Flacey s'élevait sur une motte entourée de fossés, dont les maisons voisines forment une petite agglomération, appelée encore aujourd'hui *Le Chatel*, près de l'église. La motte, circulaire, d'environ 60 mètres de diamètre, est aujourd'hui cultivée.

Folin, à Terrans. — Une partie de la seigneurie de Terrans appartenait, au XVIIIe siècle, aux Folin, dont les armes étaient : « de gueules au hêtre d'or et en pointe un croissant d'argent », et qui avaient pour devise dont le nom de Folin a fourni le premier mot : « Folium ejus nunquam defluet ».

Fontaine des Bertins (Alexis). — *Voy.* Cuiseaux (Seigneurs de), p. 78.

Frangy (Seigneurs de). — Frangy avait appartenu autrefois à des seigneurs de ce nom. D'après un acte de 1396, Odo de Frangy, fils de Marguerite du Fay, reconnaissait tenir à foi et hommage son bien de Jean Bouton, à cause de sa maison forte du Fay. Emart Bouton en était seigneur en 1498 ; Christophe Bouton, en 1511 ; Claude Bouton fit hommage des terres de Frangy et de Beauvoir au duc de Nemours, seigneur de Saint-Georges-lès-Seurre, en 1775. Une partie de Frangy fut, comme nous l'avons dit, comprise plus tard dans le comté de Bosjean, aux Fyot de la Marche ; elle appartenait, en 1780, à Mme de Courteille.

Valentin de Brancion était seigneur de Charnay, en 1560. Un fils, Philibert de Brancion, écuyer, issu de son mariage avec Isabeau de Montconis, fut, en 1588, seigneur de Charnay, Frangy et l'Abergement en la même paroisse. Ces terres passèrent bientôt en d'autres mains : en 1641, elles furent portées par le mariage de Charlotte du Châtel, fille et unique héritière de François du Châtel, écuyer, seigneur de Condes et de Charnay, à Claude de la Rodde, lieutenant-colonel au régiment de Listenois, dont un des fils fut plus tard (1712), ainsi que ses descendants, seigneur de Montconis. Un ancien château fort existait à Charnay, mais avait été détruit pendant les guerres de la Franche-Comté. Il s'y éleva dans la suite un petit château moderne.

La terre et seigneurie de l'Abergement passa des de Brancion aux Courdier, Emiland Reynaud en fut acquéreur en 1720. Au commencement du XVIIIe siècle, Denis Courdier était seigneur du Tronchet, où était un petit château.

La terre et le château de **Clémencey**, dans cette même paroisse de Frangy, avaient longtemps appartenu à la maison de Vienne, branche de Sainte-Croix. Un Claude de Sainte-Croix, seigneur de Clémencey, épousa Anne du Fay, en 1511 ; et Jacques de Brancion fut, en 1541, seigneur de Clémencey, par sa femme, Anne Bouton. La terre de Clémencey passa ensuite aux Fyot de la Marche ; elle était, en 1789, à Jean Fyot, marquis de la Marche, comte de Dracy. La justice de Clémencey comprenait les hameaux du Monceau, La Corbière, Prost des Vernes et le Péroy.

Balosle qui, jusqu'en 1840, a fait partie de Frangy (avant d'être incorporé à Saint-Germain-du-Bois), formait autrefois aussi une seigneurie avec justice et maison forte. *Voy.* Germain-du-Bois (Seigneurs de Saint-).

Frette (Seigneurs de la). — La Frette appartenait, au XIVe siècle, aux seigneurs de Tenarre (*Voy.* ce nom), dont plusieurs furent inhumés dans son église, petite église romane très ancienne. Terres et seigneuries passèrent

ensuite aux de La Michaudière, Chartraire de Bourbonne, d'Avaux, seigneurs et barons de Loisy.

Une maison forte avec motte, entourée de fossés, existait au hameau de *La Bécherie*. Après avoir appartenu aux de Tenarre, elle suivit comme les terres et autres seigneuries de La Frette, le sort de la baronnie de Loisy.

Nous lisons dans l'*Annuaire de Saône-et-Loire*, de M. Monnier (1859), que « dans un bois appelé *La Motte* appartenant à M. le vicomte de Ségur, et avant lui, à M. le Comte d'Avaux, existe une éminence artificielle ayant plusieurs mètres de hauteur et entourée d'un fossé circulaire de sept ou huit mètres de largeur. Ce fut sans doute originairement un camp retranché où plus tard la féodalité établit un château-fort Cette éminence est encore appelée *Château de la Motte*, et pendant longtemps on y vit des chênes plusieurs fois séculaires. »

Il y avait aussi, et de date très ancienne, un château ou maison forte, avec fossés, au hameau des *Sept-Chênes*, où s'est élevée une maison de ferme. Le fief qui était encore aux de Tenarre de Montmain, en 1715, était passé comme celui de *La Bécherie*, au marquis de Bourbonne, baron de Loisy, Huilly, La Frette, Saint-André..., etc., et ensuite au comte d'Avaux. *Voy. supra*, Chartraire de Bourbonne, 3ᵉ planche des Armoiries, et, plus loin, Loisy (seigneurs de).

M. Chevrier, juge au tribunal de commerce de Chalon, a fait construire en 1855, à La Frette, une très jolie maison de plaisance en forme de chalet. Elle occupe pittoresquement un petit monticule où l'on jouit d'une vue magnifique.

Fretterans (Seigneurs de). — Fretterans était franc alleu, ne devant ni corvée, ni cens, reconnu par le comte de Charny et sa fille, la duchesse d'Elbœuf, dame du lieu, en 1608. Antérieurement, la seigneurie avait appartenu à « messire Roy Fernandez Dalmata, ambassadeur d'Espagne auprès du roi de France », acquéreur lui-même de dame Françoise de Longvy, femme du comte de Busançois (1540). Jean de Longvy avait cette seigneurie en 1510.

La seigneurie de Fretterans passa aux de Thiard à la fin du XVIIᵉ siècle par acquisition faite de N. d'Harcourt,

L'Eglise romane de La Frette

Tombe de Ponce de Tanarre, chevalier (1312), dans l'église de La Frette
(Bibl. N^{le} fonds français, vol. 2226).

et elle resta comprise dans les biens de cette famille avec Pierre, Authumes... etc.

Frontenard (Seigneurs de). — Frontenard, ancienne châtellenie ducale, puis royale, avait appartenu directement aux ducs de Bourgogne, puis au roi de France. Le siège de la châtellenie était un château ou « fort maison », sur une motte, au village même ; on en distingue encore les fossés. D'après l'auteur de la *Description du duché de Bourgogne*, Courtépée, l'ancien terrier de Frontenard portait que les habitants devaient battre les fossés pendant les couches de la dame.

Au XVe siècle, Oudet de Régnier, marié à N. de Vienne, fut châtelain de Frontenard ; au XVIe siècle, Antoine et Charles de Sauliez, Christophe Bouton, Pierre Mareschal ; et, ensuite, seigneurs et châtelains, au commencement du XVIIe, Nicolas Mathieu, maire de Chalon, puis son gendre, Edme Vadot, échevin de Chalon, qui fut avec Abigaïl Mathieu, son épouse, seigneur de Frontenard, Charette, Navilly..., etc. Celle-ci, veuve sans enfants, laissa la seigneurie à son frère, Nicolas Mathieu, lieutenant particulier au bailliage de Chalon (1624). On voit ensuite, par les reprises de fief, la *terre*, *châtellenie* et *motte* de Frontenard (1664), à demoiselle Jeanne Mailly, veuve de Nicolas Mathieu. En 1692, la seigneurie de Frontenard était à Henry de Fourcy, maître des Requêtes, et sa femme Jeanne de Vilers ; en 1728, à Antoine-Hyacinthe de Mainville, comte de Marigny, et dame Gabrielle-Elisabeth de Fourcy, son épouse. Enfin, une reprise de fief de 1729 indique la seigneurie de Frontenard à François de Truchy et dame Catherine de Chanteret, son épouse, acquéreurs des précédents. François de Truchy est qualifié par Courtépée de seigneur engagiste, possédant en toute justice « le fief de la motte de Frontenard où est sa maison ».

Cette branche de Truchy donna dès lors les seigneurs de Frontenard, Varennes-sur-le-Doubs, Terrans... Antoinette Martin, épouse de François de Truchy fut inhumée en l'église de Frontenard en 1777. En 1775, le seigneur de Frontenard, de Truchy, capitaine au régiment d'Arbois, épousait Mlle Rouget de l'Isle, cousine germaine de l'auteur de « la Marseillaise » (*Rouget de l'Isle, sa vie, ses œuvres*, par Alfred Lecomte, Paris, 1892, certificat au mémoire justificatif de la noblesse du sieur de l'Isle, pour l'admission de son fils à l'école de Metz.)

Frontenaud (Seigneurs de). — Frontenaud dépendait en partie de la baronnie de Sainte-Croix, en partie de l'abbaye du Miroir (le fief d'Essert), en partie de celle de Cligny (le fief de Saffre). Au lieu dit « les Iles », à peu de distance de l'église, on a retrouvé les vestiges d'un ancien château, bâti sur une motte (aujourd'hui rasée), entourée de fossés alimentés par les eaux de la Gizia.

Fyot de La Marche, comtes de Bosjean, barons de Mervans... Voy. Bosjean (seigneurs de), *supra*, et Marche (de la). — La seigneurie de Bosjean, après avoir appartenu, comme nous l'avons dit plus haut, aux de Vienne, puis aux de Saint-Mauris, était passée, par acquisition en 1680, aux Fyot, qui ajoutèrent à leur nom celui de La Marche, et dont les armoiries, que nous reproduisons (planche 4°), portaient « d'azur à un chevron d'or accompagné de trois losanges de même, deux en chef et un en pointe ». L'ancienne famille de La Marche, celle du célèbre chroniqueur Olivier, était alors éteinte. Nous en parlerons plus loin en reproduisant aussi ses armoiries.

La nouvelle famille de La Marche, celle des Fyot, figure avec honneur dans l'histoire de la Bourgogne, ayant fourni des hommes distingués à la carrière ecclésiastique, à la littérature et au Parlement de Dijon.

La famille des Fyot était originaire de Châtillon-sur-Seine, où elle était connue dès le XIV° siècle. Un membre de cette famille, Jean Fyot, avait été à cette époque précepteur et confesseur du roi de France, Charles VII, et son frère, secrétaire du duc de Bourgogne.

Claude Fyot, acquéreur de la seigneurie de Bosjean, en 1680, en faveur duquel la seigneurie fut érigée en comté, était abbé commendataire de Saint-Etienne de Dijon, conseiller d'Etat et conseiller d'honneur au Parlement, élu du clergé, aumônier du roi. Il est mort en 1721. Il avait fait bâtir, en 1682, le château de la *Marche*, construit sur les fondations de l'ancien château fort, dont les fossés furent revêtus en briques et en pierres de taille. Il fut aussi acquéreur de la baronnie de Mervans. C'est une célébrité de la Bourgogne : historien érudit, il est l'auteur d'une *Histoire de l'église de Saint-Étienne de Dijon*, ouvrage apprécié comme donnant en même temps de très intéressants détails sur la ville de Dijon.

Il laissa la plus grande partie de son riche héritage à son neveu, Philibert Fyot, président à mortier au Parlement de Bourgogne, baron de Montpont, époux de Madeleine de Mucie, d'où il passa à Claude-Philibert Fyot, leur fils, né le 12 août 1694, qui fut, comme son père, comte de Bosjean, seigneur de la Marche, baron de Mervans et de Montpont, et premier président au Parlement de Bourgogne (de 1745 à 1757); sa fille épousa, à Dijon, en 1748, le fils du marquis d'Argenson, ministre des affaires étrangères, M. le marquis de Paulmy, maître des requêtes, qui fut depuis membre de l'Académie française. Ce fut en faveur de Claude-Philibert Fyot que les terres et le château de la Marche furent érigés en marquisat en 1736. Il mourut en 1768.

Son fils, Jean-Philippe Fyot, né le 20 août 1723, fut de même, après lui, marquis de la Marche et comte de Bosjean, baron de Mervans et de Montpont, et aussi, après son père, en 1757, premier président au Parlement de Dijon. Il donna sa démission de premier président, au mois d'avril 1772 et mourut sans postérité, le 11 octobre suivant. Il avait épousé, en 1767, Anne-Marie-Jeanne, fille de Claude Perrenoy de Grosbois, premier président au Parlement de Besançon.

Cette famille de la Marche, sur laquelle nous aurons à revenir, s'est éteinte en la personne de Barthélemy-Philippe-Félix Fyot, marquis de la Marche, ancien officier supérieur au régiment des Gardes françaises, chevalier de Saint-Louis, neveu du précédent, mort à Paris en 1842.

Disons de suite qu'une nièce, Marie-Mélanie-Madeleine Fyot de la Marche, veuve de Jacques de Barberie, chevalier, marquis de Courteille, ambassadeur du roi en Suisse, avait eu en partage la seigneurie de Mervans et celle de Montpont.

La maison des Fyot de la Marche fut, comme nous l'avons dit, très célèbre en Bourgogne. Nous avons indiqué ses armoiries. On a donné aussi plusieurs devises ou légendes de cette maison : « *En doublant je m'assure ;* — *Fines tuo juno ;* — *Dum nasco fio, fio que dum moriar.* »

Un des neveux de Claude Fyot, abbé de Saint-Etienne de Dijon, et historien de son église, François Fyot de la Marche, né en 1669, que nous verrons baron de Montpont, fut conseiller au Parlement de Paris où il mourut célibataire en 1710. Il cultiva avec succès les lettres et publia plusieurs ouvrages : le *Tableau de l'ancien Sénat Romain,* — *les Qualités nécessaires aux juges, avec la résolution des questions les plus importantes à la profession,* — *l'Eloge et les devoirs de la profession d'avocat.*

Son autre neveu, Claude-Philibert Fyot, marquis de la Marche, fut aussi distingué dans les belles-lettres que dans la magistrature. Il avait été le condisciple et était resté l'ami de Voltaire, quoique toujours fidèle à sa religion. Il consacra divers écrits à la réfutation du déisme et à la critique de la *Profession de foi du vicaire savoyard.*

Il a laissé, outre une volumineuse correspondance, de très importants manuscrits, dont les plus considérables traitent de l'*Origine et de la Nature des Impôts établis en France.* Il avait l'âme généreuse et faisait, avec une grande noblesse, usage de sa fortune. Il voulut « qu'à la tenue des jours, dans chacune des paroisses dont il était seigneur, il fut distribué la somme de cent livres pour prix du travail de l'industrie et de l'économie, à ceux qui, par les suffrages des habitants desdites paroisses, ses justiciables, donnés publiquement en présence du juge et des officiers de la terre, auront été trouvés les plus dignes de cette récompense. *(Arch. dép. de Saône-et-Loire,* B. 380).

Son fils, Jean-Philippe Fyot de la Marche, s'adonna aussi aux belles-lettres et continua, comme jurisconsulte et comme littérateur érudit, la tradition de la famille. Il publia une *Analyse des poètes anciens et modernes ;* — un *Abrégé chronologique de l'histoire de France ;* — un petit roman qui eut alors un grand succès, les *Mémoires de M. de Berval ;* — et les *Discours* qu'il prononça aux Etats de la Province et au Parlement. Sa verve railleuse s'exerça beaucoup sur les querelles qui agitèrent cette compagnie pendant les dernières années du règne de Louis XV.

Sous l'impulsion des présidents de la Marche, la ville de

Dijon était devenue le foyer d'une société polie, amie des belles-lettres et des arts. Leur nom restera dans les annales parlementaires et littéraires de la Bourgogne.

Gagne de Perrigny. — *Voy.* plus loin p. 106 et 5° planche des Armoiries ; et Louhans (seigneurs de), Guyet, Chamillard..., etc.

Garnier des Garets. — *Voy.* plus loin ; et planche 11° des Armoiries.

Gauchat. — *Voy.* plus loin ; et planche 10° des Armoiries.

Genête (Seigneurs de la). — La seigneurie de la Genête, très ancienne baronnie, avait donné son nom à une famille dont un membre, Barthélemy de la Geneste, chevalier, est indiqué en 1203 parmi les bienfaiteurs de l'abbaye de la Ferté. — Un château fort, entouré de fossés, existait à la Villeneuve, le lieu le plus important de la paroisse de la Genête. *Voy.* plus haut, Deschamps de la Villeneuve p. 84.

Guerret de Grannod. — *Voy.* plus loin ; et planche 11° des Armoiries.

Gravier de Vergennes, seigneur d'Ormes. — Les terres d'Ormes et de Tenarre (*Voy.* plus loin, seigneurs d'Ormes), appartinrent depuis 1771 aux Gravier de Vergennes, par l'acquisition qu'en fit Jean Gravier de Vergennes, de famille bourguignonne, conseiller au parlement de Dijon, président de la Chambre des Comptes de Bourgogne. Ce seigneur, né en 1718, fut baron de Tenarre, seigneur d'Ormes, Saugy, Boulay, Vanoise, Ramboz..., ambassadeur en Suisse, puis en Portugal et à Venise. Son frère Charles, décédé en 1787, fut ministre des affaires étrangères du roi Louis XVI.

C'est en 1778 que la terre d'Ormes fut érigée en marquisat en faveur de Jean Gravier de Vergennes, sous le nom de marquisat de Vergennes. Ce seigneur avait épousé, en

Le comte de Vergennes

1742, Jeanne-Claude Chevignard de Chavigny, sa cousine, dont il eut, entre autres, Charles-Bonaventure Gravier de Vergennes, né en avril 1751, qui fut conseiller au parlement de Bourgogne, maître des requêtes, intendant d'Auch..., etc., et marié, en 1778, à Adélaïde-Françoise de Bastard.

C'est Jean Gravier, marquis de Vergennes, seigneur d'Ormes, qui, ambassadeur de France en Suisse, renouvela l'alliance de la France avec les cantons helvétiques par un traité signé à Soleure, le 25 août 1777. Il fut ensuite ambassadeur à Lisbonne, puis à Venise.

Les armes du marquis de Vergennes étaient : « de gueules à trois oiseaux essorants d'argent, posés 2 et 1, les deux du chef affronté, qui est de Gravier ».

Jean-Charles Gravier de Vergennes et Charles-Bonaventure, son fils, arrêtés à Paris pendant la Terreur, furent traduits devant le tribunal révolutionnaire et périrent sur l'échafaud le 24 juillet 1794, trois jours avant la chute de Robespierre. Une des filles de Charles-Bonaventure Gravier de Vergennes, héritière de la terre d'Ormes notablement réduite, fut l'épouse d'Antoine-Marie Champion de Nansouty, comte de l'Empire, général de division, grand aigle de la Légion d'honneur, premier écuyer de l'Empereur. La famille Champion de Nansouty a eu plusieurs officiers dans l'armée française. Le château d'Ormes fut ensuite acquis par la famille de l'Horme, puis devint la propriété de M. le vicomte Dulong de Rosnay, ancien officier d'infanterie, fils du général comte Dulong, qui s'était fait remarquer dans les guerres de la République et du Premier Empire.

Le château, datant vraisemblablement du XVII° siècle, avait été complètement restauré au temps du marquis de Vergennes.

Gréen (De), seigneurs de Montjay. — La seigneurie de Montjay était, depuis la fin du XVI° siècle, aux de Gréen, qui avaient un château au lieu dit *la Plate*. Ces seigneurs comptaient parmi les gentilshommes reçus sur preuves aux Etats de Bourgogne. Leurs armes étaient: « de gueules, *alias* d'azur à trois demi-vols d'or ».

Un membre de cette famille, Alexandre de Gréen Saint-Marsault, trouva une mort glorieuse, en 1766, en combattant sur la *Belle-Poule*, contre les Anglais. La seigneurie passa

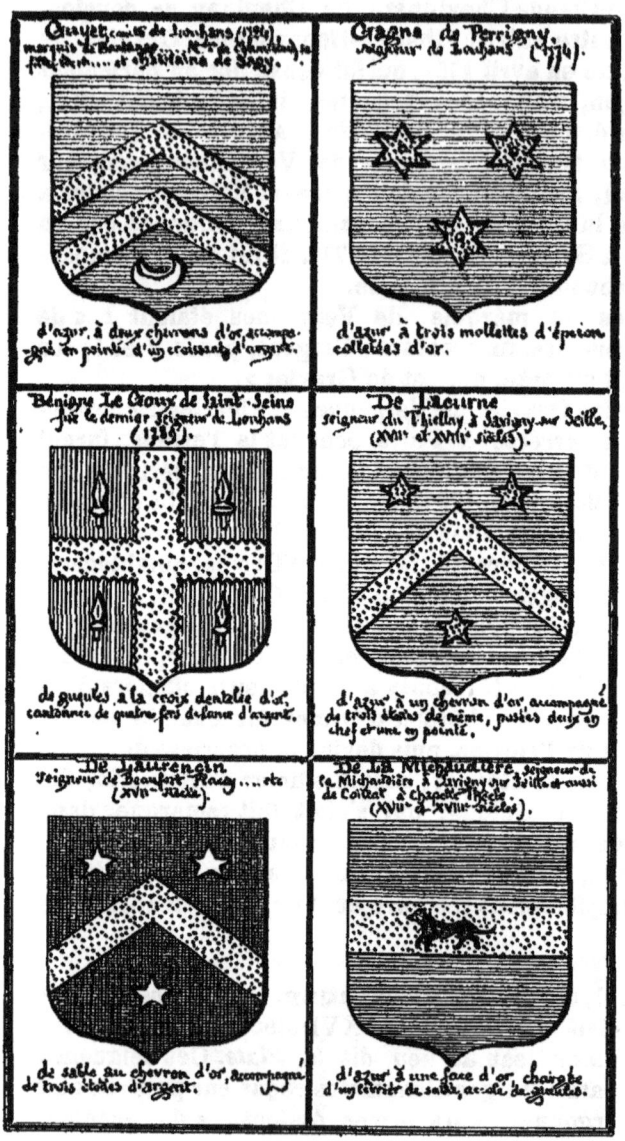

alors, par le mariage de Jeanne de Gréen, sa sœur et héritière, à Marie-François-Jérôme du Raquet de Lorme.

Une partie de l'ancienne seigneurie de Montjay appartenait aux de Scorailles.

Guyet, comte de Louhans, marquis de Bantanges..., et sa fille Mme de Chamillard. — Nombre de seigneuries, autrefois possédées par de hauts et puissants seigneurs, comme celle de Louhans (*Voy.* plus loin ce nom) devaient passer, dans la suite, entre les mains de familles de nouvelle noblesse, enrichies dans la judicature ou la finance. C'est ainsi que nous voyons, au commencement du XVIIIe siècle, François Guyet, chevalier, conseiller d'Etat, maître des requêtes ordinaires de l'Hôtel du roi et intendant des Finances à Lyon, devenu seigneur et baron (puis comte) de Louhans, baron de St-Germain-du-Plain, marquis de Bantanges, seigneur et châtelain de la châtellenie royale de Sagy, seigneur aussi de Simandre et de beaucoup d'autres lieux.

Il avait acquis d'abord, en 1696, des héritiers de Philibert Potet, maître des requêtes et conseiller du roi en ses conseils, la terre de Bantanges que celui-ci avait fait ériger en marquisat en 1675 (*Voy.* Bantanges...) ; et il avait fait construire, au hameau des Dallemands, un château dans une belle situation, sur un monticule dominant la petite rivière de Sâne-la-Morte, qui serpente au milieu d'une jolie petite vallée, fertilisée par ses eaux.

Ce château était considérable, à en juger par la surface de son emplacement. Il n'en reste actuellement que des dépendances : fermes et bâtiments d'hébergeage et l'ancien logement du fermier général. Les caves du château étaient assainies par un canal souterrain, encore existant, d'une longueur de 150 mètres environ. Le château a été démoli en 1796, et les matériaux en provenant ont servi à édifier le moulin des Dallemands, établi dans le bas, sur la Sâne-Morte.

Le marquisat comprenait 13 fermes ou granges qui ont été vendues et en grande partie morcelées après la Révolution, le seigneur d'alors (M. Le Goux de Saint-Seine) ayant émigré.

François Guyet, qualifié « haut et puissant seigneur »

Mme de CHAMILLARD

dans divers actes, séjourna quelquefois durant la belle saison au château qu'il avait fait construire ; mais, sa demeure habituelle, lorsqu'il eut quitté ses fonctions d'intendant des Finances, était à Paris.

C'est une quinzaine d'années après son acquisition du marquisat de Bantanges, que ce seigneur devint acquéreur, en 1711, de la terre et baronnie de Louhans, qu'il fit ériger en comté, par lettres patentes du roi Louis XV, en 1724. La charge de gouverneur de Louhans lui avait été accordée par le roi, en 1722.

Sa fille unique, Philiberte-Thérèse Guyet, épousa Jérôme de Chamillard, maréchal des camps et armées du roi, qui bientôt la laissa veuve et sans enfant. Avec la terre et marquisat de Bantanges, la baronnie de Saint-Germain-du-Plain et d'Ouroux, Mᵐᵉ de Chamillard avait encore, comme on le voit dans les reprises de fief de 1759, la châtellenie royale de Sagy, les seigneuries de Charangeroux, Rupt et la Vicheresse à Saint-Usuges, Simandre et la Vanoise et la seigneurie de Saint-Étienne-en-Bresse, qu'elle venait d'acheter du comte de Châtenay, seigneur de St-Vincent.

La comtesse de Chamillard habita quelquefois le château des Dallemands à Bantanges et vint, à diverses reprises, dans sa ville de Louhans, où elle contribua, dans une large part, à des œuvres de bienfaisance en faveur de l'Hôpital et de la Maison de Charité, où l'enseignement des filles fut donné, à partir de 1741, par des sœurs dénommées *Filles de l'Institut des Écoles charitables*, dites *du Saint-Enfant Jésus* ou *de Saint-Maur*, qu'elle avait fait venir de Paris. Le portrait de Mᵐᵉ de Chamillard, belle peinture à l'huile, que nous avons fait reproduire à l'aide de la photographie et que nous donnons ici en simili-gravure, a été conservé dans cet ancien établissement, devenu en 1882 le collège de jeunes filles.

Les armoiries des Guyet étaient « d'azur à deux chevrons d'or, accompagnés en pointe d'un croissant d'argent ». On y ajouta ensuite la couronne de comte, supportée par deux aigles.

Mᵐᵉ de Chamillard mourut en 1774. Elle avait légué ses biens à son neveu « à la mode de Bourgogne », messire Antoine-Jean Gagne, comte de Perrigny, dont le nom suit,

Gagne de Perrigny (Antoine-Jean), seigneur et comte de Louhans, marquis de Bantanges... — Le neveu de Mme la comtesse de Chamillard, dame de Louhans... etc., Antoine-Jean Gagne, chevalier, comte de Perrigny, maître des requêtes à Paris, avait reçu en héritage de sa tante, en 1774, les terres et seigneuries de Louhans, Bantanges, et celles de Saint-Germain-du-Plain, Ouroux, St-Etienne, Simandre..., la terre et châtellenie de Sagy... etc. Comte de Louhans, marquis de Bantanges, il eut aussi le titre de gouverneur de Louhans.

Son héritage était grevé de substitution, à défaut d'héritiers mâles, au profit des enfants mâles de M. Bénigne Le Goux de Saint-Seine, président à mortier au parlement de Bourgogne, qui avait épousé (en 1712) Marguerite-Philiberte Gagne de Perrigny, sœur d'Antoine. Les armes des Gagne étaient « d'azur à trois molettes d'éperon colletées d'or », et plus anciennement « d'azur au chevron d'or accompagné de trois molettes d'éperon de même, celle de la pointe surmontant un croissant d'argent » ; leur devise, *recalcitrantem cogo*. Cette famille, de noblesse de robe, comptait parmi ses aïeux un procureur général au parlement de Bourgogne, un maître des comptes, un trésorier de France et des conseillers au parlement ; elle avait été admise, avec Antoine, maître des requêtes, dans la noblesse des Etats de Bourgogne.

Antoine-Jean Gagne n'ayant eu qu'une fille, Mme de Trudaine-Montigny, morte elle même sans enfants, l'événement de la substitution se réalisa en faveur des fils de M. Le Goux de Saint-Seine, qui suit.

Goux (Le) de Saint-Seine, dernier seigneur de Louhans, seigneur aussi de beaucoup d'autres lieux. — La famille des Le Goux, qu'on écrit encore Le Gouz, dont le nom ferme la liste des anciens seigneurs de Louhans, avait un certain rang dans la noblesse parlementaire de la province et elle faisait remonter ses titres à la fin du XVe siècle, montrant qu'elle était issue de René Legouz, écuyer, capitaine de la ville de Langres, qui servait en 1491 dans la compagnie d'ordonnance de Jean de Baudricourt, gouverneur de Bourgogne. Elle a fourni des gentilshommes de la

Maison du roi, un grand bailli d'épée du Dijonnais, plusieurs magistrats au parlement de Dijon. Les armoiries que nous avons reproduites portent : « de gueules à la croix endenchée d'or, cantonnée de quatre fers de lance d'argent. »

Un des membres de cette famille, Pierre Le Gouz, né à Dijon en 1640, mort en 1702, conseiller au Parlement, s'était fait remarquer par des travaux d'érudition et de littérature, comme savant observateur et moraliste ; comme poète, il avait même célébré, dans des sonnets et une ode sur le printemps (Bibl. Dijon, manuscrit 294), les louanges de la Bourgogne :

> Tout y flatte nos regards
> D'une diversité charmante :
> Ici, des monts et des côteaux,
> Là, des villages, des châteaux,
> Ici, des rivières profondes,
> Là, des étangs et des marais,
> Ici, des campagnes fécondes
> Et de ténébreuses forêts.

Mais, son plus intéressant ouvrage se trouve dans un autre manuscrit de la bibliothèque de Dijon (n° 204), intitulé : *Caractères ou recherches de la vérité dans les mœurs des hommes.* Cet opuscule, écrit dans un style grave et soutenu que la malice bourguignonne anime et colore, est au point de vue historique et littéraire un précieux document, (Jacquet, *La vie littéraire dans une petite ville de province sous Louis XIV*, étude sur la société dijonnaise pendant la seconde moitié du XVIIe siècle). Henri Beaune, dans *Un La Bruyère Bourguignon, Les Caractères de Pierre Le Goux*, en a donné des extraits, dont les principaux titres sont : les Conversations, la Sagesse, l'Estime des hommes, la Vanité, l'Envie, l'Esprit tardif, la Rusticité.

Pierre Le Gouz resta conseiller à Dijon jusqu'à sa mort. Il fut remplacé dans sa charge par son fils Bénigne Germain, qui en prit possession en 1706.

Son petit-fils, Bénigne Le Gouz de Saint-Seine, chevalier, marquis de Bantanges, comte de Louhans, seigneur de Saint-Seine-sur-Vingeanne, de Jancigny... e·c, né en 1719, est celui que nous avons indiqué plus haut comme ayant épousé la sœur d'Antoine Gagne de Perrigny, en 1742. Conseiller au Parlement de Bourgogne de 1739 à 1745, il fut président de 1745 à 1777 et premier président de 1777 à

1789, en remplacement de Charles de Brosses, son gendre ; ce fut le dernier chef du Parlement de Bourgogne.

Son fils, Bénigne-Alexandre-Victor-Barthélemy Le Goux, marquis de Saint-Seine, conseiller lui-même au Parlement, né en 1763, fut le dernier seigneur de Louhans. Ayant émigré en 1791, une partie de ses biens furent vendus. Après la Révolution, en 1801, il devint l'époux de Catherine-Claude-Esmonin de Dampierre et eut pour fils Bénigne-Étienne-Joseph-Jean-Philippe Le Goux, né à Dijon le 3 mars 1805.

Celui-ci, Etienne Le Goux, marquis de Saint-Seine, à la mort de son père survenue à Lyon en 1828, épousa peu de temps après, en 1830, Marie-Anne-Angélique Berbis de Rancy, fille de Bénigne-Marie Berbis de Rancy, ancien officier, mort à Dijon le 11 juillet 1814. Il fut pendant quelque temps conseiller à la cour de Dijon.

Plusieurs des Le Goux de Saint-Seine d'origine dijonnaise furent, au XIX° siècle, officiers dans l'armée et dans la marine. D'autres figurent dans la *Société des Agriculteurs de France*.

A des membres de cette famille appartiennent encore en Bresse Louhannaise le château de Molaise à Huilly, construit en 1868, et celui de Dampierre-en-Bresse.

Huilly (Seigneurs d'). — Huilly faisait partie de la baronnie de Loisy (*Voy.* ce nom), dont le baron, marquis de Bourbonne, au XVIII° siècle, était dénommé baron de Loisy, seigneur de Noiry, Huilly, La Frette, Saint-André et autres lieux. Il y avait toutefois encore, sur le territoire actuel d'Huilly, d'autres fiefs à des seigneurs particuliers, *Molaise, Romaine* et le port de Chevreux-sur-Seille. Ils étaient, au XVIII° siècle, aux de Berbis, seigneurs de Rancy (*Voy.* ce nom). Le hameau de Molaise, réuni en 1823 à Huilly, était autrefois commune : un château moderne y existe, élevé en 1868 par la famille de Saint-Seine, alliée aux de Berbis.

Jehannin. — *Voy.* plus loin ; et planche 10° des Armoiries.

Jordan. — *Voy.* plus loin ; et planche 12° des Armoiries.

Joudes (Seigneurs de). — La seigneurie de Joudes, à haute, moyenne et basse justice, comme la plupart de celles de la contrée, avait appartenu pendant plusieurs siècles aux seigneurs de Montjouvent (fief important, hameau de Varennes-St-Sauveur), ne relevant qu'en partie de la baronnie de Cuiseaux. Elle fut vendue, vers 1635, à Pierre de Thorel, dont la fille se maria avec Charles de Thoisy, écuyer, seigneur de Rancy. De cette époque, c'est-à-dire du milieu du XVIIe siècle, date l'établissement à Joudes de la famille de Thoisy, d'ancienne noblesse bourguignonne. *Voy.* plus loin Thoisy (de).

Jouvençon (Seigneurs de). — Une partie de Jouvençon dépendait de la baronnie de Loisy et une autre de celle de la Villeneuve. — *Voy.* Loisy et La Genête.

Juif (Seigneurs de). — Juif était en grande partie du marquisat de Branges, dont nous avons indiqué les seigneurs successifs.

L'Abergement-de-Cuisery (Seigneurs de). — *Voy.* plus haut Cuisery (Seigneurs et châtelains de).

La Chambre (De la), seigneurs de Savigny-en-Revermont, Branges. — *Voy.* Branges, Savigny-en-Rev. (Seigneurs de).

Lacurne (De), seigneurs du Thiellay. — Le Thiellay, à Savigny-sur-Seille, fut pendant plus de cent ans aux de La Curne, de la même famille que les La Curne de Sainte-Palaye. Ils habitèrent, jusqu'en 1720, le château agréablement situé au haut du versant de la Seille, avec vue splendide sur l'est de la vallée : 1657, Jean-Baptiste de La Curne, écuyer ; — 1681-1716, Henri-Louis de La Curne, fils et héritier universel du précédent, colonel du régiment d'Uxelle, époux de Marguerite de Montconis ; — Antoine-Louis de la Curne, fils du précédent ; — mais dès cette époque (1716), ces seigneurs n'habitaient plus le pays. La seigneurie passa plus tard au marquis de Bourbonne.

Cinq belles fermes groupées forment le hameau du Thiellay au milieu duquel se trouvait le château. Il ne reste de lui que quelques vestiges : une tour servant de colombier, le mur d'enceinte des cours qui a servi d'un côté à un pan de mur de l'une des fermes. Le cintre de la porte d'entrée est conservé, les pierres sur lesquelles reposait le pont levis sont intactes, les fossés qui entouraient le château sont encore bien apparents. Le Thiellay appartenait en 1810 à Madame Davaux, également propriétaire de la terre de la Michaudière ; ensuite au vicomte de Brachey ; puis aux d'Arches de Cuves, propriétaires à Vadan (Haute-Saône).

Lantin. — *Voy.* Esmonin, seigneur de Dampierre, p. 87.

Laurencin (De), seigneurs de Beaufort, Flacey.. — La seigneurie de Flacey, comme celle de Beaufort, appartenait à la famille de Laurencin, depuis que la fille d'Etienne Berton, acquéreur de ces seigneuries en 1664, les avait apportées par mariage à Antoine de Laurencin. Dans les dernières années de l'ancien régime, le comte de Laurencin, seigneur de Beaufort, Flacey et autres lieux, rendait encore foi et hommage au marquis de Sainte-Croix pour la terre et seigneurie de Flacey.

Les Laurençin portaient : « de sable au chevron d'or, accompagné de trois étoiles d'argent » et avaient pour devise : *Lux in tenebris*, et *Post tenebras spero lucem*. Ils étaient d'ancienne famille du Beaujolais qui avait fourni plusieurs échevins de Lyon, au XV° et au XVI° siècles, et nombre d'officiers, gouverneurs de places, ecclésiastiques de tout rang..., etc. Philippe de Laurencin avait obtenu, en 1742, l'érection en comté des seigneuries de Beaufort, Flacey..., etc. Il fut allié aux de Beaurepaire.

Au XIX° siècle, le marquis de Mortemart, chef de la branche cadette de la maison de Rochechouart, épousa en 1829 Gabrielle Bonne de Laurencin, fille du dernier rejeton mâle de son nom.

Le château de Flacey s'élevait sur une motte entourée de fossés, dont les maisons voisines forment une petite agglomération, appelée encore aujourd'hui *le chatel*, près de l'église, motte circulaire d'environ 60 mètres de diamètre, aujourd'hui cultivée.

Lays-sur-le-Doubs (Seigneurs de). — Lays avait autrefois donné son nom à des seigneurs qui avaient tenu un rang distingué dans les conseils et armées des ducs de Bourgogne, aux XIII°, XIV° et XV° siècles. La seigneurie était passée au XVI° siècle, ainsi que celle d'Authumes, au seigneur de Pierre, Bouton, qui les vendit en 1534 à Philippe Chabot, amiral de France. Vers le milieu du XVI° siècle, elle était à d'autres seigneurs, Claude de Frangey (1550), puis Antoine de Saillant, écuyer (1561), et de là fut transmise à des seigneurs de la maison de Coligny, Philibert de Coligny, chevalier, comme héritier testamentaire de sa mère (1583); puis Cléradius de Coligny, seigneur et baron de Crescia, Beaufort, Flacey, Bouhans, Lays, etc. (1612); puis Joachin de Coligny, baron de Lays, etc. C'est de ce dernier que Pierre de Truchis fut acquéreur, vers 1646, de cette seigneurie de Lays qui resta depuis dans cette famille. *Voy*. Truchis (de) et 8° planche des Armoiries.

Lhuillier de Hoff, général, baron de l'Empire est à citer comme un des types marquants de la Noblesse du premier Empire. Il était né à Cuisery, le 24 janvier 1759; fils d'un simple barbier, il entra au service, comme engagé, dans le régiment du roi (infanterie) le 19 mars 1779 et servit pendant 7 ans et demi, jusqu'au 8 septembre 1786, comme simple soldat et sous-officier.

Rentré dans ses foyers, on le trouve au début de la Révolution, à Saint-Bonnet-en-Bresse, où il fut nommé et resta maire de 1790 à 1792. En 1792 il était procureur syndic du district de Louhans.

Le 2 octobre de la même année; — là commencent des états de service que nous donnons d'après un dossier acquis au département par l'archiviste départemental, M. Lex, en 1893, — il rentra au service militaire par sa nomination au grade de chef du 8° bataillon de Saône-et-Loire, bataillon du district de Louhans.

Il fit, avec ce bataillon, la campagne de l'an II à l'armée des Alpes, puis celle de l'an III à l'armée d'Italie. Commandant d'un bataillon de grenadiers, il était, en l'an V, à la bataille de Rivoli, où il fut blessé à la jambe gauche et fait prisonnier. Bientôt échangé, il reprenait possession de son grade, à la 85° demi-brigade.

C'est à ce titre qu'il fit ensuite la campagne d'Egypte et combattit à la bataille des Pyramides, puis à Aboukir, à la descente des Turcs qui furent rejetés à la mer, puis à la bataille d'Héliopolis qui fut la dernière où il servit comme chef de bataillon.

Il fut nommé, le 1er vendémiaire an IX, colonel chef de brigade et obtint le commandement de la 75e, à la tête de laquelle il combattit contre les Anglais et fut encore grièvement blessé (1801).

Rentré en France, son régiment ne tarda pas à être envoyé au camp de Boulogne et il y fut nommé membre, puis officier de la Légion d'honneur (1804).

Peu après, le camp de Boulogne étant levé, il passa avec son régiment en Allemagne, combattit à Hollabrune ainsi qu'à Austerlitz où il fut blessé ; il fut nommé en décembre 1805, commandeur de la Légion d'honneur.

La guerre contre la Prusse fit distinguer son régiment dans plusieurs affaires. Il le conduisit à la bataille d'Iéna et par suite à Hoff, en arrière d'Eylau, où il soutint le combat le plus meurtrier contre l'arrière-garde russe. Dangereusement blessé à la poitrine (6 février 1807) il fut nommé quelques jours après général de brigade et reçut en même temps des lettres de service pour être employé en cette qualité au 3e corps de la grande armée. Nommé chevalier de l'ordre de la Couronne de fer par décret du 12 janvier 1807, un autre décret du 19 mars 1808 le créa baron de l'Empire, avec une dotation de quatre mille francs de revenu sur les biens réservés du royaume de Westphalie.

Sous les ordres du maréchal, prince d'Eckmul, il fit les campagnes qui conduisirent les armées françaises à Tilsitt (1807), et plus tard à Vienne et à Wagram (1809). Sa conduite lui valut souvent les éloges de ce chef.

Après avoir successivement commandé à Brême et à Lubeck, il fut nommé général de division le 31 juillet 1811, puis envoyé en Espagne.

En février 1812 son quartier général était à Bayonne comme commandant de la réserve d'infanterie pour préserver la frontière, diriger les convois et les munitions.

Lorsque les armées françaises quittèrent l'Espagne, il se porta à Bordeaux qu'il abandonna à l'approche des Anglo-Portugais. Après avoir assuré la défense de la citadelle de

Blaye, il dut se retirer sur Saintes. C'est dans cette ville que, l'Empire étant tombé, il prêta et fit prêter aux troupes sous ses ordres le serment de fidélité au Roi.

Nommé chevalier de Saint-Louis le 14 novembre 1814, il fut mis en non activité le 1er janvier 1815 et nommé grand officier de la Légion d'honneur le 17 janvier de la même année.

Pendant les Cent Jours il rentra au service actif comme commandant de la 10e division militaire, à Toulouse, le 31 mai 1815.

Remis en non activité le 23 juillet 1815, il fut admis à la retraite le 1er janvier 1816 après 30 années de services et 24 campagnes.

Il alla habiter Orléans où il mourut au mois de juillet 1837, à l'âge de 78 ans.

Il s'était marié en août 1803 avec Louise-Clémence de Bullioud, née en 1785, fille d'un ancien capitaine d'infanterie, décédé en 1789. Il en eut un fils, François-Antoine-Arthur Lhuillier de Hoff qui fut capitaine au corps royal d'Etat-major (1834), démissionnaire en 1839.

Loisy (Seigneurs de). — Loisy avait, dès le XIIe siècle, un château qu'avait fait bâtir en 1150, Hugues de Brancion, fils d'Ulric, seigneur de Montpont, sur le côteau qui domine la vallée de la Seille à l'ouest, dans une situation remarquable par l'agrément d'une vue très variée. Il fut habité, dès lors, par des seigneurs portant le nom de cette terre ; ainsi on voit, par un acte du XIIIe siècle, que Renaud de Loisy ratifia les dons de son frère, Joubert de Loisy, chanoine de Saint-Vincent de Chalon, faits à son église en 1268. Cette maison de Loisy était suivant le père Perry, historien de la ville de Chalon, l'une des plus nobles du Chalonnais. Les de Vienne, leurs suzerains, avaient fait établir un péage sur la rivière et ils rendaient hommage à l'abbé de Tournus, qui en avait été primitivement seigneur. La baronnie de Loisy s'étendait alors aussi sur Molaise, Le Thiellay et Savigny-sur-Seille, Granod à Sornay, Diconne (actes de 1533, par lesquels Antoine de Loisy commença à aliéner les terres de sa baronnie, *arch. dép.*

E. 133). Les de Loisy-sur-Seille portaient « d'or à un lion de sable couronné et lampassé d'or ».

L'ancien château et la baronnie de Loisy furent successivement possédés alors, c'est-à-dire depuis le milieu du XVIe siècle, par d'autres familles.

Un seigneur du nom de Quarré, d'ancienne famille bourguignonne, Philibert Quarré fut acquéreur, en 1556, d'une partie de la baronnie des demoiselles Claude et Renée de Loisy, épouses des sieurs de Thil et de Saint-Marlin ; mais son père, François Quarré est, comme lui, dénommé seigneur de Loisy, dans une notice sur la maison Quarré parue dans l'*Annuaire de la Noblesse*, de 1855. *Voy.* plus loin Quarré, seigneur de Loisy, 7e planche des Armoiries, — et Quarré de Verneuil, autre rameau de cette famille, 12e planche.

Jean Massol, bourgeois de Beaune, président à la chambre des comptes, fut, en 1575, acquéreur, par décret, de la terre et seigneurie de Loisy, sur Philibert Quarré.

Elle fut ensuite (1605) à Antoine Bretagne, conseiller au parlement de Dijon, de qui elle passa à Pierre de Bretagne, premier président du parlement de Metz (1650) ; Armes : « d'azur à la fasce ondée d'or, accompagnée en chef de trois grelots du même et en pointe d'un croissant d'argent » ; puis au marquis de Frouley de Tessé, lieutenant général et grand écuyer de la reine ; à Claude Boucher, intendant de Bourgogne, acquéreur par décret en 1679 ; — à Claude de la Michaudière, conseiller au parlement de Paris, chef du conseil du prince de Condé ; — et, par mariage d'une héritière de cette maison (1748), au marquis de Bourbonne, Jean-François-Gabriel-Bénigne Chartraire, premier président au parlement de Dijon, qui fit construire un nouveau château sur les ruines de l'ancien ; — puis, en 1761, à son fils, Marc-Antoine-Bernard-Claude Chartraire de Bourbonne, aussi président à mortier au parlement, puis à messire Paul-Albert, comte d'Avaut, maître de camp, commandant du régiment de Médoc, gentilhomme d'honneur du comte d'Artois, qui, par son mariage avec Reine-Claude Chartraire de Bourbonne, devint marquis de Bourbonne, baron de Loisy, seigneur de Noiry, Huilly, La Frette, Saint-André et autres lieux. *Voy.* plus haut, page 53, la 3e planche des armoiries. Armes des Chartraire de Bourbonne : « de gueules à une tour d'or ».

Loisy (Carrelet de). — *Voy.* plus loin Carrelet de Loisy, de Terrans, et 9ᵉ planche des armoiries.

Loisy (De). De Loisya. — Une autre ancienne famille De Loisy, du Louhannais, paraît tenir son nom de Loysia, en Comté. Les de Loysia portaient « d'argent au lion de sable, armé et couronné de gueules ».

Longeville (De). — *Voy.* Mareschal de Longeville et 10ᵉ planche des armoiries.

Longueville (Princesse de), dame de Louhans. —*Voy.* ci-après Louhans (Seigneurs de).

Lorin. — *Voy.* plus loin et 12ᵉ feuille des armoiries.

Louhans (Seigneurs de), suite. *Voy.* plus haut Antigny... Louhans qui, ainsi que nous l'avons vu, était primitivement à l'abbaye de Tournus, fut ensuite avec ses dépendances, pendant la période du moyen âge, au nombre des possessions de la maison d'Antigny, branche cadette de l'illustre maison de Vienne. La petite ville était resserrée dans ses étroites murailles et entourée de fossés. La gravure que nous donnons la représente avec ses ponts sur la Seille pour la route venant du côté de Chalon et du duché de Bourgogne, et sur le Solnan, pour celles venant du côté de la Bresse et de Cuisery, tous les deux très près de la porte occidentale de la ville, vers laquelle s'élevait le château des seigneurs, château fort qui fut attaqué plusieurs fois durant les guerres du XIVᵉ et du XVᵉ siècle et fut plus tard totalement détruit pendant les guerres de religion en 1591.

De cette porte principale, la rue, avec ses maisons à galeries de bois ou arcades, allait à la porte orientale de la ville, du côté du comté de Bourgogne. Non loin, dans cette direction, étaient l'orme, borne des Franchises communales de Louhans, et, sur le petit côteau qui s'élève tout près, le château de Châteaurenaud dont nous avons indiqué les anciens seigneurs. Un peu au nord, il y avait encore le petit château fort du fief de Seugny.

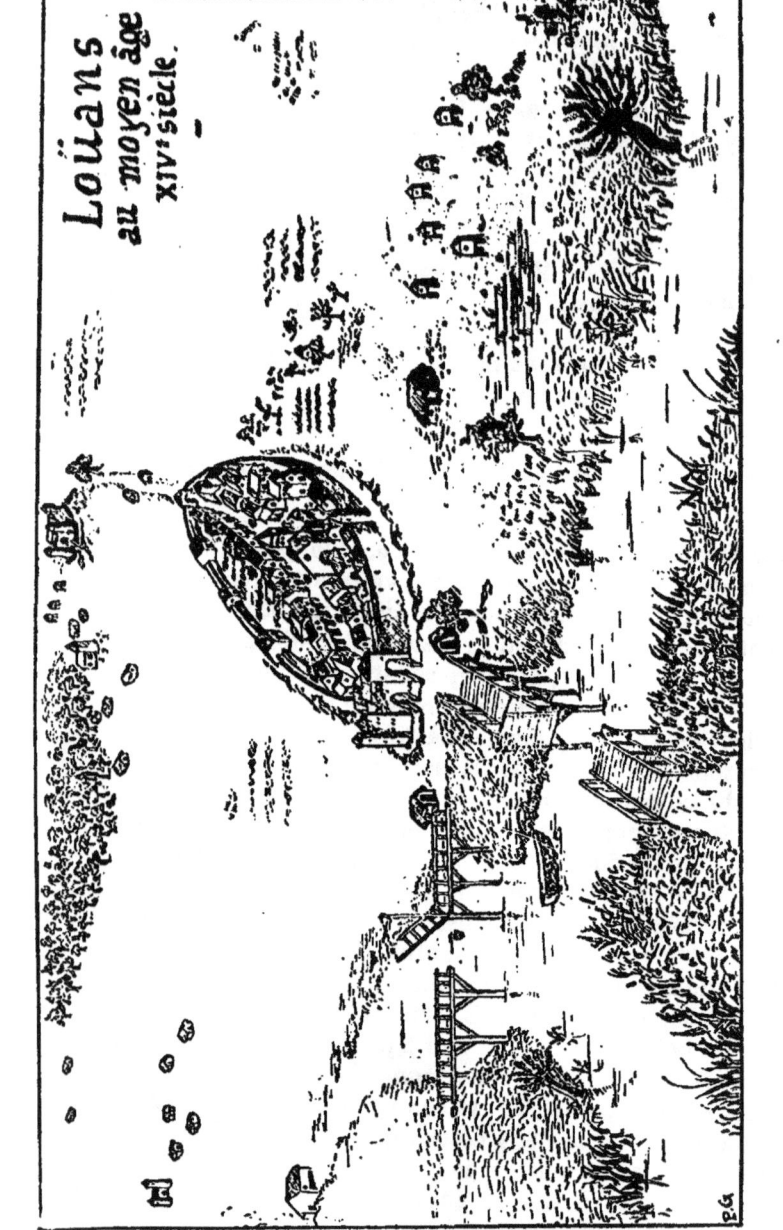

La Ville de Louans
XIII° siècle
d'après un plan de l'époque (vers 1270)

Copié par P. Guilement

Louhans en 1789

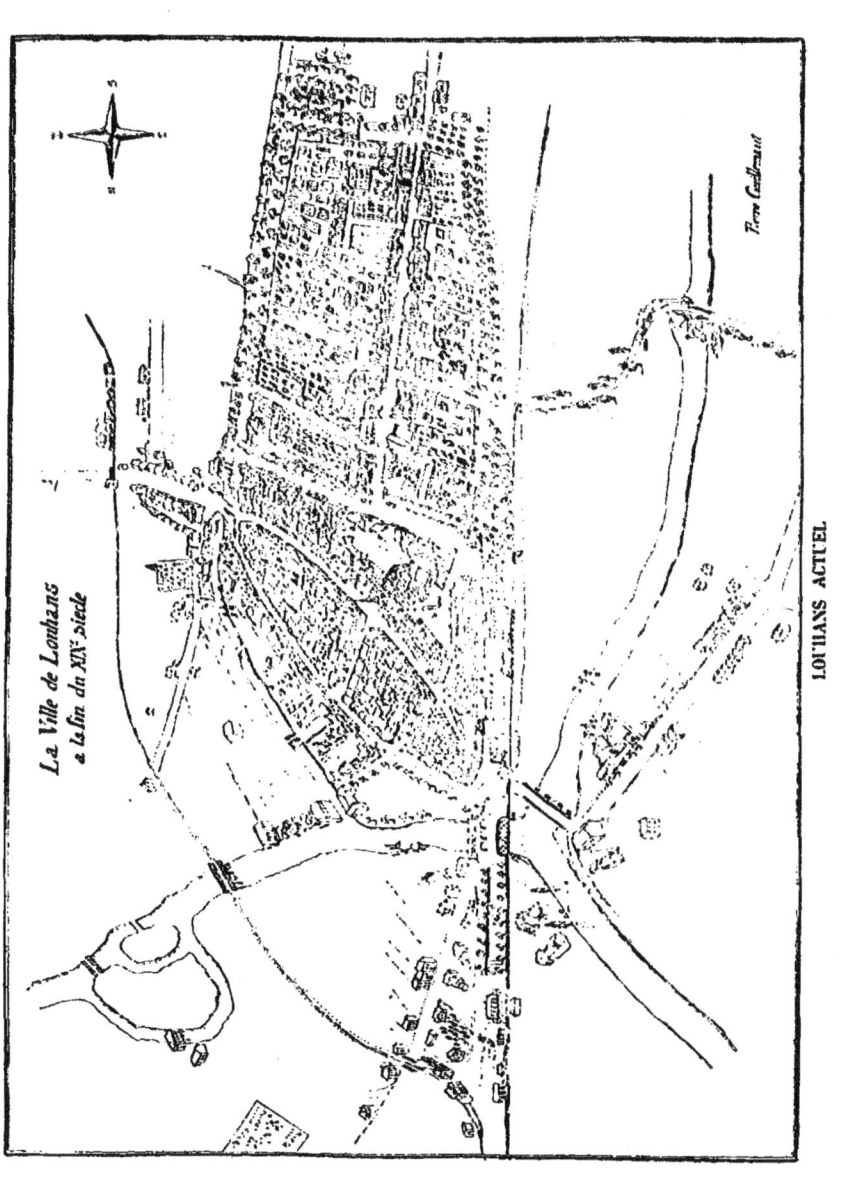

Au sud et à l'ouest de la ville, en dehors aussi de ses fortifications, étaient quelques bordes ou métairies, les aireaux où souvent on élevait quelques cases ou cabanes pour les pestiférés ou les lépreux, et le Breuil où déjà le seigneur pouvait trouver du gibier.

D'autres dessins montrent les accroissements ultérieurs de la ville jusqu'à l'époque actuelle.

En parlant plus haut des anciens seigneurs, nous avons vu qu'un des derniers membres de la maison d'Antigny de Vienne, Guillaume, seigneur de Saint-Georges et de Sainte-Croix, avait dû vendre, pour satisfaire à ses prodigalités, la plus grande partie des biens de ses aïeux, parmi lesquels la seigneurie de Louhans. Le duc de Bourgogne, Philippe le Bon, l'avait achetée en 1449 ; elle avait été remise, ainsi que celles de Saint-Georges et de Sainte-Croix, à Rodolphe d'Hochberg, époux de Marguerite de Vienne. Leur fils, Philibert d'Hochberg, prince de Neufchâtel, un des favoris de Louis XI et un de ses lieutenants en Bourgogne, comblé de ses faveurs, possédait en Bourgogne à la fin du XV° siècle, un des plus importants domaines comprenant Seurre, Saint-Georges, Montbard, Montcenis, Chagny, et dans cette région une grande partie du territoire sur Louhans, Sainte-Croix, Montpont, Mervans, Ormes, Navilly, etc. Les d'Hochberg, branche de la maison de Neuchâtel, qui tirait leur nom du château de Neufchâtel dans le Brisgau, avaient fourni de vaillants capitaines au duc de Bourgogne qui avait élevé cette maison aux plus hautes dignités. Leurs armoiries étaient : « de gueules à la bande d'argent, *alias*, d'or à la bande de gueules. »

Un autre seigneur (de très haute et très noble famille de la comté), Jean de Rupt, celui à qui est due la réédification, vers 1492, de la chapelle Notre-Dame de l'église de Louhans, partagea un instant avec lui la seigneurie de cette petite ville. Il avait alors, aussi dans la région, plusieurs autres seigneuries, celles de Fretterans, Terrans, Charette, Navilly..., etc.

La seigneurie de Louhans appartint ensuite, ainsi que Sainte-Croix, Mervans, Ormes, Seurre, Noyers, Montcenis, aux ducs de Longueville, par le mariage du duc Louis d'Orléans, duc de Longueville et grand chambellan de

J. D'HOCHBERG, dame de Ste-Croix, Louhans, etc..
(XVIe siècle)

Louis de BOURBON, prince de Condé
Né en 1530, tué à Jarnac en 1569, était seigneur de Louhans

Henri 1ᵉʳ de BOURBON, prince de Condé, seigneur de Louhans, etc...
Né en 1552, mort en 1588

France, avec la fille de Philippe d'Hochberg (1506). Ce prince confirma les franchises de la ville.

Sa fille, Françoise d'Orléans, épousa le prince Louis de Bourbon-Conté, qui fut le chef du parti calviniste, « le grand ennemi de la messe », prit part à toutes les guerres civiles et fut tué à la bataille de Jarnac, en 1569. Cette princesse confirma également les franchises de Louhans, en 1579. Elle remit plus tard cette seigneurie à son fils, Charles de Bourbon, comte de Soissons. La petite fille de ce dernier prince, Mme de Longueville, Marie d'Orléans, princesse souveraine de Neufchâtel, la porta, par son mariage, en 1657, à Henri de Savoie, duc de Nemours, dont elle devint veuve deux ans après.

Elle-même ne mourut qu'en 1707. Sa fille, aussi duchesse de Nemours et princesse de Carignan, fut également dame de Louhans. Puis, leur héritière, Louise-Léontine-Jacqueline de Bourbon, princesse de Neufchâtel, apporta ses seigneuries à son mari, Charles-Philippe-Albert, duc de Luynes (1710).

Il est probable que des seigneurs de si haut lignage se montrèrent bien rarement à leurs *amés* et *féaulx* sujets du Louhannais, si même ils daignèrent venir visiter cette petite seigneurie qui n'était qu'une insignifiante parcelle de leurs vastes domaines. Ils s'étaient fait construire toutefois, au XVIe siècle, à l'époque de la Renaissance, à l'entrée de la ville, près de la porte d'en bas, une maison où l'on voit encore des médaillons armoriés et des poutres sculptées à têtes de dragons et chimères. C'était la maison des seigneurs où pour ne pas la laisser inoccupée, ils avaient installé leur bailli.

La seigneurie de Louhans, érigée en baronnie, appartint ainsi, pendant plus de deux siècles, avec tous les fiefs qui en dépendaient, aux princes et princesses de Neufchâtel, de Longueville, d'Orléans, de Condé, de Carignan ou Nemours jusqu'au moment où, au commencement du XVIIIe siècle, elle fut acquise, en 1711, par un riche intendant de finances, François de Guyet, qui déjà possesseur depuis quelques années du marquisat de Bantanges, fit ériger en comté la baronnie de Louhans, en 1724, par le roi Louis XV, terres qu'il transmit ensuite à sa fille, Mme de Chamillard. *Voy.* plus haut Guyet, Chamillard et ensuite Gagne de

Perrigny et Le Gouz, dernier seigneur de Louhans (p. 104 et suiv.).

De nombreux fiefs dépendaient de la seigneurie de Louhans « composée, disent les reprises de fiefs, de la ville de Louhans et ses faubourgs, des paroisses de Saint-Usuges, Sornay et dépendances (y compris Grannod), des villages de Bram, Gruay, Saugy et Breney et des terres et seigneuries de Charangeroux, Rupt et la Vicheresse ; et relèvent de ladite baronnie, plusieurs fiefs et arrière-fiefs dont les appellations de jugements ressortissent par devant le bailli de ladite baronnie, savoir les fiefs de Remilly, Culay, Perney et Gerand, et les arrière-fiefs de Châteaurenaud, Rancy, Corcelle, Marcilly, Vincelles, Ratte, Montagny, St-Germain-du-Bois, Saubertier, le Grand-Layer, le Petit-Layer, Charnay, Panissière, la Trémaillière, le Grand-Ballosle, le Petit-Ballosle, Monconis et la Mâconnière ». On voit que vers 1724, à l'époque de l'érection de la baronnie de Louhans en comté, foi et hommage furent présentés à haut et puissant seigneur François Guyet (comme aussi plus tard à sa fille, Thérèse-Philiberte, veuve de messire Jérôme de Chamillard, chevalier), par Claude-Elisée Badoux, écuyer, seigneur de Promby, pour le meix Culey, sis à Bruailles. Gaspard Dompmartin, docteur en médecine, Claude-Philibert Arnoux, écuyer, subdélégué de Louhans, Jacques Clerc, bourgeois..., pour d'autres domaines ou meix sis à Bruailles ; par messire Antoine Mailly, président à la cour des comptes à Dôle, pour les fiefs de Châteaurenaud, Seugny, Mons et la Tournelle, et pour certains meix à Bruailles... ; par J. Chartraire, marquis de Bourbonne et baron de Loisy pour la seigneurie de la Mâconnière, à Châteaurenaud ; par Jacques de Beaurepaire, chevalier, seigneur de Beaurepaire, Saillenard..., pour ses terres et seigneuries de Vincelles, Ratte et Montagny ; par messire Charles de la Rodde, chevalier, pour les terres et seigneuries de Montcony et de Charnay ; par messire Alexandre de Thoisy, seigneur de Joudes et du Villard, pour les terres de Marcilly, à Bruailles, et d'autres à Montagny ; par messire Claude-Philibert Fyot de la Marche, comte de Bosjean, pour la terre de Sâne, paroisse de Sornay « en ce qui dépend de la Comté du dit Louhans » ; par messire Bénigne Berbis, chevalier, baron des Barres, pour la

DE LA MICHAUDIÈRE
Seigneur de la Mâconnière
Conseiller au Parlement de Paris, au commencement
du XVIII⁰ siècle

seigneurie de Rancy ; par la veuve d'Escorailles, pour les terres et seigneuries de Saint-Germain-du-Bois, Saubertier et la Trémaillière ; par les R. R. P. P. Minimes, de Chalon, pour la terre du petit Balosle, etc. (*Arch. départementales*, B. 838.)

Lugny (Liébaud de), seigneur de Branges.— *Voy*. plus haut Branges (Seigneurs de), p. 47.

Maigret (De), seigneur de Chavannes, à Dommartin. — Le fief et le château de Chavannes appartenaient aux de Maigret : Jean de Maigret, écuyer, seigneur de Chavannes au XVII° siècle ; Guillaume François de Maigret, écuyer, seigneur de Chavannes au commencement du XVIII° siècle. Cette terre eut successivement plusieurs acquéreurs. En 1772, elle appartenait à Rose Hennequin, veuve de Pierre Puvis. En 1780, le fief de Chavannes était à Claude Puvis-Delechaux. *Voy*. plus loin Puvis de Chavannes.

Marche (De la). — *Voy*. Fyot de la Marche, p.   et Marche (De la), plus loin, 6° planche des Armoiries.

Michaudière (De la). — La famille de la Michaudière, dont plusieurs membres tinrent, au XVIII° siècle, un rang considérable dans la magistrature à Dijon et à Paris, tire son nom du fief de la Michaudière à Savigny-sur-Seille, fief qui, avec le Thielley, dans la même commune, avait ses seigneurs particuliers et ne relevait de Branges que pour les appels de justice, les montres d'armes, etc...

Elle avait donné, dès le XV° siècle, plusieurs notaires à la ville de Louhans ; au XVII°, deux maires, Paul de la Michaudière, maire en 1609, et après lui Philibert de la Michaudière, conseiller référendaire à la grande chancellerie de Bourgogne, maire de Louhans de 1611 à 1636. Plusieurs de ses membres furent bienfaiteurs du couvent des Cordeliers et de l'hôpital de Louhans.

Henry de la Michaudière était, au XVII° siècle, seigneur de Noiry, à Ormes.

Bertrand de la Michaudière, conseiller au parlement de

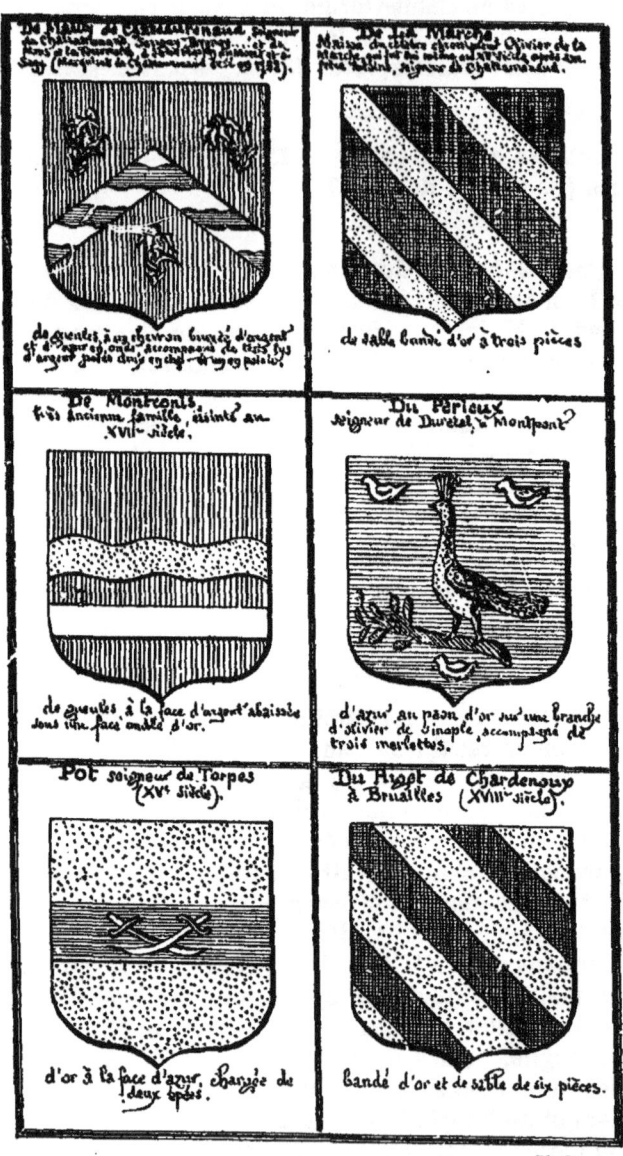

Dijon, était, en 1710, seigneur de Coillat, à Chapelle-Thècle, fief relevant de la baronnie de Montpont.

Le plus célèbre d'entre eux, Claude de la Michaudière, fut, au XVIII° siècle, conseiller au Parlement de Paris et chef du conseil du prince de Condé. Il devint, par acquisition, seigneur et baron de Loisy ; et sa fille épousa en 1748 le marquis de Bourbonne, Jean-François Gabriel-Bénigne Chartraire (*Voy.* ce nom), premier président au parlement de Dijon, à qui elle apporta la baronnie de Loisy, où il fit construire un château sur les ruines de l'ancien.

Les armes des la Michaudière étaient: « d'azur à une fasce d'or, chargée d'un levrier de sable accolé de gueules. »

Mailly (De) de Châteaurenaud. — La famille de Mailly posséda au XVIII° siècle de nombreuses terres en Bourgogne et en Comté. Nous avons indiqué déjà, en donnant la suite des seigneurs de Châteaurenaud (*Voy.* ce nom p. 62), que la seigneurie de Châteaurenaud appartint, par acquisition, aux de Mailly, dès la fin du XVII° siècle.

Il y avait en Bourgogne plusieurs familles de ce nom. Celle des Mailly-Châteaurenaud, fixée depuis longtemps dans le bailliage de Chalon et le comté d'Auxonne, avait donné de notables bourgeois de Chalon, un maire de cette ville, des ecclésiastiques, des avocats en parlement, conseillers du roi, des juges greneters ou contrôleurs au grenier à sel de Chalon, des gruyers maîtres des eaux et forêts du Chalonnais, et dès la fin du XVII° siècle, des trésoriers de France en Bourgogne et Bresse, tenant ainsi un rang très honorable dans la robe et les finances. Elle avait comme armoiries : « de gueules à un chevron bureté d'argent et d'azur en onde, accompagné de trois lys d'argent posés deux en chef et un en pointe », portées déjà en 1696, d'après l'*armorial général* de d'Hozier, par Guillaume Mailly, conseiller du roi et trésorier de France honoraire en Bourgogne. L'aïeul de Guillaume, Jean de Mailly, était seigneur de Breney et gruyer du Chalonnais. Pierre Mailly, docteur en théologie, doyen de l'église de Cuisery, avait été élu, en 1635, comme député pour l'église, aux Etats d'Auxonne. Une demoiselle Elisabeth Mailly était, en 1637, femme de Jean Vitte, notaire royal et échevin de Louhans. Plusieurs

Mailly sont portés dans les actes de fondation à l'hôpital et au collège de Chalon (1).

C'est vers 1700, que messire Guillaume Mailly, conseiller du roi, trésorier de France en Bourgogne et Bresse, et Bernarde Gaillard, sa femme, devinrent, par acquisition, seigneur et dame de Châteaurenaud, Seugny, Mons et la Tournelle.

Ces terres passèrent, en 1714, à Antoine Mailly, leur fils, résidant à Dôle, président à la cour des comptes, aides et domaines et finances du comté de Bourgogne et jouissant de par ses fonctions et depuis l'édit de 1696, du privilège de noblesse ; il était l'époux de Claude-Françoise Martin.

Leur fils, Michel-Gabriel-François-Joseph Mailly, seigneur de Quintigny, terre récemment achetée de Jacques de Beaurepaire, remplit quelque temps l'office de président à la cour des comptes, que lui avait transmis son père ; il épousa Barbe-Marguerite-Henrion de Franchevelle, mais mourut à l'âge de 26 ans, en 1747, à Dôle, laissant comme héritier Antoine-Anne-Alexandre-Marie-Gabriel-Joseph-François, leur fils, né le 25 novembre 1742, à Vesoul.

Ce fut en faveur du jeune Antoine de Mailly que la seigneurie de Châteaurenaud, avec incorporation de celles de Seugny, Mons et la Tournelle, fut érigée en marquisat, par lettres patentes du roi Louis XV, du mois de juillet 1752, « en témoignage de confiance et d'estime mérité par sa naissance et les services rendus par ses ancêtres dans les Cours des provinces de Bourgogne et Franche-Comté ».

Le jeune marquis de Châteaurenaud devait avoir une vie bien remplie et bien mouvementée. Il faudrait de longues pages pour en raconter toutes les phases, et déjà nous en avons montré les divers aspects et fait connaître bien des détails dans notre *Histoire de la Bresse Louhannaise* et *de la Révolution dans le Louhannais*.

Antoine de Mailly avait été, dans sa jeunesse, secrétaire de Voltaire à Ferney (2). Très dévoué aux idées nouvelles, élevé à l'école des philosophes, il avait conservé pour le maître le plus grand enthousiasme. Il fut, quelque temps

---

(1) Batault, *Notice historique sur les hôpitaux de Chalon-sur-Saône*, Chalon, 1884. — *Papiers Berthaud*, inventaire, Chalon, cote 300.

(2) *Hist. de la Bresse Louhannaise*, — Extraits de *Voyages historiques et littéraires en Italie*, par Valéry, Paris 1831, — et *Notice*, Grigne, Dijon.

après son séjour à Ferney, avocat général à la Cour des Comptes de Dôle, mais bientôt disgracié à la suite d'un discours dont les idées avancées n'avaient pas plu au chancelier de Maupeou.

Il avait épousé, à l'âge de 26 ans, le 15 octobre 1768, une jeune et très noble demoiselle, Claudine-Alexandrine de Damas, fille du comte de Damas, marquis d'Audour, seigneur de Dompierre, Tramayes..., etc., et de Rossoline d'Arcy de la Varenne, son épouse. Il la perdit après onze ans de mariage ; et, d'elle, il avait alors neuf enfants, sept fils et deux filles. Disons de suite que d'un second mariage, avec Anne-Rosalie Receveur (décédée en 1852 à Louhans, à l'âge de 92 ans, et inhumée à Châteaurenaud), il en eut douze autres. Et pourtant, comme nous le verrons tout à l'heure, le nom de Mailly s'est éteint, aucun des fils de cette nombreuse famille n'ayant laissé de postérité ; la descendance fut, au contraire, nombreuse par le mariage de ses filles du second lit.

Très riche, possesseur de terres nombreuses en Bourgogne et en Comté, il eut, étant marquis de Châteaurenaud, l'idée de faire construire, au milieu de ses terres du Louhannais, à Châteaurenaud, à la porte de Louhans, sur la hauteur qui domine cette ville, un château en pierre de taille sur les dessins de Saint-Père, agréable et belle résidence à l'emplacement de l'ancien château fort, ruiné de vétusté. Ce château, dont la construction fut continuée plusieurs années, ne fut point complètement achevé, la Révolution étant survenue. Les héritiers de Mailly le vendirent en 1826, aucun d'eux n'ayant pu ou voulu l'accepter dans sa part, et il fut peu à peu démoli, pour les matériaux à utiliser, de 1827 à 1835. Nous le reproduisons en gravure d'après des dessins croquis qui ont servi lors de la vente.

Antoine de Mailly, marquis de Châteaurenaud, seigneur de Seugny, Mons et La Tournelle, seigneur aussi de Quintigny en Comté..., etc., faisait partie, avant la Révolution, de la Chambre de la noblesse de Comté, et il fut député de cet ordre, pour le bailliage d'Aval, aux Etats généraux. Après avoir siégé ainsi comme député du Jura à l'Assemblée constituante, et s'être montré adversaire des privilèges et des abus et partisan des réformes, il fut, pendant la Législative (1791-1792), président du Conseil d'Administration du

Antoine de MAULPA
Marquis de Châteauneuf
(1712-1899)

CHATEAU DE CHATEAURENAUD, démoli en 1827

département de Saône-et-Loire ; puis élu par ce département député à la Convention nationale. Il fit ensuite partie du Conseil des Anciens de 1795 à 1798. Il quitta alors Paris, alla habiter sa maison de Vesoul et fut nommé président de l'Administration centrale du département de la Haute-Saône d'où sa mère était originaire et où il avait, avec le château de Franchevelle, de grandes propriétés.

Nous avons raconté ailleurs (1) sa carrière pendant la Révolution, sa vie si agitée, si pleine d'incidents et de péripéties de toutes sortes. Ajoutons qu'à la première Restauration, il se retira à Franchevelle où il passa les dernières années de sa vie. Il y mourut le 12 juin 1819, à l'âge de 77 ans. Son nom a été donné à l'une des rues de Vesoul.

Il nous reste à rappeler, en quelques mots, ce qu'il advint de sa nombreuse famille.

Plusieurs des fils d'Antoine Mailly se distinguèrent par divers actes ou eurent une fin glorieuse dans les armées de la République.

L'aîné, Eugène-Rossoline, né à Châteaurenaud le 28 décembre 1770, était fréquemment avec son père à Paris pendant la période révolutionnaire. Il était à la séance de la Convention, lorsqu'elle fut envahie dans la journée du 1er prairial (20 mai 1795) ; il fut atteint de deux coups de feu en défendant l'Assemblée et reçut, après la séance, l'accolade du Président pour le courage qu'il avait montré (2). Il fut ensuite quelque temps aux armées et y reçut encore d'autres blessures. De retour à Paris, il fut mêlé à la Société du Directoire. Mme de Chastenay parle de lui dans ses Mémoires, ainsi que de sa jeune épouse, avec laquelle il ne vécut que peu de temps, n'ayant pu, semble-t-il, la soumettre à la discipline du mariage.

Le second fils d'Antoine Mailly, Charles-Axiopiste, jeune volontaire à qui le Conseil général de Saône-et-Loire avait offert une épée en 1792 « sachant qu'il s'en servira pour repousser les ennemis de nos libertés et leur prouver que les Français mourront plutôt que de retomber dans l'esclavage », fut chef du 4e bataillon de Saône-et-Loire, prit part avec lui à diverses campagnes, fit partie ensuite de la 29e

(1) *Histoire de la Révolution dans le Louhannais*. Louhans, impr. Romand, 2 vol.

(2) Décembre Allonnier, *Dict. de la Révolution française*.

AN.º MAILLY CHATEAURENAUD
Né à Vésoul le 25 9.bre 1742
Député d'Aval en Franche Comté
à l'Assemblée Nationale de 1789.

Courbe Sc.

A Paris chez le S.r Dejabin éditeur de cette Collection
Place du Carrousel N.º 4.

Antoine MAILLY, membre du Conseil des Anciens

demi-brigade de l'Armée d'Italie et mourut très jeune des blessures reçues à la tête des soldats qu'il commandait.

Le troisième, Alexis, n'avait pas vingt ans qu'il était déjà dans l'armée du Rhin et au siège de Mayence ; puis, envoyé en Vendée contre les Chouans, il reçut une grave blessure qui devait, quelque temps après, mettre fin à sa trop courte carrière : « C'est le sort de mon sang, écrivait son père, d'être versé pour la Patrie », paroles qui devaient recevoir encore d'autres consécrations.

Deux autres de ses fils, Aristide et Minerve, devaient perdre la vie quelques années après, en 1799, dans la campagne d'Egypte, au siège de Saint-Jean-d'Acre, fin tragique relatée par divers historiens (1) et qui mérite d'être rappelée ici.

« Avant d'attaquer la place, le général Bonaparte avait tenté les moyens de conciliation et envoyé au pacha Achmet-Djezzar une dépêche confiée à Mailly-Châteaurenaud (Aristide), jeune homme de haute intelligence qui, destiné à la carrière des consulats, avait accompagné l'expédition d'Egypte avec les savants et les artistes dont le général en chef s'était fait suivre. Bonaparte connaissait l'habileté et la hardiesse de l'officier auquel il confiait cette mission. Achmet reçut le parlementaire français, mais pour le retenir prisonnier, et quand nos avant-postes parurent devant la place, il lui fit couper la tête, ordonnant qu'elle fut mise dans un sac ainsi que le corps et que le sac fut jeté à la mer. Quelques jours avant l'assaut, des soldats aperçurent une espèce de ballot flottant sur le rivage, l'ouvrirent, y trouvèrent un cadavre et portèrent à l'avant-garde cet horrible trophée de la justice musulmane. Le premier qui reconnut la tête sanglante, ce fut le frère de la victime, Mailly-Châteaurenaud (Minerve), aide de camp de Berthier et capitaine d'état-major. On comprend les transports de sa douleur et de son désespoir, mais, dans une âme forte comme la sienne, ces sentiments firent bientôt place à la soif de la vengeance... Il attendit l'assaut ; c'est là qu'il brûlait de rencontrer les lâches et féroces meurtriers de son frère... C'est là que lui aussi devait trouver la mort !

(1) *Hist. de la Rév. française*, par Thiers. — *Victoires et Conquêtes des Français, de 1792 à 1815.* — Le grand romancier Alexandre Dumas a raconté aussi, dans les *Blancs et les Bleus*, la mort des fils Mailly.

Monté le premier sur la brèche, il fut atteint d'une balle et renversé dans le fossé de la place. Les Turcs restés maîtres de la forteresse visitèrent la nuit suivante le pied des remparts, et suivant l'usage des Orientaux à la guerre ils coupèrent la tête des morts et celle de l'intrépide capitaine Mailly qui vivait encore. » Aristide avait vingt et un ans et Minerve vingt-cinq.

Un seul des sept fils qu'Antoine de Mailly avait eu de sa première femme, Enée-Casimir-Gustave, était encore vivant. Il mourut en 1867 très âgé, célibataire, au château patrimonial de Franchevelle (Haute-Saône), où son frère Eugène était venu aussi habiter avec lui et y terminer sa longue carrière, quelques années auparavant.

Leur sœur, Claudine, fille aînée de l'ancien Conventionnel, avait épousé un jeune officier, J.-B. Bouvier, de Vesoul, qui prit part aux nombreuses guerres de la République et de l'Empire et qui, à 40 ans, colonel du génie et baron de l'Empire, fut emporté par un boulet dans la retraite de Russie, près de Krasnoé, le 18 novembre 1812. Le fils de celui-ci, Hippolyte Bouvier, mourut au château de Franchevelle, en 1878.

La dernière survivante des enfants du premier lit, Hermine Mirja-Louhans-d'Arc de Mailly, qui avait eu pour parrain la Compagnie du jeu de l'Arc, représentée par son capitaine et pour marraine la ville de Louhans, représentée par l'épouse du maire, est morte centenaire à Vesoul en 1878.

Parmi les douze enfants d'Antoine Mailly, du second lit, l'unique garçon, Phénix-Hubert, mourut célibataire à un âge avancé, dans le Louhannais.

Une des filles, Anne-Félicie, présente cette particularité d'avoir été fille, femme, mère et grand'mère de député : fille d'Antoine Mailly, membre de la Constituante, de la Convention et du Conseil des Anciens, elle épousa Jean-Joseph-Philibert Guillemaut, docteur en médecine, qui fut maire de Louhans, conseiller général et député aux premières élections qui suivirent la Révolution de 1830 ; son fils aîné, le général Guillemaut fut membre de l'Assemblée nationale de 1871, puis sénateur ; le petit-fils, Lucien Guillemaut, député en 1884 et ensuite sénateur en 1898, était fils d'Eugène, d^r-médecin, et fût, comme son grand'père et son père, maire de Louhans et conseiller général : (L'auteur de cet ouvrage était à citer ici comme arrière-petit-fils du conventionnel Mailly, ci-devant marquis de Châteaurenaud.)

Des autres filles d'Antoine Mailly, l'une épousa M. Mermet, directeur des contributions indirectes, auteur de la famille Garnier ; une autre épousa M. Houry, ingénieur en chef du cadastre du département du Jura ; une autre, M. Pernet, docteur en médecine à Chalon, dont la fille fut religieuse à l'hôpital de Louhans auquel elle légua la plus grande partie de sa fortune, et dont le nom fut donné au bel asile des vieillards, construit récemment, l'*Hospice Pernet ;* une autre épousa M. Martin, officier supérieur de cavalerie, chevalier de la Légion d'honneur; une autre, M. Guigot, garde général des Eaux et Forêts, à Louhans ; une autre, M. Alexandre Guillemin, qui fut conseiller général et maire de Louhans...

Nous ne pouvons citer tous les membres de cette famille, — nombreux ils sont, — issus du mariage des filles de l'ancien marquis de Châteaurenaud et ensuite de leurs descendants.

Marche (De la). — Les anciens seigneurs de la Marche, de vieille famille originaire de Bresse, dont le nom est relaté dans divers actes dès le XII° siècle, avaient leur château à Villegaudin, dans la Bresse chalonnaise, à une lieue de Mervans. La terre de la Marche-en-Bresse faisait partie du comté d'Auxonne et avait appartenu antérieurement à la maison de Granson, de haute souche féodale, illustre en Bourgogne et en Franche-Comté et dont la devise était : « de belle cloche grand son ». Nous avons lu dans les *Mélanges tirés d'une grande bibliothèque* qu'un des seigneurs de Granson, seigneur de Pesmes, convaincu d'avoir voulu soulever la Franche-Comté, fut en 1455, par sentence du duc de Bourgogne, Philippe le Bon, condamné à être étouffé entre deux matelas, dans la fosse même où il allait être enterré.

La famille de la Marche avait conservé depuis le XII° siècle la terre et seigneurie de la Marche, dont les seigneurs de ce nom portèrent comme armoiries : « de sable bandé d'or à trois pièces ». Cette famille avait donné, dès cette époque,

Tombe de Guillaume de la Marche, chevalier, bailli de Chalon, et de sa femme Marie d'Aine, — dans l'église de N.-D. de Villegaudin (Bibl. N^e. Clairambault, vol. 962 n° 260).

des châtelains, baillis d'épée, gouverneurs de villes. Plusieurs d'entre eux furent baillis et maîtres des foires de Chalon.

Nous avons vu déjà que Guillaume de la Marche, bailli de Chalon, possédait, au commencement du XV° siècle, la terre de Châteaurenaud (*Voy.* ce nom p. 64), passée ensuite à son fils Antoine qui fut également bailli de Chalon et devint chambellan du duc de Bourgogne, Jean sans Peur, ayant assisté comme tel aux campagnes de ce prince et aux expéditions contre les Ecorcheurs, mort en 1438 et inhumé en l'église de Châteaurenaud.

Son père, Philippe de la Marche, était gruyer de Bourgogne et fut, en 1453, gouverneur du château de Joux, en Franche-Comté, au nom de Guillaume de Vienne, seigneur de Saint-Georges et de Sainte-Croix. Il avait épousé Jeanne Bouton, fille du seigneur du Fay, Jehan Bouton, et il mourut en 1437, laissant un fils, Olivier de la Marche, qui fut une grande illustration bourguignonne.

Olivier de la Marche était né en 1425 au château de la Marche, à Villegaudin. Nous devons le revendiquer comme un bourguignon bressan. Une phrase de son testament porte en effet que « son héritier ou héritiers seront tenus en dedans un an après son décès fonder un Salve Regina en l'Eglise paroissiale dudit Villersgaldin où il a esté baptisé » et il est permis de conjecturer avec assez de vraisemblance qu'il naquit là où il fut baptisé et par conséquent qu'il vit le jour au château de la Marche qui était aussi le berceau de ses ancêtres. Les historiens le font naître les uns en Bourgogne, les autres en Franche-Comté, ce qui tient à la situation de la Bresse Chalonnaise, que beaucoup ont continué à englober dans la Franche-Comté, comme cela est indiqué encore dans l'atlas de Mercator (1595). On sait que le mot *marche*, pendant le moyen âge, servait à désigner la frontière ou limite d'un pays.

Olivier avait été emmené par son père, tout jeune, en Comté ; à neuf ans, il était à l'école de Pontarlier, à une lieue du château de Joux. Lorsque son père mourut, il avait environ douze ans ; l'administration de ses biens fut confiée à son oncle, Jacques Bouton, seigneur du Fay, conseiller et chambellan du duc de Bourgogne. Quelques années après, vers 1442, le duc de Bourgogne, Philippe le Bon, à la Cour duquel il avait été conduit à Chalon, le mit au nombre de ses pages et l'attacha à son service. Il accompagna dès lors son maître en Flandre et en Brabant (1). Il assistait, en 1446, à la grande solennité de la Toison d'or ; dans ses *Mémoires* il raconte cette fête avec tout l'enthousiasme de son imagination et la verve de sa plume.

Il fut d'abord écuyer du duc Philippe le Bon. Ayant suivi le Comte du Charolais, Charles, fils du duc, à la guerre, il fut par lui armé chevalier, le matin même de la bataille de Montlhéry et plus tard capitaine de ses gardes. Depuis ce moment il ne le quitta, ni en guerre, ni en paix ; il le servit en la double qualité de son maître d'hôtel et d'officier général de ses troupes et contribua au gain de plusieurs batailles.

Ses biographes nous le montrent prenant part aux guerres de Philippe le Bon et assistant aux fêtes du « vœu du faisan » dont il fut, dit Michelet, un des principaux acteurs ; « et alors jeune et joyeux compère... il s'était chargé du personnage de l'Eglise. » Le comte de Charolais et le duc Philippe lui confièrent d'importantes missions. A la mort de ce dernier en 1467, il alla à Londres pour rechercher l'alliance anglaise au profit du nouveau duc. Il y négocia le mariage de son maître avec la sœur du roi d'Angleterre et fut chargé ensuite d'organiser les fêtes et spectacles qui eurent lieu à l'occasion de ce mariage, à Bruges, en juillet 1468, fêtes éclatantes et somptueuses dont il nous a conservé lui-même la relation dans ses *Mémoires*.

Le duc Charles le conserva à son service jusqu'à sa mort et le combla de faveurs. Il prit part aux diverses campagnes de ce prince et aux négociations qui eurent lieu ; il était aussi fin diplomate que vaillant capitaine. Olivier nous apprend lui-même (2) que, pour des raisons de santé, il n'assista pas à la campagne dirigée contre les Suisses au commencement de l'année 1476 et à la bataille de Granson qui fut si funeste aux Bourguignons. Il rejoignit seulement l'armée au camp de Lausanne et fut chargé alors d'une mission diplomatique vers la cour de Milan, pour lui demander un contingent de troupes. Il était en route lorsqu'il apprit la nouvelle de la défaite de Morat. Il revint près du

(1) *Olivier de la Marche*, par H. Stein, Paris 1888. Ext. des *Mém. Acad. de Bruxelles*.
(2) *Mémoires et chroniques*.

OLIVIER DE LA MARCHE.
Maitre d'Hotel des Ducs de Bourgogne et de
Maximilien I. Empereur.

duc et prit part à tous les préparatifs qui devaient aboutir au dernier désastre de Charles le Téméraire et à sa mort devant Nancy. Il était resté fidèle à son maître et bienfaiteur. Fait prisonnier, il dût payer pour se racheter une forte rançon.

Il s'attacha alors au service de la fille du duc, Marie de Bourgogne, et plus tard de son époux, l'archiduc Maximilien. Il était à l'époque de leur mariage, avec un autre bourguignon bressan, son parent, Claude du Fay, parmi les envoyés de la princesse qui allèrent à la rencontre de l'archiduc.

Olivier de la Marche fut aussitôt élevé au rang de « grand et premier maistre d'hostel » ; il fut envoyé successivement dans toutes les villes de Flandre pour contrôler les dépenses, examiner les comptes et autres affaires importantes. Mais, après la mort de Marie de Bourgogne, alors que Louis XI partout était vainqueur, Maximilien se décida à négocier et Olivier fut au nombre des ambassadeurs qui signèrent le traité de paix d'Arras (1482) par lequel le roi, qui avait déjà incorporé définitivement la Bourgogne au domaine royal, abandonnait ses dernières conquêtes dans le Hainaut mais conservait l'Artois et la Franche-Comté comme dot de la fille de Maximilien, promise au Dauphin.

Ce fut peu de temps après qu'Olivier se maria, en secondes noces, avec Ysabeau de Machefoing, qui était de vieille et bonne famille de Bourgogne et riche de 50.000 écus. Il eut de ce second mariage une fille et un fils.

Quoique restant le conseiller fidèle de l'archiduc, il commença alors à vivre un peu dans la retraite, vint s'installer quelque temps au château de la Marche et donna plus amplement ses loisirs aux lettres. C'est là qu'il écrivit un poème, le *Chevalier délibéré*, à la louange de son défunt maître, le duc Charles le Téméraire et de sa fille, Marie de Bourgogne, qu'il célébra dans un style vif et harmonieux.

L'année suivante, il était chargé par l'Archiduc de veiller à l'instruction de son fils, Philippe le Beau. Il écrivit pour ce jeune prince une *Sommaire description de la taille, complexion, piété, exercices et faits mémorables des derniers ducs de Bourgogne*. Il adressa en même temps à Maximilien un *Advis touchant la manière qu'on se doibt comporter à l'occasion de rupture avec la France* (1491) qui dénote à la fois une grande science diplomatique, un sens politique très juste et une parfaite connaissance de son temps.

Comme autres ouvrages en vers, il fit des prières à la Vierge et diverses poésies pieuses, le *Poème des Sept dou-leurs de la Vierge*, des rondeaux et ballades...

Le *Parement* ou *Triomphe des Dames d'honneur*, ouvrage en vers et en prose, imprimé pour la première fois en 1520, donne des indications très curieuses sur la façon dont les dames étaient habillées. Elles commençaient alors à baisser leurs coiffures qui pendant longtemps avaient été très hautes, et à adopter les chaperons qui désignaient la noblesse (ou la qualité) des personnes suivant l'étoffe dont ils étaient composés :

> Je vis atours de divers manières
> Porter aux Dames pour les mieux atourner ;
> L'atour devant et celui en derrière,
> Les haulx bonnets, couvre-chefs à bannières,
> Les haultes cornes pour Dames triompher ;
> Maintenant voy simples atours porter,
> Qui bien me plaist, ce sont les chaperons
> Du temps présent.......
> Ces chaperons, d'honnête contenance,
> Pour Dames sont de velours ou satin ;
> Et les Bourgeoises les ont, par différence,
> De beau drap noir ou rouge, à leur plaisance,
> Chacun estat n'est pas pareil enfin.

Mais la parure qu'il leur conseille surtout est toute allégorique et morale : il leur propose, entre autres, « les pantoufles d'humilité, les souliers de bonne diligence, les chausses de persévérance, les jarretières de ferme propos, la chemise d'honnêteté, la cotte de chasteté, la pièce de bonne pensée, le demi-ceingt de magnanimité, l'épinglier de patience, la bourse de libéralité, le couteau de justice, la gorgerette de sobriété, la bague de foi, la robe de beau maintien, la ceinture de dévôte mémoire, le gant de charité, le peigne de remords de conscience, le ruban de crainte de Dieu, les patenôtres de dévotion, la coiffe de honte de meffaire, le chaperon de bonne espérance, les paillettes de richesse de cœur, le signet et les anneaux de noblesse, enfin le miroir d'entendement », tout un compte de pièces de garde-robe avec commentaires en vers faits sur chacune d'elles.

Puis vient une série de conseils relatifs à chacune de ces parties du vêtement, dans des vers de composition assez originale et qui eurent un grand succès.

Parmi les livres en prose d'Olivier de la Marche, son *Traité et Formulaire des Duels et Gaiges de bataille* passe pour avoir été d'une grande autorité en cette matière.

Son *Etat de la Maison du duc de Bourgogne* contient une série de passages d'un grand intérêt.

Ses *Mémoires* ou *Chroniques* de 1435 à 1492, sont aussi très curieux par les détails qu'ils contiennent. Après une introduction fantaisiste sur l'origine des Bourguignons qu'il fait provenir d'Hercule qui, courant le monde, passa par la Bourgogne et y épousa la princesse Alize, il donne la relation de tout ce qu'il a vu à la Cour des deux derniers ducs de Bourgogne depuis qu'il y est entré en qualité de page jusqu'à sa mort. Il décrit la magnificence des tournois et des fêtes auxquelles il assista et on retrouve dans ces descriptions ainsi que dans les anecdotes, et dans un style empreint de sincérité et de franchise, un indice des usages militaires, des préjugés, des mœurs et du goût de l'époque.

Le génie littéraire d'Olivier de la Marche, qui appartenait par son époque à la fin du Moyen âge et au commencement des Temps modernes, a fait de lui un des précurseurs de la Renaissance.

Il mourut dans la première année du XVIe siècle, en 1501, à Bruxelles, à l'âge de 77 ans. Il fut inhumé en cette ville et l'on grava sur son tombeau cette épitaphe :

> Cy gist Olivier de la Marche, Seigneur
> Et grand maistre d'hostel, rempli de tout honneur,
> Qui fut saige et discret, loyal et magnifique,
> Et qui fit mains beaux dicts en belle Rhétorique.
> L'an quinze cens et ung, le premier février,
> Mourut plein de vertus, veuillez pour lui prier.
> Dame Isabeau Machefoin mourut neuf ans après,
> Sa compaigne et espouse, et gist cy emprès.
> Priez que Paradis à elle soit ouvert,
> Et au bon Chevalier lequel a tant souffert.

Mais, avant de mourir, en bon bourguignon bressan, aimant sa terre natale, il avait voulu par son testament que son cœur fut envoyé à son château de la Marche-en-Bresse, dans la chapelle où étaient enterrés ses aïeux et qu'il y fut placé en terre, devant le grand autel et par humilité, « sous une pierre sur laquelle le prêtre aurait les pieds en célébrant la messe ».

La vie d'Olivier de la Marche avait été pleine d'agitations et de vicissitudes, comme l'indique la devise qu'il avait choisie : *Tant a souffert La Marche.*

Il laissait deux enfants : Philippote et Charles de la Marche. Charles de la Marche ne paraît pas avoir eu de postérité mâle ; il donna, le 12 novembre 1517, la seigneurie de la Marche à Olivier de Lenoncourt, son neveu, fils de sa sœur Philippote et de Philippe de Lenoncourt, de noblesse champenoise.

Olivier de Lenoncourt était bailli de Langres. Il vendit la terre de la Marche à Hugues de Malain, seigneur de Diconne, lequel la rétrocéda aux Lenoncourt, en 1574. René de Lenoncourt laissa veuve Marguerite Fyot, en 1620. Leur fille et M. Reynette, son mari, vendirent la Marche en 1636 au Président Fyot d'Arbois, leur oncle, d'où cette terre passa à Jean Fyot, son fils aîné, baron de Montpont, et à ses descendants. Elle fut érigée en marquisat en 1736, er faveur de Claude Fyot, comte de Bosjean, premier président du Parlement de Bourgogne. *Voy.* Fyot de la Marche, p. 96.

Le château de la Marche, construit en 1682 par Claude Fyot, comte de Bosjean, abbé de St-Etienne-de-Dijon, a été détruit par les flammes en 1861. Il appartenait alors à M. Antoine-Félix de Beaurepaire, marquis de la Marche, comme héritier universel de son grand-oncle maternel, Fyot de la Marche, mort en 1842. *Voy.* ce nom, p. 97. Le dommage a été évalué 400.000 francs. Avec lui ont disparu plusieurs objets d'art et souvenirs historiques amassés avec le temps. Toutes les œuvres d'art, notamment un portrait d'Olivier de la Marche d'après nature, qui y avait été conservé, ont disparu dans l'incendie.

Antoine-Félix de Beaurepaire était le troisième fils du marquis de Beaurepaire, Victor-Xaxier-Marguerite (mort en 1865) et de Marie-Gabrielle de La Croix de Castries. Il est mort lui-même en 1883, à Paris, à l'âge de 47 ans. Il fût le dernier marquis de la Marche, titre qu'il avait été autorisé à porter par ordonnance royale de 1843.

Marché (Du). — *Voy.* plus loin et planche 12° des Armoiries.

Mauris (De Saint). — *Voy.* Saint-Mauris (de) et 7° planche des Armoiries.

Ménetreuil (Seigneurs de). — A Ménetreuil il y avait eu les seigneuries de Rambeau, du Devus et de Montjay, qui eurent aussi leur châteaux. Celle de *Rambeau*, la plus ancienne, avait appartenu à Jean de Charnez, au XIV° siècle, et tirait son nom de la femme de ce seigneur, Jeanne Ramboz, qui fonda, en 1377, une chapelle en l'église de Ménetreuil. Celle du *Devus* avait appartenu aux sires de Brancion et s'était fondue, depuis longtemps, ainsi que la précédente, dans la baronnie de Montpont. Celle de *Montjay*, qui passa aussi aux Fyot, eut son château, « motte de Montjay et île sur la Sâne qui l'environne, pont-levis et pont dormant » (1578, *Inv. des fiefs*) : un château du XVIII° siècle, bâti en 1730, ne fut démoli que de nos jours.

Mervans (Seigneurs de). — Après avoir appartenu pendant plus de quatre siècles aux seigneurs de Vienne et d'Antigny qui, comme à Louhans, avaient donné aux habitants une charte de franchises, la seigneurie de Mervans, qui avait rang de baronnie, avait été ensuite aliénée par ses anciens maîtres, comme tant d'autres seigneuries de cette maison, celles de Sainte-Croix, Louhans, etc...

Nicolas Rolin, chancelier de Bourgogne, qui avait acquis de nombreuses terres et possédait déjà dans cette région la seigneurie et le château d'Authumes, devint alors, en 1450, aussi seigneur et baron de Mervans.

De son fils, Rolin d'Emery, la baronnie de Mervans passa ensuite aux d'Hochberg, de Longueville, d'Orléans..., au comte de Soissons et au prince de Carignan qui, en 1700, la vendit à Claude Fyot, abbé commendataire de Saint-Etienne de Dijon, conseiller d'Etat, conseiller d'honneur au Parlement, élu du clergé, aumônier du roi, et qui était déjà seigneur et comte de Bosjean depuis 1680. Elle appartint depuis à la famille Fyot de la Marche, pour qui fut érigé en 1730 le marquisat de la Marche, en faveur de Claude Fyot, comte de Bosjean, baron de Mervans et de Montpont..., premier président du parlement de Bourgogne.

L'ancienne baronnie de Mervans, avec quelques fiefs qui en dépendaient *(Le Chapoutot,* nom vulgaire venant de Jacques Chapotot, trésorier de France, qui en était possesseur en 1662 ; — *le Burteau,* fief à M. Colmont de Vaugrenant, puis au marquis de Scorailles ; — *Reure-sur-Florence,* au marquis de Bataille... et *Ronfand* à Devrouze, seigneurie à M. Arnoux, de Louhans ; *Diombe,* etc...) fut dès lors comprise dans ce marquisat, formé des paroisses de Mervans, Devrouze, Villegaudin, St-Martin-en-Bresse et Diconne.

L'ancien château fort de Mervans, entouré, comme le bourg, de larges fossés, s'élevait sur une motte, au lieu appelé encore aujourd'hui « le Châtelet », près de l'église. Cet ancien château, qu'on désignait sous le nom de château de la Motte, fut démantelé après la guerre de Comté, vers le milieu du XVII° siècle, et démoli complètement au commencement du XVIII° ; une petite éminence indique encore son emplacement. Des fouilles qu'on y a opérées en 1852 ont fait découvrir des pans de murs de fondation d'une très grande épaisseur et toutes sortes de débris, des amas de cendres et des vestiges de construction calcinés, divers objets, des lames d'épées et de poignards, des éperons, des clefs, des fers à cheval, des pièces de monnaie et de nombreux ossements.

Miroir (Le). — L'abbaye du Miroir qui, fondée en 1131, avait duré des siècles (1) et fut autrefois très prospère avant les guerres de religion qui la ruinèrent, n'était plus, à la fin de l'ancien régime, qu'un simple prieuré. Elle avait conservé sa justice et ses droits seigneuriaux : Dom Fortuné Bouchard en fut le dernier prieur. Il n'y avait plus alors que quelques moines livrés à des loisirs prolongés, s'occupant encore de percevoir une dîme très amoindrie dans ses produits. Le cellier et la cuisine était restés bien entretenus, mieux, paraît-il, que la vieille bibliothèque et ses poudreux

(1) Voy. pour l'historique de cette abbaye, le 1er volume de l'*Histoire de la Bresse Louhannaise (Temps anciens et moyen âge),* du même auteur, au chapitre : Monastères.

ABBAYE du MIROIR

(1789)

La Dîme

volumes. Le brillant réfectoire « où Momus triomphant présidait avec gloire » fut visité au temps du dernier prieur par son neveu Berchoux, l'auteur de la *Gastronomie*.

Ajouterons-nous que longtemps on parla des dîmes et anciens droits perçus par les moines du Miroir et qu'on y évoque encore une légende sur la *Corne à bouquin* qui ne pouvait être que d'ancienne origine, d'une époque où les moines, au temps de leur grande prospérité, chassaient le chevreuil, faisaient bonne chère et menaient vie joyeuse.

Nous avons reproduit, d'après un dessin qui nous a été communiqué, les bâtiments conventuels de l'abbaye, qui furent aliénés et démolis au moment de la Révolution et dont faisait partie ce qui reste de l'ancienne église, qui était spacieuse mais avait été alors considérablement réduite.

Montagny (Seigneurs de). — A Montagny, village sur une petite éminence du côté gauche de la Seille, plusieurs seigneurs eurent des fiefs dont quelques-uns sont indiqués comme ayant appartenu, au XVIII° siècle, aux de Thoisy et aux de Beaurepaire, et antérieurement aux anciens seigneurs de Montcony.

Montcony (Seigneurs de). — Montcony avec son château aux murs épais, flanqué de quatre tours, avait donné son nom à une ancienne famille citée dans des actes dès le XIII° siècle, ayant fourni au XIV° un bailli au comté de Bourgogne ; et plus tard, au XV° et au XVI°, des chevaliers, un chambellan du duc de Bourgogne, un capitaine châtelain de la châtellenie de Sagy, un gouverneur de Chalon, et nombre de religieux et religieuses aux abbayes de Baume et de Lons-le-Saunier. Un savant voyageur de la première moitié du XVII° siècle, Balthazar de Montconys, né en 1611, décédé à Lyon en 1665, connu par la relation de ses *Voyages* (1) en divers points du monde, compte parmi les derniers de cette famille portant ce nom de Montconys.

Les armes des de Montconys étaient : « de gueules à la fasce d'argent abaissée sur une fasce ondée d'or ».

Leurs terres s'étendaient aussi sur une partie de Saint-Usuges, Simard et Montagny.

(1) Voy. L. Guillemaut, *Histoire de la Bresse Louhannaise*, II, p. 722 ; et le comte de Marsy, *Balthazar de Montconys, analyse de ses voyages*.

CHATEAU DE MONTIGNY

Cette noble et ancienne maison s'éteignit au XVIIe siècle. La seigneurie passa, en 1672, à Antoine Arviset, écuyer, trésorier de France en Bourgogne, pour qui avait déjà été créé le fief d'*Arviset*, à Sagy. En 1697, Philibert Arviset, écuyer, seigneur de Montconys, compta parmi les gentilshommes reçus sur preuves pour les assemblées des États.

La terre et seigneurie de Montcony fut acquise au commencement du XVIIIe siècle, en 1712, par Claude de la Rodde, seigneur de Charnay (à Frangy), de famille originaire d'Auvergne. *Voy.* plus loin, de la Rodde et 7e planche des Armoiries, — et Mareschal de Longeville, 10e planche des Armoiries : le château de Montcony appartient actuellement à un membre de cette dernière famille.

Montessus (De). — *Voy.* plus haut Bernard de Montessus, p. 29.

Montjay (Seigneurs de). — *Voy.* plus haut Gréon (de), p. 101 et 4e planche des Armoiries. Montjay était une annexe de La Chaux et ne fut érigée en paroisse qu'en 1768.

Montpont (Seigneurs de). — Montpont avait appartenu anciennement à des seigneurs de ce nom, les *de Montpont*, dont la noble famille alliée aux de Brancion remontait aux temps carlovingiens et avait son château à peu de distance de l'église, sur les bords de la petite rivière de Sâne-Vive. La seigneurie fut ensuite à d'autres seigneurs parmi lesquels nous retrouvons à la fin du XVe siècle, de même qu'à Louhans, Sainte-Croix et Mervans, Philippe d'Hochberg, prince de Neufchâtel, et après lui son gendre, Louis d'Orléans, marquis de Rothelin.

Les reprises de fief nous font connaître que la seigneurie passa ensuite, par acquisitions successives, à Philibert de Nagu (1530), à Gaspard de Saillant (1540), à François Le Franc (1548), puis à divers autres seigneurs.

Elle appartint plus tard aux vicomtes de Saulx-Tavannes, à messire Jean de Saulx et Catherine Chabot, sa femme (reprise de fief de 1581), puis à Charles de Saulx et à sa veuve, dame Philiberte Daucers, tutrice de ses enfants (1599).

Elle passa de là, à Charles-François de la Baume-Montrevel, de qui elle fut acquise, en 1658, par Jean Fyot, écuyer, conseiller au parlement de Bourgogne, qui la transmit à ses enfants, Philippe-Claude et François Fyot (reprise de fief en 1670). Une reprise de fief de 1702 nous montre encore la baronnie de Montpont et la seigneurie de Montjay (à Ménetreuil) à François Fyot de la Marche, conseiller au Parlement de Paris, né à Dijon en 1669, mort en 1716 : c'était le neveu de cet historien érudit dont nous avons parlé déjà (p. 96), Claude Fyot, abbé commendataire de Saint-Etienne de Dijon, décédé en 1721.

Les seigneuries de Montpont et de Montjay passèrent ensuite à Claude Fyot de la Marche, comte de Bosjean, président à mortier au Parlement de Bourgogne, époux de Madeline de Mucie ; puis, à leur fils, Claude Philibert Fyot, né en 1694, mort en 1768, qui fut comme son père comte de Bosjean, seigneur de La Marche, baron de Mervans et de Montpont et premier président au Parlement de Bourgogne, en faveur duquel avait été érigé en 1736 le marquisat de La Marche. De là elle passa à son fils, Jean Philippe Fyot de La Marche, mort en 1772.

Madeleine-Mélanie Fyot de La Marche, nièce de ce dernier, veuve de Messire Dominique de Barberie, marquis de Courteille, ancien ambassadeur du roi en Suisse, était encore en 1790 baronne de Montpont et comtesse de Bosjean. *Voy.* ce que nous avons dit plus haut (pages 96, 97, 98) de cette famille Fyot de La Marche, qui eut en Bourgogne une grande célébrité. Rappelons que les armes des Fyot étaient : « d'azur au chevron d'or, accompagné de trois losanges de même ».

La baronnie de Montpont comprenait Montpont, Ménetreuil, une partie de Chapelle-Naude et une partie de Chapelle-Thècle (le reste de cette dernière paroisse dépendait du bailliage de Bourg-en-Bresse).

Le fief et château de *Duretal*, formant petite seigneurie en la paroisse de Montpont, avait appartenu longtemps à des seigneurs de ce nom, cités souvent dans les actes du XVI° siècle. A la fin du XVII° (*Voy.* p. 87), les du Croizet en étaient seigneurs et ils conservèrent cette seigneurie jusqu'à la Révolution.

Il y avait encore, dans la même paroisse, la terre et

seigneurie de *Lessot*, appartenant au XVIIIᵉ siècle aux de La Chaise, d'Andelot..., — une autre, avec château, à *Denizot*, — une autre à *Reure*, à la famille Desbois, puis à M. Lorin, en 1780, — le fief de *Granges*, avec maison d'ancienneté aux Rougot, près de l'église, — celui de Lhomond, qui, en 1771, était en partie à Louis Guigot, notaire royal à Chapelle-Thècle... Les seigneurs de ces terres rendaient foi et hommage au principal seigneur, messire Fyot de La Marche, baron de Montpont.

Etaient aussi mouvantes de la baronnie de Montpont les terres et seigneuries indiquées à Ménetreuil, et celles, à Bantange, des *Dallemands*, de la *Buclière*... dont nous avons déjà fait connaître les seigneurs, notamment Mme de Chamillard... etc.

———

Montrêt (Seigneurs de). — La plus grande partie de Montrêt, ainsi que de Juif, Savigny-sur-Seille et aussi Saint-André faisaient partie du marquisat de Branges. *Voy.* Branges.

Un hameau de Montrêt, les *Trigots*, dépendait de l'abbaye de Tournus ; il faisait partie d'une petite seigneurie qu'on appelait seigneurie de l'Aumônier de Tournus.

Un petit fief aux finages du *Bordeau*, de *Pahys* et des *Berthaux* fut longtemps aussi à une autre abbaye, celle de Saint-Pierre de Chalon ; il appartenait, au XVIIIᵉ siècle, à M. de Beuverand, seigneur de la Vernotte. Vers 1780, un seigneur de ce nom, ayant aussi un fief à Juif, s'intitulait seigneur de Juif.

———

Montrevost (De). — La seigneurie de *Petitpont*, appelée depuis *Montrevost*, était, d'après une reprise de fief de 1643, à Lazare-Humbert Perrault, avocat à Autun ; en récompense de sa belle conduite et de son dévouement à la cause royale, noble Humbert Perrault, avocat à la cour, seigneur de Petit-Pont de Montrevost, et l'un des notables habitants de Chalon, avait reçu d'Henry IV l'autorisation de placer dans ses armes les trois annelets d'or qui sont les armoiries de la ville de Chalon. Il appartenait à une ancienne maison de Bretagne dont un des membres, qualifié noble homme et écuyer, sieur de Chanet, était venu au XVᵉ siècle s'établir en Bourgogne. La seigneurie de Montrevost resta à cette

D'après une gravure de 1789.

Le Bon Vieux Temps

famille Perrault, dont les armes étaient « d'azur à la croix patriarchale d'or, élevée sur trois annelets de même, et au 2ᵉ d'azur à trois bandes d'or » (1).

Montbier-en-Bresse avait été le siège de l'ancienne abbaye de ce nom, devenue prieuré de l'ordre de Cluny, dépendant de l'abbaye de Baume-les-Messieurs. Le prieur était resté seigneur de la censive et de la mainmorte et les habitants ployaient encore, au moment de la Révolution, sous le poids de charges féodales de toutes sortes.

La seigneurie de *Dissey*, distincte de celle du prieuré et où avait existé un château au lieu dit *le Colombier*, était alors aux de Montessus, seigneurs de Bellevesvre, Torpes, etc. ; celle d'*Event* était à Godefroy de Villevieille en même temps que *Chêne sec* sur Beauvernois.

Nayme, seigneur de Cuiseaux. — *Voy.* Cuiseaux (p. 80), dont Nayme Etienne, conseiller au Parlement de Bourgogne, fut au moment de la Révolution le dernier seigneur.

Orange (Prince d'), seigneurs de Cuiseaux. — *Voy.* p. 77, Cuiseaux, les de Chalon, princes d'Orange.

Orléans (Louis d'), duc de Longueville, seigneur de Louhans. — *Voy.* Louhans (seigneurs de), pages 115 et suivantes.

Ormes (Seigneurs d'). — La terre d'Ormes, après avoir appartenu au XIIᵉ et au XIIIᵉ siècles aux seigneurs de Cuiseaux, fut au XIVᵉ siècle aux seigneurs de la Serrée, qui étaient de la maison de Cuiseaux, et dont l'un d'eux, meurtrier de son fils, selon une légende du pays que nous avons rapportée dans l'*Histoire de la Bresse Louhannaise* (tome Iᵉʳ, *Temps anciens et Moyen âge*), est représenté par le *Saint de pierre* qui existe encore aujourd'hui à l'église d'Ormes.

La seigneurie fut ensuite, au XVᵉ siècle, aux de Lugny, barons de Branges, maison dont les armes étaient « d'azur

(1) Beaune et d'Arbaumont, *La noblesse aux Etats de Bourgogne*. Dijon, 1864.

à trois quinte feuilles d'or, accompagné de sept billettes de même, trois en chef, une en cœur et trois en pointe » et qui comptait, comme nous l'avons dit, parmi les plus importantes de la région.

De la maison de Lugny la terre d'Ormes passa aux de la Baume Montrevel qui donnèrent aussi des seigneurs à Ratte, St-Germain-du-Bois... etc. (*Voy.* p. 19) ; puis, par alliance, aux de Bauffremont, et par nouvelle alliance aux de Ténarre, famille de haute ancienneté qui tirait son nom du fief de *Ténarre*, sur Baudrières, et qui fournit pendant plusieurs siècles d'illustres personnages dans les armées, les parlements, la religion. Nous avons reproduit (p. 91) la tombe de l'un des plus anciens membres de cette famille, Ponce de Ténarre, qui existe encore à l'église de La Frette, où il fut inhumé en 1302. Les armes de cette famille sont reproduites plus loin (8° planche des Armoiries) avec quelques détails supplémentaires.

Une donation de René de Ténarre, seigneur d'Ormes, fit passer en 1626 la seigneurie d'Ormes à Jacques du Blé, marquis d'Uxelles et de Cormatin, gouverneur de la ville et citadelle de Chalon.

Plusieurs membres de cette famille, Louis Chalon du Blé (1656), Nicolas Chalon du Blé (1670) furent barons de Ténarre, Ormes et Vanoise, en même temps que marquis d'Uxelles et de Cormatin. Les armes des Uxelles étaient celles des Ténarre : « d'azur à trois chevrons d'or ».

Un legs fit passer les terres d'Ormes et de Ténarre des du Blé à la famille de Beringhen, originaire de Clèves (Allemagne), mais fixée depuis un siècle en France où plusieurs de ses membres s'étaient distingués dans les armées du roi.

Henri de Beringhen, qui était aussi, comme ses prédécesseurs, marquis d'Uxelles, baron de Ténarre, seigneur de Cormatin... etc., vendit en 1740 les seigneuries d'Ormes et de Ténarre pour 125.000 livres à François de Truchis, époux de Catherine de Chanteret, seigneur de Terrans, Serville, Varennes, etc., que nous retrouverons plus loin comme seigneur, à l'autre extrémité de la région louhannaise, de ces terres (Lays...) qui passèrent à ses descendants.

François de Truchis fit donation, en 1749, des terres d'Ormes et de Ténarre, à son fils, Henri-Nicolas de Truchis, chevalier, époux de Catherine-Françoise de la Forest. Celui-ci eut, pour le fait de ces terres, de nombreux procès à soutenir, notamment avec la baronne de Saint-Germain-du-Plain, comtesse de Chamillard. Il lui fallut faire de nombreux emprunts dans l'espace de quelques années ; aussi, en 1767, ses biens étaient en décret. Sa fille, Françoise-Thérèse, fut inhumée à Ormes, le 10 janvier 1763, et lui-même le 9 mai 1765, à l'âge de 50 ans. Les archives de Chalon possèdent des pièces très intéressantes sur cette maison qui a fourni plusieurs officiers à l'armée, à l'église un cardinal et un évêque, et qui a possédé de nombreux fiefs dans la région.

Les terres d'Ormes et de Ténarre furent acquises, en 1771, de M. de Truchis de Terrans, pour 292.000 livres, par Jean Gravier de Vergennes, conseiller au parlement de Dijon, président de la chambre des comptes de Bourgogne, qui fut (Voy. ce nom p. 99) ambassadeur en Suisse, puis en Portugal et à Venise et dont le frère fut ministre des affaires étrangères du roi Louis XVI.

Ormes prit dès lors le nom de Vergennes-sur-Saône qu'il conserva jusqu'à la Révolution.

L'ancien château était entre le village d'Ormes et le hameau de Noiry, sur une motte élevée, appelée le Chatelet. Mais, un nouveau château, le château d'Ormes, datant vraisemblablement du XVII° siècle, avait été complètement restauré, orné d'une belle avenue de tilleuls et d'un jardin dessiné au temps du marquis de Vergennes. Nous avons rappelé déjà la fin tragique de ce seigneur qui périt, ainsi que son fils, sur l'échafaud révolutionnaire en 1794 ; et comment la terre d'Ormes notablement réduite passa ensuite, par le mariage d'une de ses filles, au général Champion de Nansouty, comte de l'Empire ; puis, le château fut acquis par la famille de l'Horme et devint ensuite la propriété du vicomte Dulong de Rosnay.

Nous devons ajouter que, dans la même commune d'Ormes, la terre et seigneurie de Noiry qui avait été, à l'époque gallo-romaine, le siège d'une importante villa, ruinée par les invasions des Barbares, avait appartenu au moyen âge à des seigneurs féodaux qui y avaient leur château fort, et ensuite aux de Ténarre. Elle fut acquise, en 1610, par Edme Vadot, bourgeois de Chalon, qui eut aussi, mais pendant peu de temps, la terre d'Ormes, acquise par lui, par décret, sur les de la Baulme, mais il avait été obligé d'en faire rétrocession au profit d'Antoinette de Chastenay, veuve de René de Ténarre, « plus prochaine lignagère ». Edme Vadot était époux d'Abigaïl Mathieu, morte en 1638, veuve de cinq maris, bienfaitrice des pauvres et des églises de Chalon. Aimé Vadot hérita de Noiry, par testament (1640) : il était bourgeois de Lyon. Jean Mathieu, son fils, fut seigneur du fief de Noiry (1656), lequel vint ensuite aux de la Michaudière, possesseurs du fief de ce nom à Savigny-sur-Seille, dont l'un, Bertrand de la Michaudière, praticien à Louhans, puis maire perpétuel de cette ville, avait épousé, en 1609, Aimée, fille de Pierre Vadot. Ce ne fut que vers le milieu du XVIII° siècle que Bénigne, fille d'Henry de la Michaudière, porta la terre de Noiry aux Chartraire, marquis de Bourbonne. Elle passa plus tard, ainsi que la terre de Loisy, à Albert-Paul de Mesme.

Périeux (Du), seigneur de Duretal, à Montpont. — *Voy.* Duretal (seigneurs de).

Pierre-en-Bresse (Seigneurs de). — La seigneurie de Pierre qui, aux XIII° et XIV° siècles, appartenait en partie aux abbés et religieux de Saint-Pierre de Chalon, et en partie aux de Vienne, était passée, pour la plus grande part, dès le commencement du XV° siècle, aux seigneurs de la maison de Bouton, par le mariage de Jeanne de Villers avec Jean Bouton du Fay. Nous avons vu déjà (V. *supra* Bouton, seigneurs du Fay, p. 37) qu'après la mort, en 1485, d'un des plus célèbres de cette famille, Emart Bouton, seigneur du Fay, ancien chambellan des derniers ducs de Bourgogne, resté après l'annexion et les dernières résistances, en possession de ses titres et de ses seigneuries, un de ses fils, Antoine Bouton, époux de Louise de Rochefort, fille de Guillaume de Rochefort, chancelier de France, fut seigneur de Pierre, Grandmont..., etc , tige des Bouton de Pierre, pendant que son frère ainé, Charles, conservait les seigneuries du Fay, Bosjean, Frangy, etc. Antoine et Charles Bouton avaient déjà une partie de la seigneurie d'Authumes, de leur frère, Emart Bouton, époux d'Anne d'Oyselet (petite-fille de Nicolas Rolin, chancelier de Bourgogne, seigneur d'Authumes), qui la lui avait apportée dans sa dot.

Mais, tandis que Charles aliénait, quelques années après, en 1534, sa seigneurie d'Authumes à Philippe Chabot, amiral de France et gouverneur de Bourgogne, Antoine conservait la seigneurie de Pierre et celle de Grandmont (en la même paroisse), acquise par lui en 1499 de Louis Rolin d'Authumes avec d'autres terres dans le vicomté d'Auxonne et la Bresse chalonnaise : ces seigneuries de Pierre, Grandmont et autres lieux restèrent longtemps ainsi à la branche de la famille des Bouton, formée par Antoine.

Adrien Bouton, seul enfant et héritier d'Antoine, fut ensuite, en 1526, seigneur de Pierre et de Grandmont et de Moisenans-sur-Montjay ; de même, Christophe, son fils, époux de Dorothée de Poitiers, fut seigneur après lui, et il arrondit encore le domaine au chef-lieu même de la seigneurie, en acquérant, en 1563, pour 3.000 livres, la portion qui appartenait encore à l'abbé de Saint-Pierre de Chalon (1).

Ces terres passèrent ensuite, en 1623, à Pontus de Thiard, époux de Jeanne Bouton, fille de Christophe et héritière d'un frère mort sans enfants, Adrien Bouton, qui, quelques années après, en 1638, institua pour son héritier son neveu et filleul, Claude de Thiard, fils de Pontus, mort lui-même en 1634.

La seigneurie de Pierre fut dès lors à la famille de Thiard qui compta plusieurs seigneurs de grande renommée (*Voy.* plus loin Thiard et 8° planche des Armoiries). Ce fut, comme nous le verrons au chapitre de cette famille, Claude de Thiard, l'un d'eux, maréchal de camp, vaillant guerrier, qui fit construire à Pierre, en 1680, à la place de l'ancien *chastel* ou *maison forte*, le splendide château actuel que son fils fit orner d'un parc magnifique et de vastes jardins, entourés de fossés en saute loup, dont les murs dépassant

(1) Les clefs qui figurent dans les armes de Pierre sont celles des anciens abbés de Saint-Pierre de Chalon : 3 clefs parallèles sur écu, symbolisant la puissance tant temporelle que spirituelle. Il reste une pierre de la Maison de Charité enclavée dans un mur où ces armes sont sculptées.

VUE DU CHATEAU DE PIERRE EN BOURGOGNE DU COTÉ DES COURS

Appartenant à Monsieur le Marquis DE BISSY Lieutenant général des Armées du Roy, Gouverneur des Ville et Château d'Auxonne. Dessiné et Gravé Par son très humble et très obéissant Serviteur Auvrest, ordinaire très épris de Son Altesse de Bourgogne.

CHÂTEAU DE PIERRE
Vue du côté des jardins

PARC DU CHÂTEAU DE PIERRE
Sur la Terrasse
Dans le lointain, vue du Mont-Blanc

PARC DU CHATEAU DE PIERRE
Le Parc aux daims

PARC DU CHATEAU DE PIERRE
La Salle de danse

peu la hauteur du sol laissent la vue se prolonger dans la plaine.

Le château, que nous reproduisons d'après une ancienne gravure que nous avons trouvée à la Bibliothèque nationale, se compose d'un corps de bâtiment, avec galerie découverte au premier étage, supportée par des arcades au rez-de-chaussée, et deux ailes de retour formant avec le bâtiment principal une première cour carrée ; quatre tourelles avec mâchicoulis portent des dômes terminés en campanille. La première cour est séparée par un large fossé d'une vaste avant-cour, bordée de deux corps de logis terminés par deux pavillons carrés d'une élégante construction et fermée par une grille en fer où l'on remarque le collier de l'ordre du Saint-Esprit. L'intérieur du château, — disait Ragut dans sa *Statistique du département de Saône-et-Loire*, en 1838, — répond à la magnificence de l'extérieur.

Il fut habité par les divers seigneurs de la maison de Thiard, dont, plus loin, nous donnerons l'histoire et dont le dernier du nom fut le général Thiard, député sous la Restauration et la Monarchie de Juillet, mort en 1852, et dont le souvenir est resté vivant dans le Chalonnais et dans la Bresse. Il avait conservé dans le château et le parc, aujourd'hui privé de ses beaux arbres dont certains exotiques et de ses chênes gigantesques, des souvenirs historiques, surtout Napoléoniens, en même temps qu'on voyait, au milieu des charmantes pelouses, des cabanes rustiques, le parc aux daims, la salle de danse champêtre que venaient de temps à autre animer quelques réceptions et des fêtes.

Le château et ce qui reste de la terre de Pierre appartiennent aujourd'hui à la famille d'Estampes dont nous donnons aussi plus loin les armoiries (11ᵉ planche) ; celles des de Thiard sont dans la 8ᵉ planche.

Planois (Le). — Ce village dépendait du comté de Bosjean qui comprenait aussi une partie de Sens, de Frangy, du Tartro...

Pot (Seigneurs de Torpes). — Le nom d'un homme d'Etat célèbre est à citer ici : celui de Philippe Pot, qui, entre autres nombreuses terres et seigneuries (celles de la

Tombeau de Philippe Pot
Grand sénéchal de Bourgogne, m. en 1493
Seigneur de nombreuses terres, ce fut lui qui, comme seigneur
de Torpes au XV° siècle, en affranchit les habitants

Roche, depuis la Rochepot, près de Nolay...), posséda celle de Torpes dont il affranchit les habitants vers le milieu du XVe siècle.

Né en 1428, mort en 1493, il avait été chambellan des deux derniers ducs de Bourgogne, Philippe le Bon et Charles le Téméraire, et employé par eux dans les plus importantes missions. A la mort de Charles, il se rattacha au parti du roi de France et contribua à la réunion de la Bourgogne à la France.

Député de cette province sous la minorité de Charles VIII aux Etats généraux de Tours, en 1484, il y prononça une harangue célèbre sur la souveraineté populaire, dans laquelle il affirmait avec énergie les droits du peuple, dont il mérite ainsi la reconnaissance, car il peut compter comme un des précurseurs de son émancipation et des grandes idées qui, plus tard, en 1789, ont fait les *Droits de l'Homme*.

Son éloquence l'avait fait appeler la *Bouche de Cicéron*. « Il fut, dit un auteur, le chevalier le plus accompli de son temps, il composait des chants et des ballades comme un trouvère et fut l'un des plus brillants conteurs des *Cent Nouvelles nouvelles* ».

Il était à sa mort grand sénéchal de Bourgogne. Il s'était fait construire à Cîteaux un magnifique tombeau qui est aujourd'hui au Louvre. Les armes de ce noble et illustre seigneur étaient « d'or à la fasce d'azur chargé de deux épées d'argent entre-croisées la pointe en bas ».

Puget (Du) de Chardenoux. — De 1714 à 1790, Nicolas du Puget, puis Pierre-Nicolas, puis Claude-François du Puget étaient seigneurs du fief de *Chardenoux*, à Bruailles, avec vieux château, et de *La Vie* et dépendances, fiefs de la suzeraineté de Sainte-Croix, comme la plupart des autres fiefs de Bruailles. Les armes des du Puget de Chardenoux étaient : « bandé d'or et de sable de six pièces ».

Claude-François du Puget de Chardenoux, né à Cuiseaux le 26 juin 1751, mort à Bruailles le 8 octobre 1812, fut conseiller général de Saône-et-Loire et membre du directoire du département de 1790 à 1792, conseiller général de nouveau de 1800 à 1810. Son père, Pierre-Nicolas du Puget, écuyer, seigneur de Chardenoux, avait épousé Marie-Hélène de la Maillanderie. Sa petite-fille, Marie-Françoise-Valentine de Beuverand, épousa, en 1800, René Quirot de Poligny, qui fut maire de Bruailles (1877-1902). *Voy.* plus loin Quirot de Poligny et de Beuverand (9° planche des Armoiries).

Putigny (Le baron). — Dans ces notices consacrées à ceux qui ont porté un nom nobiliaire, quelle qu'en soit l'origine ancienne ou moderne, il y a des noms à ne pas laisser dans l'oubli. Celui de Putigny est du nombre ; il appartient à la noblesse de l'Empire. Il était cité déjà dans un ouvrage, paru en 1818, avec éditions successives, pour glorifier les soldats de la Révolution et de l'Empire, dont le sang fut versé dans de nombreux champs de bataille au service de la Patrie : *les Fastes de la gloire*, par une société d'hommes de lettres et de militaires.

Il s'agit d'un enfant du pays, fils de cultivateurs, Jean-Marie Putigny, né à Saillenard le 9 juin 1774, mort le 5 mai 1849, ancien capitaine, baron de l'Empire.

Les nombreux faits d'armes qui le firent remarquer ont été signalés par différents auteurs et méritent d'être rappelés ici.

Il était entré au service en 1792 comme engagé volontaire, n'ayant pas encore 18 ans, au régiment de Navarre-Infanterie, régiment qui après diverses modifications devint la 10°, puis la 33° demi-brigade et enfin le 33° régiment d'infanterie de ligne.

Putigny fit les campagnes de 1792, 1793, des ans II et III à l'armée du Nord sous Rochambeau, Luckner, Dumouriez, Dampierre, Custine, Pichegru, Huichard et Moreau ; de l'an IV en Vendée avec le général Hoche ; des ans V, VI, VII, VIII en Italie, sous Bonaparte, Masséna, Schérer, Joubert et Championnet. Il servit pendant les ans XI, XII, XIII sur les côtes de l'Océan ; de 1805 à 1809 dans la Grande Armée ; dans celle de Russie en 1812 ; enfin, il combattit dans les champs de la Saxe en 1813, servit au blocus de Luxembourg en 1814 sous les ordres du général Vineux, et en 1815 en France et en Belgique, sous les maréchaux Victor, Davoust et sous l'Empereur. « Après cette simple énumération des campagnes du capitaine Putigny, écrit le docteur Abel Jeandet dans une notice biographique qu'il a consacrée à ce brave soldat, on éprouve le besoin de faire une halte pour se reposer des fatigues inouïes que rappellent ces vingt-quatre années de guerre ». Il faut le suivre pourtant dans les nombreuses batailles ou combats aux quels il a pris part. Que d'actes courageux, en effet, à extraire de ses états de services :

Le premier combat auquel il assista, faisant partie de l'armée du Nord en 1792, eut lieu tout près de Mœulde, où il était sous les ordres directs d'un vaillant officier, le brave Remoissonet qui ne s'aperçut pas qu'il n'avait pas encore vu le feu.

Peu de jours après, il se montra intrépide à l'attaque du village de Remegy qui fut repris sur les Autrichiens par un détachement dont il faisait partie.

A la journée de Jemmapes, le 8 novembre, il fut envoyé en tirailleur et se distingua par son courage et son sang-froid.

En 1793, il se trouvait au siège de Maestricht où, avec quinze de ses camarades commandés par le sergent Saint-Georges, il contribua à repousser la cavalerie hollandaise qui fut obligée de rentrer dans la place.

Un mois après, dans le bois de Vicogne, près Valenciennes, il fut au nombre des tirailleurs qui, ayant par leurs démonstrations, attiré une colonne anglaise sous une batterie masquée et la voyant foudroyée et en désordre, profitèrent de cette confusion pour foncer dans ses rangs, achever sa déroute et la poursuivre jusque dans ses retranchements.

Lors de la prise de Furnes, dans la campagne pour la conquête de la Belgique, en 1794, il franchit sur un madrier les fossés de la ville et pénétra des premiers dans la place, où l'ennemi assailli dans les rues et poussé la baïonnette aux reins fut contraint de se rendre à discrétion. Peu de jours après cet assaut, Putigny fut nommé caporal au choix de ses camarades.

Dans le mois de juin de la même année, il fut compté parmi les vingt guerriers déterminés qui, sur un pont dont l'approche n'était défendue par aucun ouvrage de fortification, arrêtèrent pendant plus de deux heures un corps de cinq mille Hessois, attendirent d'être débordés et tournés pour effectuer leur retraite, firent une trouée et se frayèrent un passage sur les cadavres des assaillants.

En 1795, le bataillon dans lequel servait Putigny fut envoyé contre les Chouans, et sur le théâtre de nos discordes civiles il trouva plus d'une d'une fois l'occasion de faire briller sa valeur.

Putigny qui avait de la bonne volonté, du courage, de la bravoure plus que l'instruction nécessaire pour acquérir les grades et exercer le commandement, ne fut nommé sergent que le 8 août 1799 après plus de sept années de services. Deux ans après, le 3 juillet 1801, il obtint les galons de sergent-major.

A la bataille d'Austerlitz, le 2 décembre 1805, il était porte-aigle de son bataillon ; il parvint par son courage à sauver le drapeau qui lui était confié. La conduite distinguée qu'il eut dans cette occasion lui valut la croix de la Légion d'honneur et le fit nommer sous-lieutenant au choix des officiers.

En 1806 et 1807 il était de la grande armée qui fit la campagne de Prusse.

A la bataille d'Eylau, contre les Russes, le 8 février 1807, il reçut cinq blessures mais demeura à son rang.

En 1809, il faisait partie de l'armée contre l'Autriche. Le 23 avril, devant Ratisbonne, il déploya la plus rare intrépidité pendant le combat dans lequel Napoléon lui-même fut atteint au pied d'une balle morte. Il monta l'un des premiers à l'assaut de la place et fit de tels prodiges de valeur que Napoléon qui avait été témoin de ses actes de bravoure lui donna le même jour le grade de lieutenant et le titre de baron de l'Empire avec une dotation de quatre mille francs.

Il fut nommé capitaine le 22 juin 1811. Il prit part en 1812 à l'expédition de Russie et en supporta les désastres avec énergie. Il combattit dans la Saxe en 1813. En 1814, il fut bloqué dans les remparts du Luxembourg.

A la paix, il fut maintenu en activité et reçut sous la première Restauration l'ordre du Lys.

Il fit, en 1815, dans le corps de Vandamme la dernière campagne de Belgique pendant laquelle il assista à la prise de Charleroy, de Fleurus et de Wâvres.

A la bataille de Ligny-sous-Fleurus, il fut blessé grièvement et fut proposé le jour même pour la croix d'officier.

La chute de l'Empire, après Waterloo, empêcha cette récompense de lui être accordée ; il ne l'obtint qu'après la Révolution de Juillet, le 25 novembre 1831.

Le baron de Putigny, tout couvert d'honorables blessures qu'il avait reçues dans plus de soixante batailles, combats et affaires d'avant-postes, avait subi le licenciement de l'armée de la Loire et n'avait pu obtenir, en 1816, d'être compris dans la réorganisation des légions départementales. Il avait été admis à la retraite, conformément à l'ordonnance du 1ᵉʳ août 1815.

Il habita d'abord Mâcon, puis Cuisery où il se maria et enfin Tournus. C'est dans cette dernière ville qu'il est mort le 5 mai 1849, à l'âge de 75 ans.

Bien intéressants et curieux auraient été certainement, s'il avait pu les écrire, les souvenirs ou mémoires de ce vieux grognard, fils de paysan, devenu baron de l'Empire. Mais il était de ceux à qui manquait l'instruction première. Nous le revoyons comme un de ces grenadiers qu'a représentés Raffet. Un épisode de sa vie rapporte, dans l'ouvrage que nous avons cité plus haut, qu'à la bataille d'Eylau, une balle lui brisa sa pipe dans la poche de son carrick, et que, détournée par cet obstacle, elle ne put lui perforer la poitrine. D'autres épisodes ne manqueraient pas, et il a dû en raconter maintes fois d'un caractère essentiellement populaire, dans la longue carrière qu'il lui restait à parcourir. Tout cela restera dans l'oubli. Le baron Putigny mania le fusil et le sabre et non la plume. Son instruction était celle de ces barons féodaux qui se faisaient gloire de ne pouvoir écrire et signer qu'avec le pommeau de leur épée.

Quarré, seigneurs de Loisy, Châteaurenaud... (XVᵉ siècle). — Un seigneur du nom de Quarré, d'ancienne famille bourguignonne, Philibert Quarré, avait été acquéreur, vers le milieu du XVᵉ siècle, d'une partie de la baronnie de Loisy qui appartenait aux demoiselles Claude et Renée de Loisy, épouses des seigneurs de Thil et de Saint-Martin. Mais on a vu (seigneurs de Loisy, p. 113) que, dès 1573, un bourgeois de Beaune, Jean Massol, avait été acquéreur de la terre et seigneurie de Loisy, par décret

Armoiries de Nobles de la Bresse Louhannaise

Quarré, seigneur de Juigy (XV° siècle) et de Châteaurenaud...

échiqueté d'argent et d'azur, au chef d'or chargé d'un lion léopardé de sable, armé et lampassé de gueules.

De Renouard de Fleury, marquis de Sainte-Croix (XVII° siècle).

d'argent, au chevron de gueules, chargé d'un écusson d'argent à une quintefeuille de gueules, au chef d'azur chargé de trois étoiles d'or.

De la Rodde, seigneur et comte de Montcony (XVIII° siècle).

d'azur, à une roue d'or, au chef d'argent chargé de trois chevrons de gueules posés en fasce.

De Saint-Mauris-Montbarrey, comte de Savigny en Revermont, Le Py... etc. (XVII° et XVIII° siècles).

de gueules à la croix fleuronnée d'orfèvre, au chef cousu d'azur chargé d'une aigle éployée d'or.

De Saumaise, seigneur de Boisette, à Saint Germain du Bois (XVIII° siècle).

d'azur au chevron ondé d'or accompagné de trois glands de même.

De Scorailles, marquis, seigneur de Saint Germain du Bois, Roby, Sacchuffier (La Balme) (XVII° et XVIII° siècles).

d'azur à trois bandes d'or.

Pl. 7°.

sur Philibert Quarré. On a vu aussi quelle fut la suite des seigneurs de Loisy (*ibid.*)

Nous nous bornons à dire ici, d'après une *Notice historique sur la maison Quarré*, parue dans l'*Annuaire de la Noblesse* de Borel d'Hauterive, en 1855, que la famille Quarré, d'ancienne noblesse de Bourgogne, qui a donné les barons et comtes d'Aligny et aussi des nobles, avec les noms de Châteaurenaud, de Quintin, de Fretigny, de Jully, de Bonnay, de Verneuil... etc., a constamment habité le Charollais, l'Autunois et le Dijonnais et s'est distinguée dans la robe, l'épée et les lettres.

Un des premiers ancêtres connus, Jean Quarré, écuyer, avait été échanson de Jean Sans Peur, fils du duc de Bourgogne, et plus tard duc lui-même ; il avait été fait prisonnier avec lui à Nicopolis, en 1396. Il fut anobli, en 1412, par lettres patentes de chevalerie. Les armoiries que nous donnons portent : « échiqueté d'argent et d'azur, au chef d'or, chargé d'un lion léopardé de sable, armé et lampassé de gueules » ; la devise : *quadrati æquales undique recti*.

Les différentes branches de cette famille, dont plusieurs éteintes aujourd'hui, ont fourni des magistrats au parlement de Bourgogne, de nombreux officiers aux armées du roi, des baillis d'épée, des prieurs... etc.

D'après la notice que nous avons citée, Jean Quarré, à qui le duc de Bourgogne, peu de temps après l'anoblissement, avait fait le don d'un petit fief à Argilly (avec motte et château délabré) dans le bailliage de Nuits, avait épousé Guillemette de Château-Regnault, sœur de Jean de Château-Regnault, chevalier. C'est ainsi que le nom de Château-Regnault fut adjoint au nom de membres d'une branche de la famille Quarré.

Le fils de Jean Quarré, Pierre Quarré, chevalier, est dénommé, toujours d'après la notice, seigneur de Château-Regnault : il épousa en premières noces Jeanne de Thésut ; et en secondes noces, Jeanne d'Aligny, fille de Jean d'Aligny, qui lui apporta en dot la terre de ce nom d'Aligny.

De son premier mariage, il avait eu Pierre Quarré, dénommé aussi seigneur de Châteaurenaud, né en 1417, marié à Jeanne de Simonny, dont le fils Pierre Quarré porta, lui aussi, le nom de Châteaurenaud, et laissa un fils mort sans postérité.

Les Quarré, devenus barons, puis comtes d'Aligny, à la suite du mariage que nous avons indiqué ci-dessus, portèrent, d'après la même notice, — et aussi plusieurs autres membres de la famille Quarré, — les titres de seigneurs de Châteaurenaud et de Loisy..., dont pourtant les terres étaient depuis longtemps passées à d'autres maîtres. C'est peut-être le cas de rappeler ici le vieil adage féodal, qu' « ils en portaient le nom, mais n'en mangeaient pas les chapons », c'est-à-dire prenaient ou portaient le nom de la terre, mais sans jouir de son revenu.

Signalons encore ici que la branche des Quarré, seigneurs de Quintin et de Charette, dans le Louhannais, s'est éteinte en la personne de Louis Quarré, seigneur de Quintin et de Charette, procureur général au parlement de Bourgogne, en 1764 ; — et qu'une autre branche de la famille, la branche des Quarré de Cerveault, La Palus, Monnay... forma aussi un autre rameau, celui des Quarré de Verneuil qui fournit, au XVIIe et XVIIIe siècles, plusieurs avocats au parlement, conseillers du roi, maires perpétuels de Charolles..., et pendant la Révolution des émigrés à l'armée des Princes. Sous la Restauration l'un d'eux fut maire de Paray et souche d'une famille nombreuse. *Voy.* plus loin Quarré de Verneuil, Armoiries, 12e pl.

Quirot de Poligny. — Voy. *supra* Du Puget de Chardenoux, p. 168 et plus loin, avec la 11e planche des Armoiries, Beuverand (De), en raison du mariage de M. Nicolas-René Quirot de Poligny avec Mlle Françoise-Valentine de Beuverand, le 7 août 1860. M. René Quirot de Poligny qui demeurait au château de la Berchère (Côte-d'Or), capitaine de mobiles de la Côte-d'Or, chevalier de la Légion d'honneur, fut, à la mort de son beau-père, maire de Bruailles de 1877 à 1902. Il était né à Nuits (Côte-d'Or) en 1836, fils de Nicolas-Louis Quirot de Poligny et de Pauline Virely. Lui-même décédé en 1903, laissa plusieurs enfants.

Les Quirot de Poligny sont d'origine dijonnaise, de famille ayant donné des gens de robe et de finances. Mention est faite, dans le *Mercure dijonnais* annoté par Dumay, de Nicolas Quirot de Poligny, né le 21 janvier 1752 de Nicolas Quirot de Selongey, conseiller maître en la Cour des Comptes et de Françoise-Nicole Dufay, reçu conseiller au Parlement le 20 mars 1776, mort à Dijon le 22 février 1809.

Église de Rancy

Racineuse (Seigneurs de la). — La seigneurie de La Racineuse était au commandeur de Bellecroix ; la justice se rendait à Verdun par emprunt de territoire. Le fief de *Vaugrenand* où était autrefois « une fort maison appelée la motte de Valgrenans, près de Marvans » (*1374, Registre des fiefs*) après avoir été autrefois aux seigneurs de Verdun (XII° siècle), plus tard aux Baillet (XVI° siècle), était passée aux Colmont, au XVIII° siècle ; — *Fléa*, seigneurie avec justice était aux Chiquet : Bénigne Chiquet, écuyer, puis sa veuve, Claudine Jomard, puis Jean-Chrysostome Chiquet (XVIII° siècle) ; — le fief des *Cours*, aux de Green de Saint-Marsault, fut ensuite aux de Scorailles.

On reconnut pendant longtemps au sud de la Racineuse les ruines d'un ancien château-fort.

Rancy (Seigneurs de). — *Voy.* page 33, de Berbis, et plus loin de Thoisy, les seigneurs de ce nom ayant été, au XVII° siècle, seigneurs de Rancy. Ce lieu assez important autrefois, au temps des seigneurs de Vienne et de Sainte-Croix, avait été dévasté dans les guerres. La petite église de Rancy, très ancienne, a dû être la chapelle d'un château dont on retrouve tout près les vestiges des fondations. Au bas de Rancy, au lieu dit « *les Ressangles* », a dû exister aussi, selon la tradition, un château dont les fondations enfouies indiquent d'épaisses murailles.

Raquet (Du) de Montjay. — La famille Du Raquet de Montjay était originaire de Saluces. Elle a fourni un gentilhomme verrier à la Vieille Loge, en 1630, et sa noblesse a été reconnue par arrêt du parlement de Dôle en 1698. Ses armes étaient : « d'azur au croissant d'or, accompagné de trois serres d'aigle du même ». Mlle Du Raquet de Montjay, peu de temps avant la Révolution, épousa le comte du Breuil de Sacconay. (*Voy.* ce nom et 11° planche des Armoiries), famille fixée depuis à Saint-Amour.

Ratte (Seigneurs de). — A Ratte, un château sur une motte appartenait aux de la Baume-Montrevel, seigneurs du lieu (XVI° siècle), alliés aux de Ténarre. *Voy.* Baume-Montrevel (de la), *supra* p. 19. Dès le XIV° siècle il y avait

Tombe de Jacques de Raté, chevalier, (1328), dans l'église de l'abbaye du Miroir, chapelle S.te Catherine.
(Bibl. N.le fonds français, vol. 8226, n: 243, f.o 286 verso).

ou des seigneurs de Ratte. Une tombe de Jacobus de Rate, décédé en 1328, était à l'abbaye du Miroir ; nous la reproduisons d'après un manuscrit de la Bibliothèque nationale.

Renouard de Fleury, marquis de Sainte-Croix. — Claude-François de Renouard de Fleury, comte de Villayer, prit le titre de marquis de Sainte-Croix après l'acquisition qu'il fit de cette seigneurie, en 1759, du comte d'Iverny, en faveur duquel la terre de Sainte-Croix, jusqu'alors baronnie, acquise par lui des de Batz d'Artagnan (*Voy.* ce nom), avait été érigée en marquisat en 1739. C'est le comte d'Iverny qui, alors, en 1740, avait fait reconstruire ou restaurer le château, « château à la moderne, dit Courtépée, où on avait conservé une tour antique ».

Les Renouard, dont les armes étaient « d'argent au chevron de gueules, chargé d'un écusson d'argent à une quintefeuille de gueules, au chef d'azur, chargé de trois étoiles d'or », étaient d'ancienne famille noble établie en Bretagne. Claude-François de Renouard de Fleury, né à Paris le 26 septembre 1693, chevalier, ayant suivi d'abord la carrière des armes comme capitaine au régiment de Nice, était fils d'un conseiller au parlement de Paris, grand bailli d'épée à Dreux et petit-fils d'un trésorier général de l'extraordinaire des guerres. Il était lui-même, lorsqu'il acheta la terre et seigneurie de Sainte-Croix, grand-maître des eaux et forêts de France pour la Bourgogne, la Comté et l'Alsace. Il avait épousé en secondes noces, en 1738, la vicomtesse de Boisherpin, Madeleine-Périne Pépin, fille unique de Pierre Pépin, vicomte de Boisherpin, capitaine des vaisseaux du roi, et avait obtenu quelque temps après (1749) l'érection en comté, sous le nom de Villayer, de plusieurs terres situées en Franche-Comté « en considération des services de ses aïeux et pour rétablir le titre d'honneur qui était dans sa maison, depuis 1655 que la terre de Villayer en Bretagne avait été érigée en comté pour Jean-Jacques de Renouard de Villayer, doyen des conseillers d'Etat et l'un de ses ancêtres, cette terre ayant depuis été vendue » (1). Lorsqu'il eut acheté, en 1759, le marquisat de Sainte-Croix, il fit preuve, pour entrer aux Etats de

(1) Arch. Chalon GG,7.

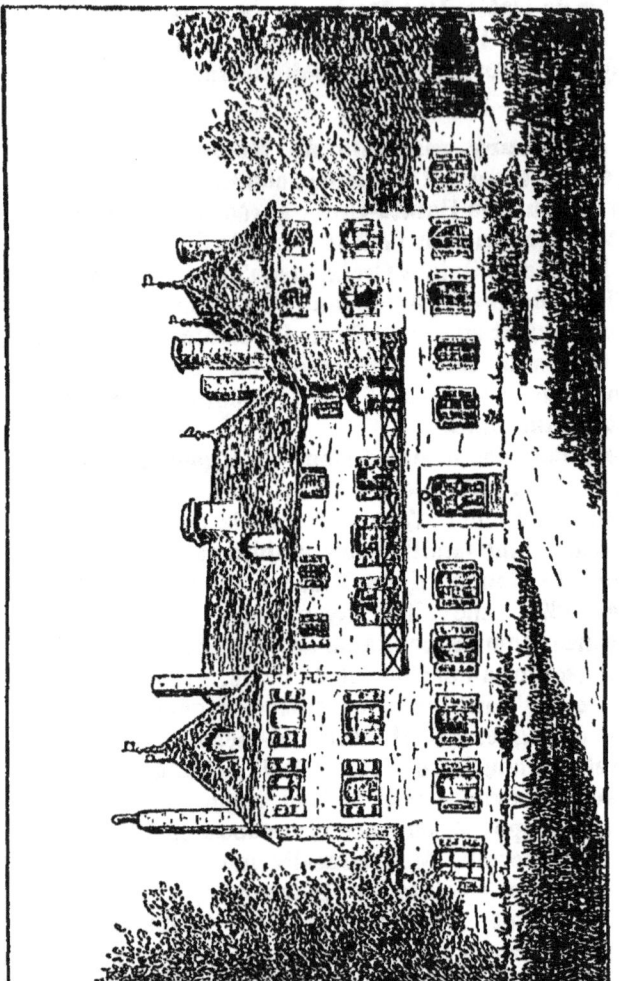

Château de Sainte-Croix

Bourgogne de 1760, des quatre degrés de noblesse exigés.

Il eut quatre enfants d'un premier mariage, puis cinq autres de sa seconde femme, Madeleine Pépin. C'est à l'aîné des enfants du second lit, Philibert-Louis-Maurice de Renouard de Fleury, comte de Villayer, qu'appartint après lui la terre et seigneurie de Sainte-Croix (reprise de fief de 1776).

Celui-ci, capitaine de dragons, prit, comme son père, le titre de marquis de Sainte-Croix. Nous trouvons toutefois dans Courtépée (1780, tome V de sa *Description du duché de Bourgogne*) cette note concernant la terre de Sainte-Croix : « aujourd'hui aux héritiers de M. de Fleury, ancien grand-maître ; ce n'est plus qu'un fief, après avoir été en toute souveraineté en baronnie, en marquisat ».

Philibert-Louis-Maurice de Renouard Fleury, dénommé comme nous venons de le dire marquis de Sainte-Croix, avait épousé Charlotte-Joseph d'Agay, fille de l'intendant de Picardie (1). L'aîné des enfants, Carloman-Louis-François-Félix, marquis de Renouard de Sainte-Croix, né à Besançon en 1767 et mort à Paris en 1840, a laissé un nom et un ouvrage qui méritent de ne pas tomber dans l'oubli. Il avait embrassé la carrière militaire, mais la Révolution lui fit quitter la France où il rentra à l'époque du Consulat. Il fut alors chargé de diverses missions scientifiques et publia son « *Voyage commercial et politique* aux Indes orientales, aux îles Philippines, à la Chine, avec des notions sur la Cochinchine et le Tonkin, pendant les années 1803 à 1807 » (3 vol. in-8°, Paris, 1810).

Il avait pour frères Charles-Henry-Casimir Renouard et Ferdinand-François-Marie Renouard, ainsi dénommés dans l'acte de décès du père, le 12 fructidor an XI, à Sainte-Croix. Une signature *Ferdinand de Sainte-Croix* figure au bas de l'acte.

D'après l'*Annuaire de la noblesse* de 1903, un des fils de Carloman était Louis-Marie-Philibert-Edgard-Paul-Marie-Albert de Renouard, qui prit aussi le titre de marquis de Sainte-Croix. « Il était né en 1814 ; il fut officier de cavalerie, préfet, receveur général des Finances et mourut à Nancy en 1893 ; il avait épousé la fille du duc de Rovigo dont il eut plusieurs enfants : l'aîné, Henri, porta ensuite le

(1) *Annuaire de la Noblesse*, par Borel d'Hauterive, 1903.

titre de marquis de Sainte-Croix, ainsi que son frère cadet, Louis-François-Roger de Renouard, né à Paris en 1846, général de brigade en 1903 ».

Le dernier membre de la famille du nom de Renouard, ayant habité le château de Sainte-Croix où il était né et où il est mort, est Renouard Joseph-Paul-Marie-Albert, marquis de Sainte-Croix, né à Sainte-Croix le 16 août 1819, fils de Armand-Louis-François-Eugène Renouard, maire de Sainte-Croix, et d'Alexandrine-Marie-Caroline Eon de Cély, et qui après avoir habité Pothières (arr' de Châtillon-sur-Seine, Côte-d'Or), est décédé à Sainte-Croix le 3 juin 1883, veuf de Mathilde Vaillant de Savoisy, décédée elle-même à Paris.

Il eut deux filles : l'aînée, Jeanne, mariée au marquis Legouz de Saint-Seine, propriétaire à Saint-Seine (Côte-d'Or), la seconde, Elisabeth-Marie-Thérèse, mariée le 6 décembre 1871 au vicomte Albert de Mazenod et décédée à Cannes le 11 novembre 1876, à l'âge de 27 ans.

Mathilde de Mazenod, leur fille, est l'épouse de Marie-Jean-Louis de Varax, avec lequel elle demeure actuellement au château de Sainte-Croix.

Rodde (De la), seigneurs et comtes de Montcony. — La terre et seigneurie de Montcony (*Voy.* supra p. 152), qui avait appartenu avec le château aux seigneurs de ce nom de Montcony depuis le XIII° siècle (et peut-être même antérieurement) jusqu'au XVII° siècle était passée ensuite aux Arviset (*Voy.* ce nom p. 14) ; puis, au XVIII° siècle, par acquisition, au comte de la Rodde, seigneur de Charnay, officier dans les armées du roi où il commandait le régiment de Fontanges. Son père, lieutenant-colonel du régiment de Listenois, avait été déjà seigneur de Charnay et de Condes, par son mariage, en 1641, avec Charlotte Du Châtel.

Cette famille de la Rodde était originaire d'Auvergne, reconnaissant pour auteur Bertrand, seigneur du château de la Rodde en Gévaudan, au XIII° siècle ; les armes étaient « d'azur à une roue d'or au chef d'argent, chargé de trois chevrons de gueules, posés en fasce ; » *alias* « d'azur à une roue d'or, surmontée d'une fasce vivrée de trois pointes de même », avec devise : *audaces fortuna juvat.*

Le comte Claude de la Rodde (1) mourut en 1734 ; il était en 1721 au rang des nobles reçus pour les assemblées des Etats de Bourgogne.

Son fils aîné, Charles-Louis de la Rodde, chevalier, baron de Montconis, seigneur de Charnay, Bellefond et de Villargeault..., appelé aussi comte de la Rodde, fut capitaine au régiment de Souvré-infanterie et épousa en 1737, Nicole-Etiennette de Ganay, morte au château de Montcony, le 6 juillet 1773, fille d'Etienne, comte de Ganay, chevalier, seigneur de Bellefond et de Villargeault, mestre de camp le cavalerie, descendant en ligne directe d'un frère de Jean de Ganay, chancelier, garde des sceaux de France et premier président du Parlement de Paris, sous Louis XII, et de Marie-Anne de Truchis. Des cinq enfants, issus de ce mariage, quatre filles furent chanoinesses ; le fils, Marie-Etienne-Charles-Louis, comte de la Rodde, né le 25 mars 1745, capitaine au régiment de Chartres, a épousé en 1774, au château d'Allanche, en Auvergne, Marie-Charlotte-Rose de la Garde de Chambonas, de laquelle il eut Marie-Charlotte-Françoise, née au château de Montcony le 12 décembre 1775.

M. de la Rodde émigra au moment de la Révolution. Son père, Charles-Louis de la Rodde, très âgé, fut pendant quelque temps incarcéré à Louhans comme père d'émigré : il mourut le 26 fructidor an II.

Plus tard, une des demoiselles de la Rodde fut mariée à Joseph-Gabriel-Désiré Mareschal de Longeville, de noblesse de robe du comté de Bourgogne, l'aïeul ayant été conseiller au parlement de Besançon. Ce fut, vers le milieu du XIX° siècle, que, du dernier comte de la Rodde, les terres et le château de Montcony passèrent aux de Longeville. *Voy.* plus loin : Mareschal de Longeville, 10° planche des Armoiries.

Rolin, seigneur d'Authumes. — *Voy.* plus loin et 10° planche des Armoiries.

(1) Une des filles fut mariée à François, comte de Scorailles, mort en 1789, et les autres furent chanoinesses.

Rupt (De), seigneur de Louhans, en partie, au XVᵉ siècle. — Dans les titres de la Chambre des Comptes de Dijon, on voit qu'un seigneur de ce nom, dont l'origine est de Franche-Comté (Haute-Saône), Jean de Rupt était en 1476 seigneur de la moitié de la terre et seigneurie de Louhans. Il se qualifiait seigneur de Rupt, d'Autricour et de Vauvry, chevalier, et avait encore, entre autres nombreuses seigneuries au bailliage de Chalon, celles de Fretterans, Charette, Terrans, Longbois, Navilly... et d'autres encore à Simard, à Saint-Usuges, Varennes-sur-Seille, Vauvry, La Vicheresse « laquelle souloit mouvoir en fief de la seigneurie de Louhans, mais qu'il tint ensuite en fief directement du Roi par le traité qu'il fit avec le marquis de Rothelin auquel il fit transfert de ce qu'il avait audit lieu de Louhans, alors que le marquis lui quitta ledit fief et le remit directement au Roi sous son bon plaisir ». A la mort de Charles le Téméraire, il avait pris parti pour Marie de Bourgogne; aussi, par lettres patentes datées d'Arras du 16 septembre 1477, le Roi avait confisqué les biens de Jean de Rupt et les avait donnés au seigneur de Myolans, sénéchal de Valentinois. L'arrêt de confiscation qui suivit, prononcé par le juge du bailliage de Chalon, porte comme biens confisqués une partie de la terre de Neublans, celle de Goux au comté de Bourgogne..., la grande maison du seigneur de Rupt à Chalon, la Colombière près Sainte-Croix et portion de la seigneurie de Louhans. Il dut reprendre ensuite possession de ses terres, une fois sa soumission faite, car on voit une « reprise de fief du 24 mai 1486, faite entre les mains de Jean d'Amboise, lieutenant général en Bourgogne et de Philippe Pot, sénéchal de Bourgogne, par Jean de Rupt, chevalier, seigneur dudit lieu... et de la moitié de la terre et seigneurie de Louhans. Selon Courtépée, ce serait Jean de Rupt qui aurait fait réédifier, vers 1492, la chapelle Notre-Dame de l'église de Louhans, qui tombait en ruine.

Cette famille avait encore, au XVIᵉ siècle, plusieurs fiefs dans la région. Jean de Rupt, chevalier, conseiller au parlement de Dôle, en 1532, fut inhumé dans l'église de Simard, en 1551.

Des ruines d'un castel sur motte existèrent longtemps aux Petiots des Granges (de Rupt), hameau de Saint-Usuges.

Sagy (Seigneurs et Châtelains de). — Les Bouton, seigneurs du Fay, donnèrent au XV° siècle plusieurs châtelains à la châtellenie de Sagy. La terre et seigneurie avait été aliénée en 1548 à Jean de Lugny, seigneurs de Branges, St-Trivier etc... et fit retour au roi en 1561. Plus tard, il y eut, comme dans les autres châtellenies, comme à Cuisery, des seigneurs engagistes : Roger de Bellegarde fut châtelain en 1596 ; quelques années après, Guy Blondeau, grand maître des eaux et forêts en Bourgogne. Pendant tout le XVII° siècle, la châtellenie de Sagy fut entre les mains des seigneurs et dames de Louhans, princes et princesses du sang, comtesse de Soissons, etc. A partir de 1711, elle fut à l'acquéreur de la seigneurie de Louhans, messire François Guyet, marquis de Bantanges, puis à Madame de Chamillard, sa fille, à un neveu et héritier de celle-ci, Gagne de Perrigny, et enfin au dernier seigneur de Louhans, M. Legouz.

Le château et le donjon de Sagy étaient depuis longtemps en ruines. « Les tours de Sagy étaient fameuses, dit Courtépée ; on avait profité de leurs ruines pour paver en partie le grand chemin de Louhans à Cuisery »

A Sagy, d'autres fiefs appartenaient à divers seigneurs : Antoine Arviset, écuyer, conseiller du roi, trésorier général de Bourgogne et Bresse, avait en 1670, en qualité de mari de demoiselle Renée-Ursule Jehannin, « le fief du meix Genevoix, dit *du Verger*, au village de Servignat, paroisse de Sagy ». Le fief d'*Arviset* fut érigé en faveur du même par lettres patentes de 1672. Les armes de cette famille, originaire de Dijon, anoblie au XVI° siècle, étaient : d'azur au chevron d'or accompagné en chef de deux lames d'argent et en pointe d'une étoile d'or.

Au XVI° siècle, la seigneurie de *La Forêt* et *Novillars* était aux Bouton du Fay, puis à Louis de Jouffroy, écuyer, époux de Louise de Brancion.

Nous retrouvons encore dans les reprises de fiefs, *la Bernoux*, « la ville Bernoux, 1473 » ; — *Anjoux* « en joux » (*in jugis*, cartulaire de St-Vincent de Mâcon, 814) ; — reprise du fief de *Saudon*, en la paroisse de Sagy du 2 juin 1749, par Théodore Durand...

Saillenard (Seigneurs de). — Saillenard était au nombre des fiefs possédés par les de Beaurepaire, que l'on trouve, dans nombre d'actes et pendant plusieurs siècles, qualifiés seigneurs de Beaurepaire, Saillenard... etc. Certains titres tendraient à prouver qu'il y eut aussi à Saillenard une autre seigneurie dite de *Montroge*, dont le nom est resté à un champ voisin de la maison commune actuelle : l'allée conduisant au cimetière est l'emplacement même des fossés d'un ancien château. Dans les registres des reprises de fiefs on trouve, en 1619 et 1624, la reprise de fief et dénombrement de la terre et seigneurie de Saillenard par Joachin de la Tour.

Saint-André (Seigneurs de). — La seigneurie de Saint-André, après avoir appartenu aux antiques familles de Cluny (XIVᵉ siècle), de Brancion (XVIᵉ siècle), de Ténarre (XVII et XVIIIᵉ siècles) était passée ensuite aux de la Michaudière et au marquis de Bourbonne. (*Voy.* ces noms). Certains fiefs, Thien, Montangelin... étaient alors du marquisat de Branges.

Saint-Bonnet-en-Bresse (Seigneurs de). — La seigneurie de Saint-Bonnet-en-Bresse appartenait au XIVᵉ siècle à Marquet de Saubiez, écuyer prévot et receveur de Montmorot (1372) ; il avait aussi celle de la Faye, près de Saint-Germain-du-Bois et d'autres encore. En 1479, le roi avait fait don à Jean de Saubiez de Frontenay et du tabellionage de Sagy et de Louhans, pour en jouir lui et son fils aîné survivant.

Dans la seconde moitié du XVIIIᵉ siècle et jusqu'à la Révolution nous voyons la seigneurie et justice de Saint-Bonnet à Philibert-Bernard Gagne de Perrigny, seigneur de Louhans et de nombreux autres lieux, puis à Bénigne Legoux et Louis Barnabé de Baudéon, comte de Parabère, ses gendres.

Messire François Esmonin, chevalier, ancien président à mortier au parlement de Besançon, était alors seigneur d'Alloise et du Petit Tapperey.

Sainte-Croix (Seigneurs de). — Nous n'avons pas à revenir sur cette seigneurie de Sainte-Croix et la suite déjà

Le Mousquetaire d'Artagnan
Seigneur de Sainte-Croix
(XVIIe siècle)

SAINTE-CROIX. — L'ÉGLISE

SAINTE-CROIX, vue actuelle à l'arrivée du côté de Louhans, dessin de M. Cordier

Plage seigneurial

Fours banaux

connue de ses seigneurs : les d'Antigny de la maison de Vienne, ancienne et célèbre dans toute la région, dès le XIII° siècle et même artérieurement ; les d'Hochberg, princes de Neufchâtel qui la possédèrent au XV° ; les princes et princesses d'Orléans, Longueville, de Bourbon-Condé qui la conservèrent du commencement du XVI° jusqu'en 1626 ; les de Champlecy, dont une des héritières la porta par mariage, en 1659, au fameux mousquetaire d'Artagnan : Nous avons vu que sa veuve mourut au château de Sainte-Croix, en 1683 et fut inhumée en l'église dans un caveau de la chapelle Notre-Dame de Pitié ; et que ce fut son fils qui affranchit les habitants de l'obligation où ils étaient de cuire leurs pains dans les fours banaux du seigneur. *Voy.* De Batz d'Artagnan, p. 19.

Le comte d'Iverny en fut acquéreur et pour lui elle fut érigée en marquisat en 1739 ; puis les Renouard de Fleury, nouveaux acquéreurs en 1759. *Voy.* ces noms et la Notice sur Sainte-Croix que nous avons fait tout récemment paraître à l'imprimerie Romand. Nous avons reproduit quelques gravures : le château de Sainte-Croix construit en 1739 par le comte d'Iverny sur les ruines de l'ancien château féodal, la vieille église qui contient des tombes classées monument historique, des dessins de M. Cordier donnant une vue générale...

Saint-Etienne-en-Bresse (Seigneurs de). — La terre de Saint-Etienne-en-Bresse, avant d'appartenir aux comtes de Saint-Vincent, était en 1644 à René de Montconis, qui vendit ce qu'il en possédait (les trois quarts de la seigneurie) à Théophile de la Menue, écuyer, d'où elle passa aux Damas de Sassangy et enfin aux de Châtenay. M. de Châtenay la vendit, en 1759, à Madame de Chamillard, de qui elle passa à M. de Perrigny.

Il y avait eu autrefois à St-Etienne, le château Gaillard et la citadelle de Corberan, entourée d'un fossé et d'une demi-lune.

Saint-Germain-du-Bois (Seigneurs de). — Saint-Germain-du-Bois était indiqué déjà dans une reconnaissance féodale du commencement du XIII° siècle, par laquelle Jean, comte de Bourgogne et sire de Salins,

HOTEL DU LION D'OR A SAINT-GERMAIN-DU-BOIS.
(Ancien hôtel du marquis de Seurailles.)

rendait hommage au duc de Bourgogne, pour La Marche, Lessard, Saint-Germain et Montjay.

Courtépée cite un acte de 1253, où Guillaume de Mailly reprend de fief la *ville et maison forte* de Saint-Germain. Le château était au nord du bourg, au lieu dit les *Fossés*. La grande mare est un reste de ses fossés.

Geoffroy de Froloy était seigneur en 1320 ; puis son gendre, Geoffroy de Berzé, le dernier de l'ancienne maison de Berzé en Mâconnais.

La seigneurie fut ensuite aux de Beaufremont, aux de la Baulme, aux Damas, aux Bataille en partie, puis au duc de Foix, duquel l'acheta M. de Scorailles, vers 1670. Nous parlerons plus loin de cette famille qui fit ériger le marquisat de Scorailles avec Bouhans, St-Germain-du-Bois et une partie de Serley et fut longtemps possesseur de ces terres. Une reprise de fief de 1785 montre que les terres de Saint-Germain-du-Bois et de la Chanée étaient passées alors à Henri Bernard de Royer de Saint-Micault, ancien officier de dragons.

Le fief de *La Faye* à St-Germain-du-Bois a été possédé, après les seigneurs de ce nom, par les Grozon, les Mercier, Guyet, marquis de Bantanges, et les de Scorailles. Il passa, en 1770, à Mouchet de Battefort, marquis de l'Aubespin, seigneur d'Arinthod, officier de marine, par son mariage avec Charlotte-Elisabeth de Scorailles. Le fief était assez important et de toutes justices ; il y avait au château de la Faye les tenues des jours et les montres des justiciables, au nombre de 172. On voit encore, comme restes assez bien conservés de ce château, à M. de l'Aubespin, une tour à murs très épais, à la base de laquelle une chambre paraissant avoir servi de prison, avec porte et énormes verroux.

A *Layer*, autre fief avec château. En 1503, le seigneur se prétendait de franc-alleu. La seigneurie était, à la fin du XVIIe siècle et au commencement du XVIIIe, à Gabriel de Chapon, puis à ses héritiers. Elle passa ensuite aux de Scorailles. Layer était arrière-fief de Louhans, et sa justice relevait de celle de Louhans par appel.

Saint-Martin-du-Mont (Seigneurs de). — Saint-Martin-du-Mont, qui se rattachait à Sagy par son voisinage et aussi comme membre de sa châtellenie, avait compté autrefois parmi ses seigneurs les Bouton du Fay et d'autres membres de cette famille. Il y avait quelques fiefs isolés. Un des plus importants, Mons et La Tournelle, à Théode Bouton en 1576, était à la fin du XVII⁰ siècle et pendant le XVIII⁰ aux de Mailly, seigneurs de Châteaurenaud, Seugny, Mons et la Tournelle : le château de cette seigneurie de St-Martin était à la Tournelle ; un autre château avait existé aussi, au village, sur la hauteur dominant la Vallière.

Saint-Mauris (De). — La famille de Saint-Mauris, de noblesse franc-comtoise, était depuis le XVI⁰ siècle divisée en deux branches, la branche de Montbarrey et celle d'Augerans. Un des ancêtres de cette famille, Jean de Saint-Mauris, mort en 1555, avait été ambassadeur d'Espagne en France et président du conseil privé.

Nous avons indiqué comment la seigneurie de Bosjean était passée de l'ancienne famille des Bouton du Fay à celle de Saint-Mauris-Montbarrey, avec toutes les seigneuries du Fay, Fraugy, Beauvoir, Sens, La Faye, etc... par le mariage, en 1603, de Dorothée Bouton, dernière héritière de ce nom (*Voy.* seigneurs de Bosjean, p. 25, et Bouton, p. 37 et suivantes) avec Alexandre de Saint-Mauris, seigneur de Montbarrey. La seigneurie de Bosjean fut érigée en comté, en 1634, en faveur de leur fils, Eléonor de Saint-Mauris, gentilhomme de la maison du roi, mari de Claudine-Hélène de la Chambre. *Voy.* plus loin, Savigny-en-Revermont (seigneurs de). Elle fut ensuite à leur fils, Claude-Jacques de Saint-Mauris de Montbarrey, époux de Charlotte Watteville, de noble famille de Comté.

Ces seigneuries restèrent dès lors aux de Saint-Mauris de Montbarrey qui devinrent également comtes de Savigny-en-Revermont, comme héritiers des de la Chambre et d'Amoncourt, barons de Branges, Savigny-en-Revermont et Beaurepaire en partie.

Claude-Charles-Philippe de Saint-Mauris de Montbarrey, fils et héritier du précédent seigneur, cornette de la compagnie des fusiliers du roi à cheval, était, avant 1680, comte de Savigny, baron du Fay et d'autres lieux, pendant que son frère Jean-Paul-Philippe de Saint-Mauris était comte de Bosjean. Nous avons vu que ce dernier aliéna sa propriété ; et que, en 1680, Bosjean était de nouveau érigé en comté en faveur des Fyot qui ajoutaient à leur nom celui de La Marche.

La veuve de Claude-Charles-Philippe de Saint-Mauris de Montbarrey, Anne-Elisabeth de Saint-Mauris, fut au commencement du XVIII° siècle, comtesse de Savigny et baronne du Fay. De cette époque (1712) date un bail de la terre et seigneurie du Fay, passé par ladite dame au prix annuel de 1450 livres et 6 chapons gras et du comté de Savigny au prix de 4000 livres par an. De 1713 date un arrêt du parlement de Dijon déclarant que « la terre et comté de Savigny-en-Revermont est lieu de main-morte » et maintenant ladite dame « au droit de la main-morte sauf aux habitants de se prévaloir des titres particuliers et aisances contraires qu'ils peuvent avoir », (arch. dép., E, 518-540).

Son fils, Claude-François-Eléonor de Saint-Mauris, chevalier, lieutenant général des armées du roi, comte de Montbarrey, fut aussi comte de Savigny et eut lui-même comme héritier, en 1750, Alexandre-Marie-Eléonor de Saint-Mauris, qui fut le plus illustre de la famille : d'abord colonel dans le régiment des grenadiers royaux de France, il fut ensuite maréchal de camp des armées du roi, inspecteur général de l'infanterie française et étrangère, colonel des Cent suisses de son altesse royale, le comte de Provence, puis ministre de la guerre et secrétaire d'Etat au département de la guerre, grand d'Espagne de première classe et eut le titre de prince de Montbarrey.

Il est intéressant de rappeler quel fut, aux approches de la Révolution, le rôle des principaux membres de cette famille, l'ancien ministre, prince de Montbarrey, comte de Savigny-en-Revermont et son fils, le prince de St-Mauris, colonel du régiment de Monsieur et grand bailli de Besançon.

Ils faisaient partie de la noblesse de Franche-Comté, où ils avaient la plus grande partie de leurs propriétés ; et, dans les assemblées de cet ordre, ils s'étaient fait remarquer, comme leur ami, M. de Mailly, marquis de Châteaurenaud, par des idées plus libérales que celles de la plupart de leurs collègues et cherchaient à réagir contre les prétentions excessives de leur caste. Loin de s'effrayer des idées nouvelles, ils n'hésitaient pas à leur donner leur appui, et à se prononcer pour l'abolition des privilèges. Le prince de Saint-Mauris échoua toutefois dans les élections qui eurent lieu pour les Etats généraux, mais cette petite victoire fut la seule qu'obtint en Franche-Comté le parti de la résistance. M. de Mailly avait eu plus de succès et avait été désigné comme député suppléant. C'est à lui que le prince de Montbarrey n'ayant pu assister à l'assemblée du bailliage de Lons-le-Saunier pour la partie du comté de Savigny, ressortissant de ce bailliage, avait donné sa procuration. Nous avons en notre possession la lettre qu'il lui écrivit à cet effet et sa procuration scellée de ses armes pour concourir à l'élection des députés de son Ordre et lui donnant pleins pouvoirs « pour proposer, remontrer, aviser et consentir tout ce qui peut concerner les besoins de l'Etat, la réforme des abus, le sacrifice du privilège d'exemption de sa qualité de noble, l'égalité de la répartition de l'impôt, la périodicité des Etats généraux et de ceux de la Province, et que nul impôt ne pourra être perçu s'il n'a eu la sanction de la nation assemblée en Etats généraux, la liberté individuelle des personnes et la nécessité de remettre entre les mains des juges naturels toute personne que le bon ordre ou la sûreté de l'Etat aura contraint de faire arrêter sous les formes légales, l'établissement d'un ordre fixe et durable dans toutes les parties de l'administration, la prospérité générale du Royaume et le bien de tous et de chacun des sujets de Sa Majesté... » Il est vrai que quelques années auparavant, en 1786, le même seigneur avait assigné, malgré leur protestation, les habitants de Savigny pour obtenir d'eux le paiement d'un vieux droit féodal, le droit d'*indire* ou *aide aux quatre cas*, à l'occasion de sa promotion au grade de Chevalier du Saint-Esprit et pour le mariage de sa fille avec le prince de Nassau. Mais, depuis et rapidement, les temps avaient marché et le prince de Montbarrey acceptait maintenant quelques-unes des revendications populaires.

Ajoutons que les princes de Montbarrey, quand ils sentirent perdue la cause du roi, émigrèrent et allèrent à l'armée de Coblentz, où ils reçurent, du reste, assez mauvais accueil du prince de Condé qui n'avait pas oublié leur rôle au début de la Révolution. Aussi, le fils, prince de

Saint-Mauris ne tarda pas à rentrer en France où plus tard il devait être envoyé à l'échafaud révolutionnaire comme complice d'une conspiration contre Robespierre. Son père, le prince de Montbarrey, mourut en Suisse, en 1796.

Les de Saint-Mauris avaient de fières devises : « Preux et loyal », — « Antique, fier et sans tache », et encore « De la mort je me ris ». Les armes étaient « de gueules à la croix fleuronnée d'argent, au chef cousu d'azur, chargée d'une aigle éployée d'or ». L'aigle d'or que cette famille porte dans ses armes lui avait été concédée en 1621, par l'Empereur Ferdinand II, en mémoire de la bravoure déployée à la bataille de Prague par un de ses membres, Jean-Baptiste, chevalier de Malte, frère d'Eléonor de Saint-Maurice, seigneur du Fay et de Bosjean.

Nous avons dit que plusieurs branches ont existé dans la noble maison de Saint-Mauris. La branche d'Augerans reçue à Saint-Georges en 1682 et 1715 était représentée en 1815 par Alexis-Claude Yoland, comte de Saint-Mauris d'Augerans, et alliée aux Froissard de Broissia, de Saint-Martin..., etc.

Celle des marquis de Saint-Mauris, barons de Chatenois, a été appelée à la pairie le 5 novembre 1827, dans la personne de Charles-Emmanuel, marquis de Saint-Mauris, maréchal de camp.

Une famille connue sous le nom de Saint-Mauris Falletans, éteinte aujourd'hui, a été rattachée aux branches précédentes par quelques généalogistes.

Le *Nobiliaire de Franche-Comté* donne aussi des St-Mauris d'Orgelet qui auraient eu de nombreuses alliances, même quelques-unes citées avec les Saint-Mauris Montbarrey.

A la branche éteinte de ces derniers se seraient rattachés aussi des rameaux et l'on a vu réapparaître le nom des Saint-Mauris de Montbarrey.

Le château du Bouchat à Varennes-Saint-Sauveur était possédé, récemment encore, par un membre de cette noble famille de Saint-Mauris.

Saint-Seine (Le Goux de). — Cette famille tire ce nom de Saint-Seine-sur-Vingeanne (Côte-d'Or). *Voy.* plus haut Goux (Le) p. 106.

Saint-Usuges (Seigneurs de). — A Saint-Usuges, dont plusieurs fiefs dépendaient de Louhans, l'ancien castel, près de l'église, avait été cédé au curé par les dames de Nemours pour le presbytère, avec un petit terrier qui lui donnait droit de pêche. La paroisse était des plus étendues et Montcony en dépendait. Il y avait dans l'église une chapelle de Montconis fondée au XII° siècle, par les seigneurs de ce nom, avec deux chapelains, dont les revenus ont été donnés, plus tard, pour doter l'église de Montconis, démembrée de celle de St-Usuges, vers 1710, comme Vincelles l'avait déjà été longtemps auparavant (1455). — *Baran*, « le *meix*, la *ville* de Barans » (XIV° siècle, registre des fiefs), des seigneurs de Sainte-Croix était passé aux Bouton, seigneurs du Fay, avec tous les droits de guet, garde, justice haute, moyenne et basse, etc... — *Champrongeroux* (Charangeroux) figure dans les registres du XIII° et du XIV° siècles, avec sa « fort maison »,{comme arrière-fief du « chasteal de Louhans », au seigneur de Tholongeon. Aux XV° et XVI° siècles, la seigneurie de Charangeroux était aux seigneurs de la branche de Bouton Chamilly, comme les Bouton du Fay, hauts et puissants seigneurs, vaillants chevaliers ; elle fut aussi quelque temps aux seigneurs de Montconis : un seigneur de Charangeroux, frère du seigneur de Montconis, se fit remarquer à la défense de Saint-Gengoux, contre les protestants, pendant les guerres de religion ; au XVII° siècle, la seigneurie était aux princesses d'Orléans et de Nemours, dames de la baronnie de Louhans, qui la joignirent à la justice de leur bailliage. — Les de Rupt, alliés aux de Vienne, étaient, aux XV° et au XVI° siècles, sires de *Vauvry* et de la *Vicheresse*, comme aussi de Saint-Germain-du-Plain, de Fretterans et d'Antigny-la-Ville, au bailliage de Beaune ; ils avaient, près de l'étang de la Vicheresse et de son moulin, *aux Granges*, un castel sur une motte ; cette seigneurie revint ensuite aux seigneurs de Louhans. — Le fief de *La Trémaillère* était passé aux seigneurs de Scorailles. — Il y eut encore à St-Usuges, au XVII° siècle, des seigneurs du nom de Catherine, écuyers, qualifiés de « bonne noblesse de robe », portant : d'azur à trois roues garnies de rasoirs d'or ; cette famille, originaire de Saint-Jean-de-Losne, a fourni des officiers au bailliage de cette ville et des conseillers au parlement de Dijon.

Saint-Vincent-en-Bresse (Seigneurs de). — Les de Chatenay furent au XVIIe siècle et au XVIIIe siècle seigneurs de Saint-Vincent, barons, puis comtes. Ils conservèrent cette terre pendant deux siècles. Joachim de Chatenay était, en 1582, gentilhomme ordinaire de la Chambre du roi, commissaire ordinaire des guerres en Bourgogne ; il fut, en 1589, pendant les guerres de religion, gouverneur de la ville de Chalon sous les ordres du duc de Mayenne. Cette maison des seigneurs de St-Vincent fut alliée aux de Ténarre : Aimée-Catherine de Ténarre fut dame, baronne, puis comtesse de Saint-Vincent, la baronnie ayant été érigée en comté en 1660. Charles de Chatenay fut ensuite comte de Saint-Vincent, baron de Baudrières, seigneur de Saint-Etienne, titres portés encore par d'autres seigneurs de ce nom. Les armes des de Chatenay étaient « d'argent au coq de sinople crêté, barbé, armé et couronné de gueules, accompagné de trois roses de même, deux en chef et une en pointe ».

Marie-Jeanne-Charlotte de Chatenay porta, vers 1780, la terre de Saint-Vincent au comte de la Teyssonnière, dont le fils, Charles-Henri-François, fut le dernier seigneur.

Salins-Vincelles (De). — *Voy.* Vincelles (seigneurs de).

Saumaise (De), seigneurs de Balôsle. — *Voy.* Frangy, p. 90. La seigneurie appartint au XVIe siècle aux de La Chambre, au XVIIe aux Fyot, puis aux de La Rodde, — puis à Gabriel de Montet (1699), — puis à François de Saint-Belin qui la vendit en 1718 à Claude de Saumaise (de cette ancienne famille de Bourgogne qu'avait illustrée un des représentants les plus éminents de l'érudition française) : cette seigneurie changea souvent de maître ou se dissémina entre divers seigneurs, les de Brancion-Visargent, les Fyot, les de Scorailles...

Savigny-en-Revermont (Seigneurs de). — La seigneurie de Savigny-en-Revermont avait appartenu, jusqu'à la fin du XIVe siècle, à des seigneurs de la maison de Sainte-Croix qui avaient contribué à donner de l'importance au bourg de Savigny, en obtenant du duc la création d'un marché le mercredi et de deux foires par an. La suite des seigneurs est obscure. Savigny, du reste, avait plusieurs fiefs. Un des membres de la famille Bouton, riche déjà de nombreux biens et qui devait bientôt avoir tant de belles seigneuries dans la région, était venu s'établir à Savigny, lieu prospère, sur la hauteur, dans une belle situation « habité par des Nobles et par de bons Bourgeois » (Courtépée). Sa demeure, au voisinage de la seigneurie du Fay, amena son alliance avec Marguerite, fille unique du seigneur de ce lieu. Possesseur de plusieurs fiefs, il n'avait pas toutefois la baronnie de Savigny, dont nous voyons le titre porté successivement par Guillaume de Luyrieux, « seigneur de la Cueille et de Savigny-en-Revermont », qui, en 1440, plaida devant le parlement pour astreindre les habitants de Savigny à contribuer aux réparations de son château. — François Maréchal, seigneur de Meximieux et de Savigny-en-Revermont (1496) ; — Charles de La Chambre, époux d'Isabelle de Meximieux, seigneur de Meximieux, La Cueille et Savigny (1534) ; — Philibert de La Chambre, baron de Savigny-en-Revermont, Branges et Beaurepaire en partie... (1540) ; — Jean de La Chambre, fils du précédent, comme lui baron de Savigny et de Branges, et gentilhomme ordinaire de la chambre du roi ; ce fut en sa faveur que la terre de Savigny fut érigée en comté, en 1596. — René d'Amoncourt, en 1618, fut comte de Savigny-en-Revermont et baron de Branges, par sa femme Pierrette-Esmonde de La Chambre, qui en avait hérité de Jean de La Chambre.

En 1623, la terre et comté de Savigny-en-Revermont fut saisie par décret, sur René d'Amoncourt et adjugée moyennant 50.200 livres à Lazare de Villeret, seigneur de Varennes et Frontenard. Mais, plus tard, un arrêt du Conseil d'Etat annula toute vente par décret de la terre de Savigny, arrêt rendu en faveur du seigneur Claude-Jacques de Saint-Mauris, comte de Bosjean, baron du Fay, acceptant comme héritier de sa mère, Claudine-Hélène de La Chambre, la succession de Philippe d'Amoncourt, à laquelle avait renoncé Philiberte d'Amoncourt, fille de Philippe, veuve d'Antoine de Barillon, seigneur de Morangis.

Claude-Charles-Philippe de St-Mauris de Montbarrey, fils et héritier du précédent, comte de Savigny-en-Revermont, Le Fay et autres places, obtint en 1682 des lettres patentes en vertu desquelles quatre foires furent établies à Savigny pour être tenues le 26 avril, le 15 juin, le 27 septembre et le 28 décembre de chaque année.

Les procès avaient jeté le trouble et la discorde dans la famille. On voit, en effet, qu'un arrêt de 1692, du parlement de Besançon, interdit l'accès de la terre de Savigny à Jean-Paul-Philippe de Saint-Mauris qui avait proféré des menaces de mort contre le comte de Montbarrey, son frère consanguin. L'accord se fit toutefois et des lettres de surséance furent signées par Louis XIV, pour empêcher les poursuites.

Le fils du précédent, Claude-François-Eléonor de Saint-Mauris, chevalier, lieutenant général des armées du roi, comte de Montbarrey, fut aussi comte de Savigny et eut lui-même comme héritier, en 1750, Alexandre-Marie-Eléonor de Saint-Mauris, qui fut le plus illustre de la famille. *Voy.* ce nom p. 194.

Le château que posséda la famille de Saint-Mauris-Montbarey à Savigny, et qui tombait en ruines, a été démoli pendant la Révolution. A peine en reste-t-il quelques vestiges un peu au-dessous de l'église, dans un emplacement appellé *Viczville* ou *le Vieux Savigny*.

Savigny-sur-Seille (Seigneurs de). — La plus grande partie de Savigny-sur-Seille était comprise dans le marquisat de Branges. Les hameaux du *Thiellay* et de *La Michaudière* avaient des seigneurs particuliers et ne relevaient de Branges que pour les appels de justice, les montres d'armes et autrefois le guet et le charguet.

Le Thiellay fut pendant plus de cent ans aux de La Curne, *Voy.* ce nom, p. 109. La seigneurie passa au XVIII° siècle au marquis de Bourbonne.

La Michaudière, avant d'appartenir au marquis de Bourbonne, était le fief d'une famille de ce nom de La Michaudière, originaire de Bourgogne et vraisemblablement de Louhans même, anoblie à la fin du XVII° siècle. Plusieurs de la Michaudière, *Voy.* ce nom, p. 127, tinrent au XVIII° siècle un rang considérable dans la magistrature, à Paris. Un des derniers du nom mourut sans postérité dans l'émigration.

Scorailles (Marquis de), seigneurs de Bouhans, La Balme, Saubertier, Saint-Germain-du-Bois, Serley,

L'Ile-en-Bresse, partie de Montjay... et autres lieux.
— *Voy.* Bouhans, p. 36, dont la terre et seigneurie avait été acquise, vers 1650, par Jourdain de Scorailles, d'Henri-Anne Pot, baron d'Aubigny, qui avait aussi les fiefs de La Barre, Diombe, Devrouze, etc. Le fils de Jourdain, François de Scorailles, alors écuyer, y joignit la seigneurie de La Balme par son mariage, en 1658, avec Jeanne-Claude de la Balme, dame de Saubertier, fille de Louis de la Balme de la Forêt.

La famille de Scorailles était originaire de la haute Auvergne, de noblesse remontant aux croisades, et ayant fourni un grand nombre d'évêques, d'abbés, de chevaliers des ordres, de lieutenants généraux, de sénéchaux de province et des officiers en si grand nombre qu'on en compta, sous Louis XIV, cinquante-deux sous les drapeaux. Une des branches de cette famille s'était établie en Bourgogne dès le XVIe siècle et était alliée à plusieurs familles nobles de cette province. Les de Scorailles, de la branche fixée avec Jourdain et François de Scorailles dans la Bresse Chalonnaise, donnèrent, eux aussi, de remarquables officiers. François de Scorailles avait été capitaine dans le régiment de Bourgogne. Son fils, François-Philippe de Scorailles, d'abord baron de Bouhans, fut colonel d'un régiment de dragons. Ce fut en sa faveur que la terre de La Balme (1) fut érigée en marquisat par lettres patentes de 1713 ; il mourut en 1724. Les dépendances du marquisat de Scorailles, appelé encore d'Escorail (*Mercure dijonnais*, p. 73), étaient alors Bouhans, St-Germain-du-Bois, La Balme et le grand Balosle.

Etienne-Marie de Scorailles, son fils, fut celui de cette branche qui eut le plus de renommée : il fut maréchal des camps et armées (1748), et sous-lieutenant des chevau-légers de la garde du roi, élu de la noblesse de Bourgogne en 1754. Son fils, Charles-Joseph de Scorailles, chevalier et, comme lui, marquis de Scorailles, seigneur de Bouhans, La Balme, Saubertier, St-Germain-du-Bois, Serley, L'Ile-en-Bresse, partie de Montjay... et autres lieux (parmi lesquels Layer, Condes, Balosle, La Trémaillère, Panissière...), adopta à défaut d'héritier mâle, son gendre, Jean-Joseph de Scorailles de la branche Lallo et le substitua à ses titres.

(1) Le fief de *Saubertier* avait été nommé *la Balme* en 1710, du nom de sa mère.

Ces seigneurs firent souvent leur résidence du château de Bouhans, bâti par l'aïeul, à La Balme, avec une chapelle sous le vocable de saint Louis, encore existante au XIXe siècle, mais retirée du culte. Le château fut démoli en 1818 par l'acquéreur.

La Balme fut longtemps réputée par sa foire qui durait huit jours, tenue au hameau de ce nom dans un vaste enclos ombragé d'arbres. Ses jeux, ses danses, ses cuisines en plein air attirent encore, le 26 août de chaque année, la population des communes voisines. Elle avait été établie par lettres patentes du roi, en 1645, à la requête de Louis de La Balme, seigneur du lieu « pour estre dorénavant tenue le lendemain de notre feste Sainct-Louis et le jour suivant, en ce bon et fertil pays où abondent quantité de marchands forains pour y traficquer estant mesme sur le passage de diverses provinces... faire le débit de leurs marchandises et denrées qui se recueillent au dit lieu... etc ». La foire de La Balme a trouvé, en 1809, un poète bressan pour la célébrer, C. Ménelon, avec dédicace à M. de Scorailles, le dernier châtelain propriétaire de ce nom au château de La Balme. Nous avons publié déjà cette poésie dans la *Bresse Louhannaise* (août 1902), et en partie dans les *Mois de l'année, en Bresse*.

Sens (Seigneurs de). — *Voy.* de Brancion, seigneurs de Visargent, p. 44.

Serley (Seigneurs de). — Une partie de Serley, était comprise dans la seigneurie de La Balme, autrefois seigneurie de Saubertier, à Bouhans, *voy.* Bouhans (seigneurs de). Cette seigneurie passa par mariage, vers le milieu du XVIIe siècle, aux de Scorailles, *voy.* ce nom p. 203.

D'autres fiefs, à Serley, appartenaient à divers seigneurs : *Forêt*, aux de la Marche ; *La Charmotte*, à M. de Montrevel, comme seigneur de Lessard, et à M. Esmonin, de Dampierre... 1780.

Serrigny-en-Bresse (Seigneurs de). — La terre de Serrigny-en-Bresse, paroisse démembrée de celle de Saint-Martin-en-Bresse en 1685, appartenait au commencement du XVIIIe siècle aux Thomas de la Valette qui l'avaient acquise des de Fussey, famille qui la possédait depuis plus de 300 ans. Elle fut englobée en 1736 avec la baronnie de Mervans dans le marquisat de la Marche.

Simandre (Seigneurs de). — Les de Lugny étaient aux XVe et au XVIe siècles seigneurs d'Ormes et de Simandre... etc. Une partie de la paroisse de Simandre resta de la justice d'Ormes ; une autre partie avec le clocher était de la châtellenie de Cuisery. *La Vanoise*, qu'on appelait encore *Cour Potet*, à cause de Jean Potet, seigneur en 1638, dont l'intendant Guyet avait épousé la fille, appartint ensuite à l'héritier de Mme de Chamillard, M. de Perrigny. *Tressoire* était au seigneur de Loisy.

A la Serrée, qui était de la paroisse d'Ormes, mais de la communauté de Simandre, sur une butte entourée de trois fossés, dans un lieu appelé le *Donjon*, l'ancien château des seigneurs de la Serrée, possesseurs au XIVe siècle de la terre d'Ormes, n'offrait depuis longtemps que des vestiges. La seigneurie de la Serrée appartint dans la suite à diverses familles; parmi lesquelles celles des de Lugny, de Ténarre, de la Palud, de Busseroles, de Drée, de Brancion, de Ganay, de Foix-Candolle, de Sennecey..., et les seigneurs engagistes de la châtellenie de Cuisery, dont le dernier fut le duc de Biron (1783).

Simard (Seigneurs de). — Simard avait eu plusieurs châteaux. Celui de *Bessandrey*, fief mouvant de Mervans, fut longtemps à des seigneurs de ce nom. Plusieurs seigneurs de Bessandrey furent inhumés en l'église de Simard ; leur château qui était en ruines fut détruit en 1785. Les de Rupt, sires du Vauvry, eurent longtemps aussi des fiefs à Simard ; Jean de Rupt, chevalier, conseiller au parlement de Dôle en 1532, fut inhumé dans l'église de Simard en 1551.

Les seigneuries de *Simard* et de *Bessandrey* appartinrent, dès le milieu du XVIIe siècle, aux de Thésut. Les de Thésut formaient une branche d'une ancienne famille noble de Bourgogne ; leurs armes étaient « d'or à la bande de gueules, chargée de trois sautoirs d'or ».

Une dame de Thésut de Simard, bienfaitrice de l'église de Simard et de l'hôpital de Louhans, épousa Philibert-

Bernard Gagne de Perigny, président à mortier au parlement de Bourgogne. La seigneurie de Simard passa de là à Antoine-Jean Gagne, chevalier, comte de Perrigny, qui fut, comme nous l'avons vu plus haut, l'héritier de la comtesse de Chamillard, dame de Louhans.

Cette seigneurie comportait une justice de Simard, Bessandrey, Quain et dépendances, dont le juge et le procureur d'office étaient nommés par le seigneur (*Arch. dép.*, B, 521. Procès-verbaux d'installation par Gagne de Perrigny, tenue de jours, etc).

Sornay (Seigneurs de). — Le comte de Louhans était seigneur de Sornay ; mais il y avait encore, à Sornay, diverses autres seigneuries : ainsi, la terre et seigneurie de *Grannod* qui, au commencement du XVIIe siècle, était à Claude Vitte, bourgeois de Louhans, acquéreur de Jean Godefroy, conseiller ; plus tard à Bertrand David ; puis, en 1685, à noble François Guerret de Grannod. Les Guerret de Grannod restèrent tout le XVIIIe siècle possesseurs de ce fief (*Voy.* plus loin Guerret de Grannod, et 11e planche des armoiries), où ils avaient fait bâtir un petit château que possède actuellement M. Paccaut, conservateur des hypothèques à Louhans.

Tartre (Seigneurs du). — La seigneurie du Tartre avait appartenu dès le XIVe siècle, peut-être même antérieurement, à des seigneurs portant le nom du lieu, dont plusieurs furent chevaliers de Saint-Georges. Guy du Tartre fut, en 1361, le 22e abbé de l'Abbaye du Miroir. Guillaume du Tartre était, en 1622, gentilhomme de la maison du roi d'Espagne et commissaire général de la gendarmerie de Bourgogne (c'est-à-dire intendant général des milices levées en Franche-Comté (comté de Bourgogne) pour le service de cette province, alors espagnole). Son fils, Jean-Charles du Tartre, fut d'abord page au palais de Bruxelles et était destiné à remplacer son père dans ses fonctions ; époux, puis veuf de Catherine de Salins, baronne de Vincelles, près Louhans (1), il épousa ensuite en secondes noces, en 1632, Anne-Antoinette de Laubespin, dame de Chilly (le Vigno-

---

(1) A. Rousset, *Dictionnaire géographique, historique et statistique des communes de la Franche-Comté.* Besançon, 6 vol. 1854. In art. Chilly-le-Vignoble.

ble). Claude-Antoine du Tartre, né de ce mariage, devint baron de Chilly après la mort de sa mère ; il épousa, en 1658, Françoise de Salives, chanoinesse d'Epinal, dont il eut Antoine-Joseph du Tartre, seigneur de Chilly, Larnaud..., etc., lequel se maria, en 1697, avec Antoinette de Froissard-Broissia. Claude-Charles du Tartre, né de cette union, fut après son mariage premier gentilhomme de la chambre du duc Léopold de Lorraine, grand bailli de Saint-Mihiel et colonel d'infanterie au service de la France. Sa fille unique (ou plutôt la seule qui lui resta, les autres étant mortes en jeune âge) Antoinette-Yolande-Marie-Désirée du Tartre, dernière du nom, épousa le marquis Claude-Antoine de Champagne, capitaine au régiment d'Artois, dont le fils fut au nombre des émigrés en 1790 et eut la plupart de ses biens vendus comme biens nationaux.

Mais la terre du Tartre était, ainsi que nous l'avons dit déjà, passée dès la fin du XVII° siècle à une autre famille, aux Bernard de Saint-Aubin, puis aux Bernard de Sassenay (*Voy.* ce nom, p. 30) à qui elle appartenait encore au moment de la Révolution, avec le château situé sur une motte élevée, entouré de murs et de fossés et qui, tombant déjà de vétusté, fut démoli peu après. La motte en recèle encore les vestiges.

Situé sur les confins du duché et du comté de Bourgogne, Le Tartre faisait partie, depuis le Moyen âge, d'un fief dépendant du duché. La *roie de Bourgogne* qui le séparait du comté est à peu près, en cet endroit, la limite actuelle des départements du Jura et de Saône-et-Loire.

Ténarre (De), seigneurs d'Ormes, La Frette, Saint-André... — Ténarre, fief important sur Baudrières, baronnie de haute ancienneté, avait donné son nom à la noble famille des de Ténarre qui eut encore plusieurs autres seigneurs dans la région, et qui pendant plusieurs siècles, de 1272 à 1735, fournit d'illustres personnages, guerriers, religieux, magistrats, membres des conseils du roi, ministres, ambassadeurs, élus de la noblesse aux Etats généraux. Un des plus anciens membres de cette famille, Ponce de Ténarre, fut inhumé en 1312, dans l'église de La Frette, où l'on peut voir encore son épitaphe sur la pierre qui le recouvre. Nous avions reproduit cette tombe (*Voy. supra*, p. 94) d'après un manuscrit de la bibliothèque nationale datant de plus de deux siècles, contenant des dessins de Palliot, généalogiste des Etats de Bourgogne. Elle a été relevée depuis par M. Joseph Sandre, ancien instituteur à Ormes, ainsi que par M. Martin, conservateur du musée de Tournus ; c'est donc à tort que Courtépée fait inhumer Ponce de Ténarre à La Ferté, par similitude de nom, sans doute : il repose, — et cette tombe en fait foi, — depuis près de six cents ans, dans l'église de La Frette.

Plusieurs de Ténarre furent seigneurs d'Ormes à la fin du XVIe et au commencement du XVIIe siècle par suite d'alliance de famille. René de Ténarre, époux d'Antoinette de Chastenay, était, en 1588, seigneur d'Ormes et de Ténarre. Pierre de Ténarre, qui fut député aux Etats généraux de 1626 et commissaire pour la vérification des titres de noblesse, était en 1612 seigneur de Ténarre, Vanoise et Ormes, et en 1610 de Sept-Chênes, La Frette et la Bècherie.

En 1639, « dame Marguerite de Ténarre, femme et compagne de feu messire Charles de Refuge, seigneur et baron de Conforgien », fut inhumée dans le chœur de l'église de Saint-Vincent-en-Bresse.

Cette famille des de Ténarre fut alliée à toutes les famil-

Armoiries de Nobles de la Bresse Louhannaise

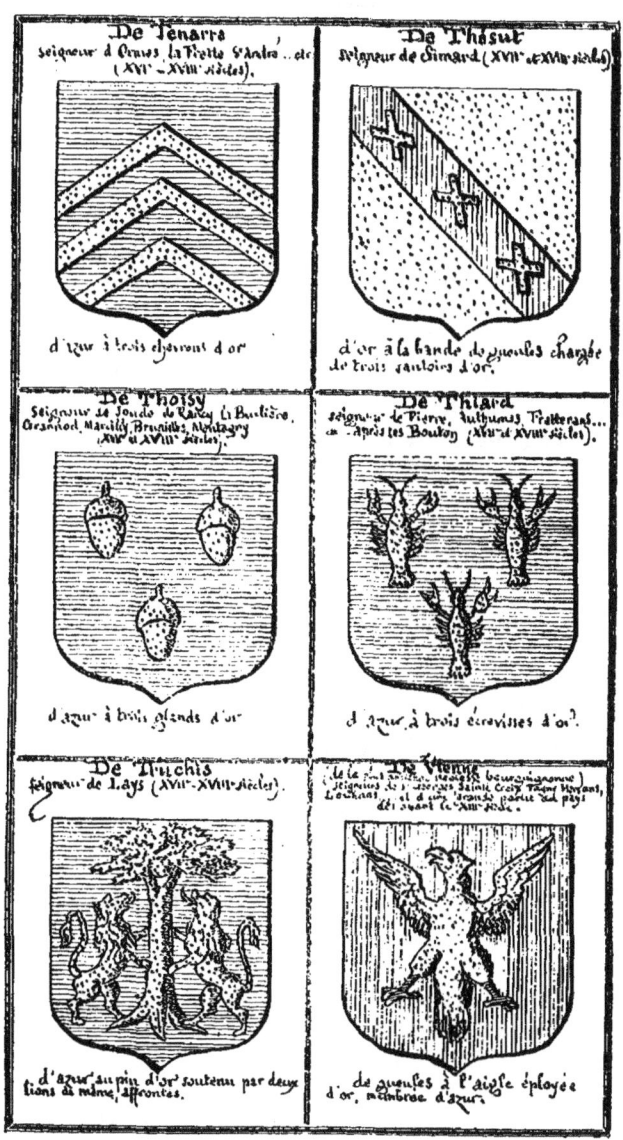

Pl. 8e.

les nobles importantes de la région, aux seigneurs de Châteaurenaud, de la Borderye, Bouton..., aux de Chastenay de Saint-Vincent... etc. Les armes des de Ténarre étaient « d'azur à trois chevrons d'or ».

Terrans (Seigneurs de). — La seigneurie de Terrans avait appartenu autrefois directement au duc de Bourgogne. En 1427, un seigneur de ce nom, Jean de Terrans, conseiller du duc, maître des requêtes, en fut châtelain pour le duc en même temps que receveur de Chaussin. Au XVI° siècle, cette terre divisée en plusieurs parties fut à divers seigneurs des familles Bouton et de Chamilly et à celle de Chanteret,(*Voy.* ce nom, p. 80), puis aux de Truchis, par le mariage de François de Truchis avec Catherine de Chanteret, en 1729 (*Voy.* plus loin *Truchis*).

Le fils de François de Truchis, Guillaume de Truchis-Serville, chevalier de Saint-Louis, lieutenant pour le roi des « ville et citadelle de Chalon » fit construire un château à Terrans en 1765. Celui d'aujourd'hui est sur le même emplacement ; il appartient à la famille Carrelet de Loisy (*Voy.* ce nom), dont un membre avait épousé, en 1801, Geneviève-Cholon de Truchis.

La seigneurie de Terrans relevait autrefois de Longepierre. Une partie de la seigneurie était encore, dans les derniers temps de l'Ancien régime, aux Folin *(Voy.* ce nom p. 80).

Un adage se rapporte aux anciens seigneurs de Terrans : *Reluisance de Terrans.*

Teyssonnière (De la). *Voy.* Saint-Vincent-en-Bresse (seigneurs de), *supra* p.

Thésut (De), seigneurs de Simard. — Les de Thésut étaient, au XVII° et au XVIII° siècles, seigneurs de Simard et de Bessandrey : reprise de fief du 25 juin 1658 de la terre et seigneurie de Bessandrey, par Charles-Benigne de Thésut, conseiller au parlement de Bourgogne par décret ; — « reprise de fief, du 9 août 1667, de la terre et seigneurie de Simard, par Charles-Benigne de Thésut, acquéreur de messire Louis de Lorraine, grand écuyer de France ; reprise de fief et dénombrement du 3 février 1702 de la seigneurie de Simard et de celle de Bessandrey, par Jean de Thésut, écuyer ».

Les de Thésut, seigneurs de Simard et de Bessandrey, formaient une branche d'une ancienne famille noble de Bourgogne ; leurs armes étaient « d'or à la bande de gueules, chargée de trois sautoirs d'or. »

Une dame de Thésut de Simard, que l'on retrouve comme fondatrice d'un lit à l'hôpital de Louhans en 1764 et bienfaitrice de l'église de Simard, avait épousé Philibert-Bernard Gagne de Perrigny, président à mortier au Parlement de Bourgogne. La seigneurie de Simard passa de là à Antoine-Jean Gagne, chevalier, comte de Perrigny, qui fut, comme nous l'avons vu plus haut, l'héritier de la comtesse de Chamillard, dame de Louhans.

On a cité comme devise des de Thésut : *quod sis esse velis.*

Thiard (De), seigneurs de Pierre, Authumes, Fretterans, La Chapelle-St-Sauveur, Dampierre-en-Bresse... etc. — Nous avons vu comment la seigneurie de Pierre-en-Bresse et lieux circonvoisins, dont nous avons indiqué plus haut la suite des seigneurs (*Voy.* p. 161), passa à la famille de Thiard par le mariage de la dernière héritière de l'illustre maison de Bouton avec un membre de cette autre maison non moins illustre.

Cette riche héritière, Jeanne Bouton, fille de Christophe Bouton, qui déjà avait agrandi son domaine en acquérant ce que possédait alors, au chef-lieu même de la seigneurie, l'abbé de Saint-Pierre de Chalon était devenue, en 1623, l'épouse de Pontus de Thiard.

Leur fils, Claude de Thiard, hérita lui-même, en 1638, de tout ce que possédait le frère de sa mère, son oncle et parrain, Adrien Bouton, mort sans enfants, héritage qui accrut encore les biens et possessions de la famille.

Cette famille de Thiard (dont le nom s'est encore écrit de Tyard ou de Thyard), originaire de Saint-Gengoux, était connue depuis le XIV° siècle. Elle avait ajouté à son nom celui de Bissy, par le mariage, en 1350, de Claude de Thyard, écuyer, avec Françoise de Bissy, dont les terres et le château étaient sur les confins du Mâconnais, du Charolais et du Chalonnais.

Jean de Thyard, leur fils, époux de Jeanne de Brancion, inhumé à Saint-Gengoux en 1415, avait été sergent d'armes du roi Charles VI. Cette famille était alliée aux plus nobles familles de la région. Elle donna ensuite, en ligne directe, plusieurs seigneurs de grande renommée.

Claude de Thyard, deuxième du nom, seigneur de Tallant, était le fils de Jean de Thyard ; il épousa Alix de Lugny, dame de la Saugeraye, et mourut en 1443.

Josserand de Thyard, leur fils, seigneur de Bissy, Tallant, la Saugeraye..., mourut au château de Bissy en 1476, après avoir été écuyer des ducs de Bourgogne, Philippe-le-Bon et Charles-le-Téméraire.

Etienne de Thyard, fils du précédent, chevalier, seigneur de Bissy, avait préféré l'étude des lois à la profession des armes. Il fut maître des requêtes de l'archiduc Maximilien, puis premier président du parlement de Dôle au comté de Bourgogne et garde du grand sceau de Castille au comté de Charolais. Il mourut à Dôle en 1507.

Son fils, Claude de Thyard, seigneur de Bissy, attaché comme lui, dès son jeune âge, au service de l'Espagne, fut officier général dans les armées de l'empereur Charles-Quint et chevalier de l'Ordre d'Alcantara. Nommé ambassadeur à Rome, il périt en voyage en 1523, le feu ayant pris au vaisseau qui le portait. Il n'avait pas été marié.

Jean de Thyard, son frère, qui devint seigneur de Bissy et chef de la maison, s'était voué à l'étude des lois et avait obtenu du roi de France, François Ier, la charge de lieutenant général du Mâconnais ; il fut, dit Saint Jullien de Balleure, « un magistrat digne, louable et gracieux, qui a plu à chacun ».

Il avait épousé Jeanne de Ganay et eut de ce mariage, entre autres enfants, Claude de Thyard, qui continua la postérité de la famille et Pontus de Thyard, qui fut célèbre au XVIe siècle, par son talent et ses écrits.

Pontus de Thyard, né au château de Bissy, fut évêque de Chalon, député par le clergé aux Etats de Blois de 1588, conseiller d'Etat et aumônier des rois Henri II, Charles IX et Henri III ; il était l'émule et l'ami de Ronsard et fut un

PONTUS DE THIARD (1520-1605)
Seigneur de Bissy, évêque de Chalon-sur-Saône

des membres de la *Pléiade française*. Il est connu surtout par le livre de poésies qu'il donna en 1549, les *Erreurs amoureuses* (1), recueil de sonnets, d'épigrammes et de stances qu'il compléta dans la suite par des odes, des élégies, des chansons... Il publia encore l'*Univers* ou *Discours des parties de la nature du monde* (1557), et d'autres *discours philosophiques*, en prose. Il habita longtemps le château de Bissy dont il possédait moitié de la terre en propre, il y recevait les visites des savants et des poètes qui vivaient alors en Bourgogne.

Son frère, Claude de Thyard, chevalier, seigneur de Bissy, Fley, Braguy... etc., eut plusieurs fils, dont l'un fut célèbre aussi comme évêque de Chalon, Cyrus de Thyard.

L'ainé des fils, Héliodore de Thyard, seigneur de Bissy, né en 1558, fut à 15 ans page du roi, puis chevalier, grand écuyer de la grande écurie du roi, capitaine de cinquante lances et deux cents arquebusiers, gouverneur de Verdun-sur-Saône... etc. Il se distingua au service d'Henri III et d'Henri IV, pendant les guerres de la Ligue. Sa femme, Marguerite de Busseuil, eut une mort glorieuse et tragique pendant le siège de Verdun (1562), qu'elle défendait avec son mari : exposée avec lui à tous les périls de la défense au plus fort d'un assaut général, elle fut déchirée en lambeaux par l'explosion d'un baril de poudre qui prit feu au moment où elle en faisait elle-même la distribution aux bourgeois qui, vaillamment, s'étaient faits les défenseurs de la place. Peu de temps après, les Ligueurs furent obligés de lever le siège. Son mari Héliodore de Thyard, mourut l'année suivante de blessures reçues dans un autre combat contre les Ligueurs, sous les murs de Beaune.

Héliodore était le père de Pontus, tige de la branche ainée des comtes et marquis de Bissy, et qui, par son mariage avec Jeanne Bouton, joignit à son titre de seigneur de Bissy celui de baron de Pierre et de Vauvry.

(1) Colletet, dans ses vies des Poëtes français, rappelle que Maurice de la Porte a dit de lui : « Il fut un des premiers qui retira notre poésie hors du bourbier d'ignorance, et par la publication de son livre des *Erreurs amoureuses*, il a servi comme de guide à une infinité de bons esprits qui l'ont suivi ». Abel Jeandet, notre compatriote de Verdun-sur-le-Doubs, a publié, en 1860, une *Etude sur Pontus de Thyard et le seizième siècle*.

Héliodore de THIARD, seigneur de Bissy, gouverneur de Verdun
(1558-1593)

Marguerite de RUSSEUIL, dame de Bissy
(1564-1593)

Mort de Marguerite de Baconil, femme d'Ilclachar de l'Îlot, souverneur de Verdun, par une explosion d'un baril de poudre, au moment où elle en faisait elle-même la distribution aux défenseurs de la Ville. (1552, Guerres de Religion).

Pontus de Thyard mourut en 1654. L'ainé de ses fils, Henri de Thyard, avait été tué à la guerre à l'àge de vingt ans. Un autre, Claude de Thyard, quatrième du nom, après avoir hérité de son oncle, fut comte de Bissy, baron de Pierre et de Vauvry, seigneur de Fley, Authumes, Fretterans, Charnay, Grandmont... etc., chevalier des ordres du roi, gouverneur d'Auxonne... etc.

Claude IV de Thyard, restait à la mort de ses frères le seul mâle de la branche de Bissy. Né en 1620, il était entré à l'àge de 18 ans au service militaire et avait fait plusieurs campagnes comme capitaine de chevaux-légers ; il eut ensuite un régiment de cavalerie et se distingua à la bataille d'Arras, en 1654. Sa vie fut mouvementée et glorieuse. En 1662, la querelle du roi Louis XIV avec le pape Alexandre III eut comme conséquence l'envoi d'une armée en Italie, sous la conduite du marquis de Bellefonds ; Claude de Thyard l'accompagna, mais le pape se soumit à ce que désira le roi, et cette petite guerre se termina sans effusion de sang, par une paix signée à Pise, au commencement de 1664. C'est alors que le roi ordonna au marquis de Bellefonds de revenir en France et d'envoyer vingt-six compagnies de cavalerie, sous la conduite du comte de Bissy, en Allemagne, pour secourir l'empereur contre les Turcs qui envahissaient la Hongrie. La petite armée française, jointe à celle de l'empereur, se couvrit de gloire au combat de Kermens ; et, à la bataille de Saint-Godard, le comte de Thyard de Bissy se signala particulièrement à la tête de la cavalerie française au passage du Rhaab. Il reçut du roi Louis XIV, après cette victoire, une lettre des plus flatteuses qui fut conservée dans les archives du château de Pierre, où il envoya aussi un grand tableau de cette bataille.

Le comte de Bissy servit depuis avec distinction dans les armées du roi, en Flandre, en Allemagne et en Catalogne. Il fut fait maréchal de camp en 1667, lieutenant général des armées du roi en 1670. « Il avait, dit le généalogiste Paillot, donné tant de remarques de sa valeur et de sa générosité et acquis partout une si haute réputation, qu'on peut le qualifier à juste titre, non seulement un des illustres de la province, mais un des plus illustres qui ait paru dans les armées de Sa Majesté ». Ajoutons qu'il avait été l'Elu

Claude de THIARD, comte de Bissy (1620-1701)
Maréchal de camp
Seigneur de Pierre, où il fut inhumé dans l'église

de la noblesse aux États de Bourgogne, pour la triennalité de 1668 à 1671.

Lorsque Louis XIV fit la première conquête de la Franche-Comté en 1668, il donna le gouvernement de la ville et du château de Gray au comte de Bissy ; mais cette province ayant été rendue à l'Espagne par le traité d'Aix-la-Chapelle, le roi lui confia celui d'Auxonne, une des premières places de Bourgogne, frontière de Franche-Comté. Ce gouvernement resta dans la suite aux de Thyard.

En 1675, Claude de Thyard commanda en Catalogne sous le maréchal de Schomberg.

Ce fut quelques années après, en 1680, après la conquête définitive de la Franche-Comté, que ce seigneur fit reconstruire, pendant la paix, le château de Pierre (*Voy*. le dessin p. 163, d'après une gravure de l'époque), transformant l'antique *chastel* ou *forte maison*, qui dans les temps passés avait supporté plus d'un assaut, en une splendide habitation d'un caractère agréable et moderne, où il voulait se reposer des fatigues de la guerre. Sur le fronton de la porte d'entrée était l'écusson aux armes de la famille de Thyard, « d'or à trois écrevisses, de gueules, posées en pals, deux en chef et une en pointe », avec la fière devise : *retrocedere nescit*. L'artiste avait gravé sur le cordon de la façade d'entrée ce distique latin, attribué à Santeuil, où étaient rappelés les hauts faits du noble et valeureux seigneur :

> Qui Lotharos rexit, cæsis Turcis et Iberis,
> Bissius hunc struxit, Marte silente, domum.

Claude de Thyard mourut à Metz en 1701 et fut inhumé à Pierre, où son buste en marbre blanc fut placé dans l'église. Il avait épousé, en 1647, Angélique-Éléonore de Neuchèze, qui lui donna de nombreux enfants.

L'aîné fut Jacques de Thyard, marquis de Bissy, baron de Pierre, seigneur de Fretterans, Authumes, Charnay, Grandmont et Fley...; nous allons y revenir dans un instant.

Le second, Claude de Thyard, cinquième du nom, né en 1650, a fait la branche des comtes de Bissy. Il servit comme capitaine, puis mestre de camp dans le régiment de son frère le marquis. Il mourut à Chalon en 1730, à l'âge de quatre-vingts ans. Son fils, Claude VI de Thyard, comte de

Bissy, mourut peu de temps après lui, laissant deux fils, dont l'aîné Claude VII de Thyard sera cité après.

Le troisième fut Henri Pons de Thyard, qui devint cardinal de Bissy ; il était né au château de Pierre en 1653. Dès l'âge de douze ans, il avait été pourvu d'une abbaye. Il fit ses études au collège des Jésuites de Dijon et ensuite à la Sorbonne, à Paris, où il fut reçu licencié et docteur en théologie. Il ne tarda pas à se faire connaitre par ses prédications contre les réformés de Metz et par des missions dans la Lorraine allemande, à la suite desquelles il fut nommé, par le roi, évêque de Toul.

Il eut bientôt d'interminables démêlés avec le duc de Lorraine et les magistrats de cette province, tant à cause d'un rituel composé par son ordre, qu'à propos de certains édits administratifs que le pape avait condamnés. La conduite qu'il tint durant ce long débat, appela sur lui l'attention. Le roi le promut, en 1697, à l'archevêché de Bordeaux, qu'il refusa ; peu après il lui donna deux nouvelles abbayes, dont celle de Saint-Germain-des-Prés, à Paris ; et, à la mort de Bossuet, en 1704, il le nomma à l'évêché de Meaux. Enfin, en 1715, il obtint le chapeau de cardinal.

Il avait publié plusieurs mandements contre les partisans du Jansénisme, et avait été l'un des commissaires de l'assemblée du clergé, de 1713, pour la réception de la bulle *Unigenitus*. C'était un grand partisan des Jésuites, ultramontain fougueux et catholique intolérant. Il jouissait de la plus grande faveur auprès de Louis XIV et de Mme de Maintenon et était devenu en quelque sorte, à la fin du règne de Louis XIV, le théologien de la Cour.

Il assista à trois conclaves et fut nommé Commandeur de l'Ordre du Saint-Esprit, en 1724.

On lui doit un grand nombre d'*Instructions pastorales*, de *Mandements* contre les opposants à la bulle *Unigenitus* qui occasionna tant de controverses, contre les *Institutions théologiques* du père Juénin... ; il déployait contre tous les novateurs un zèle ardent et une verve passionnée.

Après la publication de son traité théologique sur la *Constitution unigenitus*, il fut très diversement apprécié dans l'opinion du temps, considéré par les partisans de la bulle comme un grand et profond théologien, et traité par les

Henry de THIARD
dit le cardinal de Bissy, évêque de Meaux
né au château de Pierre en 1653
décédé en 1737

jansénistes de furieux et de persécuteur, esprit borné, gouverné par les jésuites.

Il mourut en 1736, à l'âge de 84 ans, à l'abbaye de Saint-Germain-des-Prés, dont il était l'abbé, et son oraison funèbre fut prononcée par Seguy (1) qui avait été un de ses chanoines à Meaux.

N'oublions point de dire, à l'honneur de ce compatriote célèbre, qu'il fit plusieurs œuvres philantropiques et utiles ; le cardinal de Bissy fit construire, à ses frais, le marché Saint-Germain, à Paris, qui ne lui coûta pas moins de cinq cent mille livres ; il dota le diocèse de Meaux d'un grand nombre d'établissements pieux ou utiles à l'instruction de la jeunesse ; il se montra aussi généreux pour son pays natal, en établissant, à Pierre, une maison de charité, avec des sœurs grises pour le soin des pauvres et l'instruction des enfants, et faisant divers dons et legs pour les œuvres de bienfaisance, fondant pour 13 veuves une *donne* de 13 bichets de seigle, qui avait lieu 4 fois l'an, et léguant 7.000 livres pour faire apprendre un métier à plusieurs enfants de Pierre et de Bissy.

Jacques de Thyard, l'aîné, que nous avons nommé plus haut, était né en 1646. Il conserva, avec ses autres titres, celui de baron de Pierre, seigneur de Fretterans, Authumes... etc. Il fut lieutenant général des armées du roi, gouverneur des ville et château d'Auxonne et chevalier de l'ordre militaire de Saint-Louis, lors de la création de cet ordre en 1693. Il servit dans toutes les guerres du règne de Louis XIV, sous le vicomte de Turenne, les maréchaux de Créquy et de Luxembourg, et sous le duc de Vendôme en Italie, jusqu'en 1707 : un mécontentement à la suite d'un incident avec M. de Chamillard, ministre de la guerre, le fit se retirer alors en Bourgogne. Il mourut en 1744, à l'âge de 94 ans, dans son château qu'il avait orné d'un parc magnifique et de vastes jardins. Inhumé dans l'église de Pierre, il y eut son épitaphe en marbre noir. Il avait épousé, en 1681, Bonne-Marguerite de Harancourt, chanoinesse de Remiremont, morte en couches d'un fils en 1682.

(1) Seguy, Paris 1737, in-4°. — Saint-Simon a consacré aussi quelques pages de ses *Mémoires* au cardinal de Bissy ; de même Calmet, dans son *Histoire de Lorraine*, t. III, et Toussaint Duplessis dans son *Histoire de l'Église de Meaux*.

THIARD Anne-Louis, marquis de Bissy, baron de Pierre (1715-1748)
Lieutenant général des armées du roi
Tué au siège de Maëstricht, en 1748, à l'âge de 33 ans

Ce fils, Anne-Claude de Thyard, fut, à la mort de son père, marquis de Bissy, de Harancourt et de Faulquemont, baron de Pierre, seigneur de Fretterans, Authumes, Charnay, Grandmont et Flée, lieutenant général des armées du roi, gouverneur des ville et château d'Auxonne, ambassadeur à Naples près du roi des Deux-Siciles en 1722. Il avait été élevé près du duc de Bourgogne, père du roi Louis XV. A 16 ans, il était mousquetaire de la première compagnie ; à 17 ans, capitaine de cavalerie dans le régiment de Narbonne : il servit en cette qualité à l'armée d'Italie, où il resta plusieurs années, assista à plusieurs batailles et fut nommé ensuite brigadier des armées du roi à l'âge de 28 ans, puis à 37 ans maréchal de camp et à 52 lieutenant général des armées. Il fut, en 1745, élu de la noblesse des Etats de Bourgogne comme son aïeul et son oncle l'avaient été. Il avait épousé, en 1712, Thérèse-Angélique de Chauvelin. Il la perdit en 1764 et vint mourir en son château de Pierre l'année suivante, à l'âge de 83 ans. Il eut son mausolée avec son buste dans l'église de Pierre où étaient aussi ceux de son père et de son aïeul.

Il avait eu de son mariage deux fils et deux filles. Ses deux fils moururent jeunes, l'aîné à l'âge de 12 ans, le second, Anne-Louis de Thyard, né en 1715, lieutenant général à 33 ans, tué au siège de Maëstricht, en 1748, la cuisse fracassée d'un éclat de bombe.

Anne-Claude de Thyard laissa, pour héritier, son neveu « à la mode de Bretagne », Claude, septième du nom, de la branche des comtes de Bissy, arrière-petit-fils de ce Claude de Thyard qui avait fait construire le château de Pierre et dont nous avons fait connaître la vie et les belles actions.

Ainsi nous arrivons à Claude VII de Thyard, dont nous avons indiqué plus haut la filiation.

Claude VII de Thyard, comte de Bissy, baron de Pierre et de Vauvry, seigneur d'Authumes, Fretterans, Charnay, Bragny, Grandmont, Saint-Maurice, La Chapelle, Dampierre, Saint-Didier, Savianges... etc., né en 1721, fut aussi lieutenant général des armées et gouverneur d'Auxonne. Il avait été mousquetaire en 1737, et depuis l'âge de vingt ans, il avait assisté à de nombreuses batailles ; il combattit à Fontenay en 1745 et se trouva à toutes les guerres jusqu'à la paix de 1763. Marié en 1771 à Jeanne-Thérèse Tessier, veuve de Louis-Dominique Bontems, chevalier, premier valet de chambre du roi, il en eut un fils en mai 1772, Théodose de Thyard de Bissy, dont nous parlerons ci-après.

Mais rappelons tout d'abord ici que Claude de Thyard avait été élu membre de l'Académie française en 1750. Dans l'intervalle de ses campagnes il vivait à la Cour en gentilhomme philosophe, partageant son temps entre la culture des lettres et les plaisirs. Il a pour titres littéraires la traduction, avec de nombreux commentaires, des *Lettres sur l'esprit de patriotisme, sur l'idée d'un roi patriote*, de Bolingbroke. Son *discours de réception à l'Académie* fut suivi quelque temps après de la publication de l'*Histoire d'Ema* (ou de l'âme), traduction des deux premières « Nuits d'Young », qui parut dans les *Variétés littéraires* de Suard.

Claude de Thyard venait souvent dans son château de Pierre, où il resta pendant toute la période de la Révolution sans être trop inquiété, sauf une courte incarcération à Louhans, pendant la Terreur, comme suspect et père d'émigré.

Lors de la réorganisation de l'Institut, en 1803, il fut admis, comme membre, dans la classe de la Littérature. Il mourut au château de Pierre, le 26 septembre 1810. Ce fut un de ceux qui siégèrent le plus longtemps à l'Académie où il avait été élu, au 21e fauteuil, 60 ans avant sa mort. (1)

Son fils, Auxonne-Marie-Théodose de Thiard, comte de Bissy, connu surtout sous le nom de général Thiard, — c'est ainsi que tout simplement il voulait qu'on le désignât et c'est le nom sous lequel, pendant toute la première moitié du XIXe siècle, sous l'Empire, la Restauration et la Monarchie de juillet, il resta populaire dans le pays et dans les diverses assemblées politiques dont il fit partie, — était né (2) le 3 mai 1772, à Paris, aux Tuileries dont son père était gouverneur. Il avait eu pour marraine la ville

(1) *Voy.* Esmenard, *Discours de réception à l'Académie française*, à la place de Bissy. — Et Regnault de Saint-Jean d'Angély, *Réponse au discours d'Esmenard*.

(2) *Voy.* l'Introduction aux *Souvenirs diplomatiques et militaires du général Thiard, chambellan de Napoléon 1er*, par M. Léonce Lex, archiviste du département de Saône-et-Loire, avec dédicace : A M. le Marquis d'Estampes, petit-fils du général Thiard. Paris, *Flammarion*. — *Voy.* aussi la biographie du Général publiée en 1869 par le Dr Jeandet, Chalon-sur-Saône.

d'Auxonne, dont ses ancêtres étaient gouverneurs, de père en fils, depuis le milieu du XVIIᵉ siècle.

Comme il nous l'apprend lui-même, dans des notes sur sa vie écrites de sa main, il fut élevé à Paris « sur les genoux des philosophes et des encyclopédistes, de Condorcet, de Crébillon, de Chamfort, de Laharpe (qui, ajoute-t-il, ne songeait pas alors à se faire canoniser), de Marmontel, Suard, Diderot, D'Alembert, etc... », qui fréquentaient journellement chez son père, surtout depuis la mort de Louis XV. Il eut même, comme premier *instituteur* et *gouverneur*, un précepteur partageant leurs principes et qui devait être, plus tard, membre de la Convention nationale.

Durant les derniers temps de la Monarchie, il vit, quoique très jeune alors, l'ancienne cour de près, en raison de la situation de son père, le comte de Bissy, et de son oncle, le comte de Thiard, aussi lieutenant général des armées du roi et qui fut alors commandant en chef de la Provence, puis de la Bretagne, au moment de la Révolution.

Agé de moins de seize ans, il fut nommé, le 13 janvier 1788, second sous-lieutenant surnuméraire et sans appointements au régiment d'infanterie du Roi, dont le colonel était le marquis du Châtelet et qui ne comptait que des officiers titrés. Mais ce corps, compromis dans des mouvements insurrectionnels à Nancy, fut licencié le 10 février 1791, mesure qui jeta le jeune Thiard dans la contre-révolution.

Il se rendit au mois d'avril 1791 à l'armée de Condé, et il y était encore lieutenant de hussards en mars 1797. Mais après la signature des préliminaires de paix avec l'Autriche à Léoben, il demanda un congé et rentra en France (août 1797). Le coup d'Etat du 18 fructidor de la même année 1797 le rejeta encore dans l'émigration et ce n'est qu'en 1800, pendant l'armistice du mois d'octobre, qu'il revint définitivement en France, dans ses foyers. Ce ne fut seulement qu'en novembre 1801 qu'il obtint sa radiation de la liste des émigrés.

Dès lors, commença pour lui une nouvelle carrière. Le 12 février 1802 il fut nommé conseiller général de Saône-et-Loire par le premier Consul et il ne cessa de l'être que le 19 juillet 1810, avec le tiers renouvelable en cette année. (1)

Nommé candidat au Corps législatif, en 1803, par le collège de Chalon-sur-Saône, contre le général Duhesme qui lui fit reprocher publiquement par la voix d'un de ses aides de camp « d'avoir des bottes encore couvertes de la boue de Coblentz » il fut écarté par le Sénat à une majorité de quatre voix seulement en faveur de son concurrent.

En 1804, il accepta de Napoléon une place de chambellan, et en cette qualité assista à son sacre dans l'église Notre-Dame, le 2 décembre, prit part en avril 1805 au voyage d'Italie, assista en mai aux fêtes du couronnement à Milan, puis fut envoyé en mission à Bade, en Bavière et près du duc de Wurtemberg pour s'occuper de différents mariages de membres de la famille impériale.

Entre temps il avait accompagné l'Empereur pendant la plus grande partie de la campagne de 1805, marquée par la capitulation d'Ulm, la prise de Vienne, et la victoire d'Austerlitz. Il s'était fait alors conférer le grade de capitaine des chasseurs à cheval de la Garde, et à la fin de la même année celui de chef d'escadron.

En 1806 il était commandant des troupes bavaroises et wurtembergeoises, à la tête desquelles il marcha sur Dresde. Il s'installa dans cette ville, détacha habilement la Saxe de la Prusse, son alliée, et fut chargé de ratifier le traité de Posen qui érigeait le duché en royaume.

Bientôt, en butte à de nombreuses tracasseries, à la suite de dissentiments avec l'Empereur, il démissionna de toutes ses charges (février 1807) ; et, après la saisie de quelques-unes de ses lettres dont le contenu le compromettait près de Napoléon, il fut exilé par lui dans une de ses terres du département de Saône-et-Loire (Vaulvry, en la commune de Ciel), exil qui ne cessa qu'à la fin de 1809, sans qu'il reprit toutefois ses fonctions auprès de l'Empereur.

Ce n'est que lors de l'entrée en France des armées étrangères, au commencement de la sombre année 1814, qu'il remit son épée au service du pays et servit comme officier dans la garde nationale.

(1) Plus tard, lorsque le mandat des membres des assemblées départementales devint electif, le canton de Pierre le choisit et le garda pour son représentant au conseil général (novembre 1833 — août 1848.)

Auxonne-Marie-Théodose de THIARD
(Le général THIARD)
(1772-1852)

Le roi Louis XVIII, à sa rentrée en France, le fit en quelques mois maréchal de camp, chevalier de saint Louis, officier puis commandeur de la Légion d'honneur ; mais, ses idées d'indépendance le rendirent bientôt suspect au gouvernement de la Restauration qui le mit en non-activité dès le mois de janvier 1815.

Cependant, à la nouvelle du débarquement de Napoléon en France, au retour de l'île d'Elbe, le roi l'appela le 10 mars 1815 au commandement du département de l'Aisne, avec ordre de marcher contre les frères Lallemand, deux généraux qui venaient de faire reprendre la cocarde tricolore à leurs troupes. Thiard refusa, et, mandé chez le duc de Berry, il lui opposa pour toute réponse ces fières paroles : « Monseigneur, c'est déjà trop pour moi d'avoir eu le malheur, dans ma jeunesse, de porter les armes contre mes concitoyens ; je ne les tournerai désormais que contre les ennemis de mon pays » (1).

Pendant les Cent jours, il fut envoyé (mai 1815) à la Chambre des Représentants par le collège du département de Saône-et-Loire, en même temps que l'arrondissement de Louhans y envoyait son ancien sous-préfet, Debranges.

Sous la seconde Restauration, lors des premières élections générales qui eurent lieu en août 1815, il fut élu candidat à la Chambre des Députés par les deux collèges d'arrondissement de Chalon et de Louhans, mais il échoua devant le grand collège du département et ne fut pas appelé par conséquent à siéger comme député dans cette Chambre de 1815, dite « Chambre Introuvable ».

A la dissolution de celle-ci, il ne fit pas partie non plus de la Chambre qui suivit. Il avait même été impliqué alors dans la conspiration de Grenoble, à laquelle il paraît avoir été complètement étranger, et, arrêté en mai 1816, il resta près de 6 mois en prison. C'est-ce qui le désigna, du reste, à la sympathie des électeurs constitutionnels de Paris qui, en 1817, le choisirent pour candidat en compagnie de La Fayette, de Manuel, de Benjamin Constant, de Laffitte, de Benjamin Delessert et de Casimir Périer ; mais les trois

---

(1) *Id. Lex, Souvenirs diplomatiques et militaires du général Thiard*, introduction. Paris, Flammarion.

derniers seulement passèrent, et le général Thiard ne fut pas au nombre des élus.

Les élections générales de novembre 1820 lui fourniront l'occasion d'un grand succès électoral en Saône-et-Loire où il fut élu député par 459 voix sur 629 votants dans le deuxième arrondissement électoral formé de tous les cantons de l'arrondissement de Chalon et des cantons de Beaurepaire, Montret, Pierre et Saint-Germain-du-Bois de l'arrondissement de Louhans.

Dès lors, il fut renommé sans interruption, après des dissolutions successives de la Chambre, en 1824, en 1827 et en 1830.

Après la Révolution de Juillet il fut réélu par les deux collèges de l'arrondissement de Chalon, dans ces mêmes élections où, avec les mêmes idées que lui, le D' Guillemaut, candidat à son instigation, avait été élu aussi avec une grande majorité par le collège électoral de l'arrondissement de Louhans.

En 1834, le général Thiard, à la suite de l'apeurement bourgeois suscité par des insurrections républicaines, échoua dans les deux mêmes collèges de Saône-et-Loire, où il s'était présenté ; mais, battu dans son département, il était élu par les libéraux à Lannion, dans le département des Côtes-du-Nord ; il leur en sut gré, car plus tard, en 1837 et en 1842, nommé à la fois par les collèges électoraux à Chalon et à Lannion, il opta pour Lannion.

Aux élections générales de 1846, il était réélu député d'une des circonscriptions de Chalon (formée de l'arrondissement moins les deux cantons de la ville).

Lorsqu'après la Révolution de 1848, la Chambre fut dissoute le 24 février, par le Gouvernement provisoire, le général Thiard fut élu par ses compatriotes du département de Saône-et-Loire avec la liste où se trouvaient Lamartine, Charles Rolland, Ledru-Rollin, Bourdon, Mathieu, Lacroix, Pezerat, Reverchon, Menand, Bastide, Amédée Bruys et les deux candidats du Louhannais, Charles Mathey et Petitjean-Boussin.

Ajoutons qu'il échoua en 1849 aux élections législatives, où, sur la liste de Saône-et-Loire, étaient nommés avec

Ledru-Rollin, Boysset, etc., les louhannais Laudolphe et Jannot.

Pendant sa longue carrière parlementaire le général Thiard « était resté fidèle à la sainte cause de la Liberté », comme voulut le rappeler aux élections de 1869, sous le Second Empire, le comte Th. d'Estampes, son petit-fils, « aux électeurs indépendants de la deuxième circonscription de Chalon » dont faisait alors partie le canton de Pierre.

Toujours, il avait siégé avec les députés de la Gauche, dans les rangs de l'opposition. Il avait fait entendre sa voix autorisée dans un grand nombre de débats importants : en 1821, contre un projet de loi relatif à l'établissement de douze nouveaux évêchés ; en 1822, contre un projet de loi relatif à la police de la presse ; en 1825, contre le projet de loi relatif à l'indemnité des émigrés ; en 1831 contre le projet relatif à l'hérédité de la pairie ; en 1834 contre le projet de budget des recettes de 1835 et en faveur de l'établissement d'un impôt progressif... etc...

Tous ces discours ont été publiés à part, ainsi que diverses *opinions* présentées à la Chambre, entre autres celle sur l'enseignement primaire, Paris 1821, in-8°..., et celle sur le projet d'adresse au roi, 31 janvier 1848.

Plusieurs biographes (1) se sont occupés de lui, citons seulement Cormenin qui écrivit, en 1839, dans ses *Etudes sur les Orateurs parlementaires* (Timon) : « Thiard, noble de nom et d'armes, joint à l'austère énergie d'un patriote les grâces d'un chevalier français ; malgré les avances du pouvoir, il n'a pas voulu quitter les rangs du peuple, et depuis vingt ans, membre invariable et pur de l'opposition, il ne cessa jamais de réclamer l'abaissement des taxes onéreuses aux pauvres et les garanties de la Liberté ». C'était en réalité un citoyen à l'esprit élevé, généreux et patriotique. Pour honorer ce noble caractère, le conseil municipal de Chalon, par sa délibération du 7 février 1843, a donné à une des rues de la ville le nom de rue de Thiard.

(1) *Voy.* Querard, *France littéraire.* — Les biographies des membres de la Chambre des Députés, *La Renommée*... etc.. — Abel Jeandet, *Richesses historiques de la Bourgogne*, et la petite biographie du général publiée par le même en 1869, à Chalon-sur-Saône, in-8°. — Lex. *op. cit.* ; — et Archives départementales de Saône-et-Loire. Bien d'autres documents de l'époque seraient à signaler encore.

Rappelons encore qu'en 1848 le Gouvernement provisoire le nomma ambassadeur de la République française près de la Confédération helvétique, fonctions dont il se démit au mois d'avril 1849. Ce fut la fin de sa carrière politique.

Le général Thiard mourut à Paris, à l'âge de 80 ans, le 28 juin 1852. Quelques années avant de mourir, il avait écrit ces vers au bas de son portrait dans son album de Pierre :

> Sur mon destin je suis tranquille
> Pour le pays j'ai combattu,
> A mes amis j'ai cherché d'être utile,
> J'ai fait toujours tout le bien que j'ai pu :
> Celui qui voit sa tâche terminée
> Au doux repos peut se livrer gaiement ;
> Mon ouvrier j'ai rempli ma journée,
> Voici le soir et je pars en chantant.
>
> (1ᵉʳ mars 1845).

Thiard, dans les dernières années de sa vie, avait écrit des *Mémoires*, dont les archives de Saône-et-Loire, par le don de M. le marquis d'Estampes, son petit-fils, conservent un *Journal de l'armée de Condé de 1791 à 1793*, que M. Lex, archiviste du département, a l'intention de publier, et des *Souvenirs diplomatiques et militaires* que nous avons cités déjà, publiés par le même il y a quelques années, après leur dépôt fait dans nos archives, en même temps que celui d'une belle collection d'autographes et de manuscrits du docteur Abel Jeandet, de Verdun-sur-le-Doubs.

« Ces souvenirs, dit M. Lex, dans son introduction pour cet ouvrage, se réfèrent aux premières années que le général passa près de Napoléon Iᵉʳ en sa qualité de chambellan et de diplomate et comme militaire à la campagne de 1805 marquée par les glorieuses étapes d'Ulm, Vienne et Austerlitz... Il est curieux, fait remarquer M. Lex, de voir Napoléon jugé par un de ses serviteurs d'un dévouement absolu, mais néanmoins d'un libre esprit et d'un caractère indépendant, qui avait commencé sa carrière à l'armée de Condé dans les rangs de l'émigration, et qui l'a finie à la Chambre des députés sur les bancs de l'opposition. Thiard, on le verra, ne s'est attaché à l'Empereur que parce qu'il le considérait comme un défenseur des principes de 89 et le continuateur de l'œuvre de la Révolution. Il ne s'en est séparé que quand il lui a paru manquer à son rôle « providentiel », quand, revenu aux « anciens préjugés », aux « moyens usés et vieillis », il a définitivement déçu les vastes espoirs que son « génie » avait fait naître ».

De l'union que Théodose Thiard avait contractée le 23 Décembre 1801 avec M¹¹ᵉ Marie-Madeleine-Aglaé-Eléonore de Moreton-Chabrillan, il avait eu deux filles, l'aînée, Blanche-Claudine-Elisabeth mariée au marquis d'Estampes, l'autre, la cadette, au marquis de Bouillé, qui fut ambassadeur en Espagne. Le nom célèbre des Thiard s'est éteint avec la mort du général.

Le château des de Thiard, le château de Pierre, sur le fronton duquel on voit encore la fière devise : *retrocedere nescit*, rappelle bien des souvenirs, les souvenirs de l'ancien régime, de la noblesse glorieuse d'autrefois, et aussi des souvenirs Napoléoniens, et ceux des luttes du parti libéral sous la Restauration auxquelles furent mêlés tant de nos compatriotes. Une grande fête y fut donnée, en 1827 par le général Thiard en l'honneur du célèbre orateur et publiciste, Benjamin Constant, à côté duquel il siégeait à la Chambre des Députés, sur les bancs de l'opposition. On y montrait dans un cabinet de travail, le bureau et l'écritoire qui avaient servi à Napoléon Iᵉʳ à la Malmaison ; et dans le parc, dans un petit îlot au milieu d'une grande pièce d'eau, un saule pleureur, bouture de celui qui ombrageait la tombe de Sainte-Hélène.

Ce château appartient encore à la famille d'Estampes, *Voy.* plus loin ce nom et les armoiries de cette famille, 11ᵉ planche.

Thoisy (De). — La famille de Thoisy, établie à Joudes (*Voy.* ce nom, p. 109) vers le milieu du XVIIᵉ siècle, est une des plus anciennes familles nobles de la région. Elle remonte, d'après l'érudit historien du duché de Bourgogne, l'abbé Courtépée, à Jean de Thoisy, seigneur de la baronnie de ce nom dans le bailliage de Saulieu en Bourgogne : ce seigneur, partant pour la croisade, avait cédé une partie de sa terre à l'évêque d'Autun.

Henri de Thoisy, conseiller du duc, assistait au parlement de Beaune, en 1402.

Cette ancienne famille, d'après l'*Etat de la maison des*

Ducs, avait donné des évêques, des conseillers au parlement, des chambellans, des ambassadeurs, des gruyers, des officiers dans les armées de terre et de mer, et un amiral, Geoffroy de Thoisy, « gouverneur des vaisseaux » de Philippe le Bon, qui, en 1444, après avoir combattu vaillamment avec trois galères contre les Turcs, reçut du duc, en récompense de ses services, la seigneurie de la Serrée, en la paroisse de Simandre, moyennant le paiement de 4000 livres : cette seigneurie resta aux de Thoisy jusqu'en 1494, époque à laquelle elle fut aliénée aux de Ténarre. Ce Geoffroy de Thoisy que nous venons de nommer et qui a été cité dans l'histoire à l'occasion du *Vœu du Faisan*, était époux de Bonne de Montconis, fille de Renaud de Montconis et de Jeanne de Salins.

On voit par d'autres pièces d'archives que, plus tard, un autre membre de cette famille, Jean de Thoisy, seigneur de Chamesson, fut un des députés de la noblesse de Bourgogne aux Etats de Blois, en 1588.

Selon Beaune et d'Arbaumont (1) la filiation de la famille de Thoisy ne serait régulièrement établie que depuis Regnault, receveur des bailliages d'Autun et de Montcenis. Mais, il paraît certain, d'après plusieurs documents d'archives que si les de Thoisy, de Joudes, ne descendent point directement de Geoffroy de Thoisy, amiral et gouverneur des vaisseaux du duc de Bourgogne, Philippe le Bon, ils ont pour souche son frère, Pierre de Thoisy, seigneur de Gamay, qualifié écuyer dans une montre d'armes, à Beauvais, en 1417, et ensuite conseiller écuyer d'écurie du duc, puis bailli d'Autun et Montcenis.

A partir de Pierre, la filiation est ainsi établie : Jean de Thoisy, fils de Pierre de Thoisy et de N. de Montconis, écuyer et seigneur de Varennes dans la seconde moitié du xv° siècle, épousa N. de Cluny, fille elle-même de Hugues de Cluny et de Louise de Sainte-Croix. Leur fils, Hugues de Thoisy, écuyer, épousa N. de la Brugère dont il eut Jean et Nicolas. Nicolas de Thoisy eut pour enfant Jean, qui suit, et Claudine. Jean de Thoisy fut père de Claude de Thoisy, seigneur de la Baume, qui épousa Gabrielle Lafâvre et en eut Charles de Thoisy, écuyer, seigneur de Rancy, Molaise,

(1) *La noblesse aux Etats de Bourgogne*, Dijon, 1864. — *Armorial de la Chambre des Comptes de Dijon*, par J. d'Arbaumont, Dijon, 1884.

La Buclière, Grannoz, Joudes et Vilars-sous-Joudes, aide de camp du marquis de Tavannes, maréchal des logis commandant la compagnie des gens d'armes du prince de Condé et gentilhomme ordinaire du roi.

Les de Thoisy avaient donc alors un fief à Rancy. Courtépée rapporte que lorsque ce village fut brûlé, pendant les troubles de la Fronde, en 1653, par Jean-Baptiste Prisque de la Tour Serville, rebelle au roi, le seigneur Charles de Thoisy n'y perdit pas moins de 50 mille écus. C'est peu de temps après qu'il aurait quitté Rancy et serait venu s'établir à Joudes, dont le château paraît dater aussi de cette époque. Des lettres patentes de confirmation de noblesse lui avaient été accordées en 1662 pour suppléer à ses titres brûlés à Rancy, lettres vérifiées par des commissaires spéciaux et enregistrées par la Cour royale de Dijon, en 1667.

Les armes des de Thoisy sont : « d'azur à trois glands d'or ».

Charles de Thoisy avait épousé, en 1644, Jeanne de Durestal dont il n'eut pas d'enfants, puis, en secondes noces, Claudine de Thorel dont il en eut quinze. Claudine de Thorel était « fille de feu noble Pierre de Thorel, écuyer, seigneur de Joudes, et de demoiselle Catherine Dubois. » C'est Pierre de Thorel qui avait acheté, vers 1635, la terre et seigneurie de Joudes et celle de Vilars-sous-Joudes, qui, des de Montjouvent, était passée, depuis quelque temps, aux de Poligny de Montrichard (1). De 1668 (17 février), date la reprise de fief et prestation de foi et hommage, faite au roi, entre les mains de MM. de la Chambre des Comptes de Dijon, par Charles de Thoisy, écuyer, seigneur de Joudes et le Vilars, pour « la seigneurie desdits lieux, mouvante du roi, à cause de son duché de Bourgogne ».

La seigneurie de Joudes mouvait autrefois directement du duc de Bourgogne, depuis l'acquisition qu'il avait faite du château et châtellenie de Sagy, par échange avec Amédée de Savoie ; elle mouvait maintenant directement du roi. Les seigneurs de Joudes ne relevaient de Cuiseaux que pour certains biens qu'ils possédaient en dehors de cette

---

(1) Reprise de fief en la chambre des comptes de Dijon de la terre de Joudes et Villars, selon quittance, en 1635, à M. de Thorel, du sʳ Depringle, receveur des épices de la chambre des comptes. — Arch. du château de Joudes.

seigneurie, à Marcia, Semon, etc. On voit, par divers titres, qu'ils jouissaient, entre autres droits seigneuriaux, du droit d'indire, de guet et garde, de treuil et pressoir, de banvin, de langues... etc.

Charles de Thoisy eut, ainsi que nous l'avons dit, quinze enfants de sa femme, Claudine de Thorel. L'un d'eux, Jacques-François de Thoisy, chevalier, seigneur de Joudes, Vilars-sous-Joudes, Marcilly (Bruailles), Montagny..., né en 1668, épousa en 1714 Anne Colin, fille de Joseph Colin, écuyer ; il mourut en 1746.

Son fils et héritier, Marie Michel, baron de Thoisy, chevalier, seigneur de Joudes, Vilars-sous-Joudes, Marcilly, Bruailles (seigneur du clocher), Montagny..., etc., épousa, en 1741, Anne-Louise d'Ambly, fille de feu messire Antoine, marquis d'Ambly, et de dame Agnès de Bressey. Il mourut le 30 mai 1779, laissant ses seigneuries à Georges-Marie de Thoisy, son fils.

Georges-Marie, baron de Thoisy, seigneur de Joudes, Vilars-sous-Joudes, Marcilly, Chichevières, Courcelles, Bruailles (avec anciens châteaux à Marcilly, Courcelles)... était né en 1745. Il fut capitaine au régiment de commissaire général cavalerie, chevalier de Saint-Louis, et reçu aux Etats de Bourgogne en 1781 : ses preuves remontaient à Charles de Thoisy, son bisaïeul. Il avait épousé, en 1782, Louise-Jacqueline-Marie-Charlotte de Beaurepaire, fille aînée de Jean-Baptiste-Joseph, marquis de Beaurepaire et de Marie-Louise-Catherine de Moyria. Il eut de son épouse, décédée au château de Joudes, en 1813, plusieurs fils, Jean-Baptiste-Amédée-Magdeleine qui suit, Adrien qui fut chevalier de Malte, et Léopold mort pendant la campagne de 1809.

Jean-Baptiste-Amédée-Magdeleine, baron de Thoisy, né à Joudes le 1er décembre 1782, officier de marine, a fait la campagne de St-Domingue et fut prisonnier de guerre en Angleterre, pendant 8 ans, de 1800 à 1808. Maire de Joudes de 1809 à 1815, il épousa, en 1812, Amélie-Henry-Jeanne Guillaume de Chavaudon, fille du marquis Guillaume de Chavaudon, dont il eut plusieurs enfants, Charles-Louis-Georges qui suit, Roger, Georgine-Elisabeth et Sarah. Il mourut à Joudes en 1843.

Le fils aîné, Charles-Louis-Georges, baron de Thoisy, né à Joudes, le 25 octobre 1815, épousa, en 1843, Marie-Germaine-Laure Dugars dont il eut plusieurs enfants : Marie-Charles-Adrien-Jean-Baptiste qui suit ; Jeanne-Marie Gabrielle, mariée au comte Pierre de Beaurepaire ; Paul-Marie-Alexandre...

Marie-Charles-Adrien-Jean-Baptiste, baron de Thoisy, est né au château de Joudes, le 4 janvier 1844 ; il est maire de Joudes depuis 1886, époux, en 1869, de Marie-Elisabeth de la Hante (décédée au château de Joudes, le 15 juillet 1907, à l'âge de 59 ans), fille de Fernand de la Hante et de Claire Azevado. Il en eut neuf enfants : Adrien de Thoisy, Paul de Thoisy..., et parmi les filles, l'une mariée au marquis de Jouffroy d'Abbans, une autre au comte Albert de Beaurepaire, une autre religieuse dominicaine..., etc.

Ajoutons qu'un oncle du baron de Thoisy actuel, Roger de Thoisy, second fils de Jean-Baptiste-Amédée-Magdeleine, cité plus haut, a fait branche, et que cette branche est fixée à Gizia, département du Jura.

Au nombre des alliances de la famille de Thoisy, en outre des Jouffroy d'Abbans, des de Beaurepaire, des de la Hante, il faut encore citer les d'Hotelans, de Waru, de Coligny-Chatillon, de Cussy, de Messey, de la Batie... etc.

Thurey (De). — Thurey a donné son nom, au XIV° siècle, à d'illustres personnages : Girard de Thurey, chevalier, chambellan du Duc, puis maréchal de Bourgogne ; Guillaume de Thurey, évêque d'Autun en 1351, puis archevêque de Lyon en 1358 ; un autre archevêque, Pierre de Thurey, cardinal et légat du pape en France en 1385 ; Huguette de Thurey, abbesse de St-Pierre de Lyon, en 1370 ; divers seigneurs du nom.

Un château était à *Chamfrecaul* ; Il était possédé au XVI° siècle par Louis de Nance, puis par Jean, son fils. François Alixant le vendit, en 1608, à Charles de Saulx-Tavannes, qui le revendit à J. Gilbert, seigneur de *Champomey*, autre hameau de Thurey, où il y avait aussi un vieux château. On ignore la date de la démolition de ces deux châteaux qui existaient autrefois à Thurey. Ces deux terres furent réunies à la baronnie de Lessard par N. de Tavannes, en

1644 ; mais la justice ressortissait à Mervans, comme celles des autres seigneuries.

Torpes (Seigneurs de). — Torpes eut, au XIV° siècle, des seigneurs de ce nom ; au commencement du XV°, Jean, sire de Torpes, est cité comme seigneur du lieu. Le célèbre Philippe Pot (*Voy. supra*, p. 187) en fut ensuite seigneur et ce fut lui qui en affranchit les habitants vers le milieu du XV° siècle.

Au milieu du XVI°, Alexandre de Saulx, fils de Henri de Vantoux, était seigneur de Torpes.

Au XVIII° siècle, la seigneurie était aux de Montessus, en même temps que celle de Bellevesvre. Il n'y avait plus trace de château. Un hameau, *le Portail*, était en partie de Franche-Comté.

Toytot (De). — Nicolas Toytot était, dit le *Nobiliaire de Franche-Comté*, commis-greffier au parlement de Dôle en 1580. Un de ses fils, Claude Toytot, conseiller au parlement de Dôle, est cité avec éloge parmi les défenseurs de Dôle en 1636 par le président Boyvin, auteur d'une relation sur le siège de cette ville. Un autre de ses fils fut François Toytot, intendant et avocat du prince d'Orange en 1624, — dont le petit-fils Nicolas Toytot était mayeur de Dôle en 1698. Sa descendance, dont la noblesse a été reconnue par arrêt du parlement de 1769, a donné plusieurs officiers et s'est divisée en deux branches, l'une fixée à Rainans, l'autre à Nevers.

Les armes de cette famille, propriétaire en Bresse, du côté de Montpont, de terres et de bois, sont : « d'azur au chevron d'or, accompagné de trois croissants du même ». On trouve aussi le chevron accompagné en pointe d'une rose d'or au lieu de croissants (*Annuaire de la Noblesse*, 1867).

Truchis (De) de Lays. — Nous avons dit que la seigneurie de Lays (sur-le-Doubs) avait appartenu autrefois à des seigneurs de ce nom (*Voy. supra*, p. 111) et indiqué la suite des autres seigneurs jusqu'au milieu du XVII° siècle. C'est vers 1646, après la guerre de Comté, que la seigneurie de Lays passa aux de Truchis par l'acquisition qu'en fit un membre de cette famille, Pierre de Truchis, du seigneur d'alors, Joachin de Coligny, baron de Lays et seigneur de nombreuses autres terres dans la région.

La famille de *Truchi* (le nom francisé s'est écrit *Truchy* et *Truchis*), originaire d'Italie, de Centallo, dans le marquisat de Saluces, était venue s'établir en Bourgogne lors de la cession de ce marquisat au duc de Savoie par le roi Henri IV, en échange de la Bresse, en 1601.

Samuel de Truchis, petit-fils de Barthélemy de *Truchi*, qui vivait en 1518, était en 1600 conseiller assesseur général au marquisat de Saluces où il était né. Henri IV le nomma, le 30 novembre 1601, conseiller assesseur au présidial de Bourg-en-Bresse ; mais en raison des gages insuffisants de cette fonction (33 livres par an) et en récompense de ses services « tant de ça que de là les monts », il lui donna en plus une pension de cent écus ; il le pourvut ensuite, le 27 août 1608, de l'office de lieutenant criminel et premier conseiller au bailliage de Chalon.

Pierre de Truchis, son fils, ayant eu à fournir des preuves de noblesse, obtint, en 1647, de Christine de France, duchesse de Savoye, princesse de Piémont, des lettres, constatant « qu'il était né de parents d'origine noble et ancienne, que leur famille était alliée à celles des comtes Caviali de Camiana et des Cerruti Ebiolati ; qu'ils portent « d'azur au pin d'or, soutenu par deux lions de même affrontés, l'écu timbré d'un casque fermé en profil, orné de lambrequins de la couleur du champ, ayant pour cimier un lion naissant d'or qui tient de la dextre une épée de même » et qu'ils ont pour devise : « *Virtute et Viribus* ». Plus tard, le roi de France, Louis XIV, en conséquence de cette déclaration, accorda, en 1648, à Pierre de Truchis, des lettres de reconnaissance de Noblesse (1).

Pierre de Truchis entra aux Etats de 1661 et laissa, entre autres enfants, deux fils, Jacob et Pierre, écuyers, portés dans une reprise de fief de 1683, pour partie de la seigneurie de Lays ; une autre partie était à Timothée de Truchis. Les autres reprises de fief indiquent de même des subdivisions de la seigneurie.

Jacob fut l'auteur des deux branches des seigneurs du Môle, et Pierre fut l'auteur de la branche des seigneurs de

(1) Arch. Chalon. CC. 5. Ces pièces ne sont que des copies. Le certificat de noblesse de Christine est en italien.

Torrans et de Varennes et de celle des barons et comtes de Lays. On compte dans ces différentes branches plusieurs capitaines d'infanterie et de cavalerie, des chevau-légers de la garde, un lieutenant de roi à Chalon et dans celle de Lays un colonel de cuirassiers, tué au siège de Breslau, au XXIII° siècle, et un mestre de camp de cavalerie, par commission de 1787, major des chevau-légers de la garde et écuyer de la reine Marie-Antoinette. Plusieurs d'entre eux ont porté la croix de Saint-Louis (1).

Le château du Môle (2), de l'autre côté du Doubs, appartenait à une branche de la famille de Truchis.

Le seigneur de Lays était, en 1780, Charles-Etienne de de Truchis, capitaine de cavalerie. « Ce seigneur, dit Courtépée, a une bibliothèque choisie, avec un petit cabinet d'histoire naturelle, orné de bons tableaux et quelques médailles rares : petit, mais joli château neuf, l'ancien fut brûlé en 1594 par les Dôlois ».

Benoit-Charles de Truchis, capitaine de dragons, fut ensuite comte de Lays. Il fut le père de Louis-Désiré-Victor, comte de Truchis de Lays, ancien chevau-léger de la garde du roi, né en 1798, décédé en 1872. Il laissa deux fils et une fille. L'aîné des fils, comte de Truchis de Lays, ancien chevau-léger de la garde du roi Louis XVIII, fut maire de Lays. Il eut plusieurs fils ; le second, Louis-Maxime-Olivier, vicomte de Truchis de Lays, ancien officier de cavalerie, et conseiller général de Saône-et-Loire, maire de Lays, à qui appartient le château de Lays, restauré en 1886, a épousé, le 7 mai 1861, Mathilde Barbanson, dont il eut plusieurs enfants : l'aîné, Jean-René-Marie, officier de chasseurs, marié en 1892 à Mademoiselle Suzanne Nivière... etc.

De la branche des Truchis de Varenne-sur-le-Doubs (*Voy.* Frontenard et Varennes-sur-le-Doubs, leurs seigneurs) est le comte Henri-Charles-Antoine de Truchi de Varennes, fils du comte de Truchi et de Marie Bonal de Chaponnay, père de deux fils mariés,... branche représentée aussi par des cousins.

Thomas (*Voy*. Varenne-sur-le-Doubs (seigneurs de).

(1) Beaune et d'Arbaumont. *La Noblesse aux Etats de Bourgogne.*
(2) Cette habitation seigneuriale est aujourd'hui détruite ; il ne reste plus, au Môle, que deux grand bâtiments d'hébergeage et deux maisons dont l'une, logement du fermier, et l'autre, à M. de Truchis, de Varenne-sur-le-Doubs.

Tupinier (Le baron). — *Voy.* plus loin et planche 10° des armoiries.

Vadot, ancien seigneur de Frontenard, Charette, Navilly.. etc., *Voy.* Frontenard (seigneurs de), p. 95.

Varenne-sur-le-Doubs (Seigneurs de). — La terre de Varenne-sur-le-Doubs était, au XVI° en au XVII° siècles, aux Thomas qui furent conseillers au Parlement et seigneurs d'Island, Varenne-sur-le-Doubs, partie de Terrans et Charette. Elle suivit le sort de celle de Frontenard et, en 1729, passa comme celle-ci, par acquisition, à François de Truchis, époux de Catherine de Chanteret. *Voy.* Frontenard (seigneurs de), p. 95.

Du château de Varenne qui avait appartenu autrefois aux seigneurs de Neublans, il ne restait plus qu'une tour et des ruines. On voit, par les terriers de 1504 et 1577, que ces seigneurs avaient le droit d'amodier les graviers du Doubs pour en tirer de l'*or dorable;* le même droit était reconnu aussi au seigneur de Lays, dans les anciens terriers de cette seigneurie.

Varennes-Saint-Sauveur (Seigneurs de). — Varennes Saint-Sauveur, quoique ayant été pendant longtemps sous la dépendance des seigneurs de Cuiseaux, formait une seigneurie distincte ayant un terrier particulier. Plusieurs membres de la grande famille des Bouton du Fay en avaient été seigneurs à la fin du XIV° siècle et au commencement du XV°. La seigneurie était passée ensuite au prince d'Orange et avait suivi le sort de celle de Cuiseaux.

Nous voyons par une reprise de fief du 7 décembre 1772, que Joseph-Marie-Emmanuel Desglans, chevalier, capitaine de dragons au régiment de Lorraine, en fut acquéreur de dame Elisabeth Seytre, héritière d'Alexis Fontaine, seigneur de Cuiseaux. Le seigneur de Varennes demeura alors à Château-Réal, au hameau de la Forêt. Pendant la Révolution, Desglans-Cessiat Joseph-César-Jean-Baptiste-Aimé, ancien officier au régiment de Foix, fut au nombre des émigrés. Amnistie lui fut accordée pour fait d'émigration le 28 fructidor an X (1802) et il rentra en conséquence dans la jouissance de ses biens qui n'ont été ni vendus ni excep-

Le Château du Bouchat à Varennes-Saint-Sauveur

tés par l'article XVII du Senatus-Consulte. Vernier, député du Jura, le représentait alors comme un « citoyen tranquille, attaché au gouvernement. »

Lamartine, parent de Desglans-Cessiat, vint souvent au Château-Réal, dans le parc duquel on montre encore un chêne, dit le chêne de Lamartine, à l'ombre duquel le poète aimait à venir se reposer.

Le château de Réal, ainsi qu'un autre à Servillat, autre hameau de Varennes, appartint, dans la suite, à M. Poisat Michel-Benoît, député de l'Ain de 1842 à 1848, né à Pont-de-Vaux (Ain), le 2 novembre 1802, mort à Paris, le 13 mai 1869, fondeur et affineur de métaux, qui fit reconstruire le château, puis, à sa fille, épouse de M. Saulnier, avocat à la cour d'appel de Lyon, maire de Mâcon, dont le fils, Michel Saulnier, né à Varennes-Saint-Sauveur, le 30 octobre 1853, décédé à Vérizet-Fleurville, le 21 octobre 1898, fut adjoint au maire de Varennes-Saint-Sauveur de 1878 à 1881 et conseiller général du canton de Montpont de 1883 à 1885.

Un autre fief important de Varennes-Saint-Sauveur, la terre et seigneurie de *Montjouvent*, avec château et ancienne chapelle castrale, avait appartenu aux seigneurs de ce nom, dont la devise était : *Dieu seul me jovet*, et les armes, « de gueules au sautoir engrêlé d'argent; » — puis aux de Lévis; — au marquis de Castries, lieutenant général des armées, qui la vendit en 1722 ; — puis aux Balans, originaires de Lyon.

Une partie des hameaux de la paroisse de Varennes-Saint-Sauveur, Mallichy, Marlesses, Bois-de-Monde, Chardonnière, Le Bouchat... avec d'autres hameaux et domaines formant la communauté de Buisseroles, étaient de la Bresse autrefois savoyarde, séparée de la Bourgogne par la petite rivière de Sevron (Courtépée). Le château du Bouchat, vieux manoir de très curieux aspect, à galeries superposées, appartenait et fut longtemps encore, de nos jours, aux de Saint-Mauris de Montbarrey ; nous le reproduisons, d'après une photographie récente.

———

Vergennes (Gravier de), seigneur d'Ormes. — *Voy.* Gravier de Vergennes, p. 99.

Vérissey (Seigneurs de). — La seigneurie de Vérissey-Noisy relevait de Lessard et était aux Venot à qui elle appartenait déjà en 1680. Les Venot, famille originaire de Montcenis, donnèrent plusieurs officiers, dont l'un fut anobli pour ses services en 1679 ; ils portaient « d'azur au sautoir d'or, cantonné de quatre croissants d'argent ».

Le dernier de cette famille, Venot Philippe-Charles-Henri, né et mort à Vérissey (1809-1875), notaire à St-Martin-en-Bresse de 1835 à 1852, conseiller général du canton de St-Martin de 1848 à 1852, déporté après le coup d'Etat du Deux-Décembre, maire de Vérissey en 1871, était fils de Louis-Jacques-Charles Venot et d'Antoinette-Sophie Guillet; époux d'Anne Delorme, il n'eut pas d'enfant.

Un autre fief est encore à citer à Vérissey. Nous voyons dans les anoblissements (collection de Bourgogne) celui de Beuverand, seigneur de la Vernotte, anobli en 1614. *Voy.* plus loin Beuverand (De) et 9ᵉ planche des armoiries.

Vienne (De). — L'illustre et très ancienne maison de Vienne qui donna à la région louhannaise, à Louhans, Sainte-Croix et nombre d'autres fiefs, — leurs premiers seigneurs, avait produit, pendant la première période du moyen âge, des chevaliers renommés par leur vaillance qui s'étaient distingués dès les temps Carlovingiens, et ensuite dans les Croisades, et dans les guerres sous les ordres de leur suzerain, le duc de Bourgogne.

Courtépée paraît croire, d'après l'avocat louhannais, Claude Vitte (1), que, vers la fin du XIIᵉ siècle ou au commencement du XIIIᵉ, Louhans fut donné en apanage à la maison de Vienne par les comtes de Bourgogne à la charge du fief envers ces comtes qui étaient de la même famille. Cette maison de Vienne, dont les cadets prirent le nom d'Antigny (*Voy.* plus haut, aux premières pages de cette histoire des familles nobles du Louhannais), possédait alors en Bourgogne, en même temps que d'autres fiefs en Comté, Pagny, Seurre, Pourlans, Longepierre, Mervans, Louhans, Sainte-Croix et autres terres dont les ducs de Bourgogne avaient déjà ou devaient acquérir bientôt la mouvance et la souveraineté.

(1) Courtépée. *Description générale et particulière du Duché de Bourgogne*, Dijon 1775 et 1785.

Le mariage de la dernière héritière de cette grande maison, Béatrix de Vienne avec Guillaume d'Antigny, vint fondre, pour quelque temps, la maison de Vienne dans celle d'Antigny qui en était issue.

Des fils issus de ce mariage, l'un d'eux, Hugues, reprit vers le milieu du XIII° siècle, du chef de sa mère, le titre de comte de Vienne et releva le nom et les armes de la famille. Il devint ainsi la nouvelle tige de cette maison de Vienne qui persista encore avec un grand éclat pendant plusieurs siècles.

C'est vers la même époque que son frère Henri, qui avait eu en partage les terres d'Antigny (1) et de Sainte-Croix (2), possesseur de nombreux fiefs du côté gauche de la Saône..., devenait la tige des seigneurs d'Antigny, de Sainte-Croix, Louhans (où il établit les franchises en 1269)... et autres lieux. Il possédait alors, conjointement avec son frère Hugues, la moitié de Lons-le-Saunier ; il était suzerain du seigneur de Cuiseaux et d'autres seigneurs de nombreux fiefs de la région.

Plusieurs des seigneurs de Vienne et d'Antigny furent renommés depuis comme vaillants guerriers ou hauts prélats de l'Eglise ; et ces familles contractèrent, par mariage de leurs membres, des alliances avec les plus grandes maisons nobles de la région.

Leurs possessions, formant un des plus grands fiefs du duché de Bourgogne, s'étendaient depuis Pagny et Seurre jusqu'à la Comté et la Bresse savoyarde. Ils avaient peu à peu substitué leur puissance à celle des premiers possesseurs, abbés de monastères, dont les droits, comme à Louhans (droits primitivement à l'abbaye de Tournus), s'étaient bien amoindris. Ils avaient comme vassaux, sous leur dépendance, d'autres seigneurs dont les terres formaient des fiefs de diverses importances et qui les suivaient dans les guerres comme chevaliers, écuyers ou simples vassaux, sujets au ban, servant à cheval, et se faisant accompagner d'autres hommes.

Hugues de Vienne, par son testament en 1390, avait choisi sa sépulture dans l'église de Louhans, sous la tombe de Guillaume d'Antigny, seigneur de Sainte-Croix, son aïeul,

(1) Antigny, dans le Beaunois (Côte-d'Or).
(2) Sainte-Croix, près de Louhans (Saône-et-Loire).

et avait institué pour son héritier universel son frère Guillaume de Vienne, à la charge de legs à toutes les églises situées sur ses terres, à ses gens, à sa sœur Huguette, à Perrenet, son frère, bâtard de Vienne, à Jeannette, « sa donnée » et d'autres membres de sa famille.

Plusieurs membres illustres de la maison de Vienne sont signalés dans l'histoire. L'un des plus célèbres est l'amiral Jean de Vienne, qui défendit Calais contre les Anglais et fut tué glorieusement en 1396, dans la dernière Croisade, à la bataille de Nicopolis. On raconte que son père, le vieux Guillaume de Vienne était si fier de son fils, qu'oubliant et ses ancêtres et ses titres personnels, il avait recommandé en mourant de graver sur sa tombe cette seule inscription : *Ci-gît le père de Jean de Vienne.*

Un autre de la famille, au siècle suivant, contribua aussi avec honneur à la renommée de la maison : Guillaume de Vienne, dit le Sage, conseiller et chambellan du duc de Bourgogne. Il était seigneur de Saint-Georges et de Sainte-Croix. Nous l'avons montré plus haut (p. 13) d'après un dessin ancien avec les armures de l'époque.

Nous avons indiqué aussi que son fils Guillaume, — triste revers des gloires et des splendeurs, — ne fut guère célèbre que par ses prodigalités qui lui firent dissiper les biens de ses ancêtres et préparer ainsi l'aliénation et la perte de leurs plus belles seigneuries ; et, que le fils de ce dernier, Jehan de Vienne, avait suivi la même voie. *Voy.* Louhans (Seigneurs de).

Toutefois, cette vieille et illustre maison de Vienne, dont les ramifications nombreuses couvrirent la Bourgogne et la Comté, conserva longtemps encore, malgré le déclin de sa puissante fortune, le lustre de son antique et glorieuse origine.

Les armes de la maison de Vienne étaient : « de gueules à l'aigle éployé d'or, membré d'azur ». La devise de la maison était : *A bien vienne tant;* et encore : *Tost ou tard vienne.* Le cri de guerre était : *Saint-Georges au puissant duc.* Comme adages caractérisant leur haute noblesse on a cité : « Nobles de Vienne », comme on disait « Riches de Chalon. »

Le souvenir de la maison de Vienne s'était longtemps conservé dans le pays. L'abbé Gauchat, prêtre familier de

Jean de Vienne (1341-1396)
Maréchal de Bourgogne, Amiral de France.

Mort de Jean de Vienne, à la bataille de Nicopolis (1396)
Le sultan Bajazet, vainqueur, visitant le champ de bataille, s'arrêta devant le corps de Jean de Vienne, entouré d'une foule de Turcs qu'il avait occis et tenant toujours entre ses mains la bannière Notre Dame.

l'église de Louhans, dans son *Registre mémorial* rapporte qu'à Louhans on célébrait encore, de son temps, en 1663, l'anniversaire de la mort de Jean de Vienne, le 20 août. L'histoire fait mention, au XVIII° siècle, des membres de cette ancienne et illustre maison : Louis-Henri, comte de Vienne, mestre de camp de cavalerie, élu de la noblesse aux Etats de Bourgogne de 1760, mort le 4 mai 1793 à Constance ; il avait épousé, le 6 mars 1731, Henriette-Marie-Pélagie de Saulx-Tavannes, née le 14 juillet 1716. Au commencement de janvier 1758, son fils unique, le jeune marquis de Vienne était mort de la petite vérole à l'armée, à l'âge de 23 ans, « en sorte, dit le *Mercure Dijonnais*, p. 113, que voilà cette grande maison éteinte ». Toutefois, « il restait encore, ajoutait le *Mercure*, quatre demoiselles toutes en âge d'être mariées ».

Une branche de cette famille s'était déjà éteinte dans le siècle précédent, en 1669, dans la personne de Françoise de Vienne, épouse du duc de la Vieuville.

Villeneuve (Deschamps de la). — *Voy. supra*, p. 84.

Vincelles (Seigneurs de). — Vincelles avait formé autrefois, avec une partie de Montagny et de Ratte, une baronnie mouvante des seigneurs de Sainte-Croix et de Louhans.

Les anciens seigneurs de Vincelles constituaient une des branches de la maison de Salins, de très illustre origine, dont plusieurs seigneurs ont laissé leurs traces dans l'histoire du comté de Bourgogne, au XIII° et au XIV° siècle. L'abbé Guillaume, dans son *Histoire généalogique des sires de Salins* (1), a donné, sur les seigneurs de cette branche de Salins-Vincelles, des renseignements que nous rappellerons brièvement.

L'un deux, Guy de Salins, seigneur du Pasquier, Nevy, Vincelles, Viliers-Robert, Andelot, Frontenay, Champagnole..., fut conseiller, chambellan et maître d'hôtel du duc de Bourgogne en 1411 et chevalier d'honneur de la duchesse de Bourgogne. Il chargea Jean Gouz de Louhans, clerc, licencié en lois, de l'accomplissement de ses dispositions

(1) 2 vol. in-4°, 1756.

testamentaires, faites en 1416, en raison des différends qui pourraient s'élever entre ses enfants. Il en avait neuf, parmi lesquels Huguenin qui continua la postérité des aînés, Guillaume, mort sans alliance et inhumé dans l'église de Louhans, et Jean, qui a fait la branche de Vincelles.

Jean de Salins, chevalier, seigneur de Vincelles, avait eu en héritage de son frère, sa maison de Louhans et ce qu'il possédait, tant en fiefs qu'en autres biens dans cette région, ainsi qu'à Saint-Marcel, Tournus..., etc. Il avait fait partie, dans sa jeunesse, des troupes qui s'opposaient aux incursions des Grandes Compagnies. En 1432, il était conseiller et chambellan de Philippe-le-Bon, duc de Bourgogne ; en 1440, il assistait à la prise de possession de Quentin Menard, archevêque de Besançon. Guillaume de Vienne, sire de Saint-Georges et de Sainte-Croix, lui fit don, l'année suivante, de la haute justice de Vincelles, pour le récompenser des services qu'il en avait reçus aux batailles de Brevans et d'Anton, ce que Philippe, duc de Bourgogne, confirma par ses lettres patentes du 13 septembre 1449. Jean de Salins prenait alors la qualité de bailli de Dôle et de maître d'hôtel d'Isabelle de Portugal, duchesse de Bourgogne. Il avait épousé, avant l'an 1430, Jeanne Bouton, veuve du seigneur de Ste-Croix et fille de Guillaume Bouton, écuyer, seigneur de Suligny et de Jeanne de Montmorot.

Leur fils et héritier, Guy de Salins, chevalier, fut seigneur de Vincelles. Jean de Sainte-Croix, écuyer, son frère, était seigneur de Clémencey.

Guy de Salins-Vincelles mourut en 1484. Il avait reçu du roi Louis XI plusieurs fiefs arrivés au roi par droit de commise sur des habitants. Il laissait plusieurs fils dont l'aîné, Henry, fut seigneur de Vincelles, et d'autres religieux en l'abbaye de Tournus : l'un deux, Jehan, fut prieur de Louhans.

Henry de Salins, écuyer, seigneur de Vincelles, épousa, en 1484, Isabelle de Salins, sa cousine, et mourut bientôt, laissant deux enfants, dont l'un, Claude, qui a continué la postérité, fut en même temps que seigneur de Vincelles, bailli du Charolais, écuyer tranchant et capitaine des archers de la garde de Philippe, archiduc d'Autriche. Ce fut lui qui entreprit, le 6 du mois de mars de l'an 1511, « de défendre en la cour de son château de Vincelles, contre tous

Tournoi au château de Vinarelles

ceux qui voudraient l'attaquer », tournoi qui fut une fête brillante par la présence de l'archiduc et par le nombre des dames et des chevaliers qui s'y trouvèrent. Le seigneur de Vincelles y soutint la réputation qu'il s'était déjà acquise dans de pareils combats et triompha de la valeur des assaillants.

Claude de Salins est qualifié de haut et puissant seigneur dans une sentence du bailliage de Chalon de l'an 1522. Il donna, l'an 1531, à Charles Bouton, seigneur du Fay, la terre de Suligny, pour se décharger de la rente annuelle de cinquante livres qu'il lui devait.

Claude de Salins eut successivement trois femmes, Jeanne de la Rochebaron, Anne de la Vaugrigneuse et Antoinette de Seyturier. De la première il eut Guillemette de Salins qui contracta alliance avec Claude de Beaurepaire. De la seconde il eut Philibert de Salins, écuyer, baron et seigneur de Vincelles, qui fit partie de l'armée que le roi de France envoya en Italie sous le commandement du marquis de Rothelin.

Les deux fils de Philibert de Salins, Philibert et Aymé, furent successivement barons de Vincelles. Le dernier eut, de son mariage avec Adrienne Bernard, fille de Pierre-Bernard de Montessus, seigneur de Rully, une fille, Catherine de Salins, qui épousa, en 1622, Jean-Charles du Tartre, ce qui fit passer à cette famille la baronnie de Vincelles.

Le château de Vincelles était sur une motte dans une île formée par la Seille. Le pont-levis qui lui servait d'entrée fut remplacé plus tard par un « pont dormant » pour communiquer du château au village.

Au XVIII° siècle, la seigneurie de Vincelles et le château étaient passés au marquis de Beaurepaire. La justice ressortissait au bailli du comté de Louhans.

A l'emplacement du château qui existait encore au commencement de ce siècle s'élève une maison rurale, ayant conservé par habitude le nom de château, propriété de M. Guillemin, qui fut juge de paix de Chalon-sur-Saône, et ensuite de M. Gaillard, de Louhans.

Deux hameaux de Vincelles, Montsavin et l'Ambutelière, faisaient partie d'une autre seigneurie, relevant de Louhans. Avant l'érection de Vincelles en paroisse, ce qui n'eut lieu qu'en 1860, ces hameaux étaient de la paroisse de Louhans ; mais Vincelles avait une chapelle succursale, annexe de St-Usuges, fondée en 1455 par Jean de Salins-Vincelles et Quentin, archevêque de Besançon.

Vitte. — *Voy.* plus loin et feuille 10ᵉ des Armoiries.

⁂

Ici s'arrêterait la liste des Familles nobles et Armoiries pour lesquelles nous avons suivi l'ordre alphabétique. Bien des noms toutefois sont à citer encore. Pour combler cette lacune autant qu'il nous sera possible et réparer des oublis inévitables dans un travail pour lequel les renseignements restent nécessairement incomplets, nous continuerons cette énumération où manqueront encore certains noms, surtout ceux se rattachant insuffisamment à cette région louhannaise.

Nous joindrons quatre planches nouvelles d'armoiries aux huit données précédemment, chaque planche contenant encore six armoiries.

La plupart des familles qui continuent cette nomenclature sont de noblesse plus récente que celles qui nous ont précédemment occupés. Nous résumerons, comme nous l'avons fait jusqu'ici, très impartialement, les documents que nous avons pu consulter à leur égard.

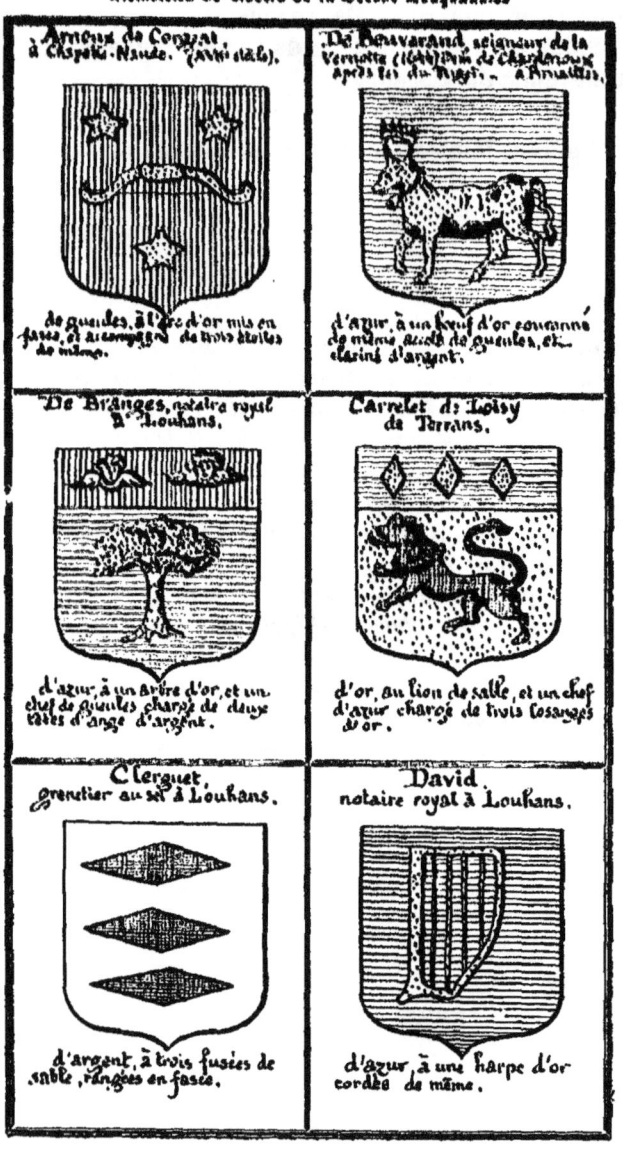

Arnoux de Corgeat et Arnoux de Ronfand. — De date déjà ancienne est la famille Arnoux, originaire de Louhans où elle compta, dès le milieu du XVIe siècle, au nombre de celles ayant des lettres de bourgeoisie, et qui eut plus tard la particule nobiliaire à la suite de l'acquisition de fiefs dans la région, notamment à Chapelle-Naude et à Bruailles.

Plusieurs de ses membres eurent un rôle marqué d'abord dans le commerce local, ensuite dans l'Administration provinciale et communale, avant et aussi pendant la Révolution.

Cette famille était représentée par les deux branches, Arnoux de Corgeat (Chapelle-Naude), et Arnoux de Ronfand (Devrouze). Sa généalogie a été publiée dans la *Revue héraldique* (1), d'après les recherches de l'abbé Lebrun, ancien curé de Chapelle-Naude.

Le premier membre connu fut Pierre Arnoux, dit l'Ancien, admis en 1556 bourgeois de la ville de Louhans. L'aîné de ses fils, Pierre Arnoux, bourgeois et marchand à Louhans, acquéreur en 1614 de la terre de Corgeat est l'auteur de la branche des Arnoux de Corgeat ; et l'autre, Guillaume, est l'auteur de la branche des Arnoux de Ronfand.

La descendance directe de Pierre fut nombreuse et celle de l'aîné de ses fils, Nicolas Arnoux, le fut davantage encore.

Des dix enfants de Nicolas, l'un, Pierre Arnoux, né en 1618, fut échevin de Louhans en 1646 ; il était chevalier du Jeu de l'Arc et capitaine des Chevaliers du Jeu de l'Arquebuse. C'est de lui que paraissent dater les armoiries des Arnoux, armoiries parlantes dont la première pièce est un arc, qui, en même temps qu'elle a voulu rappeler l'adresse du tireur, indique aussi la première syllabe de son nom. Ces armoiries sont : « de gueules à l'arc d'or mis en fasce et accompagné de trois étoiles de même ».

Le dit Pierre Arnoux avait épousé, en 1640, Adrienne

(1) Tome XIX, n° 5, — 25 novembre 1904.

Courdier (1) dont il eut quinze enfants, du nombre desquels plusieurs furent religieux et religieuses, — une fille fut mariée à un avocat à la Cour, Jean Durand, capitaine et châtelain de Sagy, — une autre mariée à un conseiller à la Chambre des Comptes de Bourgogne, Petitjean de la Tournelle, — un fils, l'aîné, Gabriel Arnoux, né en 1641, fut avocat au parlement et lieutenant au bailliage de Louhans, — un autre, Théodore Philibert, né en 1654, fut subdélégué de l'Intendant de Bourgogne.

Gabriel Arnoux, né en 1641, eut d'Henriette Morel, son épouse, cinq enfants dont l'aîné, Philibert Arnoux de Corgeat, qui va suivre, — deux autres, Pierre et Gabriel, qui furent chanoines de Mâcon, — Catherine qui fut religieuse, et Elisabeth qui épousa, en 1695, Claude Gauchat, avocat, conseiller du roi, maire perpétuel de la ville de Louhans.

Philibert Arnoux de Corgeat, né en 1669, avocat au parlement, épousa en 1694 Judith Lefebvre, dame de Promby, sa cousine. Il mourut l'année suivante, laissant un fils, Théodore-Philibert Arnoux de Corgeat, écuyer, seigneur de Promby, né en 1695, conseiller à la Chambre des Comptes de Dôle, époux en 1734 de Jeanne-Louise Trembly, fille de Claude Trembly, écuyer.

Après sa mort survenue en 1766, son fils aîné, Pierre Arnoux de Corgeat, écuyer, seigneur de Promby (2) épousa en 1768, demoiselle Lorenchet de Montjamon, dont il eut plusieurs filles, l'une d'elles, Judith Arnoux de Promby, mariée en 1804 à François-Nicolas du Marché, et entre autres fils, Philibert Arnoux de Corgeat, marié le 21 janvier 1793 à Jeanne-Louise Arnoux d'Epernay, sa cousine, dont il eut plusieurs fils.

L'un deux, Marie-Bernard-Hypolithe Arnoux de Corgeat, né en 1800, mort en 1859, fut garde du corps sous la Restauration. Ce fut lui qui fit construire, en 1844, le château de la Motte, situé sur le territoire de Sainte-Croix, aux confins de Chapelle-Naude.

M. de Corgeat, — c'est ainsi qu'on désigna désormais les

(1) De famille qualifiée noble, Courdier ou Cordier, dont un capitaine châtelain de Sagy, avec armes : « De gueules à une fleur de lys d'argent en abîme, accompagnées de deux étoiles en chef et d'un croissant en pointe, le tout d'or. Voy. Frangy, p. 90.

(2) Le fief de Promby était passé, par acquisition et mariage, des Badoux (Voy. ce nom *supra* p. 17) aux Arnoux de Corgeat.

membres de la famille, — avait épousé en 1832 demoiselle Aimée-Hortense Poncelin de Raucourt, décédée en 1870 à l'âge de 61 ans. Il en eut quatre enfants : Sara A. de Corgeat, née en janvier 1838, morte le 2 mars 1862, mariée en 1859 à Léon Huot (1) de Charmoille de Frasnois, mort en 1899, laissant deux enfants, Hortense (mariée à Edouard Pertusier) et Simon de Frasnois, né en 1862, officier de chasseurs d'Afrique, marié en 1890 à Marie Bercioux ; — Alix A. de Corgeat, née en 1840, épouse en 1866 d'Aimé Lieffroy, dont elle eut trois enfants, Hubert (marié à Renée de Grivel), Alix (mariée à Edmond Favier, capitaine d'infanterie) et Geneviève, épouse de Melchior de Grivel, — Raoul de Corgeat né le 4 juillet 1846, marié le 27 avril 1876 à Marie Cuenot, dont il eut Yvonne Arnoux de Corgeat ; — et enfin, Laurence Philiberte, née le 10 février 1848, mariée le 13 août 1872 à Ernest Courlet de Vrégille, qui fut maire de Chapelle-Naude et mourut au château de la Motte en 1904, laissant plusieurs enfants. *Voy.* plus loin de Vrégille et 12e planche des Armoiries.

Nous avons dit plus haut que Guillaume Arnoux, le second fils du premier Pierre Arnoux, bourgeois de Louhans en 1556, fut l'auteur d'une seconde branche des Arnoux.

Ce Guillaume Arnoux, bourgeois et marchand à Louhans en 1570, marié à Jeanne Mathé, eut pour fils Guy Arnoux, père lui-même de Philibert Arnoux, marié en 1629 à Benoîte Poupon, dont il eut Guy Arnoux, né à Louhans le 3 mars 1630, praticien, notaire et procureur à Louhans, bailli de l'Abbaye du Miroir, enterré dans sa ville natale le 4 juin 1708.

Il laissait de nombreux enfants, dont Claude Arnoux, né en 1666, qui fut docteur en théologie, prêtre familier de l'église de Louhans et curé de Sornay en 1721, décédé en 1738, — et Charles-Antoine Arnoux, né à Louhans, en 1676, décédé en 1738, qui fut d'abord médecin, puis conseiller du Roi et maire de la ville de Louhans de 1709 à 1714, subdélégué de l'Intendant de Bourgogne en 1723, puis conseiller correcteur en la Chambre des Comptes de Dôle, charge qui le fit entrer dans la noblesse. Il avait épousé en 1700, à Devrouze, Claire Guerrin, fille de Jean-Baptiste Guerrin,

---

(1) Huot : de sable à trois têtes de lévrier d'argent armées et colletées de gueules.

sieur de Ronfand et de Marguerite Chanus dont il eut huit enfants, entr'autres : Claude Philibert qui va suivre ; — Claudine, née en 1702, épouse en 1726 de Claude Vitte, chevalier, avocat en parlement, maire de Louhans (*Voy.* plus loin et 10° planche des Armoiries, Vitte) ; — Marguerite et Charlotte, religieuses, — et Nicole qui épousa, en 1745, Pierre-Jacques Fournier, conseiller correcteur en la Chambre des Comptes de Dôle, né à Louhans le 9 janvier 1719, fils de Claude-Pierre Fournier, bailli de Cuiseaux et de Claire David, fille d'un président au grenier à sel de Louhans. *Voy.* plus loin David et 9° planche des Armoiries.

Claude-Philibert Arnoux de Joux, écuyer, seigneur de Ronfand, né le 8 novembre 1708, décédé en mars 1768, eut de sa femme Anne-Valérienne Niepce 23 enfants, dont plusieurs aînés qui n'eurent pas d'enfants, — puis Théodore-Philibert Arnoux de Ronfand, qui suit, — ensuite, Marie-Thérèse-Gabrielle Arnoux de Ronfand, mariée en 1774 à Antoine-Philibert Chapuis de Montlaville, dont le petit-fils fut le baron de Chapuis-Montlaville, sénateur du second empire (1) ; — Laurent Arnoux d'Epernay, chevalier, né le 4 mars 1744, capitaine au corps royal d'artillerie, chevalier de Saint-Louis, puis au moment de la Révolution, maire de Louhans (1792-1793). Laurent Arnoux d'Epernay fut aussi maire de Bruailles sous l'Empire et la Restauration. Il avait, dit la notice que nous avons citée, épousé à la Martinique, le 2 janvier 1770, alors qu'il y était en garnison, Marie-Louise Giraud de Charbonnières, fille de Charles Giraud, écuyer, seigneur de Charbonnières et d'Ozon, et de Marie-Louise Mahault, cousine germaine de la future impératrice Joséphine ; et de cette union étaient venues quatre filles : Anne-Félicité, née à Fort-Royal le 9 novembre 1771, morte à Patran (Bruailles) sans alliance le 29 novembre 1858 ; — Jeanne-Louise, née en 1774 à la Martinique, mariée à un de ses cousins de la branche de Corgeat, — Louise-Anne-Adélaïde, épouse d'Alexandre-Sylvestre Lyautey de Colombe dont une des filles fut mariée à Antoine-Joseph Garnier des Garets (*Voy.* ce nom) ; — et

(1) *Voy. supra* p. 58. Les armes des Chapuis de Montlaville étaient : « d'azur au chevron d'or accompagné en pointe d'un pélican de même, au chef d'argent, d'une épée en fasce de sable, pointant à dextre ».

enfin, Marie-Théodorine-Sophie, née en 1776, qui fut supérieure des religieuses de l'hôpital de Louhans.

Théodore-Philibert Arnoux de Ronfand de Joux, chevalier de Saint-Louis, fit partie du corps de la noblesse du bailliage de Bresse, en 1789, pour les élections aux Etats généraux. Il avait épousé Emmenonde-Constance-Charlotte-Louise de Loubat de Rohan dont il eut deux enfants : Claude-Théodore, né en 1786, — et Marie-Valérienne-Zoé, mariée en 1804 à Jean-Charles-Bénigne-Varennes de Fenille, de très notable famille du département de l'Ain.

Claude-Théodore Arnoux de Ronfand de Joux fut époux en premières noces d'Aspasie Ducret de Langes et en secondes noces de Maclovie Petitjean de Rotalier ; mais il mourut sans laisser de postérité. Il était maire de Devrouze en 1820.

Une autre branche de la famille Arnoux est encore à signaler à Bruailles (1). Un des nombreux fils de ce Pierre Arnoux que nous avons vu acquéreur de la terre de Corgeat en 1614, portant également le nom de Pierre Arnoux et décédé en 1636, avait eu de sa femme, Claudine Bonjan, un fils Claude. Celui-ci eut de sa femme, Nicole Picard, trois enfants dont l'aîné, Claude, épousa Guillemette de Loisy dont il eut trois enfants.

L'aîné de ces enfants, François Arnoux, né en 1654 et décédé à Louhans le 15 septembre 1701, époux de Jeanne Catron, eut aussi plusieurs enfants, au nombre desquels Gaspard, né le 8 août 1700 et marié en 1738 à Claudine Vincent dont vinrent trois enfants : Jeanne-Claudine Arnoux, née le 23 avril 1739, mariée à François-Philibert Puget, officier de santé, maître chirurgien à Louhans, — Claude-Joseph Arnoux, qui suit, — et Elisabeth Arnoux, mariée le 14 novembre 1765 à Jean Jehannin, avocat en parlement. Nous parlerons plus loin de la famille Jehannin.

Claude-Joseph Arnoux, né le 19 juin 1740, notable du Corps municipal de Louhans en 1789, marié à Anne Bernard, en eut trois enfants : Anne Arnoux, — Claudine Arnoux, mariée orpheline à Claude Jehannin (*Voy.* ce nom), son cousin germain, — et Gaspard Arnoux, chevalier

(1) Voy. *Revue héraldique*, tome XXI n° 2, août 1905, p. 96.

de la Légion d'honneur, maire de Bruailles en 1820, décédé sans alliance en 1840.

Nous ajouterons encore qu'une famille Gacon est, d'après la source que nous avons indiquée (1), reliée à celle des Arnoux.

Claude-Etienne Gacon, né en 1720, mort à Lons-le-Saunier en 1802, avocat en parlement, avait épousé en 1752 Claudine Vitte, fille de Claude Vitte, avocat distingué de Louhans (le nom de cette famille Vitte viendra avec la 10° planche des Armoiries) et de Claudine Arnoux. Il en eut quatre enfants dont l'un fut avocat, conseiller au présidial de Lons-le-Saunier, président de la cour criminelle du Jura, chevalier de la Légion d'honneur à la création de l'ordre ; — un autre fut sous-préfet de Saint-Claude pendant les dernières années de l'Empire et sous la Restauration ; — un autre, curé de Champagnole et chanoine de Saint-Claude ; — et enfin Claire Gacon, née à Lons-le-Saunier en avril 1762 et mariée en 1782 avec Claude Lorin de Laffargière. *Voy.* plus loin Lorin et 12° planche des Armoiries.

Beuverand (De). — La famille de Beuverand est originaire de Chalon où elle a donné des maires, des juges au bailliage, et des lieutenants généraux en la chancellerie de cette ville. Elle donna aussi des bienfaiteurs à l'hôpital pour le service des pauvres : dans le sanctuaire de la grande salle, à l'hôpital de Chalon, parmi les tombes des plus anciens bienfaiteurs, s'en trouve une de 1587 sous laquelle repose une *honeste fille* du nom de BEVVRAND.

La famille de Beuverand a fourni plusieurs branches parmi lesquelles celle des Beuverand de la Loyère, et celle des Beuverand de la Vernotte (à Vérissey).

Etienne de Beuverand est le plus ancien de ceux dont nous voyons figurer ce nom dans les documents d'archives. Il était, en 1517, avocat en parlement. L'aîné de ses fils, Jean-Baptiste Beuverand est l'auteur de la branche de la Loyère (2). Le second, Pierre de Beuverand est l'auteur de la

(1) Id. *Rev. hérald.* XIX n° 5, XXI n° 2. La suite des membres de la famille est indiquée dans cette notice généalogique.
(2) *Annuaire de la noblesse*, de Borel d'Haùterive, 1901.

branche de la Vernotte ; il était juge de la châtellenie de Saint-Laurent. C'est à la postérité de ce dernier qu'appartient Pierre de Beuverand, secrétaire et contrôleur de la Chancellerie au Parlement de Bourgogne, annobli par lettres patentes de 1644, et c'est à la postérité de celui-ci qu'appartint aussi celui qui devint, par mariage, seigneur du fief de Chardenoux, à Bruailles, François-Philibert de Beuverand, fils de Jean-Baptiste de Beuverand et de Marie Simonnot.

François-Philibert de Beuverand, né en 1771, mourut à Chalon le 20 mars 1814 (1). Il avait épousé Mlle du Puget de Chardenoux (*Voy*. ce nom, p. 168), dont il eut deux enfants.

L'aîné, Jean-Baptiste-Louis-Gustave de Beuverand, né à Chardenoux (Bruailles) en 1802, mort au même lieu en 1877, candidat de l'opposition légitimiste à la députation sous le second Empire, et plus tard maire de Bruailles, avait épousé Caroline-Nicole-Marie-Joséphine Joly de Bèvy, propriétaire à Dijon où elle était décédée le 8 janvier 1843 à l'âge de 22 ans : elle était fille de M. de Bèvy et d'Odette-Claudine-Marie-Pauline de Beuverand de la Loyère. Il en avait eu un fils et une fille. Le fils, Joseph-Armand-Gaston de Beuverand, né en 1840 à Dijon, époux en juin 1870 de Gabrielle-Marie-Louise de Barthelats, mourut l'année suivante (2 mars 1871) à l'âge de 31 ans, sans postérité, au château de Chardenoux. Il avait été pendant quelques mois maire de Bruailles. Sa sœur, Marie-Françoise-Valentine de Beuverand, épousa en 1860 René Quirot de Poligny.

Les armes des de Beuverand portent : « d'azur au bœuf passant d'or, couronné de même, accolé de gueules et clariné d'argent ».

Le gendre de Gustave de Beuverand, René Quirot de Poligny, né en 1836, capitaine de mobiles pendant la guerre de 1870, puis au 57e régiment territorial, chevalier de la Légion d'honneur, fut, après la mort de beau-père, maire de Bruailles en 1878, jusqu'en 1902, décédé à Dijon le 15 février 1903.

Il avait de Valentine de Beuverand, son épouse, plusieurs

(1) Son frère Gaspard-Alexandre Beuverand de la Vernotte, né le 29 juin 1772, était encore en 1830 propriétaire à Vérissey, au château de la Vernotte.

fils, dont l'un Jean Quirot de Poligny, né en 1865, propriétaire à Chardenoux, ancien adjudant de cavalerie, décoré de la médaille militaire, marié à Mⁱˡᵉ du Virel, — l'autre Just Quirot de Poligny, né en 1860, ancien officier de cavalerie, époux de Mⁱˡᵉ de Laudières.

Clerguet. — Famille noble dont on distingue deux branches, celle de Chalon et celle de Louhans, fondue avec celle de Tournus.

La branche de Chalon, qui a blasonné « d'argent à trois fusées de sable en pal posées en fasce » a fourni des marchands, des avocats en parlement, un maître des ports de Bourgogne, des ecclésiastiques, chanoines de la cathédrale, plusieurs autres prêtres dans la région.

Parmi les avocats, on cite dès le XVIᵉ siècle, Salomon Clerguet qui fut le plus célèbre de la famille ; il était né en 1560 à Chalon où il fut avocat distingué, député aux Etats de Blois en 1588, écrivain érudit, poète (auteur de poésies en français et en latin) et, ce qui lui fait le plus d'honneur encore, dit Courtépée, il mérita par sa fidélité au roi, au temps des guerres de religion, d'être emprisonné par le duc de Mayenne, en 1594, à l'époque de la Ligue.

Au XVIIᵉ, un Antoine Clerguet était avocat et bailli de l'Evêché de Chalon, marié à Anne de la Michodière, et comme tel un des seigneurs de Loisy, comme le fut encore, après sa mort, en 1702, son fils Nicolas.

Au XVIIIᵉ siècle, Jean-Baptiste Clerguet, marié à Claudine Dard, lieutenant général en la Cour et Chancellerie de Chalon, seigneur de Loisy et Rosey (1710), paraît dans un acte avec Jean Clerguet, curé et archiprêtre de Branges.

Un autre membre de la famille, Bénigne Clerguet, conseiller du roi, fut son grenetier au grenier à sel de Chalon-sur-Saône et chambre de Louhans.

Parmi les ecclésiastiques, le Père Perry, dans son Histoire de Chalon, cite un Nicolas Clerguet qui fut au XVᵉ siècle (1449) chanoine de Saint-Vincent de Chalon, archidiacre de Loscheret. Au XVIIᵉ, Clerguet Antoine, bachelier en théologie, était aussi chanoine de la cathédrale de Saint-Vincent de Chalon (1697), quelques années après, chapelain de la chapelle Saint-Jérôme près de Cuiseaux (1711).

D'autres Clerguet sont cités encore dans divers actes. On voit dans l'Armorial général de France, de d'Hozier (1), qu'un membre de la famille Clerguet, Bénigne Clerguet, femme de Pierre-Antoine Cottin, écuyer, conseiller secrétaire du roi, audiencier en la Chancellerie, près le parlement de Dijon, voulant que sa nouvelle famille établie par son mariage eut aussi ses armoiries, avait modifié quelque peu celles des Clerguet, et elles sont ainsi indiquées dans le recueil de d'Hozier : « d'argent à trois fusées de sable en fasce, posées en pal », au lieu de en pal, posées en fasce.

Enfin, dans le recueil des *Devises et Dictons* de Joseph de Champeaux (2), nous trouvons, au mot Clerguet de Loisy, cette devise ou plutôt ce dicton : *Ne cherche pas un nœud dans un jonc.*

La branche des Clerguet, de Louhans, fondue avec celle des Clerguet, de Tournus, donna au XVIe siècle des échevins à la ville de Louhans, des notaires (l'un deux, Clerguet Antoine, notaire royal, tabellion de Louhans et de Sagy (1556), un président au grenier à sel de Louhans, ayant aussi comme « armoiries d'argent à trois fusées de sable rangées en fasce ».

Cette branche de la famille Clerguet donna aussi, au XVIIe siècle, plusieurs ecclésiastiques, dont trois furent curés de Louhans.

L'un deux, Melchior Clerguet, avait, en l'année 1620, passé avec le maire et les échevins de la ville un acte dans lequel, après avoir rappelé que le curé était tenu, comme ses prédécesseurs, « de livrer, le matin du 1er janvier de chaque année, comme étrennes à tous les bourgeois et habitants qui voulaient l'envoyer prendre, un verre plein de vin blanc pur et un autre de clairet en forme de petit hippocras, avec une rostie de pain sec et une autre rostie de fromage et le déjeuner, particulièrement à aucuns des principaux de la ville, payant chascun d'eux, un grand blanc », il était ensuite indiqué que « le dit curé et les dits bourgeois, préférant l'honneur et le service de Dieu à leur profit particulier, sont convenus que M. le curé, pour lui et ses successeurs, seraient quittes de la redevance du déjeuner, à la

(1) Bourgogne, Recueil publié par Henry Bouchot, Dijon 1875.
(2) *Devises, Cris de Guerre, Légendes, Dictons,* Dijon 1890.

condition d'entretenir, tant le jour que la nuit, la lumière à l'huile, à la lampe, pour l'honneur et la révérence du Saint-Sacrement » (1).

C'est ce même curé qui, à peu près vers la même époque, avait fait construire, près de la ville et au-dessus de la rivière du Solnan, une chapelle et un petit édifice appelé l'ermitage de St-Claude (2), « dédié en l'honneur de Dieu, de St-Roch et de St-Claude, où les habitants de la ville et des lieux circonvoisins venaient prier dévotement en faisant des aumônes à l'ermite laiz qui y résidait. Par acte passé devant le notaire Vitte, le 28 août 1624, il céda à la ville cet ermitage à la charge d'y recevoir et faire vivre de ses charités « quelque sage et savante personne, prédicateur en théologie, avec la réserve de sa sépulture dans la chapelle », ce qui fut accepté par le maire et les échevins de Louhans, et par le Provincial de l'ordre de St-François, de Lyon. Deux religieux de l'ordre de St-François, venant du couvent de Pont-de-Vaux, y furent admis « pour y faire hospice, visiter les malades, faire les confessions nécessaires pour satisfaire aux intentions des bons chrétiens et gens dévotieux, prédications et tous autres semblables bons offices de piété chrétienne ».

Ce fut l'origine à Louhans d'un couvent de Cordeliers, car peu d'années après, à la suite d'une donation particulière (1626) faite par Claude de la Michaudière, maire de Louhans, et sa femme Magdeleine Crestin, « de quelques fonds servant de *chenevières*, sis aux Bordes, en l'île de Louhans sur la Vallière », et, tout en conservant l'ermitage de St-Claude, leur nouvel établissement était fondé : il persista jusqu'en 1780, époque à laquelle les quelques moines qui y restaient avec grande peine pour s'y entretenir en firent abandon à la ville et se retirèrent. Une belle promenade de tilleuls et un quinconce de platanes élancés

---

(1) Archives départementales de Saône-et-Loire, G. 275.
(2) On appelle encore *clos de St-Claude* le jardin et l'habitation qui s'y trouve actuellement, et *montée de St-Claude* la rampe de chemin qui y conduit ; mais ce chemin qui est actuellement la route de grande communication de Louhans à Montpont, n'était pas encore tracé ; il ne date que de 1760. Auparavant il passait derrière le domaine de la Buclière. L'hermitage élevé dans ce lieu heureusement choisi, était à mi-côte du communal, ayant aspect sur la rivière du Solnan et sur un horison qui se prolonge jusqu'à la première chaîne des montagnes du Jura.

portent encore aujourd'hui le nom de Promenade et Carré des Cordeliers.

Après Melchior Clerguet dont les actes, comme curé de Louhans, nous ont entraîné à cette digression, un autre membre de cette famille qui devait être fort nombreuse, Jean-Baptiste Clerguet, fut encore curé de cette ville en 1693.

C'est un peu avant cette époque, dans la seconde moitié du XVIIe siècle, qu'un autre membre de cette même famille, Melchior Clerguet, était apothicaire à Louhans ; et c'est lui qui est l'auteur connu de la famille de ce nom qui continua à exister encore de longues années à Louhans. Il eut pour fils, entre autres, Jean-Baptiste Clerguet, marié en 1670 à Lucrèce Collot de Tournus, dont il eut plusieurs enfants qui formèrent la branche de Tournus : Nicole, épouse de Me Goras, praticien, — Jacques, chanoine de Tournus, licencié en Sorbonne, — et Jeanne-Claudine, épouse en 1732 de Jean-Marie Desharennes, fils de Jean-Louis-Guyot Desharennes, maire perpétuel de Tournus.

Vers cette même époque, un autre membre de la famille, Claude Clerguet, marchand à Louhans, s'était allié à la sœur du maire de Tournus, Claudine-Guyot Desharennes.

La famille des Clerguet, à laquelle nous devions donner sa place dans cette nomenclature, avait conservé jusqu'à la fin du XVIIIe siècle et même dans la première moitié du XIXe des représentants à Louhans et à Tournus, ainsi qu'à Chalon.

Corgeat (Arnoux de). — *Voy.* Arnoux, *supra.* p. 255.

David, famille louhannaise ayant cette armoirie *parlante* (la harpe de David) : « d'azur à une harpe d'or cordée de même » et qui compta plusieurs membres dans le notariat, la magistrature et l'administration du grenier à sel de Louhans.

Cette famille était alliée par mariage à diverses familles notables de Louhans et de Cuiseaux. Claire David, fille d'un président au grenier à sel de Louhans, avait épousé, vers 1715, Claude-Pierre Fournier, bailli de Cuiseaux, et de famille qui avait plusieurs membres figurant parmi les notables, à Louhans.

Au moment de la Révolution, David Jean-François fut en

1792 juge suppléant au tribunal de Louhans, puis en 1793-1794, juge au tribunal criminel de Saône-et-Loire dont le siège était à Chalon. Il exerça encore, de 1800 à 1808, les fonctions de juge au tribunal de Louhans, mais en qualité de suppléant.

La famille conserva encore de ses membres à Louhans et dans la région jusqu'au milieu du XIX° siècle. Un des derniers fut juge de paix à Louhans où il est mort en 1852.

Debranges, — *alias* **DeBranges**, — **de Branges**, — famille dont plusieurs membres eurent à Louhans et dans la région, un rôle important sous l'Ancien régime, et aussi pendant et après la Révolution. Le nom s'est écrit souvent d'un mot, Debranges, d'autres fois avec majuscule au *B*, d'autres fois en détachant le *de*, comme particule nobiliaire, de Brange, avec ou sans *s*.

Comme pour d'autres familles que nous aurons à citer encore dans le cours de cette nomenclature des *Armoiries et Familles nobles du Louhannais*, certaines remarques sont à faire relativement à l'origine de leur nom, qui serait peut-être, — cette opinion a été soutenue, — un nom de lieu, Branges, Loisy... Les premiers membres de ces familles, ceux qui leur ont laissé le nom porté depuis, sans avoir eu la seigneurie de la terre, sans avoir été le seigneur principal, ont pu avoir ce qu'on appelait le fief de prévôté, c'est-à-dire être officiers seigneuriaux rendant la justice au nom du seigneur et retenant le nom de la terre qu'ils étaient chargés de régir.

Comme armoiries les De Branges portaient « d'azur à un arbre d'or et un chef de gueules, chargé de deux têtes d'anges d'argent. » (1)

Plusieurs branches ont existé de cette famille DeBranges ou de Brange. Nous parlerons plus loin des De Branges de Bourcia et de Civria, famille indiquée dans le *Nobiliaire* de Franche-Comté. Mais la plus digne de célébrité, du moins pour nos compatriotes de la Bresse Louhannaise, est celle qui donna à Louhans plusieurs maires de ce nom de DeBranges ou de Brange, et dont le dernier d'entre eux

(1) Armoiries de De Branges Claude, notaire royal à Louhans, in *Armorial général de France*, recueil officiel dressé en vertu de l'édit de 1696, par Charles d'Hozier, publié par Henry Bouchot, de l'école des Chartes. *Bourgogne*, t. II.

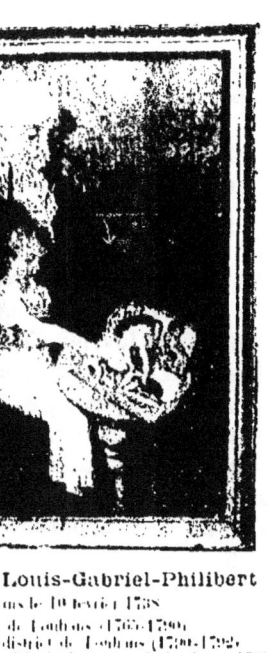

DE BRANGES Louis-Gabriel-Philibert
né à Louhans le 10 février 1758
Avocat, Maire de Louhans (1765-1790)
Procureur Syndic du district de Louhans (1790-1792)
Président de l'administ. municipale du canton de Louhans (1795)
Sous-Préfet de l'arrondissement de Louhans (1800-1815)
Chevalier de la Légion d'honneur
Député à la Chambre des Cent Jours (mai-juillet 1815)
Sous-Préfet de l'arrondissement de Louhans
(7 juillet 1815-13 janvier 1816)

(D'après un tableau de famille où il est représenté en
costume de Sous-Préfet de l'Empire.)

devait être aussi, après la Révolution, sous-préfet et député de l'arrondissement.

Le premier maire de ce nom fut Claude de Brange, avocat, conseiller du roi, maire de Louhans de 1714 à 1738, à l'époque où la vénalité des charges était le plus en pratique et où les maires de villes, comme lui, étaient qualifiés maires perpétuels.

Claude de Brange fut encore maire de 1758 à 1765, désigné par les Etats Généraux de la province, un édit royal ayant attribué la nomination des maires aux Etats ou à l'Intendant.

Après la mort de Claude de Brange, en 1765, son fils Louis-Gabriel-Philibert de Branges, avocat au parlement, fut institué maire de Louhans par les Etats de la province. Il était né à Louhans le 10 février 1738, d'après l'acte de baptême, « fils de Claude Debrange, conseiller et procureur du roi au grenier à sel de Louhans, et de Marie Leroude, son épouse ». Il fut marié à Marie-Anne Drouin qui le laissa veuf à une époque que nous ne pouvons préciser.

Il avait été nommé maire d'abord pour trois ans, charge qui lui fut renouvelée et qu'il conserva jusqu'à l'époque de la Révolution de 1789.

Il fut pendant la Révolution procureur syndic de Louhans, de 1790 à 1792, puis devint, en 1795, président de l'administration municipale du canton de Louhans.

Nommé sous-préfet de l'arrondissement de Louhans le 30 mars 1800, il conserva cette fonction jusqu'en 1815. Il représenta l'arrondissement à la Chambre des Cent-Jours(1). Il fut encore sous-préfet de Louhans depuis le 7 juillet 1815 jusqu'au 13 janvier 1816.

Il avait un frère, de Branges Jean-Baptiste, né en 1742, qui fut moine bénédictin de l'abbaye de Saint-Marcel, et mourut à Louhans en décembre 1803, âgé de 61 ans, « honoré comme confesseur de la foi ».

Louis-Gabriel-Philibert De Branges, qui fut maire, sous-préfet, député, et dont nous donnons le portrait d'après un tableau de famille, en costume de sous-préfet de l'Empire, ayant une de ses petites-filles sur ses genoux, mourut à Louhans, le 11 avril 1821, à l'âge de 83 ans ; il était chevalier de la Légion d'honneur.

(1) Il avait été élu par 56 voix sur 100 votants, contre 23 à M. Guigot, conseiller à la Cour de Dijon, et 21 au général Thiard.

Sa carrière fut bien remplie, et à une époque si importante de l'histoire, il joua un rôle marqué très honorable et très utile en même temps, dans son pays natal où il s'était acquis une grande réputation. Nous avons rappelé les faits qui s'y rattachent dans l'*Histoire de la Bresse Louhannaise* et dans l'*Histoire de la Révolution dans le Louhannais* (1).

Il laissa une fille, Marie-Anne de Branges, qui fut religieuse hospitalière à Louhans, et un fils, Alexandre-Joseph-Adrien de Branges, qui, par son mariage avec Barbe-Marguerite-Bertrande de Branges de Civria, entra dans la branche des de Branges de Civria, et dont le fils, Ferdinand de Branges de Civria, ne laissa pas de postérité masculine.

Parmi les autres enfants d'Alexandre-Joseph-Adrien de Branges de Civria, il nous faut citer, comme petites-filles de l'ancien maire, sous-préfet et député de Louhans, Pauline de Branges de Civria, qui fut mariée à Pierre-André Guillemaut, lequel fut sous-préfet de l'arrondissement de Louhans, après la Révolution de 1830, au commencement de la monarchie de Juillet, et peu de temps après disgracié, fut percepteur à Plottes ; — et Antide-Virginie Debranges-Civria, née à Louhans le 29 mars 1794 et décédée dans la même ville, en 1853, à l'âge de 59 ans, laquelle avait épousé Jean-Philibert Guillemaut, avocat à Louhans, frère du précédent.

De ce dernier mariage étaient issus Louise-Charlotte-Pauline-*Léonie* Guillemaut dite « la Sainte », née à Louhans le 20 février 1812, auteur de divers ouvrages de piété (2), décédée à Louhans, le 29 mars 1872 ; Valérie Guillemaut, mariée à Jousserandot, dont le fils, Alfred, habite Paris ; et Gustave Guillemaut, qui fut longtemps percepteur à Louhans

---

(1) Quatre volumes in-8° édité par Romand, imprimeur à Louhans, 1890-1303.

(2) Ouvrages de Léonie Guillemaut, publiés sans nom d'auteur : *L'Eucharistie méditée* ; — *Le Calvaire et l'Autel* ou *Quelques heures au pied du Tabernacle*, 1 vol. in-18, ayant eu plusieurs éditions ; — Suite de *L'Eucharistie méditée* ou *Jésus mon guide et mon consolateur*, 1 vol. in-18. Lyon 1874 ; — *Méditations sur les Saints Anges*, pour tous les jours du mois d'octobre et pour le mardi de chaque semaine, 1 fort vol. in-18 ; — *Mois des Saints Anges* ou *Méditations et Exemples* pour chaque jour du mois d'octobre, 1 vol. in-18 ; — *Mois des Ames du Purgatoire*, 1 vol. in-18 ; — *Méditations pour l'Octave des Saints* et pour tout le mois de novembre, 1 vol. in-18 ; — *La Passion du Cœur de Jésus, renouvelée dans l'Eucharistie*, 1 vol. in-18 ; — Lyon, apud P.N. Josserand, libraire éditeur.

où il mourut en 1873, laissant lui-même plusieurs enfants, dont l'aîné, Albert, fut percepteur à Beaune, et le second, Joseph, receveur des finances à Autun.

Une branche de la famille de Branges, dont nous venons de rappeler le passé, s'était fixée au XVIIe siècle en Comté, avec François de Branges, qui, en 1679, avait acheté le fief de Civria que sa postérité a conservé jusqu'en 1790 et dont elle a pris le nom. Ses armes étaient : « de gueules à un sautoir d'or » (1).

Vers le milieu du XVIIIe siècle, Joseph-Marie de Branges, écuyer, seigneur de Civria et autres lieux, acquéreur du fief de Varignolles, à Dommartin, rendait pour ce fief foi et hommage au seigneur de Cuiseaux.

Les De Branges, seigneurs de Bourcia, Civria et de la Boissières furent convoqués comme faisant partie de la noblesse Franc-Comtoise aux Etats de la noblesse du bailliage d'Orgelet, en 1789, pour l'élection aux Etats Généraux (2).

De nos jours, un des membres de cette famille, l'abbé Antide-François-Edmond de Branges de Civria, aumônier des religieuses de la Visitation de Sainte-Marie, de Dôle, membre de l'Académie de Mâcon, de la Société d'Emulation du Jura et de celle du Doubs, est décédé à Dôle le 30 juillet 1903, à l'âge de 59 ans.

Il avait publié, en 1899, comme article nécrologique, une brochure sur deux de ses parents, les comtes Armand et Théodose de Branges de Bourcia : le premier avait été, sous le Premier Empire, sous-préfet de Montbéliard, puis de Poligny, où il fut nommé de nouveau sous la Restauration, fonction qu'il conserva jusqu'en 1830, chevalier de la Légion d'honneur... Il était l'ami de Silvio-Pellico, avec lequel il entretint une correspondance qui dura de nombreuses années ; il mourut à Paris, le 5 mars 1857, à l'âge de 75 ans.

Son fils, le comte Just-Louis-Joseph-Marie-Théodose de Branges de Bourcia, était né à Poligny ; capitaine au train des équipages militaires, il fut ensuite, et jusqu'à sa retraite,

(1) D'Hozier, *Armorial de France.*

(2) *Nobiliaire de la Franche-Comté,* d'Adrien Bonvallet ; *Annuaire de la Noblesse,* de Borel d'Hauterive, Paris, 1865.

capitaine, puis chef d'escadron de gendarmerie ; il est décédé à Paris le 19 avril 1899 ; il était décoré de la Légion d'honneur depuis 1866. Son fils, Henri de Branges de Bourcia, né en 1860, est aussi officier.

Les armes des de Branges de Bourcia portent : « d'azur à la fasce d'argent, accompagné de trois besants de même, surmontés chacun d'une épée aussi d'argent, garnie d'or, posés deux en chef et un en pointe ». Elles ont couronne comtale avec la devise « *nec vi nec numero* ».

La famille de Branges de Bourcia a donné divers ecclésiastiques, religieux et religieuses.

Deloisy, — *alias* **DeLoisy**, — **de Loisy** (1), — famille ancienne dont plusieurs membres ont invoqué le titre de noblesse et dont les armes portent « d'azur à un las d'amour d'or posé en fasce ». D'où vient le nom ? Probablement, comme on l'a indiqué pour les De Branges, de ce que les membres de la famille qui, les premiers, prirent le nom avaient été officiers seigneuriaux avec fief de prévôté dans la terre qu'ils régissaient au nom des seigneurs réels de la terre. On a trouvé aussi quelques indices qui pourraient faire croire qu'ils étaient, comme tels, à Loisia en Comté : un Jehan de Loysie était, au XVIe siècle, conseiller au parlement de Dôle, et son fils porta le nom de Jacques de Loisy. Un des membres de cette famille, Simon de Loisy, fut député aux Etats d'Auxonne, comme maire de Cuiseaux. Un autre, de la même famille et du même lieu, est indiqué, dans les actes, comme époux d'une demoiselle David, famille que nous avons citée plus haut, anciennement connue à Louhans.

On trouve, peu après, un autre membre de cette famille habitant Louhans et vraisemblablement tige de la branche des De Loisy, de Louhans, où ils eurent leur résidence au XVIIIe siècle et au XIXe siècle, et où existe encore un membre de la famille.

(1) Ainsi qu'on a pu le remarquer ci-dessus (Debranges, de Branges) le nom de certaines familles ayant armoiries et indiquées comme étant de noblesse, figure dans des actes divers tantôt avec la particule séparée, tantôt avec la particule unie en mot. Portant la particule distincte au XVIIe et au XVIIIe siècles, elles avaient, à la fin du XVIIIe et au commencement du XIXe, réuni la particule au mot, pour en être séparée encore, dans la suite.

Le dernier des De Loisy habitant Cuiseaux fut doyen de la Collégiale. Les De Loisy, de Cuiseaux, habitaient une vieille maison de cette ville vis-à-vis le portail de l'église ; et au-dessus de l'arcade qui servait d'avant-corps à l'habitation, était un écusson armorié portant la légende « Toujours de Loisy », avec les armes que nous avons rappelées : « d'azur à un las d'amour d'or posé en fasce. »

A propos de cette famille et de la filiation qu'il essaya de suivre, un érudit du siècle dernier, Amédée Guichard (de Cousance), a fait une intéressante remarque (1) relative aux vicissitudes des privilèges nobiliaires dans certaines familles et à leur dérogeance par suite des fonctions diverses, notariales, de commerce, de trafic ou autres, et il indique que bien des terres et seigneuries, ainsi qu'on a eu souvent l'occasion de le remarquer, souvent sont restées fort peu de temps entre les mains des mêmes possesseurs : « l'on ne rencontre à chaque pas, dit-il, dans ce *caput Mortuum* des siècles passés que des vestiges de décadence et de ruine. Ce ne sont que des terres mises en décret par vente forcée, par suite du mauvais état des affaires des propriétaires, par suite des engagements qu'ils ont contractés..., la terre n'ayant pu suffire à combler le fossé...»

Mais revenons aux De Loisy de Louhans. En 1653, Guillemette de Loisy contracta mariage à Louhans avec Claude Arnoux (*Voy.* ce nom), « fils de feu Claude Arnoux, bourgeois à Louhans et de dame Nicole Picard. »

Claude de Loisy, en 1679, épousa Claudine Balay, fille de Jacques Balay et de Anne de la Cuisine, et Jacques Balay, frère de Claudine, épousa Aimée de Loisy, née en 1653, morte en 1731.

Le frère de Claude de Loisy, Philippe de Loisy, né le 3 juin 1679, époux d'Hélène Mazoyer, eut d'elle, entre autres enfants, Jean-Baptiste de Loisy, bourgeois à Louhans, lequel épousa le 30 janvier 1708 Thérèse de la Cuisine, fille de Samuel de la Cuisine, bourgeois à Louhans, et de dame Claudine Riccard.

Ils eurent 9 enfants, dont l'aîné, Jean-Baptiste De Loisy, procureur du roi, né le 1er janvier 1709, marié à Anne-Marguerite-Françoise Moncchet.

(1) *Matériaux d'Histoire et d'Archéologie*, publiés à Chalon-sur-Saône, nos 6 et 7 (Juin et Juillet 1869).

Des enfants de ce dernier, le second, Charles-Marguerite De Loisy, receveur au grenier à sel de Louhans, né le 18 juillet 1738, se maria le 11 janvier 1766 à Claudine-Antoinette Arnoux de Promby, fille de Théodose-Philibert Arnoux, seigneur de Promby, avocat au Parlement, et de dame Jeanne-Louise Trambly. Leur enfant fut Jacques-Marie-François de Loisy, bourgeois à Louhans, né le 10 janvier 1769, décédé en 1825, marié le 5 novembre 1790 à Jeanne Guillemaut, fille de Joseph Guillemaut, procureur du roi au grenier à sel de Louhans, et de Charlotte Petiot.

Naquirent de ce mariage : Zoé Deloisy, née le 2 novembre 1792 (c'est-à-dire à une époque où la particule était supprimée ou jointe au mot), mariée à Ferdinand de Branges de Civria, ancien garde du corps, bourgeois à Louhans, (n'ont pas laissé de postérité) ; — Caroline Deloisy, née le 4 novembre 1794, mariée à Jean Guerret, bourgeois à La Chapelle-Saint-Sauveur, et ayant laissé plusieurs enfants ; — Auguste Deloisy qui suit, né le 6 janvier 1796 ; — Mélanie Deloisy, née en 1798, décédée célibataire ; — Annette Deloisy, décédée aussi sans enfants ; — Joseph Deloisy, bourgeois à Cuisery, né le 4 novembre 1801, marié à demoiselle Adèle Guy (fille de M. Guy, bourgeois à Cuisery, et de dame Royer), dont le fils qui suit, Abel. Disons de suite qu'Auguste-Marie-Marguerite-*Abel* de Loisy, né en 1835, épousa en 1865 demoiselle Louise Paillard dont il eut trois enfants : Marie de Loisy, épouse d'Henri Picard, capitaine de frégate, dont deux fils, l'aîné, licencié ès sciences, a publié quelques notices scientifiques et études d'histoire naturelle, et le second est receveur d'enregistrement ; — Joseph de Loisy, actuellement chef d'escadron du 6e régiment de dragons ; — et Elisée de Loisy, directeur d'une société de hauts fourneaux et aciéries, en Russie.

Auguste Deloisy, né à Louhans, le 6 janvier 1796, c'est-à-dire, comme ses frères et sœurs, pendant la Révolution, à une époque où la particule était supprimée ou jointe au mot, épousa le 25 mai 1836 demoiselle Eulalie Jehannin, fille de Claude Jehannin, ancien capitaine, demeurant à Louhans, et de dame Claudine Arnoux. Auguste est décédé le 19 juin 1868 et sa femme le 21 janvier 1871.

Ils ont laissé deux enfants : Claudius Deloisy, qui suit,

et Joséphine Deloisy, née le 2 novembre 1844, décédée le 19 juin 1871.

Claudius Deloisy, propriétaire à Bourgchâteau (Louhans), né le 8 juin 1837, marié le 2 août 1866 à demoiselle Denise-Françoise-Philipine-Clémence Chanussot, fille de Denis Chanussot, propriétaire à la Balme, commune de Bouhans, et de dame Honorée Michelin.

Ils eurent un fils, Auguste Deloisy, né le 24 février 1868, marié à Marie Burdin. Artiste peintre et sculpteur sur bois, il s'est fait apprécier dans divers concours locaux et régionaux.

———

Loisy (Carrelet de). — Le château actuel de Terrans, appartenant aux Carrelet de Loisy, est sur le même emplacement que celui qu'avait fait construire, en 1765, l'ancien seigneur du lieu, Guillaume de Truchis-Serville, « lieutenant pour le roi des ville et citadelle de Chalon », dont la fille Geneviève-Chalon de Truchis (qui tenait ce nom de *Chalon* de l'emploi occupé par son père) avait épousé, en 1801, Antoine-Bernard Carrelet de Loisy, fils de Bénigne-Antoine, conseiller au Parlement et d'Élisabeth-Charlotte Espiard de Clamerey.

Antoine-Bernard Carrelet de Loisy, dont le *Mercure Dijonnais* raconte une anecdote de sa jeunesse (1) était né à Dijon le 1er décembre 1764. Il fut avocat et, avant la Révolution, conseiller au Parlement, de Bourgogne, depuis 1783 avec dispense d'âge. Il habita Paris de l'an III à l'an VIII, puis, à partir de 1803, Terrans, dont il devint maire, — conseiller à la Cour d'appel de Dijon en 1811, et démissionnaire la même année de ce poste, — chevalier de l'ordre du Lis (31 août 1814) et de la Légion d'Honneur (14 septembre 1814), — membre du Conseil municipal de Dijon en 1815. Il fut, de 1810 à 1831, membre, pour le canton de Pierre, du Conseil général de Saône-et-Loire, et, à plusieurs reprises, président de cette assemblée ; — député de Saône-et-Loire, sous la Restauration, de 1820 à 1827, et vice-président de la Chambre ; il fut rapporteur de la com-

(1) In *Mémoires de l'Académie des Sciences, Arts et Belles-Lettres de Dijon* années 1885-1886, p. 309.

mission du Budget, auteur de plusieurs brochures, dont une sur le *Régime forestier* et une autre sur l'*Echelle mobile*. Il est mort à Dijon le 11 octobre 1838.

Il eut plusieurs enfants, dont : Edouard Carrelet de Loisy, né et mort à Dijon (1802-1887), élève de l'école militaire de Saint-Cyr, conseiller général pour le canton de Couches de 1852 à 1871, propriétaire et agriculteur au château d'Epiry, à Saint-Emiland (arrondissement d'Autun, canton de Couches), chevalier de la Légion d'Honneur (1) ; — Ernest Carrelet de Loisy (Antoine-Louis-Bernard-Ernest), né à Terrans le 18 mars 1805, maire de cette commune de 1858 à 1871, marié le 22 avril 1834 à Louise-Victorine-Emilie Achard, mort à Terrans le 30 octobre 1880. Ernest Carrelet de Loisy était le fils d'Antoine-Bernard Carrelet de Loisy, comme nous l'avons dit, et de Marguerite-Louise-Adélaïde Verchère, fille d'un président au Parlement de Dijon.

Nous arrivons à l'époque actuelle. Bernard-Raoul Carrelet de Loisy, fils d'Ernest Carrelet de Loisy, est né le 31 juillet 1837, à Arceau. Propriétaire à Terrans, et maire de cette commune depuis 1888, il avait épousé Mlle Chevreul, petite-fille de l'illustre chimiste. Son fils, Joseph Carrelet de Loisy, est né en 1882.

Les armes des Carrelet de Loisy sont « d'or au lion de sable et un chef d'azur chargé de trois losanges d'or », *alias* « d'azur à un lion d'or et un chef d'argent, chargé de trois losanges de gueules ».

La branche des Carrelet de Loisy se rattache, sans doute, à cette famille dijonnaise, qui se fit connaître et apprécier au XVIIIe siècle notamment par les trois frères Carrelet : Bernard Carrelet, auteur de distiques latins et de plusieurs autres morceaux en prose et vers français, — Louis Carrelet, docteur en théologie, prédicateur, chanoine de la cathédrale de Dijon, et pendant très longtemps curé de Notre-Dame de cette ville, auteur des *Œuvres théologiques*, *Oraisons funèbres*, *Panégyriques*, *Discours sur les fêtes et les cérémonies*

---

(1) De ses trois fils, l'un, Bernard, habite Epiry, l'autre, Robert, la Côte-d'Or, et le dernier habite La Coudraie (Saint-Bérain sous-Sanvignes). *Le Conseil général et les conseillers généraux de Saône-et-Loire*, 1789-1889, par Lex et Siraud. Mâcon, Belhomme, libr. éd., 1888.

Armoiries de Nobles de la Bresse Louhannaise

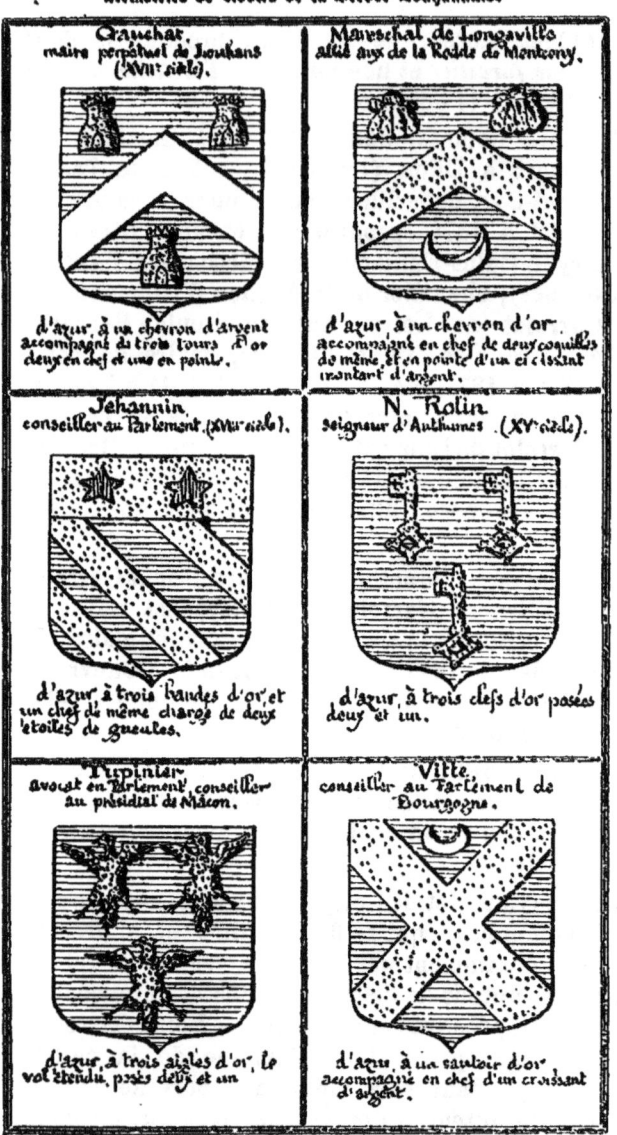

Pl. 10ᵉ.

remarquables de l'Eglise et sur plusieurs évènements intéressants (1), — et Pierre-Barthélemy Carrelet de Rosay, également prédicateur et auteur de sermons, prières, divers ouvrages religieux, et aussi de quelques poésies.

Gauchat, — vieille famille louhannaise ayant eu sa célébrité dans l'administration communale, le clergé, et dont la mémoire de quelques-uns de ses membres mérite d'être conservée.

Un prêtre familier de l'église de Louhans, Jean-Baptiste Gauchat, est l'auteur d'un *registre mémorial* où il écrivit d'assez curieux détails de vie locale, de mœurs administratives et privées, menus faits de la vie de nos pères : ce recueil manuscrit que j'ai pu consulter grâce à l'obligeance d'un compatriote et dont j'ai donné de nombreux extraits dans l'*Histoire de la Bresse Louhannaise*, commence en 1650 et embrasse une période de près de vingt ans.

Un autre membre de cette famille, Gauchat Claude, conseiller du roi, fut au moment de la vénalité des charges, acquéreur de la charge de maire de Louhans qu'il conserva de 1693 à 1709. Il fut le premier « maire perpétuel » de cette ville et s'intitulait en même temps premier magistrat et juge de police et manufactures de la ville et communauté de Louhans. A la suite de graves dissidences avec le corps municipal il fut destitué par les Elus généraux des Etats de Bourgogne. Il était marié avec Elisabeth, fille de Gabriel Arnoux, avocat au Parlement, bailli de Louhans.

Ses armoiries, reproduites dans le recueil d'Hozier, portent « d'azur à un chevron d'argent, accompagné de trois tours d'or posées deux en chef et une en pointe ».

La famille Gauchat donna, aux XVII° et XVIII° siècles, plusieurs ecclésiastiques dont l'un d'eux eut un grand renom, Gauchat Gabriel, né en 1709 à Louhans, prêtre et prédicateur distingué, docteur en théologie, chanoine de Langres, abbé commandataire de Saint-Jean de Falaise, ordre des Prémontrés, et prieur de Saint André. D'après la

---

(1) Ses œuvres ont été réunies en 7 vol. in-12. Paris, Belin, 1805, édition la plus complète.

Biographie universelle (1) de Michaud il fit de la défense de la religion contre les incrédules son occupation principale. Écrivain de valeur quoiqu'un peu diffus, sachant manier l'ironie avec assez de finesse, l'abbé Gauchat écrivit de nombreux ouvrages (2), empreints, dit un de ses critiques, « d'une touche de libérature qui leur donna du prix » et parmi lesquels furent remarqués surtout les *Lettres critiques ou Analyse et Réfutation de divers écrits contraires à la Religion* ; *l'Harmonie générale du Christianisme et de la Raison* ; *le Temple de la Vérité* et *le Philosophe du Valais*. Il mourut en 1780.

Godefroy. — Une famille Godefroy, de date ancienne, était fixée dans le Louhannais où elle eut des représentants du XV° au XIX° siècle, — à Savigny-sur-Seille, Sornay et Branges, (XVI° et XVII° siècles), — et à Louhans notamment jusqu'au milieu du XIX°. La terre et seigneurie de Grannod, à Sornay, appartint à la fin du XVI° siècle à Jean Godefroy, conseiller en parlement, de qui elle fut acquise au commencement du XVII° par un bourgeois de Louhans, Claude Vitte.

Divers actes nous montrent, au XVIII° siècle, des Godefroy bourgeois à Branges et à Louhans. En 1787 François-Arsène Godefroy était en cette dernière ville procureur du roi, syndic de la commune ; il eut pour épouse Philiberte Gacon dont il eut quatre enfants : Claude Godefroy qui, pendant la Révolution, était à Louhans « homme de loi » et notaire ; — Claudine Godefroy, mariée à André Prat (de

---

(1) 45 vol. Paris, 1811-1846 ; nouvelle édition 1854. — Voy. aussi *Biographie générale*, Firmin-Didot, 46 vol. 1852-1866 ; — Richard et Giraud, *Bibliothèque sacrée* ; — Quérard, *La France littéraire* ; — Barbier, *Dictionnaire des Anonymes*.

(2) 1° *Rapport des chrétiens et des hébreux*, 1754, 3 petits vol. in-12 ; 2° *Lettres critiques ou Analyse et Réfutation de divers écrits contraires à la religion*, de 1755 à 1763, Paris, 19 vol. in-12. C'est le plus considérable des ouvrages de l'abbé Gauchat et celui qui lui valut son abbaye ; 3° *Retraite spirituelle*, 1755, 1 vol. in-12 ; 4° *Le Paraguay*, conversation morale, 1756, 1 vol. in-12 ; 5° *Cathéchisme du livre de l'Esprit*, 1750, 1 vol. in-12 ; 6° *Recueil de piété*, tiré de l'Ecriture Sainte, 3 vol. in-12 ; 7° *Le Temple de la Vérité*, Dijon, Desaint, 1748, 1 vol. in-12 ; 8° *Harmonie générale du christianisme et de la raison*, Paris, 1768, 4 vol. in-12 ; 10° *La Philosophie moderne analysée dans ses principes*, 1 vol. in-12 ; 11° *Le Philosophe du Valais*, Paris, 1772, 2 vol. in-12.

Villefranche) dont la famille s'est établie à Louhans où elle donna plus tard un maire, François Prat, sous la Monarchie de Juillet ; — Elisabeth Godefroy, mariée à François-Joseph Jeanton, chirurgien à Tournus, dont la famille s'est aussi continuée de nos jours à Lacrost et Mâcon ; — et Anne-Antoine Godefroy qui fit des études de droit et fut le dernier Godefroy, décédé vers 1859 à Louhans.

Le frère aîné de Claude Godefroy, cité plus haut, avait laissé un fils, Arsène, décédé vers la même époque à Louhans, célibataire.

Jehannin, — famille de la Bresse Louhannaise, connue dès le XVe siècle, originaire de Cuiseaux où plusieurs de ses membres figurent au nombre des bienfaiteurs de cette ville, établie ensuite, dès le XVIe siècle, à Louhans et à Sagy, et éteinte seulement de nos jours (1890), en la personne de Gaspard Jehannin, ancien notaire et maire à Sagy. Plusieurs des membres de cette famille occupèrent dans la judicature des postes importants.

Les armoiries des Jehannin portaient : « d'azur à trois bandes d'or et un chef de même, chargé de deux étoiles de gueules ». Elles ont longtemps figuré à la voûte de l'église de Louhans, qu'avait fait reconstruire, selon une tradition conservée dans la famille, un de ses membres, François-Claude Jehannin, né en 1627, qui fut dans la seconde moitié du XVIIe siècle avocat distingué au Parlement de Dijon, puis substitut du procureur général, et que nous aurons à rappeler tout à l'heure.

On a aussi rattaché à cette famille la branche autunoise des Jeannin qui a donné le célèbre président de ce nom, Pierre Jeannin, né à Autun en 1540, mort en 1622 à Paris, dont l'influence préserva la Bourgogne des massacres de la Saint-Barthélemy, au temps des Guerres de religion, et dont le nom appartient à l'histoire comme magistrat, homme d'Etat, orateur remarqué aux Etats généraux, ministre sous Henri IV, diplomate et auteur des *Négociations* (c'est le titre d'un ouvrage publié par un de ses descendants, très apprécié et utile à l'histoire du temps).

La branche louhannaise paraît remonter à Philibert Jehannin, oncle du célèbre président. Philibert Jeannin fut lieutenant du bailli à Louhans et mourut dans cette ville, le 3 juillet 1572.

L'aîné de ses fils, Hubert Jehannin, fut notaire royal à Louhans ; un autre, Pierre Jehannin, fut curé de Sagy.

Un autre des petits-fils de Philibert Jehannin fut Claude Jehannin, notaire royal à Louhans, comme le fut aussi le fils de celui-ci, Claude Jehannin qui, en 1641 et en 1670, fut échevin, et, en 1661, fermier amodiataire de la seigneurie de Louhans.

Un autre membre de la famille, cité déjà plus haut, François-Claude Jehannin, époux de Claire Guillaume, dont les armes figuraient, ainsi que celles de son épouse, à la voûte de la nef de l'église de Louhans, à la reconstruction de laquelle il avait participé, est indiqué aussi comme l'un des petits-fils de Philibert Jehannin, l'auteur de la branche louhannaise. Il fut avocat au Parlement de Bourgogne, et, comme nous l'avons dit, substitut du procureur général (1652). Nous l'avons indiqué comme né à Louhans en 1627 ; certains de ses biographes le font naître à Dijon en 1630, mais nous ferons remarquer qu'il était déjà avocat au Parlement en 1649. Il s'y fit distinguer par ses plaidoiries et la sagesse de ses conseils ; il était connu aussi pour son intégrité parfaite, ce qui le fit surnommer par La Monnoye le Papinien de la Bourgogne. Les œuvres qu'on cite particulièrement de lui sont : *Remontrances des Etats du Duché de Bourgogne, touchant le franc-alleu* (1692), insérées par Taisand dans la Coutume de Bourgogne ; — *Notes sur la coutume générale des pays et duché de Bourgogne*, imprimées en 1736 à Dijon, dans la Coutume générale de Bourgogne.

François-Claude Jehannin mourut à Dijon le 22 novembre 1698 ; il fut inhumé en l'église Saint-Michel, dans une chapelle où ses héritiers firent poser son buste, fait par le célèbre sculpteur Dubois.

Son épitaphe, en une belle strophe latine (1) attribuée à l'abbé Paul Petit, fait l'éloge de ce grand jurisconsulte :

Siste paululum, Viator,
Hic situs est
Qui post mortem in ore omnium vivit...

(Arrête toi un peu, voyageur, — là gît — celui dont le nom après sa mort est dans toutes les bouches...)

(1) L'abbé Papillon ; *Bibliothèque des auteurs de Bourgogne*. I. 340.

Et, après un long et bel éloge :

Absis, viator, — jam satis est, —
Hunc, si patronus, sis imitare ; si oliens, luge.

(*Va t'en, voyageur, — déjà, c'est assez, — Si tu es avocat, imite le ; si tu es plaideur, pleure le*).

Nous avons vu, dans une exposition des arts rétrospectifs, à Louhans (concours agricole du 2 septembre 1894),le cachet qui servit à François-Claude Jehannin et est resté entre les mains des membres de sa famille et ensuite des De Loisy qui en héritèrent. Les derniers membres de la branche louhannaise de la famille Jehannin furent, aux siècles précédents, Jean Jehannin d'Arviset, seigneur de Chamblanc, conseiller au Parlement de Bourgogne en 1689, — Philibert Jehannin de Chamblanc reçu conseiller au Parlement en remplacement de son père en 1717, — François Jehannin, avocat au Parlement de Bourgogne, demeurant à Louhans, faubourg des Bordes, né en 1736, décédé en 1802 à Saint-Martin-du-Mont, inhumé à Sagy, — le fils de celui-ci, Claude Jehannin, ancien capitaine, ayant fait les campagnes de la République, prisonnier en Autriche en 1797, marié ensuite à sa cousine Claudine Arnoux et décédé en 1846, père de Gaspard Jehannin. Celui-ci, né le 15 avril 1807, fut notaire à Sagy, maire de cette commune, président du conseil d'arrondissement ; époux de Marie Janiaux, il décéda sans postérité, le 6 mars 1890, à Sagy. En lui s'éteignit la branche cadette des Jehannin, dont la famille fut alliée aux familles de la Michodière, David, Puget, Coulon, Follin, Prat, Caucal, Bernard.

Un siècle avant s'était éteinte aussi la branche ainée de cette famille.

Nous n'avons cité en dernier lieu que les membres de la famille Jehannin fixés dans le pays. Au nombre des membres de la famille des Jehannin de Chamblanc, vivait au XVIIIe siècle à Dijon, un naturaliste, François-Jean-Baptiste, sieur de Chamblanc, né et mort à Dijon (1722-1791) qui avait été très lié avec Jussieu et Buffon.

D'autres Jehannin seraient encore à citer : un conseiller au Parlement de Bourgogne, Antoine Jehannin, auteur d'un *Précis des édits et déclarations du roi* pour la province ; un poète, François Jehannin, auteur d'une pièce en vers, le

Retour de Zéphire, divertissement mis en musique par Capus (1728)...

Le Sueur, — famille qui donna, au commencement du XVIIe siècle, un capitaine bailli de la Villeneuve et de la Truchère, Nicolas Le Sueur, écuyer, dont la résidence fut longtemps à Brienne. Il avait épousé Jeanne Byèvre, dont la tombe que nous reproduisons est à l'église de La Genête.

Cette tombe de Jeanne Byèvre a fait l'objet d'une communication de l'érudit et dévoué conservateur du musée de Tournus, M. Martin, au congrès des Beaux-Arts de 1905 à Paris. Comme on le voit, d'après le dessin reproduit, la bordure gauche de la pierre se trouve engagée sous le maître autel, la date se trouve ainsi cachée, mais comme le fait remarquer M. Martin, elle se révélait, par l'écriture et le costume, être des premières années du XVIIe siècle. C'était la vérité même car je puis ajouter qu'il y a une vingtaine d'années, ayant eu connaissance de l'existence de cette pierre tombale à l'église de La Genête, j'en avais fait prendre le dessin (1), et la bordure étant alors à jour, on pouvait lire la suite de l'inscription qui était ainsi conçue : « La quelle trépassa le quinzième jour d'août 1.6.1.9. »

C'est l'époux de Jeanne Byèvre, Nicolas Le Sueur, demeurant à Brienne qui, le 23 avril 1603, en sa qualité de bailli avait signé la Charte d'affranchissement de la Truchère donnée par Reine de Vallois, baronne de la Truchère et de la Villeneuve. En 1605, le 15 avril, toujours en qualité de bailli et capitaine de la Villeneuve et de La Truchère, et résidant encore à Brienne, il assistait à l'accord de délimitation entre les seigneuries de la Truchère et de Préty et Lacrost. (2)

Longeville (Mareschal de), propriétaire actuel du château de Montcony. Sa famille est indiquée comme originaire de Besançon, mais faisant remonter sa filiation à Catherin Mareschal, de Lons-le-Saunier, écuyer, anobli par Charles-Quint en 1525 ; acquéreur de la terre de Longeville au

(1) En 1890, par l'instituteur de cette commune, M. Charvet, qui m'avait fait alors, pour cette commune de la Genête, de très intéressantes communications dont beaucoup sont à utiliser encore.

(2) Voy. *L'ancienne paroisse de Préty* par Gabriel Jeanton, p. 245 et 26.

Tombe de Jeanne Byèvre à l'Église de la Genête

ressort d'Ornans (Doubs), ce nom s'ajouta alors à son nom familial.

Les armes que nous avons reproduites à la planche 10ᵉ sont « d'azur au chevron d'or, accompagné en chef de deux coquilles de même et en pointe d'un croissant montant d'argent ».

Plusieurs des descendants furent conseillers au Parlement de Besançon. L'un d'eux, Claude-Joseph Mareschal, écuyer, seigneur de Longeville, épousa une riche héritière, Claudine Pajot, fille de Claude-Philibert Pajot, conseiller du roi et trésorier des Finances au bailliage de Lons-le-Saunier, et de Claudine Paccart dont la famille possédait un vaste domaine à Lavigny, en Comté.

De ce mariage naquirent plusieurs enfants et notamment François-Marie et François-Désiré, qui ont formé chacun une branche. Nous ne suivrons pas celle de François-Désiré, mort en 1806, dont l'aîné habita Lavigny.

Le *Dictionnaire de Franche Comté* de Rousset nous fait connaître que François-Marie, seigneur de Longeville et de Vuillafans, commissaire du roi près les salines de Lons-le-Saunier et conseiller au Parlement de Besançon, s'allia en 1768 à Philiberte-Gabrielle de Mouret, dont, entre autres enfants, fut Joseph-Gabriel-Désiré Mareschal de Longeville, marié à Marie-Françoise de la Rodde, de Montcony. Une chapelle de l'église de Lavigny reçut la tombe des deux époux, l'épouse décédée en 1805 et le mari, écuyer, chevalier de Saint-Louis, décédé en 1821.

Ce fut vers le milieu du XIXᵉ siècle que du dernier comte de la Rodde (Voy. ce nom p. 182) les terres et le château de Montcony passèrent par héritage aux de Longeville, en la personne de M. Marie-Louis-*Paul* Mareschal de Longeville, fils de Philibert-Gustave Mareschal de Longeville et de N. de Vendeuil.

Paul Mareschal de Longeville de la Rodde, né à Besançon le 3 avril 1834, s'est marié en 1864 à Mᵛˡᵉ Adélaïde-Marie Carrelet de Loisy. Il releva le nom de son oncle le comte de la Rodde dont il avait hérité. Les armes de la famille devinrent : « écartelé aux 1 et 4 d'azur, au chevron d'or, accompagné en chef de deux coquilles du même, et en pointe d'un croissant d'argent ; aux 2 et 3 d'azur à la roue d'or, au chef d'argent, chargé de trois chevrons de gueules, posés en fasce ».

Paul Mareschal de Longeville fut conseiller général du canton de Beaurepaire en 1873, mais son élection fut annulée par le Conseil général en 1874. Il fut maire de Montcony. En juillet 1871, il avait été sans succès candidat aux élections à l'Assemblée nationale, alors que le général Guillemaut fut élu avec Boysset et Lacretelle.

Paul Mareschal de Longeville a pour enfants Eugène, Olivier, Hugues, Henri Mareschal de Longeville de la Rodde et demoiselles Anna et Emélie Mareschal de Longeville de la Rodde.

Un des fils, Olivier Mareschal de Longeville de la Rodde, fut maire de Montcony de 1896 à 1902, époque à laquelle il fut révoqué lors de la mise en pratique de la loi sur les congrégations.

Rolin, seigneur d'Authumes. — Au XVᵉ siècle, Nicolas Rolin, chancelier de Bourgogne, ministre des plus habiles, qui longtemps dirigea toute l'administration du Duché, s'était fait céder par le duc Philippe le Bon la baronnie d'« Authumes, ville et maison forte », et de nombreuses autres terres possédées autrefois dans la région par les seigneurs de la maison de Vienne, et dès le XIVᵉ siècle aliénées aux ducs de Bourgogne. Il était né à Autun vers la fin du XIVᵉ siècle. Ce fut un des personnages les plus importants de son époque, et il prit part à tous les traités de son temps, ainsi qu'à la rédaction de la Coutume de Bourgogne. Il joignait à une grande éloquence beaucoup d'érudition, une haute intelligence et une fermeté de caractère qui le firent se maintenir pendant 40 ans dans la plus haute faveur. « Ce chancelier, dit Monstrelet, fit les besognes de son maître et les siennes » ; il possédait 25 terres et avait amassé dans ses fonctions de prodigieuses richesses « telles, dit un auteur, que depuis Cicéron les lettres n'avaient procuré à personne une fortune aussi brillante (1) ». Il fortifia et embellit le château d'Authumes, dont il fit sa demeure aux derniers moments de sa vie, et où il mourut, d'après la *Chronique* de Chastellain, au mois de février 1461.

(1) Catalogus gloriæ Mundi, 1521.

Il fut inhumé à Autun, dans la Collégiale qu'il avait fondée à la cathédrale de Notre-Dame de sa ville natale.

Ses armoiries étaient « d'azur à trois clefs d'or posées 2 et 1 », et il avait pour devises : *Deum time* et *Nihil agere pœnitendum, pudendum, imo reparandum.*

Nous avons dit que le château d'Authumes (*Voy.* ce nom p. 16) était alors une vraie forteresse qui eut à subir de nombreux sièges, surtout au temps des guerres de religion dans la seconde moitié du XVIe siècle et de la guerre de Comté au XVIIe siècle. C'est à la suite de cette dernière guerre qu'après avoir été pris par les Comtois en 1637, et repris par les Français en 1638, il avait été démantelé par ordre du roi. Il en reste encore partie d'une vieille tour qu'on appelle dans le pays *la pierre d'Authumes* ; et les traces des anciens fossés indiquèrent longtemps l'enceinte et l'emplacement de l'ancien village, *ville* qui avait deux portes.

Après la mort de Nicolas Rolin toutes ses seigneuries, parmi lesquelles celle d'Authumes, celle de Châteaurenaud, qu'il avait acquise de Jean Le Mairet, grand gruyer du Chalonnais,... et bien d'autres encore furent partagées entre ses cinq enfants. Voy. *supra* p. 16, ce que devint la seigneurie d'Authumes, passée aux Bouton, seigneurs de Pierre.

La veuve de Nicolas Rolin, Guigonne de Salins, s'est adonnée entièrement après la mort de son mari aux œuvres de bienfaisance et elle résida presque constamment à Beaune, où elle fut inhumée dans le bel hôpital fondée par son mari.

Thorigny (De). — Le petit château moderne de Couverte-Fontaine, à Cuisery, avant d'être à M. Chanliaux, qui fut conseiller général de Saône-et-Loire, puis à son gendre, M. de Rivoire de la Bâtie, propriétaire actuel, avait appartenu à M. de Thorigny, ancien ministre, qui l'avait fait construire dans la propriété et près des fermes qu'il tenait, en héritage, de sa mère qui habita Tournus.

Pierre-François-Elisabeth-Tiburce de Leullion de Thorigny était originaire du département du Rhône, où il était né au château de Bessenoy, le 19 juillet 1798 :

Avocat (1824), puis procureur à Bourg (1830), substitut du procureur général à Lyon (1836), substitut près la cour royale de Paris (1844), puis avocat général (1845) ; révoqué après la Révolution de 1848, il redevint avocat à la cour d'appel de Paris et prêta alors l'appui de sa parole à divers journaux conservateurs, notamment à la *Gazette de France.*

Après l'élection du prince Louis-Napoléon Bonaparte comme président de la République il se rallia bientôt au parti de l'Elysée, et il fut appelé le 25 octobre 1851 par le Prince président au ministère de l'Intérieur.

En dépit de son dévouement au pouvoir, le nouveau ministre, à qui l'on supposait quelques scrupules parlementaires, était, disent les auteurs du *Dictionnaire des Parlementaires français* (1), dans une complète ignorance des projets du Prince président, lorsque M. de Morny vint brusquement occuper le ministère à sa place dans la nuit du Coup d'Etat du 2 décembre 1851. Il adhéra d'ailleurs pleinement au fait accompli sans lui, fut membre de la commission consultative et entra au Conseil d'Etat (1852). Il fut nommé sénateur le 4 mars 1853 et il siégea dans la majorité dynastique jusqu'à sa mort survenue à Montrésor (Indre-et-Loire), le 22 janvier 1869. Il avait été nommé en décembre 1858 premier président de la Cour d'Amiens. Il était commandeur de la Légion d'honneur depuis le 8 décembre 1852.

Il fut conseiller général de Saône-et-Loire, pour le canton de St-Germain-du-Plain de 1855 à 1861, et pour le canton de Cuisery de 1861 à 1865 ; pendant plusieurs années, et jusqu'à la fin de son mandat, il fut vice-président du Conseil général. M. de Thorigny fut marié deux fois. De son premier lit il eut une fille mariée au comte de Saint-Phalle, qui fut sous-préfet de Louhans de 1861 à 1870, et après la chute de l'Empire nommé directeur de l'Intérieur à la Martinique et gouverneur des îles de Saint-Pierre et Miquelon. M. de St-Phalle était propriétaire à Beynost (Ain) ; il eut deux enfants, le vicomte de Saint-Phalle et une fille qui a épousé M. Dulong de Rosnay, ancien magistrat, avocat à Trévoux.

M. de Thorigny avait épousé en secondes noces une créole, Mlle Languille dont il eut une fille, Marie de Thorigny, mariée à M. de Moras.

Pendant qu'il faisait construire le château de Couverte-

(1) Adolphe-Robert, Edgar Bourloton et Gaston Cougny. — 5 vol. Paris, Bourloton, édit. 1891.

Le Baron TUPINIER
(1779-1850)
Né à Caisery
Député, Pair de France
Ministre de la Marine sous la Monarchie de Juillet

Fontaine en 1856-1857, il habitait le petit pavillon qui se trouve actuellement dans la ferme de M. de Rivoire de la Bâtie, propriétaire actuel du château. Il avait, à ce que rapportent ceux qui l'ont connu alors à Cuisery, une fort belle prestance, était bon, généreux et dépensait largement. Il aimait à s'entourer d'artistes, de musiciens surtout ; aussi, le château de Couverte entendit souvent d'harmonieux concerts qui se mêlaient aux chants des oiseaux des bois qui l'environnent.

Tupinier (Le baron). — En 1779, le 18 décembre, naissait à Cuisery un homme remarquablement doué, Jean-Marguerite Tupinier qui, par l'ampleur de ses talents et la qualité des services qu'il devait rendre comme ingénieur, administrateur dans la Marine, directeur des ports et arsenaux, député, ministre, pair de France, honore le pays qui lui donna le jour. Nous verrons qu'il reçut sous la Restauration, en 1828, le titre de baron et fut ainsi anobli : il trouve donc sa place dans ces notices biographiques. Mais, indiquons d'abord quelle fût son origine et celle de sa famille.

Son père, Tupinier Jean, homme de mérite, avocat distingué, né à Uchizy le 18 juillet 1753, mort à Tournus le 4 juillet 1816, était issu d'une importante famille du Mâconnais, ayant donné plusieurs conseillers au présidial de Mâcon, portant comme armoiries : « d'azur à trois aigles d'or, le vol étendu, posés 2 et 1 » et dont on connaît la filiation depuis le XVI° siècle (1). Il était fils de Jean-Antoine Tupinier, notaire royal à Uchizy, puis à Tournus, où il avait épousé Anne-Claudine Bérardan. Il accentua l'importance de cette famille que son fils devait rendre plus notoire encore.

Avant la Révolution, en 1788, il était déjà juge bailli de Tournus. Il fut membre du Directoire du département de Saône-et-Loire de 1790 à 1791. Il fut ensuite juge au tribunal de cassation de 1791 à 1797, puis député de Saône-et-Loire au Conseil des Anciens en 1797, au Corps législatif de 1802 à 1810 sous le Consulat et l'Empire, et enfin en 1815, pendant les Cent Jours, à la Chambre des Représentants où il fut un des

(1) *Le Conseil général et les Conseillers généraux de Saône-et-Loire*, par Lex et Siraud. Mâcon, 1888.

membres qui demandèrent la reconnaissance de Napoléon II. Il était chevalier de la Légion d'honneur depuis 1810, et depuis 1811 conseiller à la cour de cassation. Il fit partie, de 1812 à 1816, du Conseil général de Saône-et-Loire dont il fut président en 1814. Destitué de ses fonctions à la seconde Restauration, il ne fut pas réélu député et mourut quelques mois après.

Il avait épousé Mlle Claudine Royer, de Cuisery, dont il eut une fille et deux fils. Sa fille, Françoise Tupinier, fut mariée à Pierre Vivien, receveur des domaines à Tournus, dont le fils, Jean Vivien, officier d'artillerie, prit sa retraite à Villefranche (Rhône). L'aîné de ses fils fut le baron Tupinier (Jean-Marguerite), dont nous allons donner la biographie, et qui mourut, disons-le de suite, sans postérité en 1850. Le second, Augustin-Marie Tupinier, né à Tournus en 1783 mort en 1873, secrétaire général de la préfecture de Saône-et-Loire pendant la Restauration et sous-préfet de Vouziers pendant les Cent Jours, chevalier de la Légion d'honneur, à laissé de Mlle Julienne Royer, un fils Jean-Henri Tupinier, né à Mâcon en 1830, licencié en droit, propriétaire à Cuisery et père lui-même, par Mlle Hedwige Oudin, de Joseph et Georges Tupinier (1).

Mais revenons à Jean-Marguerite Tupinier, enfant de Cuisery, celui dont la biographie mérite d'être donnée ici aussi complètement qu'il nous sera possible (2).

Jean-Marguerite Tupinier, né, comme nous l'avons dit, le 18 décembre 1779, était venu en 1791, dès l'âge de 12 ans, à Paris avec son père appelé comme juge au tribunal de cassation. Son éducation y fit de rapides progrès, et il n'avait pas encore atteint sa quinzième année lorsqu'il fut, en décembre 1794, grâce à une dispense donnée par le Comité de Salut public, admis à l'*Ecole Centrale des Travaux publics* qui reçut un peu plus tard, le nom d'*Ecole polytechnique.*

Le jeune Tupinier sortit de l'Ecole polytechnique en 1796 après deux années d'études et fut reçu à l'Ecole spéciale des Ingénieurs de vaisseaux. Il fut nommé, en

(1) *Op. cit. supra*, de Lex et Siraud.
(2) Dict. des Parlementaires français, *op. cit. supra*. — Sarrut, Biographie des hommes du jour 1827. — Notice sur le baron Tupinier par Ad. Mazères. Paris 1842.

1799, sous-ingénieur de la marine et fut attaché en cette qualité au port de Brest. En 1801, il passa à Toulon où il fut embarqué sur le vaisseau l'*Indivisible*, portant le pavillon de l'amiral Gantheaume. Il fit la campagne de St-Domingue comme ingénieur de l'escadre et revint débarquer à Brest en 1802.

En 1803, après la rupture du traité d'Amiens, lorsque le premier Consul ordonna la création d'une immense flottille qu'il avait dessein de lancer sur l'Angleterre, il fut nommé membre de la commission d'armement de la flottille et spécialement chargé d'en diriger les constructions dans tout l'arrondissement de Brest depuis Concarneau jusqu'à Grandville. Il passa ensuite à Boulogne pour y suivre les mêmes opérations.

En 1805, après le départ de l'armée de Boulogne pour la campagne d'Austerlitz, Tupinier fut envoyé à Gênes où il contribua à sauver le vaisseau *le Génois*, qui avait été fortement endommagé à la mise à l'eau.

En 1807, il fut chargé de la direction des constructions navales qui s'exécutaient à Venise pour le compte de la France. Dans le cours de cette mission qui dura six ans et demi, il se plaça par son habileté dans l'art des constructions navales au premier rang parmi les ingénieurs de la marine, et il se concilia l'estime et la confiance du prince Eugène, vice-roi d'Italie. Les événements de 1814 vinrent renverser les espérances d'avenir que Tupinier était en droit de concevoir.

En 1815, dans les Cent Jours, le ministre de la Marine l'attacha à l'administration centrale, et le fit chef de la division des approvisionnements ; mais il fut disgrâcié et envoyé à Angoulême, dans une direction forestière de la marine, lors de la seconde Restauration, en raison de son rôle pendant les Cent Jours, et surtout de la participation que son père avait eue, comme membre de la Chambre des Représentants, aux événements politiques de cette époque.

En 1817, le maréchal Gouvion Saint-Cyr, devenu ministre de la marine, le rappela dans les bureaux avec le titre de sous-directeur des ports. Depuis lors, il ne cessa d'appartenir à l'administration centrale de la marine et prit successivement tous les grades dans le corps du Génie maritime ; en 1828, il reçut le titre d'inspecteur général honoraire.

Il avait été nommé chevalier de Saint-Louis en 1817 ; chevalier de la Légion d'honneur, il devint ensuite officier du même ordre, dont il fut commandeur en 1830 et grand officier en 1840.

Nommé directeur des ports en 1824, il fut presque aussitôt maître des requêtes au Conseil d'Etat, puis conseiller d'Etat en 1828. Ce fut à la fin de cette même année 1828, sous le ministère Martignac, qu'il reçut le titre de baron, comme récompense de ses services.

En 1829, il contribua aux résolutions qui furent prises pour aller chercher en Egypte, à Thèbes, et amener à Paris l'obélisque de Luxor qui décore encore aujourd'hui la place de la Concorde. Il rédigea ensuite les instructions qui furent remises à M. Lebas, ingénieur, chargé de cette opération difficile qu'il a exécutée avec tant de succès.

Promoteur de presque toutes les expéditions de circumnavigation, il les appuyait de ses conseils et de son crédit ; aussi, les officiers qui les exécutaient lui en manifestaient leur reconnaissance en donnant son nom à quelques-uns des points du globe qu'ils exploraient pour la première fois.

A la fin de 1829, il faisait partie de la commission chargée de préparer le plan des opérations qui devaient rendre la France maîtresse d'Alger, et il eut ensuite la plus grande part aux préparatifs maritimes de cette expédition.

A la Révolution de 1830, M. Tupinier fut chargé provisoirement de l'administration du département de la Marine, par ordonnance du lieutenant général du royaume, en date du 2 août. C'est sur son ordre que le pavillon tricolore remplaça partout le pavillon blanc dans les ports et à bord de nos vaisseaux à la mer.

Vers la fin de 1833, il fut élu, contre M. de Châteaubriand, député de l'arrondissement de Quimperlé dans le département du Finistère, et ce mandat lui fut renouvelé aux élections de 1834. En 1837, élu en même temps par le collège de Quimperlé et par celui de Rochefort dans la Charente-Inférieure il opta pour ce dernier, dans lequel il fut réélu encore en 1839.

Dans les commissions de la Chambre il se faisait apprécier par la science pratique et les lumières qu'il répandait sur toutes les questions soumises à leur examen ; mais, plus jaloux d'être utile que de briller il ne montait à la tribune que pour les questions qui intéressaient la marine. On peut regretter au point de vue politique qu'il ait donné sa silencieuse adhésion aux lois de septembre.

En 1839 une coalition de divers partis devait renverser le ministère. Il vota avec elle contre le cabinet Molé et fut appelé le 31 mars au ministère de la marine, fonction qu'il remplit jusqu'au 11 mai suivant. Il profita de son séjour au ministère pour améliorer la position des ouvriers de la marine et soumettre à la sanction royale une ordonnance élevant leur salaire et réglant leur position et leur avancement.

Nommé à sa sortie du ministère membre du Conseil d'amirauté, il dut se représenter devant ses électeurs comme il s'y était représenté déjà lorsqu'il avait été nommé ministre. Chaque fois il fut réélu, comme il le fut encore en 1842 lorsqu'il fut nommé conseiller d'Etat.

Nous devons ajouter qu'au point de vue politique M. Tupinier figura presque toujours dans la majorité ministérielle et vota notamment pour la dotation du duc de Nemours, pour les fortifications de Paris, contre l'adjonction des capacités, contre les incompatibilités et pour l'indemnité Pritchard.

Il fut nommé pair de France le 14 août 1846, soutint la politique de Louis-Philippe et rentra dans la vie privée à la Révolution de 1848. Il avait consacré à la marine plus d'un demi-siècle d'efforts marqués par d'éminents services. Il avait produit d'intéressants rapports à la Chambre, donné en 1842 un ouvrage remarquable sous le titre de *Considérations sur la Marine et son budget*, et antérieurement déjà divers travaux sur le même objet et notamment sur la marine militaire.

Le baron Tupinier mourut à Paris le 1ᵉʳ décembre 1850, sans enfants, et, ainsi que nous l'avons indiqué plus haut, le nom est actuellement porté par la descendance de son frère.

Vitte. — Le membre louhannais le plus anciennement connu de cette famille qu'on a dit être originaire de Lons-le-Saunier est Claude Vitte, bourgeois de Louhans au commencement du XVII⁰ siècle, époux de Jeanne Arnoux, dont il eut plusieurs enfants. Un dénombrement du 4 février 1603 de la chevance terre et seigneurie de *Grannoz*, à Sornay, nous le montre « acquéreur par décret sur Jean de Godeffroy, conseiller ». (*Arch. dép.*)

De ses enfants, l'aîné, Claude, marchand et bourgeois de Louhans, décéda en 1670, le 21 janvier. Il avait épousé en premières noces, le 9 juin 1625, Gasparde Mireux, fille d'un notaire royal de Louhans, et en secondes noces, le 17 mai 1631, Hélène Cuchot, fille de Claude l'ancien, bourgeois de Louhans, et de Jeanne Berthot.

Le second, Jean, fut notaire royal, substitut du procureur d'office au bailliage de Louhans, époux d'Elisabeth Mailly, de Branges ; on le trouve aussi qualifié échevin de Louhans. Il mourut, ainsi que sa femme à Chalon-sur-Saône, lui le 7 octobre 1637, elle le 9 mai 1654. Nous indiquerons plus loin la descendance.

Le troisième, Paul, fut praticien, bourgeois de Louhans, seigneur de *Grannoz*, époux de Claudine David, puis de Claudine Mailly, de Branges, veuve de Claude-Pierre Mazier, avocat en parlement et lieutenant au bailliage de Cuiseaux.

Les autres enfants, Guillemette, Claudine, Jeanne, épousèrent des marchands de Louhans, Frangy, Chalon.

Parmi les enfants de Claude Vitte, marchand et bourgeois, que nous avons indiqué comme l'aîné, l'un Antoine, né à Louhans en 1672, mort en 1738, fut pendant quelques années économe de l'hôpital de Louhans. Nous parlerons dans un instant de son fils Claude, qui fut avocat et homme de loi, juriste distingué.

Parmi les enfants du second, Jean Vitte, qui fut, avons-nous dit, notaire royal à Louhans et l'époux d'Elisabeth Mailly, l'un, Jean-Baptiste Vitte, est particulièrement à citer. Né à Louhans en décembre 1622, avocat au parlement de Paris, puis prêtre protonotaire du siège apostolique, résidant à Chalon-sur Saône comme chanoine de l'église Saint-Vincent, il avait fondé plusieurs lits aux hôpitaux de Louhans et de Chalon et la messe quotidienne à l'hôpital de Louhans par son testament de 1682. Son portrait, en peinture à l'huile, existe encore dans la salle du bureau de ce dernier établissement, ainsi que celui d'autres prêtres,

Denis Guivernois, également chanoine de Chalon, Philibert Clerc, prêtre familier de l'église de Louhans et membre du conseil de l'hospice, etc... Deux frères de Jean-Baptiste Vitte furent moines, l'un cordelier, l'autre prêtre religieux à Salins. De ses sœurs, l'une épousa Philibert Guerret, avocat en parlement à Chalon-sur-Saône.

Antoine Vitte, cité plus haut comme ayant été économe de l'hôpital de Louhans, avait eu de sa femme, Claudine Massard, plusieurs enfants dont Claude et François.

L'aîné, Claude Vitte, fut avocat, conseiller du roi, grenetier au grenier à sel de Louhans, bailli et juge ordinaire de plusieurs seigneuries. « Très instruit, dit un éminent auteur de droit bourguignon, Bannelier (1), il jouissait dans le pays de la réputation d'un jurisconsulte aussi éclairé que plein de probité. Il a laissé beaucoup de manuscrits, et une nombreuse bibliothèque à son fils... ». Il était né à Louhans le 27 mai 1700, et il y mourut le 14 juin 1773. Garreau, dans sa description du *Gouvernement de Bourgogne*, a fait aussi l'éloge de sa science juridique, et, à propos de la limite de l'usage du Droit écrit et du Droit coutumier dans la Bresse Chalonnaise, il montra son opinion faisant autorité, notamment pour la différence du Droit et de la Coutume, à l'égard des Châtellenies de Cuisery et de Sagy. Claude Vitte fut marié deux fois ; mais, avant de parler de ses mariages et de sa descendance, disons encore que son frère cadet, Vitte François, fut comme lui avocat en parlement, conseiller du roi et grenetier de son grenier à sel de Louhans, et laissa d'Etiennette Chesne, son épouse, plusieurs enfants, dont l'un fut aussi avocat au parlement et élu au nombre des notables de Louhans, en 1790, lors de la constitution des premiers conseils municipaux. Enfin, une des sœurs des deux Vitte, Claude et François, dont nous venons de parler, fut religieuse hospitalière à Louhans, et une autre fut l'épouse d'un Beuverand de la Vesvrotte, morte sans postérité.

Nous revenons maintenant, pour sa descendance, à Claude Vitte, l'aîné, décédé comme nous l'avons dit en 1773. Il avait épousé, en premières noces, le 25 novembre 1726, Claudine Arnoux, fille de Charles Arnoux, docteur en méde-

---

(1) Tome 1er p. 85, de ses œuvres, impr. à Dijon, 1761.

cine, ancien maire perpétuel de Louhans, subdélégué de l'Intendant, et il en eut Claudine Vitte, mariée en 1752 à Claude-Etienne Gacon, avocat à Lons-le-Saunier, qui en eut plusieurs enfants dont l'un fut sous-préfet sous la Restauration.

En secondes noces, Claude Vitte avait épousé, en 1734, Elisabeth Refrognet dont il eut une fille qui se maria à Claude-Eustache Legras, bourgeois de Louhans, bachelier en droit civil, et un fils, Antoine Vitte, qui joua un rôle comme maire de Louhans, au début de la Révolution et dont nous allons parler maintenant.

Antoine Vitte, né à Louhans le 13 octobre 1735, était en 1760 avocat en parlement, ancien échevin de Louhans et subdélégué de la ville par l'Intendant de Bourgogne. Lors de l'élection des premières municipalités, à la suite de la loi sur la nouvelle organisation municipale, décrétée en novembre 1789, Antoine Vitte fut élu maire de Louhans, le 26 janvier 1790. Il avait été élu malgré l'opposition des hommes les plus influents de la localité, comme l'ancien maire De Branges, et il ne conserva la fonction de maire que pendant 10 mois seulement, donnant sa démission le 14 novembre de la même année, à l'époque du renouvellement partiel des officiers municipaux. Ce fut lui, nous devons le remarquer ici, qui, lors de la première fête du 14 juillet, fête de la Fédération de 1790, anniversaire de la prise de la Bastille, présida dans la prairie du Breuil, sur l'autel de la Patrie, la cérémonie de la prestation du serment civique. Vitte était un homme d'esprit modéré, mais ayant adhéré aux principes et à la cause de la Révolution, comme presque toutes les personnalités notables du pays et la masse des habitants. Lors de l'élection nouvelle, en novembre 1790, il fut remplacé comme maire par Laurent Arnoux, chevalier de l'ordre royal et militaire de Saint-Louis, ancien capitaine au corps royal d'artillerie, qui l'emporta sur le candidat soutenu par le parti du maire démissionnaire.

Antoine Vitte avait alors 55 ans. Il vécut encore une dizaine d'années ; il mourut à Frontenaud le 7 mai 1801. Il avait épousé en 1765 Louise-Claudine Balay, fille de Jacques Balay, conseiller du roi, contrôleur au grenier à sel de

Louhans, et de Marie-Louise Faure. Elle le suivit peu après dans la tombe, morte elle-même et aussi à Frontenaud, le 17 septembre de la même année 1801.

Trois enfants étaient issus de ce mariage : Aimée-Louise qui épousa le 20 mars 1786 Jean-Marie Ducret de l'Arvolo, capitaine de cavalerie, garde du corps du roi, fils d'Antoine, écuyer, seigneur de Langes, St-Sulpice et la Poype, conseiller auditeur ordinaire en la Chambre des Comptes de Dôle, et de Antoinette Chapuis. Jean-Marie Ducret était le frère de l'abbé Ducret, député du clergé en 1789 pour le bailliage de Mâcon ; — Claudine, épouse de Gabriel Sousselier, de Chalon-sur-Saône, qui fut conseiller général de Saône-et-Loire sous la Restauration, mort en 1829, ayant eu un frère, Antoine Sousselier, conseiller à la cour d'appel de Dijon, et un autre, Claude, époux de Constance-Elisabeth David. (Armes des Sousselier : d'azur au chevron d'or, accompagné de trois soucis au naturel) ; — et Marie, qui épousa en 1791 un conseiller au bailliage de Mâcon, mort sans postérité.

Les Ducret et les Sousselier ont laissé une descendance existant encore actuellement, soit directe et du nom, soit par les femmes.

Nous avons reproduit, planche 10e, les armes des Vitte dont plusieurs furent, ainsi que nous l'avons dit, conseillers en parlement. Elles portaient : « d'azur à un sautoir d'or accompagné en chef d'un croissant d'argent ».

Nous avons suivi la généalogie de la famille Vitte, telle qu'elle a été déterminée par les recherches d'Arcelin et de membres de la famille qui ont bien voulu nous donner quelques renseignements à cet égard. Des Vitte existent encore, mais ont quitté le pays.

Nous n'avons pas parlé jusqu'à présent d'un membre de cette famille, Vitte Jean-Baptiste, qui fut maire de la ville de Louhans, sous la Restauration, et qui en raison de son titre de chevalier de l'ordre royal de Saint-Louis était appelé le chevalier Vitte.

Il était parent, cousin ou neveu, des précédents et avait épousé lui-même la petite-fille de Claude Vitte, avocat, et d'Elisabeth Refroguet que nous avons citée. Il était en effet le gendre de Marie-Claudine Vitte, née à Louhans en 1736, et décédée en la même ville à l'âge de 71 ans le 23 septembre 1807, veuve de Claude-Eustache Legras, bourgeois de Louhans, bachelier en droit civil, fils de Pierre, avocat, et de Françoise Boulay J.-B. Vitte fut sous le premier empire adjoint au maire de Louhans en 1807 ; et sous la Restauration, il fut maire de Louhans, de 1821 à 1826. Il n'est pas mort à Louhans où nous n'avons pas trouvé son acte de décès sur les registres de l'état civil.

Le chevalier Vitte habitait la Grande-Rue, au centre de la ville, une maison que l'on appela longtemps la maison Vitte. Il avait aux environs de Louhans, à Rédy (Sornay), une maison de campagne qui fut connue après lui sous le nom de château Jaunet et qui devint plus tard propriété de M. J. Pacaut, professeur de philosophie aux Lycées de Paris.

En recherchant dans les actes de l'état civil de Louhans, dans la première moitié du XIX° siècle, nous avons constaté l'alliance, par mariages, des membres de la famille Vitte avec celle des Boutelier, Duchesneau, etc...

A Frontenaud, à Varennes-Saint-Sauveur, dans le canton de Cuiseaux, existèrent au XIX° siècle des rameaux de la branche Louhannaise des Vitte.

Ajoutons encore qu'une branche Chalonnaise de cette famille a été suivie depuis Nicolas Vitte, avocat du roi au grenier à sel de Chalon-sur-Saône, époux de Madeleine de Pontoux, morte en cette ville en 1687 et dont il avait eu plusieurs enfants, entre autres un prêtre, Pierre Vitte, chanoine et chantre de l'église de Chalon, dont M. Chauveau de Quercize possède le testament qui est très curieux ; — Claude Vitte, procureur du roi aux bailliage, chancellerie et grenier à sel de Chalon-sur-Saône, conseiller du roi, maître ordinaire en la Chambre des Comptes de Dijon, époux de Madeline Simonnot, dont il eut Jacques, conseiller laïc au parlement en 1704, mort célibataire en 1769, Claude, écuyer seigneur des Granges, chevalier de Saint-Louis, commandant du château de Dijon, et Philibert, écuyer, prieur de Montsernet.

Enfin d'Arbaumont a signalé comme ayant fait partie de la noblesse du bailliage de Chalon, en 1789, Berthaut-Vitte. Ce Jean-Baptiste Berthaut, ancêtre du docteur Berthaut de Chalon, mort il y a quelques années, avait épousé le 6 juin

Armoiries de Nobles de la Bresse Louhannaise

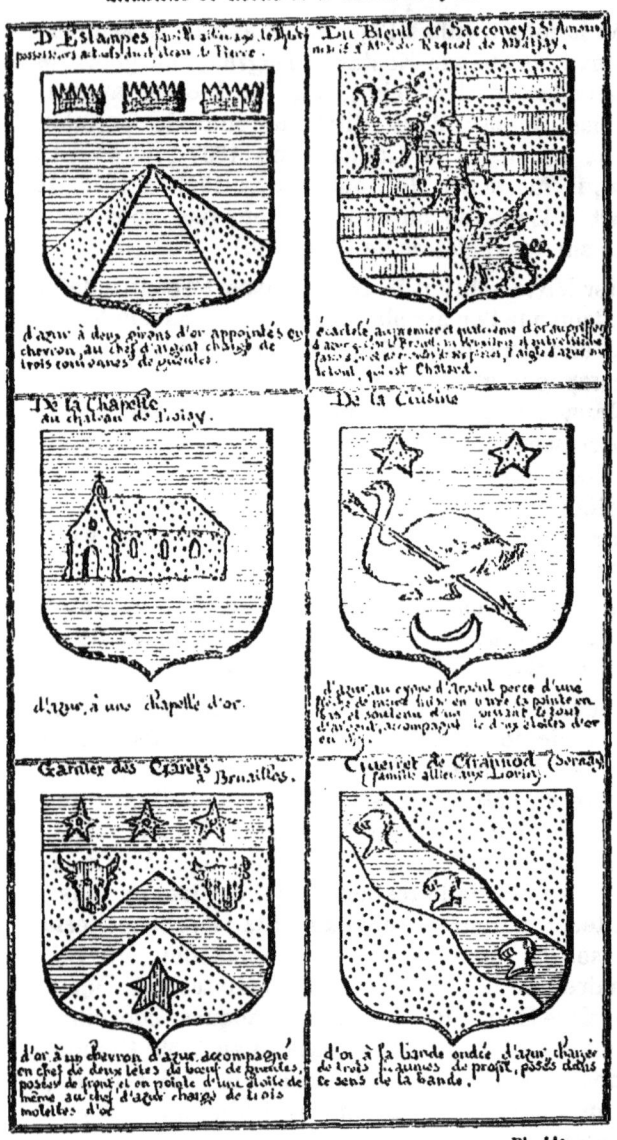

Pl. 11°.

1784, Marie-Elisabeth Vitte, dont nous avons fait rechercher l'acte de mariage qui n'existe pas à Louhans mais se trouve probablement à Chalon où le mariage a vraisemblablement eu lieu.

Du Breuil de Sacconay, *alias Saconey*, — famille originaire du Bugey, qui occupa un rang distingué parmi la noblesse de Savoie, dans les conseils, les armées, etc... Un du Breuil de Sacconay, capitaine attaché à la maison de Savoie, avait été chargé par elle de négocier le mariage d'un des ducs avec une princesse autrichienne. Plusieurs membres de cette famille furent revêtus de hautes dignités ecclésiastiques : l'un d'eux, Gabriel de Sacconay, a composé plusieurs ouvrages contre le protestantisme et plusieurs demoiselles du Breuil furent chanoinesses dans des chapitres où, pour entrer, il fallait les preuves les plus authentiques de noblesse.

Les armes de cette famille, que nous avons reproduites d'après l'*Armorial général de France* dressé à la fin du XVIIe siècle par Charles d'Hozier, portent au nom de Du Breuil Louis Marin, écuyer, seigneur de Sacconay (près de Genève) : « écartelé au premier et quatrième d'or, à un griffon d'azur, au deuxième et troisième fascé d'or et de gueules de six pièces, à un aigle d'azur brochant sur le tout ». La devise était : *celare divinum opus*.

Cette famille s'est fixée à Saint-Amour, en 1788, après le mariage de M. le comte du Breuil avec Mlle du Raquet de Montjay.

L'*Annuaire de la Noblesse* a cité parmi les membres de cette famille, à notre époque, un officier de cavalerie, né à Neuville-les-Dames (Ain) en 1834, qui, — après avoir été pendant plusieurs années soldat, puis caporal, sous-officier, et fait les campagnes d'Afrique, la guerre d'Italie..., — avait été nommé sous-lieutenant en 1870, lieutenant en 1871, avait pris part avec ce grade à la lutte contre la Commune en 1871 et fut promu capitaine en 1877, chevalier de la Légion d'honneur le 12 juillet 1880. Il était fils de Marie-Victor du Breuil de Sacconay et de dame Anne-Marie Aubertin.

De nos jours encore, le comte Adrien du Breuil de Sacconay, époux de Marie-Ernestine Dunod de Charnage et propriétaire du château de la Maigre à Dommartin-les-Cuiseaux, fut, en 1879, dans la période qui suivit le 24 mai, maire de cette commune.

Son fils, le comte Jules du Breuil de Sacconay a conservé ses propriétés à Dommartin ; il avait deux frères plus âgés que lui, morts sans postérité.

Canorgue (Comte de la). — Parmi les nobles qui ont habité Louhans pendant le XIX° siècle, on peut citer le comte de la Canorgue, comte palatin de Méry, chevalier de la Légion d'honneur, médaillé de Sainte-Hélène, décédé à Louhans en mars 1896.

La Chapelle (De). — La famille des de la Chapelle a formé plusieurs branches, dont une s'est fixée à Loisy au XIX° siècle ; ils ont les mêmes armes que les de la Chapelle de Jumilhac, en Périgord.

Les de la Chapelle, de Loisy, sont cousins des de la Chapelle d'Uxelles, à Chapaize (arrondissement de Mâcon, canton de Saint-Gengoux), acquéreurs, en 1812, de l'antique manoir des sires de Brancion et de l'illustre famille des du Blé, au sommet d'un mamelon dominant tout le pays d'alentour et où l'un des membres de la famille avait fait construire en 1839 une belle habitation dans la cour de l'ancien château-fort. Le châtelain actuel d'Uxelles est Charles-Hippolyte, vicomte de la Chapelle d'Uxelles, né à Lyon le 23 janvier 1843, fils de Charles-Henri de la Chapelle, né le 6 mars 1815, fils lui-même de Charles-Hippolyte de la Chapelle, marié à Hélène Taffu de St-Firmin et acquéreur du château. Le père de celui-ci était Charles-Gilbert de la Chapelle, commissaire général de la maison du roi, secrétaire des commandements du Dauphin, surintendant de la maison de Madame Elisabeth, mort en 1794, victime de la Révolution. L'écu des armes des de la Chapelle d'Uxelles est *écartelé* et porte aussi, sur le tout, « d'azur à une chapelle d'or », armoirie parlante des de la Chapelle.

De la branche des de la Chapelle, propriétaires à Loisy, nous voyons tout d'abord le baron Charles-Ernest de la Chapelle, qui était né le 4 février 1791, et qui fut officier de la Légion d'honneur, maître de l'hôtel du roi Charles X. Sa fille, Ernestine, épousa en 1835 Gaspard Quarré de Verneuil, né en 1807. Son fils Charles-Emile de la Chapelle, décédé lui-même à Loisy le 11 mai 1899, fut maire de cette commune de 1884 à 1896. Il avait épousé Mlle Maublanc de Chizeuil, fille du député de Saône-et-Loire sous le second empire, et eut pour fils Charles-Arthur, baron de la Chapelle, né en 1854, propriétaire au château de Loisy, et Charles-René de la Chapelle, né le 22 mars 1860, qui fit construire le château de la Griffonnière, à Châteaurenaud, et fut l'époux en premières noces de Marie-Paule-Ernestine Durand, décédée à Châteaurenaud, et en secondes noces, le 26 novembre 1906, d'Ernestine-Françoise-Marie-Jeanne Quarré de Verneuil dont le père, entré par son mariage dans une famille louhannaise, est, depuis cette époque, fixé à Louhans (*Voy.* plus loin Quarré de Verneuil).

Charpy de Jugny, propriétaires à Cuiseaux, 1830 : Alphonse et Casimir.

Compagnon de Ruffieux J.-B.-H., né en 1802, ancien officier de cavalerie, était vers le milieu du XIXe siècle propriétaire à Champagnat.

La Cuisine (De), famille d'origine bretonne, dont une branche devint louhannaise à la fin du XVIe siècle et fut alliée à la famille des Clerguet qui a été l'objet d'une notice biographique, ainsi qu'à celle des Arnoux (Voy. *supra* pages 255 et 262) et plus tard à celle des Lor t de Reure (*Voy.* ce nom).

Samuel de la Cuisine, bourgeois de Louhans, avait épousé, au commencement du XVIIe siècle, Guillemette Clerguet. Son fils, Daniel de la Cuisine, praticien, époux de Jeanne Arnoux, fut échevin de Louhans en 1640.

Un des fils de Daniel de la Cuisine et de Jeanne Arnoux, Samuel de la Cuisine, décédé à Louhans en 1710, avait épousé Claudine Ricard. Jean-Baptiste de la Cuisine, leur fils, fut avocat en parlement et épousa Elisabeth Marchand dont il eut de nombreux enfants, entre autres Claude de la

Cuisine, né en 1729, époux lui-même de Claudine-Louise Marchand, et dont une fille, Louise-Aimée de La Cuisine, morte à Louhans le 28 août 1846 à l'âge de 78 ans, avait épousé, le 30 mai 1787, Louis-Jean-Baptiste Lorin, seigneur de Reure, né à Louhans le 25 août 1750, maire de Louhans de 1816 à 1821 et décédé en cette ville le 5 juin 1824 (*Voy.* plus loin au mot Lorin).

Les de la Cuisine étaient issus d'une famille noble de Bretagne ; ils avaient comme armoiries : « d'azur au cygne d'argent percé d'une flèche du même, mise en barre, la pointe en bas et soutenu d'un croissant, le tout d'argent, accompagné de deux étoiles d'or en chef ». (1)

Cette famille, qui donna à la magistrature et au parlement de Dijon des membres éminents, donna aussi plusieurs ecclésiastiques, notamment deux curés à la ville de Louhans et un moine bénédictin de l'abbaye de St-Marcel-en-Chalonnais.

A l'époque de la Révolution, Claude-François de la Cuisine, né à Louhans en 1716, était depuis de nombreuses années déjà curé de Louhans. Il n'accepta pas la constitution civile du clergé et refusa de prêter le serment, encourageant de sa haute autorité les prêtres réfractaires. Il resta à Louhans jusqu'en septembre 1792, époque où se voyant dans l'obligation de partir, il prit son passeport pour Genève. Il avait alors 76 ans.

Son neveu, François de la Cuisine, qui l'avait suivi en exil comme prêtre insermenté, fut aussi, comme lui, plus tard curé de Louhans, depuis 1814 jusqu'à sa mort en 1834.

Un membre de cette famille, Elisabeth-François de la Cuisine fut un magistrat éminent. Il était né à Chalon-sur-Saône le 15 octobre 1795 ; après avoir parcouru, sous la Restauration, plusieurs degrés de la magistrature et s'être fait remarquer par l'étendue de ses connaissances, il fut sous la monarchie de Juillet conseiller à la Cour de Dijon, dont il devint un des présidents de Chambre en 1852, président honoraire en 1865. Nommé chevalier de la Légion d'honneur en 1838, il est mort à Dijon le 24 février 1874. On a de lui divers ouvrages dont quelques-uns sont restés très

(1) La branche aînée, restée en Bretagne, possédait la seigneurie de Kercrvé et, sous Louis XIV, elle obtint des lettres de confirmation de noblesse.

estimés : *De l'Administration de la Justice criminelle en France, depuis la réforme de la législation*, Dijon 1841 ; — *Traité du pouvoir judiciaire dans la direction des débats criminels*, Paris 1843 ; — *De l'esprit public dans l'institution du jury*, Dijon 1845 ; — *Le Parlement de Bourgogne depuis son origine jusqu'à sa chute*, 1857, 2 vol. in-8°, 2° édition 1864, 3 vol. in-8°, ouvrage dans lequel l'auteur a refondu ses *Esquisses dijonnaises municipales et parlementaires*, parues en 1849, dissertation qui obtint une mention honorable à l'Académie des inscriptions, au concours des Antiquités nationales.

Les de la Cuisine étaient propriétaires dans le Louhannais ; dans la commune de Bruailles, un ancien étang, converti en pré, porte encore le nom d'étang de la Cuisine.

Dananche (Gaillard de), propriétaires à Condal, dans la seconde moitié du XIX° siècle. Le dernier de ceux-ci, qui habitait St-Sulpice, commune de Condal, est décédé vers 1896 laissant deux filles, l'une mariée à M. de Minvielle, l'autre, Louise-Anatole-Marie, mariée le 19 avril 1887 à M. Puvis de Chavannes René-Ambroise, propriétaire à Champagnat et à Condal, conseiller municipal, adjoint au maire de Condal en 1900, fils du député à l'assemblée nationale de 1871, François-Antoine-Adolphe Puvis de Chavannes (*Voy.* plus loin ce nom).

Desglans de Cessia, famille alliée à celle de Lamartine et qui possédait à Varennes-Saint-Sauveur le château de Réal qui passa depuis à la famille Saulnier (*Voy.* p. 242). Aimé Desglans de Cessia fut, sous la Restauration et le régime de Louis-Philippe, un bienfaiteur de la commune, généreux pour les indigents et les malades, auxquels il fournissait le bois, le vin... Diverses délibérations relatent ses actes de bienfaisance et de générosité ; ainsi il fit don de 17 ares de terrain pour contribuer à l'établissement du cimetière actuel ; lorsqu'en 1832 on eut des craintes de l'invasion du choléra, il indiquait son château de Servillat pour servir d'ambulance qui recevrait les cholériques indigents, etc., etc... Cette famille, comme tant d'autres familles nobles du pays, n'existe plus dans la commune ni dans la région ; mais elle n'y a laissé que de bons souvenirs.

Dulong de Rosnay, propriétaire du château d'Ormes (Voy. *supra*, Ormes, p. 160).

Durand, ancienne famille originaire de Sagy, qui vint dans les premières années du XVIII° siècle s'établir à Louhans. Plusieurs de ses membres furent châtelains de la châtellenie royale de Sagy. Le premier d'entre eux fut Pierre Durand, notaire royal à Sagy, époux de Jeanne Gauchat, décédé à Véage, hameau de Sagy, et enterré dans l'église de Sagy le 12 novembre 1683. — Après lui, son fils Jean Durand, avocat en parlement, époux de Claude-Bénigne Arnoux, fut aussi capitaine châtelain de la châtellenie de Sagy. — Puis, encore un autre Durand. — Théodore Durand, époux de Claudine de la Cuisine le fut aussi dans la seconde moitié du XVIII° siècle. — Enfin, Théodore-François Durand fut le dernier capitaine châtelain de la châtellenie.

Cette famille était alliée aux Lorin (*Voy.* ce nom) par Henriette Durand, épouse de Claude Lorin, avocat à la Cour et lieutenant particulier au bailliage du comté de Louhans en 1700, décédé à Louhans en 1736, laissant de nombreux enfants.

Les armes de la famille Durand ont été indiquées, dans la généalogie des Arnoux, « d'azur à trois bandes d'argent », et dans celle des Lorin « de gueules d'or cotoyée de six molettes de même », rectification faite par M. Quarré de Verneuil, dans la *Revue héraldique*.

Parmi les descendants des Durand, châtelains de Sagy, citons Etienne-Edouard-Théodore-Marie Durand, né le 22 avril 1787, époux de Constance-Emilie Pochon, et qui dans la première moitié du XIX° siècle fut avocat à Louhans où il est mort le 25 février 1853.

Depuis, Denis-Stanislas-Théodore-Marie Durand son fils, né le 9 août 1813, époux de Marie-Elisabeth-Esther Pochon, fille de Claude-François-Nicolas-Eugène-Elisabeth Pochon, président du tribunal civil de Louhans, et de Magdeleine Larmagnac, fut comme son père avocat inscrit au barreau de Louhans ; il fut aussi juge suppléant au tribunal de cette ville. Il fut nommé par le pouvoir maire de Louhans après le 24 mai 1873, dans la période dite de l'Ordre moral. Le pape Pie IX l'avait déjà nommé chevalier de l'ordre pontifical de Saint-Grégoire-le-Grand. Il est décédé à Louhans le 21 avril 1880.

De ses deux filles, l'aînée, Marthe Durand, née à Louhans le 28 novembre 1849, épousa le 14 juin 1876 Jules-Louis-Philibert Perruchot de la Bussière, décédé vers 1893, dont elle eut postérité ; la cadette épousa René de la Chapelle, né à Loisy, propriétaire à Châteaurenaud, où elle est décédée en 1905, laissant de nombreux enfants.

D'Estampes, au château de Pierre. — Une des filles du général Thiard, comte de Bissy (Voy. *supra*, pour la maison de Thiard, p. 211-234) et d'Eléonore Moreton de Chabrillan, avait épousé, le 3 décembre 1824, Ludovic-Omer, marquis d'Estampes, de la noble maison de ce nom, originaire du Berry, qui s'était illustrée, depuis le XV⁰ siècle, dans la carrière des Armes, la Diplomatie et l'Eglise. Il fut, sous la Restauration, gentilhomme de la Chambre du roi ; et, de sa femme, Blanche-Claudine-Elisabeth de Thiard de Bissy, décédée en 1880, il eut deux fils, Jacques-Louis-Léonor, marquis d'Estampes, et Ambroise-Théodose, comte d'Estampes, décédé le 23 mai 1889, qui posséda le château de Pierre.

Théodose d'Estampes épousa Suzanne Dunod de Beauregard, mais mourut sans laisser de postérité. Il avait eu un fils, Maxime-Jacques-François, né le 12 septembre 1864, mort jeune. Le château et les possessions qu'il avait à Pierre passèrent à d'autres membres de la famille d'Estampes.

Les armes de cette famille que nous avons reproduites (11⁰ planche), sont : « d'azur à deux girons d'or, appointés en chevron ; au chef, d'argent, chargé de trois couronnes de gueules ».

Garnier des Garets, à Patran, commune de Bruailles. La famille des Garets était, par un de ses membres, de la descendance des Arnoux d'Epernay, dont une des demoiselles de ce nom, Louise-Anne-Adélaïde, était mariée à Alexandre-Sylvestre Lyautey de Colombe, qu'on trouve propriétaire à Patran, en 1816.

Une demoiselle de Colombe, Marie-Amélie, épousa le

10 janvier 1824 Louis-Antoine-Joseph Garnier des Garets, né le 10 octobre 1801 de Marie-Eléonor Garnier des Garets et de Marie-Thérèse Lemau de Talencé.

Les armes des Garnier des Garets (planche 11e) sont : « d'or à un chevron d'azur accompagné en chef de deux têtes de bœuf de gueules, posées de front, et en pointe d'une étoile de même, au chef d'azur chargé de trois molettes d'or ». On a indiqué comme devise de cette famille : *Contre fortune bon cœur.*

Sous la Restauration, en 1823, Louis-Antoine-Joseph de Garnier des Garets, propriétaire à Bruailles, était maire de cette commune. Il eut de son épouse, Marie-Amélie de Colombe, une fille qui mourut célibataire et un fils, Laurent-Antoine-Léon de Garnier des Garets, né en 1825 et décédé en 1900, qui fut capitaine de cavalerie, chevalier de la Légion d'honneur, et demeura au château de Patran, ancienne propriété des d'Epernay, reconstruit par lui vers 1870.

Il avait épousé, le 18 février 1857, Isabelle Deroche de Longchamp (armes de la famille Deroche : « d'azur au chevron d'or, accompagné de trois rois d'échec du même »), fille de Léon Deroche de Longchamp et de Célanire Bedoz ; elle est morte le 6 mai 1900, laissant cinq enfants : Geneviève, Paul, Louise, Marie-Thérèse et Blanche.

Grivel (Comte de), propriétaire à Bellevesvre, maire de cette commune en 1820, conseiller d'arrondissement.

Guerret de Grannod. — La seigneurie de Grannod, à Sornay, était passée à la fin du XVIIe siècle à la famille Guerret. Noble-François Guerret figure dans une reprise de fief de cette seigneurie en 1685, à la suite de Bertrand David qui, pendant quelque temps, en fut possesseur. Nous voyons ensuite, dans les reprises de fief, Charles Guerret en 1714, et ensuite, Claude Guerret, écuyer, conseiller du roi et lieutenant général au criminel du bailliage, chancellerie et siège présidial de Chalon-sur-Saône. Il avait épousé Agathe Sousselier, et nous voyons sa veuve figurer ensuite dans une reprise de fief de 1720, pour la moitié de la seigneurie de Grannod.

Viennent après : Claude Guerret, écuyer, leur fils, né à

Chalon en 1713, qui fut capitaine au régiment de Navarre-Infanterie, chevalier de l'ordre militaire de Saint-Louis ; — Jacques Guerret, officier de la citadelle de Chalon (reprise de fief du 28 juillet 1763 de partie de la terre et seigneurie de Grannod ; — puis, en 1769, Pierre-Marguerite Guerret, officier à la citadelle de Chalon. Ce dernier, né à Louhans en 1742, était encore seigneur de Grannod à l'époque de la Révolution. Ce fut lui qui fit bâtir le petit château, « joli château de Grannod », signalé ainsi par Courtépée dans sa *Description et Histoire du Duché de Bourgogne*.

Les armes des Guerret étaient : « d'or à la bande ondée d'azur chargée de trois heaumes de profil, posés dans le sens de la bande ».

Lorsque la Révolution éclata, Pierre-Marguerite Guerret de Grannod était subdélégué à Louhans de l'Intendant de Bourgogne. Il devint, en 1792, administrateur et vice-président du district de Louhans ; et, pour se conformer aux nouveaux usages, il ne signa plus que Guerret-Grannod ou simplement Guerret. Il fut élu commandant de la garde nationale de Louhans en messidor an II (1794), et après le neuf thermidor, il devint maire de Louhans (d'octobre 1794 à août 1795). Il est décédé à Ez-Charlanche, commune de Condal, le 3 avril 1813, à l'âge de 71 ans.

Il était l'époux de Françoise Lorin, fille de Théodore Lorin, notaire royal, procureur au bailliage de Louhans : celle-ci mourut elle-même le 15 janvier 1826.

Leur fils, Louis-Marguerite Guerret de Grannod, né à Louhans le 28 juillet 1772, fut avocat, adjoint puis maire de Louhans (1810-1815), chevalier de la Légion d'honneur, conseiller général en 1817. Il est mort à Saint-Amour, le 31 janvier 1838. Il était époux de Marie-Anne-Bernard de Pélagey, morte elle-même le 23 mai 1840, et dont il avait deux enfants, Julie et Bénédicte Guerret de Grannod.

L'aînée, Julie Guerret de Grannod, avait épousé en 1824 Emile Gaillard de Lavernée, et leur fille, Clémentine, entra dans la famille des Puvis de Chavannes par son mariage avec Henri Puvis de Chavannes. Marguerite, leur fille, épousa Louis-Achille-Léo Girard de Charbonnières, vicomte du Rozet.

La seconde, Bénédicte Guerret de Grannod, fut mariée

en 1829 à Joseph Eudel du Gord, de famille originaire de Picardie et de Bretagne, aux armes : « d'azur au chevron d'or, accompagné de trois demi-vols, deux en chef et un en pointe ». (1)

Guyot Depravieux, *alias* **De Pravieux**, famille d'origine Lyonnaise, qui fut, au XIX° siècle, alliée par mariage à celle des Puvis de Chavannes (*Voy.* ce nom).

Pierre Guyot de Pravieux, né à Lyon en 1758, décédé à Cuiseaux le 7 juillet 1826, avait été avant la Révolution bailli de Coligny. Il fut juge de paix de Cuiseaux en 1790 et conseiller général de Saône-et-Loire de 1792 à 1793, juge au tribunal de district de Louhans et membre du Directoire du département en 1795, conseiller de préfecture de Saône-et-Loire de 1800 à 1815 et sous-préfet de Charolles en 1815. Son père, Pierre Guyot de Pravieux, avait été procureur du Roi en la justice de Saint-Genis. Sa sœur, Marie-Pierrette Guyot de Pravieux, épousa Claude-Louis-Marie Puvis de Chavannes (*Voy.* plus loin ce nom). Lui-même se maria avec Stéphanie Goux, fille d'un procureur au Parlement de Dijon. De ses deux petites-filles, l'aînée a épousé M. Moreau, avoué à la Cour d'appel de Dijon. L'autre, Mme Vuillemin, veuve d'un conservateur des hypothèques, vint reprendre sa résidence à Cuiseaux.

Hermand du Bouchat. — Le château du Bouchat, à Varennes-St-Sauveur (*Voy.* p. 242), avant d'appartenir aux de Saint-Mauris, appartenait à la famille Hermand du Bouchat, de qui il passa le 9 juillet 1710 à Messire Jean-Charles de Saint-Mauris d'Augerant par son mariage avec demoiselle Jeanne-Catherine Hermand du Bouchat.

Jordan, — famille citée dans l'*Annuaire de la Noblesse* (2), comme originaire du Languedoc, qui, « au XV° siècle, avait embrassé avec ardeur l'hérésie des Albigeois et partagé leur proscription ». Cette famille a produit plusieurs ministres protestants..., mais, la plupart de ses membres firent acte d'abjuration lors de la révocation de l'Edit de Nantes, en 1685. L'un d'eux, établi dans le Dauphiné, alla ensuite

---

(1) Eudel : Voy. *Revue héraldique*, tome XVIII, p. 40.
(2) *Annuaire de la Noblesse*, par Borel d'Hauterive, — 1856.

se fixer à Lyon ; et, un de ses petits-fils fut Esprit-Alexandre Jordan, ingénieur en chef à Lyon, marié à Joséphine Puvis de Chavannes, sœur du peintre célèbre, et fille d'un ingénieur des mines, Marie-Julien-César Puvis de Chavannes, originaire de Cuiseaux, où il était né en 1785.

L'*Annuaire de la Noblesse* indique comme armes de cette famille : « de sinople à la fasce denchée d'or accompagnée en chef de deux étoiles d'or et en pointe d'un jars d'argent becqué et membré d'or, *alias* au naturel » ; et comme devise : *in veritate virtus*.

Esprit-Alexandre Jordan que nous venons de citer, était né à Die (Drôme) le 22 octobre 1800 ; il était le neveu du célèbre député et orateur, Camille Jordan, mort en 1821. Il fut élève de l'Ecole polytechnique et en sortit ingénieur des Ponts et Chaussées. Il professa la métallurgie à l'Ecole Centrale des Arts et Manufactures et s'occupa exclusivement de travaux scientifiques et d'enseignement. Il fut, le 8 février 1871, envoyé comme député à l'Assemblée Nationale par le département de Saône-et-Loire avec un autre député du Louhannais, Adolphe Puvis de Chavannes, tous deux portés sur la liste réactionnaire ou conservatrice qui fut élue et était en opposition à la liste républicaine où figurait, avec Gambetta, Amédée Guillemin, de Pierre, et Chanliaux, de Cuisery. On peut rappeler ici qu'Alexandre Jordan fut un député du Centre droit et qu'il vota pour la chute de Thiers au 24 mai 1873. Après le vote de la Constitution de 1875, il fut candidat malheureux au Sénat le 30 janvier 1876 sur la liste réactionnaire opposée à la liste républicaine qui fut élue et où figurait le général Guillemaut.

Alexandre Jordan est mort le 9 mai 1888. Son fils, Marie-Ennemond-Camille Jordan, né à Lyon le 5 janvier 1838, fut élève de l'Ecole polytechnique en 1855, de celle des Mines en 1857, et ingénieur des Mines en 1861. Il se consacra à l'enseignement et, après avoir été examinateur à l'Ecole polytechnique, il y devint professeur d'analyse. Mathématicien de grande valeur, il fut élu en 1881 membre de l'Académie des sciences, et appelé en 1883 à la chaire de mathématiques au Collège de France. Il a publié de nombreux mémoires spéciaux, un *Traité des substitutions et des équations algébriques*, et son *Cours d'analyse de l'Ecole Polytechnique, calcul différentiel et calcul intégral* (1882-1887).

La famille Jordan a dans le bourg de Mervans, sur les bords du Briant, une jolie maison bourgeoise, entourée d'un parc, construite en 1834, sur l'emplacement d'une des plus anciennes maisons de Mervans ayant appartenu à M. de Clermont, puis à M. de Miraca qui l'a cédée à M. Guillemin, de qui elle est échue ensuite à M. Jordan.

Laborde (Léo de), — archéologue, propriétaire à Sens, au château de Visargent (aujourd'hui démoli), où il était depuis longtemps fixé par suite de son mariage avec Madame veuve de Clermont (voy. *supra* p. 45). Il y est décédé le 17 décembre 1874, à l'âge de 69 ans.

Laissardière (Trambly de), famille qui habita, au bourg de Simard dans la seconde moitié du XIXe siècle, un petit château ou maison bourgeoise qui appartint ensuite à M. Lieutier décédé lui-même en 1906 à Paris, conseiller général du canton de Montret.

La Maillauderie (Thiébaud de), — ancien militaire, propriétaire à Cuiseaux (première moitié du XIXe siècle).

Larché Claude-Michel (Le baron). — Larché Claude-Michel fut président du Tribunal de Louhans, lors de sa création en 1790 : il avait été, aux termes de la loi nouvelle, nommé à l'élection. Il est cité à diverses reprises dans l'*Histoire du Louhannais pendant la Révolution*. C'était un homme de grande valeur qui se fit connaître dans la suite comme un jurisconsulte éminent. Il devint sous le premier empire, en 1811, premier président de la Cour d'appel de Dijon, et conserva plusieurs années encore ces fonctions pendant la Restauration. Il avait reçu la décoration de la Légion d'honneur et avait été créé baron de l'Empire. Il fut aussi pendant quelques années membre du corps législatif pour le département de la Côte-d'Or, nommé en l'an XII (1804) par le Sénat conservateur.

Larue (De), à Sornay, au château de Lusigny sur la rive gauche de la Seille. Armand de La Rue, né le 7 février 1792, était en 1839 ingénieur des Ponts et Chaussées à Poligny

Armoiries de Nobles de la Bresse Louhannaise

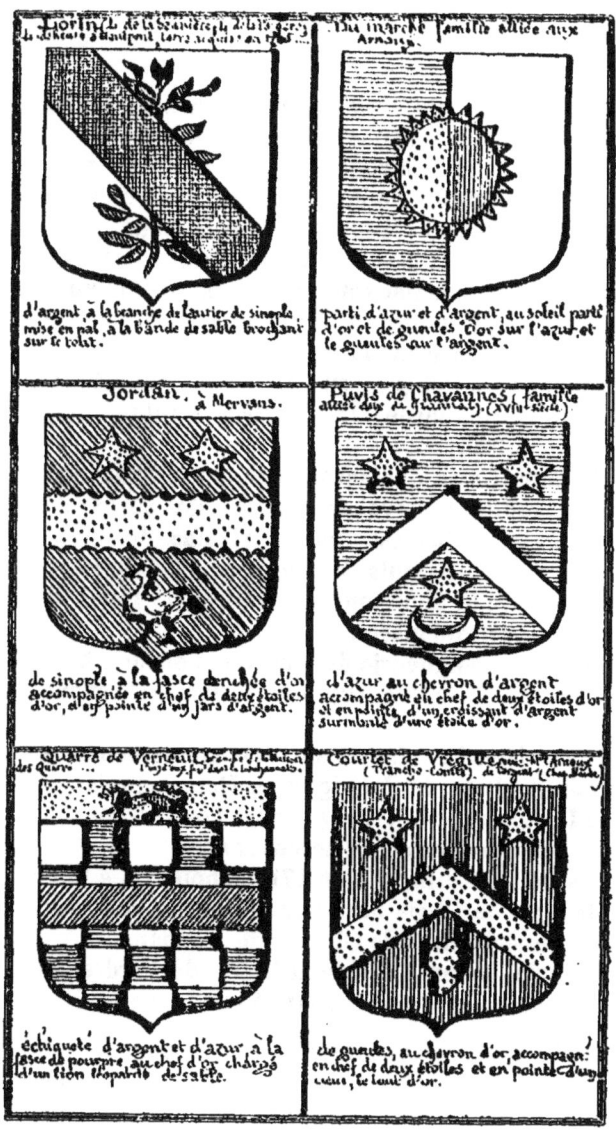

Pl. 12.

(Jura). Un de ses descendants du même prénom et du même nom habitait encore quelques années avant la fin du XIX° siècle le château de Lusigny, encore actuellement à la famille.

Lorin. — La famille Lorin, originaire de Tournus, donna au XVIII° siècle plusieurs branches dans le Louhannais.

Claude Lorin, que nous trouvons le premier de ce nom dans le Louhannais, était fils de Jean Lorin, marchand à Tournus, et de Marie Aubry. Il fut avocat à la Cour, puis, en 1700, lieutenant particulier au bailliage du comté de Louhans, et, en 1707, conseiller référendaire en la Chambre des Comptes de Dôle ; il mourut à Louhans, le 18 décembre 1736, à l'âge de 66 ans, laissant 17 enfants.

Cette descendance est indiquée en partie dans une généalogie de la famille Lorin, parue dans la *Revue héraldique* (1) et comprend entre autres :

a) Claude-Antoine Lorin de Lassounière, né le 22 novembre 1696, sous-brigadier à cheval des gardes du corps du Roi en la compagnie de Chârost, puis capitaine de cavalerie et chevalier de Saint-Louis. Il acquit en 1765 la terre et seigneurie de Reure (à Montpont) et mourut à Paris le 23 juin 1772, sans avoir été marié.

Nous verrons que la seigneurie de Reure fut ensuite à un de ses neveux, fils de Théodore, tige qui forma la branche des Lorin de Reure.

b) Claude-Louis-Henri Lorin, né en 1711, moine bénédictin, procureur de l'abbaye de Sauvigny-en-Bourbonnais.

c) Théodore Lorin, né en 1711, sur lequel nous aurons à revenir et dont nous donnerons la descendance.

d) Claude-Henriette Lorin, née en 1713, choisie le 4 juillet 1736 par Madame de Chamillard pour la remplacer dans les fonctions de supérieure de la Charité de Louhans.

e) Philibert Lorin, né en 1716, bénédictin de l'ordre de Cluny, procureur du prieuré de la Charité-sur-Loire.

Théodore Lorin, que nous venons d'indiquer comme né à Louhans en 1711, fut notaire royal et procureur au bailliage de Louhans, avocat à la cour. Il épousa, en 1738, Reine-Marguerite Griffand, née à Sainte-Croix et fille de Guil-

(1) Tome XIX, n°s 5 et 6.

laume Griffand, praticien à Louhans, et de Anne-Marguerite Baudin, de Romenay, dont il eut plusieurs enfants :

a) Henriette Lorin, née en 1739.

b) Claude Lorin de Laffargière, bachelier en droit, gendarme du roi sous le titre écossais, officier secrétaire du point d'honneur, époux de Claire Gacon, morte en 1839, laissant Henri Lorin, né à Louhans le 7 janvier 1787, conseiller à la Cour d'appel de Dijon, mort le 13 février 1878, ayant été marié à Geneviève-Julie-Eudoxie Drugue, de laquelle il eut une fille, Rose-Claire-Julie Lorin de Laffarguière, née à Dijon et morte célibataire en cette ville le 23 mai 1891.

c) Françoise Lorin, qui épousa, vers 1770, Pierre-Marguerite Guerret de Grannod, dont elle eut plusieurs enfants. (*Voy.* ce nom *supra* p. 308).

d) Théodore Lorin de la Collonge, avocat en Parlement, époux en 1788 de Marie-Antoinette-Charlotte Monterrard, fille d'un garde du roi. Décédé en 1791, il laissait un fils, Claude-Marie-Théodore Lorin de la Collonge, mort en 1818 sans enfants.

e) Louis-Jean-Baptiste Lorin, qui suit.

Louis-Jean-Baptiste Lorin, seigneur de Reure, né à Louhans le 25 août 1750, fut maire de Louhans sous la Restauration, de 1816 à 1821, et mourut en cette ville le 5 juin 1824. Il avait épousé en 1787 Louise-Aimée de la Cuisine, fille de Claude-François de la Cuisine (*Voy.* ce nom *supra* p. 303) et de Claudine-Louise Marchand. Aimée de la Cuisine mourut le 28 août 1846, à l'âge de 78 ans. Il laissait sept enfants : Eugénie-Louise-Marguerite Lorin de Reure, morte célibataire à Louhans le 2 décembre 1847 ; — Joséphine Lorin de Reure, morte supérieure des religieuses de l'hôpital de Louhans, le 30 juin 1858 ; — Marie Louise-Aspasie, morte célibataire à Louhans le 16 mai 1879 ; — Louis-Jean-Aristide-Marguerite qui suit ; — Jean-François-Casimir Lorin de Reure, curé de Louhans, mort à l'âge de 75 ans, le 6 juin 1872 ; — Jean-Baptiste-Charles Lorin de Reure, né en 1806, marié à Marie-Laure Bernard de Pelagey et mort à Saint-Amour en 1890, laissant quatre filles dont 3 furent mariées et eurent plusieurs enfants ; — Pierre-Edouard Lorin de Reure, né et mort à Louhans (1813-1890), juge au tribunal civil de Louhans de 1858 à 1883, marié à Nantua le 24 septembre 1844 à Marie-Françoise Royer, décédée le 11 février 1880, laissant deux enfants dont la cadette mourut célibataire et l'aînée, Marie-Françoise-Suzanne, née à Poncin (Ain), le 31 juillet 1849, morte à Louhans le 21 avril 1905, fut épouse de Charles-Claude-Hippolyte Quarré de Verneuil (*Voy.* plus loin ce nom) dont elle eut plusieurs enfants.

Louis-Jean-Aristide-Marguerite de Lorin de Reure (1792-1869), receveur de l'Enregistrement, avait épousé Félicité de la Chaise dont il eut quatre enfants : Louise-Bernard-Clotilde, épouse d'Adolphe Collin, conservateur des hypothèques à Nancy, sans postérité ; — Louis-Philippe-Joseph, qui fut militaire, dragon et mourut célibataire ; — Clémentine-Joséphine-Elisabeth-Françoise, décédée célibataire ; — et Jean-Baptiste-Edouard-Victor Lorin de Reure, né le 11 janvier 1831 à Autun, marié à Marie-Nathalie-Berthe de Rigollot de Chavigné, président de Chambre à la Cour d'appel d'Aix, chevalier de la Légion d'honneur, père de plusieurs enfants.

Marais (Du). — Propriétaire du château de Chaumont à Oyé (canton de Semur, arr' de Charolles) et de celui de Ronfand (restauré en 1862) à Devrouze (canton de Saint-Germain-du-Bois), le baron Léon Michon du Marais est né à Valence (Drôme) le 9 mars 1834. Il fut sous-préfet de Trévoux et membre du Conseil de préfecture du Rhône.

La famille du Marais possédait dès 1600 et possède encore le château du Marais, situé à Roanne (Loire). Ses armes sont : « d'azur à la fasce d'or accompagnée de trois besans d'argent. »

Marché (Du). — famille originaire de Savoie, ayant des propriétés dans le Louhannais et dont un des membres actuels est Georges du Marché, né à Saint-Martin-de-Senozan, contrôleur général de l'administration de l'armée et commandeur de la Légion d'honneur.

Les armes de la famille du Marché sont : « parti d'azur et d'argent, au soleil parti d'or et de gueules » et la devise, *Forti fide*, est indiquée par Joseph de Champeaux dans ses *Devises, cris de guerre, légendes, dictons* (1).

(1) Dijon, Lamarche, 1891.

Cette famille a plusieurs branches. Elle fut alliée, au commencement du XIX° siècle, avec les Arnoux de Corgeat, par mariage, en 1804, d'une demoiselle de cette famille avec François-Nicolas du Marché, né en 1768 à Marhoz, de François-René du Marché, écuyer, seigneur de la Tour. Un de ses petits-fils, Joseph du Marché, né en 1847, épousa une demoiselle Ducret de Langes.

Mazenod (De). — Le vicomte Albert de Mazenod épousa, le 6 décembre 1871, demoiselle Thérèse Renouard de Sainte-Croix (*Voy. supra* p. 170), décédée cinq ans après, le 11 novembre 1876, à Cannes, laissant une fille qui devint l'épouse de M. de Varax, Marie-Jean-Louis, avec qui elle habite le château de Sainte-Croix (p. 180).

Michot de Champry, Louis-Marie, né le 31 mars 1775, propriétaire et maire de Cuiseaux en 1839.

Nayme des Orioles, propriétaire à Cuiseaux. Il mourut vers 1863. Sa fille avait épousé M. le Comte Aynard Le Compassour-Créqui-Montfort de Courtivron, né à Bussy-la-Pesle (Côte-d'Or) en 1830, qui devint maire de Cuiseaux en 1888, et dont le fils, Pierre Le Compassour-Créqui-Montfort de Courtivron est propriétaire à Cuiseaux (*Voy.* pour les familles de Courtivron et Nayme, p. 71 et 80).

Paillot, Claude-Edmond, né en 1827, mort à Pierre en 1877, licencié en droit, conseiller de préfecture, maire de Pierre, conseiller général de 1861 à 1871, chevalier de la Légion d'honneur, propriétaire du château de Terrangeot. Jacques Paillot de Montabert, son fils, né vers 1862, propriétaire actuel du château de Terrangeot, est avocat à la Cour d'appel de Dijon.

Perruchot de la Bussière, — (*Voy. supra*, p. 306), Durand.

Puvis, — **Puvis de Chavannes**. — La famille des Puvis est nombreuse ; il y en a à Cuiseaux, à Champagnat, à Joudes... — Et, si l'on ne peut revendiquer, comme originaire de l'arrondissement, celui qui de tous fut le plus connu, Puvis de Chavannes, le peintre célèbre, membre de l'Institut, né à Lyon en 1824 et mort à Paris en 1898, le nom d'autres Puvis, notamment celui de Puvis Marc-Antoine, député de l'Ain, célèbre surtout comme agronome, mérite d'être conservé ; et après avoir rappelé leur origine, leur filiation, le rôle important qu'ils ont joué, nous ajouterons aussi les quelques indications que nous avons pu avoir sur les autres membres de cette famille.

L'Annuaire de la Noblesse de Borel d'Hauterive (1898) signale cette famille comme une « famille ancienne et distinguée de Bourgogne », mais « qui n'a comparu ni à l'Armorial général de 1696, ni aux assemblées de la noblesse en 1789. Elle a donné, dit-il, des avocats au Parlement de Bourgogne, et paraît avoir retenu son surnom de la terre de Chavannes (à Dommartin-les-Cuiseaux), qu'on voit appartenir dans la seconde moitié du XVIII° siècle à Rose Hennequin, veuve de Pierre Puvis, lieutenant du bailliage de Cuiseaux, qui demanda en 1772 à présenter foi et hommage au seigneur de Cuiseaux pour cette terre de Chavannes, acquise par elle du baron d'Espagnac (Chavannes, autrefois fief et château aux de Maigret, XVI° et XVII° siècles, puis à Jean-Maximilien d'Aubarède, puis au baron d'Espagnac). C'était après la mort d'Alexis Fontaine des Bertins, seigneur de Cuiseaux. Il lui fut répondu que pour ce motif, « il n'échet de recevoir les dites foy et hommage, pendant la vacance de la seigneurie, qu'il n'y avait point de seigneur actuel et que cela pouvait porter un préjudice considérable à celui qui succéderait, parce que les délais pour user de ses droits courant et pouvant même expirer avant qu'il y eut un seigneur de pourvu, il en demeurerait privé ». (1)

D'autres fiefs avaient été acquis déjà par Pierre Puvis, du seigneur de la Baume, comte de Saint-Amour. A l'époque où Courtépée écrivit son histoire, vers 1780, le fief de Chavannes est indiqué par lui comme étant à Claude Puvis Delachaux.

La tige a donné de nombreux rameaux.

Claude-Louis-Marie Puvis, seigneur de Chavannes, était

(1) *Arch. départ.* B. 227.

né à Cuiseaux le 28 janvier 1729, de Pierre Puvis et de dame Anne-Rose Hennequin. Il fut avocat au Parlement de Bourgogne et grand messager juré de l'Université. Il avait épousé, vers 1770, Marie-Pierrette Guyot de Pravieux sœur de Pierre Guyot de Pravieux. Il fut conseiller général de Saône-et-Loire de 1790 à 1791, « homme de loi », et mourut à Cuiseaux le 6 messidor an IX (1801) à l'âge de 73 ans, laissant plusieurs fils et une fille qui suivent.

a) L'aîné de ses fils, Puvis Marc-Antoine, né à Cuiseaux le 20 octobre 1776, mort à Paris le 20 juillet 1851, était entré en 1797 à l'école polytechnique, puis à l'école de Châlons, d'où il sortit sous-lieutenant d'artillerie. Après une courte carrière militaire il s'adonna presque exclusivement à l'agriculture. Dès 1810, il préconisa l'emploi de la marne et de la chaux, pour les amendements du sol, et, en 1817, proposa la création de greniers d'abondance. Agronome distingué, il consigna le résultat de ses observations dans plusieurs écrits. Son premier ouvrage avait été consacré aux *sols siliceux* et aux *sols calcaires* (1811). Il publia en 1821 son *Voyage agronomique en Beaujolais, Forez et Limagne* ; en 1826, un *Essai sur la Marne* ; en 1828, une *Notice statistique sur le département de l'Ain* ; — puis, un ouvrage sur l'*Agriculture du Gâtinais, de la Sologne et du Berry*, en 1833 ; — un autre, *De l'emploi de la chaux en agriculture* (Bourg, 1836) ; — un autre sur les *Étangs*, en 1844. — Il réunit ensuite la plupart des observations qu'il avait faites dans un *Traité des amendements* (Paris, 1851). Il a en outre collaboré à la *Maison rustique du XIX⁰ siècle* et au *Journal d'Agriculture pratique*. Il fut membre du conseil général de l'Ain, dont il fut président en 1833. Député de l'Ain de 1830 à 1832, il fut ensuite, en 1840, membre correspondant l'Académie des sciences pour la section d'économie rurale, et en 1842, membre du Conseil général de l'Agriculture. Il fut aussi membre et président de la Société d'Émulation de l'Ain. L'*Annuaire de la Noblesse* de 1896 l'indique comme marié et père de : N....., mariée à Andrien Chossat de Montburon, et de deux fils qui ont laissé postérité.

b) Le second des fils de Claude-Louis-Marie Puvis de Chavannes, frère par conséquent du précédent, fut Claude Puvis de la Chaux, né le 28 décembre 1777.

c) Le troisième fut Pierre-Ambroise Puvis, né à Cuiseaux,

le 7 décembre 1780, mort le 10 décembre 1861 à Marciat, commune de Joudes, dont il fut maire, conseiller général de Saône-et-Loire de 1831 à 1842, époux de Françoise Bertholin de la Vénerie. L'un de leurs fils, Henri Puvis de Chavannes, né en 1810, fut également maire de Joudes. Il épousa la petite-fille de Louis-Marguerite Guerret de Grannod, Clémentine de Lavernée, dont il eut Marguerite Puvis de Chavannes qui fut mariée à Louis-Achille-Léo Girard de Charbonnières, vicomte du Rozet, dont le fils adjoint au maire de Joudes est propriétaire du château de Marciat. Un autre fils de Pierre-Ambroise Puvis, Adolphe-François-Antoine Puvis, né à Cuiseaux le 1ᵉʳ décembre 1817, fut maire de Champagnat, conseiller général de 1867 à 1871, élu député de Saône-et-Loire à l'Assemblée nationale en 1871, comme conservateur monarchiste, mort à Bordeaux le 8 mars de la même année. Son acte de naissance portant le nom de Puvis, tout court, avait été, par jugement du 19 août 1859, rectifié en ce sens qu'il a été ajouté au nom de Puvis celui de Chavannes. Il fut l'époux de Nelly Ricard dont il eut (*Annuaire de la Noblesse*, de 1896) René-Ambroise, marié le 19 avril 1887 à Louise-Anatole-Marie Gaillard de Dananches, dont postérité, et Joseph-Camille, officier de réserve.

d) Le quatrième fils de Claude-Louis-Marie Puvis, seigneur de Chavannes, fut Marie-Julien-*César*-Joseph, né à Cuiseaux, le 14 mars 1785 ; il eut pour parrain Pierre Guyot, son oncle, avocat à la Cour, demeurant à Cuiseaux, et pour marraine Marie-Thérèse de Maigret, demeurant également à Cuiseaux (on a vu que le fief et château de Chavannes était autrefois aux de Maigret). César Puvis fut ingénieur en chef des mines, administrateur des hospices de Lyon, propriétaire à Champagnat. Il eut cinq fils qui sont : 1ᵉʳ Julien-Marguerite-*Edouard* Puvis de Chavannes, qui fut maire de Champagnat et dont un des fils est Puvis de Chavannes Marie-César-*Alphonse*, né à Lyon le 13 février 1851, docteur en droit en 1875 et attaché au ministère de la Justice, substitut à Joigny de 1876 à 1879, domicilié au Brouchy, commune de Champagnat, dont il est maire depuis 1881, conseiller général de 1887 à 1901, époux de Mlle Gauthier, de Lyon ; — un autre est Puvis de Chavannes César, né en 1853, propriétaire au château de Croix d'Arrigna (Champagnat), qu'il fit construire en 1896, veuf de Marthe Jourdan, dont postérité ; — et deux filles, Elisabeth, mariée à Henri Gautier, et Marie, épouse d'André Duhamel. — 2° Pierre Puvis de Chavannes, le célèbre peintre, né à Lyon le 14 décembre 1824, décédé à Paris le 21 octobre 1898, marié à la princesse Marie Cantacouzène ; — 3° Joséphine, mariée à Alexandre Jordan (*Voy.* ce nom) ; — 4° Marie-Antoinette, mariée à Claude-Aimé-Vincent de Vaugelas.

NOTA. — L'indication, donnée ci-dessus, de *l'Annuaire de la Noblesse*, est à rectifier en ce qui concerne Puvis Marc-Antoine, agronome, né à Cuiseaux. Il avait épousé Joséphine Gaillard. Son fils Charles épousa Joséphine de Toytot dont il eut une fille, Gabrielle Puvis de Chavannes, mariée à Adrien Chossat de Montburon, qui a laissé tr. is fils et deux filles.

De même, *complément à p. 319* : Claude Puvis de la Chaux, né en 1877, décédé sans postérité à Cuiseaux, le 27 août 1802.

Id., page 320 : Joseph-Camille Puvis de Chavannes, maire de Cuiseaux, demeurant au château de Reuille, en cette même commune, époux de Marthe Larcher.

Id. — La fille de Pierre-Ambroise Puvis de Chavannes, Marie-Elisabeth-Sabine, épousa M. Victor Bernard.

Id. — L'épouse d'Alphonse Puvis de Chavannes fut Mlle Marie Saint-Olive, dont postérité.

e) Le cinquième fils du même Claude-Marie Puvis, dont, on le voit, la descendance fut nombreuse, Pierre-Etienne-Edouard Puvis, né à Cuiseaux le 8 octobre 1787, décédé le 1ᵉʳ octobre 1854, épousa Elisabeth Berthelon de la Vénerie ; il eut deux enfants : une fille mariée à Hippolyte de Lavernée et un fils Emile-Antoine Puvis de Chavannes, propriétaire à Joudes dont il fut maire, décédé le 3 septembre 1886, laissant une fille, propriétaire du château des Charmeilles, et qui fut mariée à Mathieu-Georges Corbon de Saint-Genest.

f). — Le sixième enfant de Claude fut une fille, Marie-Victoire, qui épousa Louis-Marie Michat de Champris, lequel fut maire de Cuiseaux en 1839, cité déjà plus haut, mort à un âge avancé.

g). — Le septième enfant fut Françoise-Eulalie, dite Virginie, qui épousa en premières noces Jacques-Charles de Monicault et, en secondes noces, Philippe Riboud.

D'autres membres de la famille des Puvis seraient encore à citer ;

Jacques-François Puvis, avocat, juge de paix à Cuiseaux,

marié à Jeanne-Marie Royer, née en 1808 ; — et son fils, André-François-Gabriel-Arthur Théobald, qui fut officier supérieur (chef de bataillon), chevalier de la Légion d'Honneur, quelque temps maire de Cuiseaux, décédé le 29 novembre 1872 à un âge avancé. Jacques-François Puvis et sa descendance faisaient partie de la branche aînée de la famille, branche qui n'a jamais possédé le fief de Chavannes et n'a jamais fait, en conséquence, l'addition à son nom patronymique. Elle n'est plus représentée que par M. Paul Puvis et ses fils, qui habitent Honfleur.

Nous avons reproduit, planche XIIᵉ, les armes de la famille Puvis de Chavannes, portant : « d'azur au chevron d'argent, accompagné en chef de deux étoiles d'or et en pointe d'un croissant d'argent surmonté d'une étoile d'or ».

Quarré de Verneuil. — Dans une notice historique et généalogique sur la maison Quarré (1), dont des membres furent, sous l'ancien régime et à des époques plus ou moins reculées, seigneurs de divers lieux en Bourgogne, et qui ont été signalés autrefois dans le Louhannais (*Voy.* supra, p. 172), les Quarré de Verneuil sont indiqués formant un rameau d'une des branches de cette famille, rameau se rattachant à celle des comtes et barons d'Aligny.

Nous avons fait connaître déjà que les différentes branches de cette famille, dont plusieurs éteintes aujourd'hui, avaient donné des magistrats au parlement de Bourgogne, des officiers à l'armée, des baillis, des prieurs.., et que le rameau des Quarré de Verneuil avait fourni aussi des avocats au parlement, ainsi que des maires aux villes de Charolles et de Paray.

Au commencement du XVIIᵉ siècle, Pierre Quarré, seigneur de la Palus, né en 1578, était docteur en médecine à Charolles.

Un de ses fils, Pierre Quarré, écuyer, seigneur de Verneuil et la Palus, lieutenant particulier au bailliage du comté du Charollais, maire perpétuel de Charolles, eut de sa femme Claude-Denis onze enfants, dont plusieurs ecclésiastiques ou religieuses.

Les aînés étant morts sans alliance, le quatrième, Pierre

(1) *Annuaire de la Noblesse* de 1855, 12ᵉ année.

Quarré, né le 30 décembre 1668, fut seigneur de Verneuil, écuyer, avocat en parlement, lui aussi maire perpétuel de Charolles. Il eut de sa femme, Jeanne Maublanc, huit enfants, dont l'un d'eux, Mathieu Quarré, né le 30 octobre 1702, fut seigneur de Verneuil, époux de Marie des Autels, fille d'un docteur en médecine.

Leur fils, Jacques-Bénigne Quarré, écuyer, seigneur de Verneuil, fut conseiller maître des comptes à la cour de Dôle en Comté. Il émigra avec ses deux fils aînés, servit plusieurs années à l'armée de Condé, et rentré en France en 1803, il mourut à Paray-le-Monial le 13 janvier 1812. Il avait épousé en 1772 Catherine Desmolins de la Garde.

L'aîné de ses fils, Adrien Quarré de Verneiul, émigré, fut tué à la guerre en 1794.

Le second, Gaspard-Nicolas, avait émigré aussi comme son père et son frère ; rentré en France en 1803, il se fixa à Paray-le-Monial et épousa Marie-Amélie de Laval, fille d'un conseiller de préfecture. Il fut nommé, sous la Restauration, chevalier de Saint-Louis et maire de la ville de Paray, le 20 juillet 1816 ; il se démit de ses fonctions en 1829 et mourut à Paray le 4 octobre 1854, laissant plusieurs enfants dont l'aîné, Jacques-Bénigne-Eugène Quarré de Verneuil, né le 7 juillet 1805, époux en 1834 de Madeleine-Louisa O'Reilly, de maison noble de l'île Saint-Martin aux petites Antilles, eut d'elle une postérité nombreuse.

Le troisième des fils de Jacques-Bénigne Quarré de Verneuil fut Alexandre Quarré de Verneuil qui épousa, le 24 janvier 1802, Victoire Chevalier des Raviers, fille de Jean Chevalier des Raviers, brigadier des gardes du roi, compagnie écossaise, chevalier de Saint-Louis, et de demoiselle Anne Mallard. Ils eurent entre autres enfants Gaspard Quarré de Verneuil, né le 7 janvier 1807, qui épousa en 1835 Marie-Thérèse-Ernestine de la Chapelle, fille aînée du baron Charles-Ernest de la Chapelle, officier de la Légion d'honneur, ancien maître de l'hôtel du roi Charles X, et de Henriette Taffu de Saint-Firmin.

Quatre enfants sont issus de ce mariage, Alexandre-Henri-*Raoul*, né le 20 septembre 1837 ; — Charles-Claude-*Hippolyte*, né le 21 décembre 1839 ; — Madeleine-*Marthe*, née le 13 février 1842 ; — Augustin-Marie-*Georges*, né le 31 août 1844.

Le deuxième d'entre eux, Hippolyte Quarré de Verneuil, vint se fixer à Louhans lors de son mariage, le 22 juillet 1872, avec Marie-Françoise-*Suzanne* Lorin de Reure, née à Poncin (Ain), le 31 juillet 1849, décédée à Louhans le 21 avril 1905. Licencié en droit, membre correspondant de l'Académie de Mâcon, il est l'auteur d'une *Étude historique et archéologique sur l'église Saint-Pierre de Louhans* (1), ouvrage couronné par l'Académie de Mâcon dans sa séance du 9 septembre 1905.

Quatre enfants sont issus de son mariage : Ernestine-Françoise-Marie-Jeanne, née le 9 août 1873, épouse en 1907 de René de la Chapelle, propriétaire au château de la Griffonnière à Châteaurenaud ; — Pierre-Amaury, né en 1877, officier d'infanterie ; Alfred-André, né en 1881...

Quirot de Poligny. — *Voy. supra* de Beuverand à Chardenoux, p. 261. René Quirot de Poligny, né en 1836, capitaine au 57e territorial, chevalier de la Légion d'honneur, maire de Bruailles, de 1878 à 1902, épousa Valentine de Beuverand dont il eut deux fils : Jean Quirot de Poligny, né en 1865, propriétaire à Chardenoux, décoré de la médaille militaire, époux de Mademoiselle de Virel ; — et Just Quirot de Poligny, né en 1866, ancien officier de cavalerie, époux de Mademoiselle de Laudières.

Saint-Andéol (Malmazet de), ancien sous-préfet, receveur des Finances à Louhans pendant plusieurs années. Il avait épousé Mademoiselle Druard de Chalon-sur-Saône.

Saint-Méloir (De), propriétaire au moulin de Visargent, commune de Sens, où il fut quelque temps conseiller municipal.

Saint-Seine (De). — *Voy. supra,* p. 106 et 108, Goux (Le) et Huilly, où cette famille possède le château de Molaise et où le vicomte de Saint-Seine fut maire de 1881 à 1891. — Cette famille bourguignonne, d'ancienne origine, puisqu'elle est connue depuis les derniers ducs de Bourgogne, à la cour desquels elle avait fourni des pages et des gentils

(1) Louhans. Imprimerie Moderne, 1906.

hommes, de même qu'elle a fourni aussi, alors et plus tard, des officiers à l'armée et à la marine françaises et des magistrats au parlement de Dijon, compte encore de nos jours plusieurs officiers dans les armées de terre et de mer, et dans la noblesse des marquis, comtes, vicomtes... Le nom de Bénigne que portait le dernier seigneur de Louhans a été conservé par plusieurs d'entre eux.

Serve (Le baron Raoul Bouthillon de la), né à Romenay au château de la Serve en 1861, est le propriétaire actuel du château de Molaise à Huilly (1896). Alliée aux de Saint-Seine la famille des barons de la Serve est d'origine bourguignonne ancienne, portant : « d'azur, à la bande d'argent, chargée de deux épis de sinople, accompagnée en chef d'un lion d'or et en pointe d'une tour d'argent ».

Monsieur Bouthillon de la Serve a épousé en 1887 Mademoiselle de Bœntel.

Seymour de Constant Adolphe-François-César, officier de cavalerie en retraite à Cuiseaux, en 1839.

Thorey (De) Numa-Gilly, propriétaire et capitaine en retraite à Cuiseaux, 1887, chevalier de la Légion d'honneur. Il était né à Gevrey-Chambertin, le 30 octobre 1829.

Vrégille (Courlet de), famille alliée à celle des Arnoux de Corgeat (Voy. *supra*, p. 255) par le mariage d'Ernest-Henri Courlet de Vrégille avec Louise-Philiberte-Laurence Arnoux de Corgeat. — La famille Courlet remonte à Claude Courlet, bailli général des terres du prince d'Orange. Sa descendance a donné des conseillers au parlement de la province, des officiers de mérite et possédé les seigneuries de Boulot et de Vrégille. Les armes de cette famille portent : « de gueules au chevron d'or accompagné en chef de deux étoiles et en pointe d'un cœur, le tout d'or » et elle avait comme devises : *Ayde toi* et *Fais ce que dois* (1).

Ernest-Henri Courlet de Vrégille, fils de Désiré-Xavier Courlet de Vrégille, ancien président de Chambre à la Cour

(1) *Dictionnaire des Devises*, par Chassan et Tausin, 2 vol.

d'appel de Besançon et chevalier de la Légion d'honneur, était né en Franche-Comté en 1842 ; il fut, lui aussi, quelque temps magistrat, substitut, bientôt démissionnaire. Il se fixa après son mariage au château de la Motte et fut maire de Chapelle-Naude de 1878 à 1901. De Laurence-Philiberte Arnoux de Corgeat, sa femme, née en 1848 et qu'il avait épousée le 13 août 1872, il eut plusieurs enfants : Charlotte Courlet de Vrégille, née le 8 décembre 1877,

Château de la Motte à Sainte-Croix

épouse, le 14 mai 1903, du comte Ivan de Saint-Germain, dont deux fils. La famille Le Febvre de Saint-Germain, en Champagne, porte « d'azur à un rencontre de cerf accorné d'or, chaque corne chevillée de 5 pièces de même, accompagnée de 3 croix pommelées et fichées d'argent » ; — Cécile Courlet de Vrégille, née le 1ᵉʳ juillet 1879, épouse, le 30 septembre 1903, du baron Carl de La Chapelle (d'Uxelles) dont un fils, Ernest. (Voy. *supra* ce nom p. 302). Armes des de La Chapelle d'Uxelles : « écartelé au 1 d'argent à la bande de gueules, chargée d'une étoile, accostée de 2 fermails d'or, au 2 d'argent au lion couronné de gueules, au 3 d'or à deux lions de sable en bande, au 4 d'azur à trois fasces d'or et une bande du même brochant ; sur le tout d'azur à une chapelle d'or, soutenue de même, ouverte du champ » ; — Catherine Courlet de Vrégille, née le 1ᵉʳ août 1884.

Ernest Courlet de Vrégille, leur père, mourut le 2 septembre 1904 au château de la Motte (appelé encore par la famille château de Promby) qu'avait fait construire en 1834 son beau-père, Marie-Bernard-Hippolyte Arnoux de Corgeat, sur le territoire de Sainte-Croix, à la limite de la commune de Chapelle-Naude, sur laquelle se trouvent la maison d'exploitation et partie de la propriété.

ARMOIRIES OUVRIÈRES

Si les armoiries, portées originairement comme signe héraldique sur les armures et les drapeaux, servirent tout d'abord à distinguer et reconnaître les diverses familles de la Noblesse, leur usage prit dans la suite plus d'extension, et elles servirent aussi d'emblèmes caractéristiques des pays, provinces, villes, ainsi que des corporations d'arts et métiers, de marchands ; et même, par plus d'extension encore, diverses personnes, des familles s'en octroyaient elles-mêmes, et les conservaient héréditairement.

Les corporations ouvrières et de marchands, cédant à l'entraînement général, avaient ainsi, sous l'ancien régime, leurs armoiries qu'elles avaient produites tout d'abord sur leurs sceaux, comme le faisaient les communautés, les villes. C'étaient plutôt des sceaux que de véritables armoiries. L'emblème choisi n'était le plus souvent que la représentation d'un instrument de métier ou d'un objet s'y rapportant. La connaissance de ces sceaux et armoiries a été souvent fort utile pour l'étude des mœurs et des usages.

Les principaux corps de marchands étaient, sous l'ancien régime, les drapiers, merciers, — les épiciers, — les chapeliers, bonnetiers, pelletiers, — les orfèvres, — les fabricants d'étoffes, — les marchands de vin — formant six corps de marchands et fabricants.

Les ouvriers se classaient par professions, groupés parfois en s'unissant à d'autres de professions similaires.

Les armoiries de corporations que nous produisons ci-après, pour la Bresse Louhannaise, sont tirées de l'*Armorial général de la France*, de d'Hozier, datant du XVIII° siècle et qui est à la Bibliothèque Nationale, section des manuscrits.

La communauté des maîtres drapiers drapans de la ville de Louhans avait, comme armoiries, « d'argent à quatre bandes de sinoples », et celle des marchands de drap, « d'argent à un pal de sinople »; celle des tissiers, « d'argent à quatre pals d'azur »; celle des maîtres cordonniers, « d'azur à un compas de cordonnier d'or »; celle des maîtres boulangers, « de sable à une pelle de four d'or »; celle des maîtres maréchaux, « d'azur à une paire de triquoises d'or »; celle des hosteliers et cabaretiers, « d'azur à un flacon d'or »; celle des maîtres merciers, « de gueules à un nœud de ruban »; celle des marchands épiciers, « d'argent à une fasce de sinople »; celle des maîtres chirurgiens, « de sinople, à une lancette d'or »; celle des maîtres apothicaires, « d'argent à une bande d'azur »; celle des maîtres bouchers, « de sable à une rencontre de bœuf d'or »; celle des maîtres tailleurs, « d'argent à une barre de gueules »; celle des maîtres selliers et bourreliers, « d'argent à un chevron de sinople »; celle des maîtres menuisiers, « de gueules à un valet de menuisier d'or »; celle des maîtres serruriers, « d'argent à deux pals de sable »; celle des maîtres chapeliers, « de sinople à un chapeau d'or »; celle des maîtres maçons, charpentiers et couvreurs, « d'argent à deux fasces d'azur »; celle des maîtres charrons, « de sable à un moyeu de roue d'or »; celle des maîtres vitriers, « d'argent à deux bandes de gueules »; celle des maîtres tanneurs, « d'azur à ne toison d'or ».

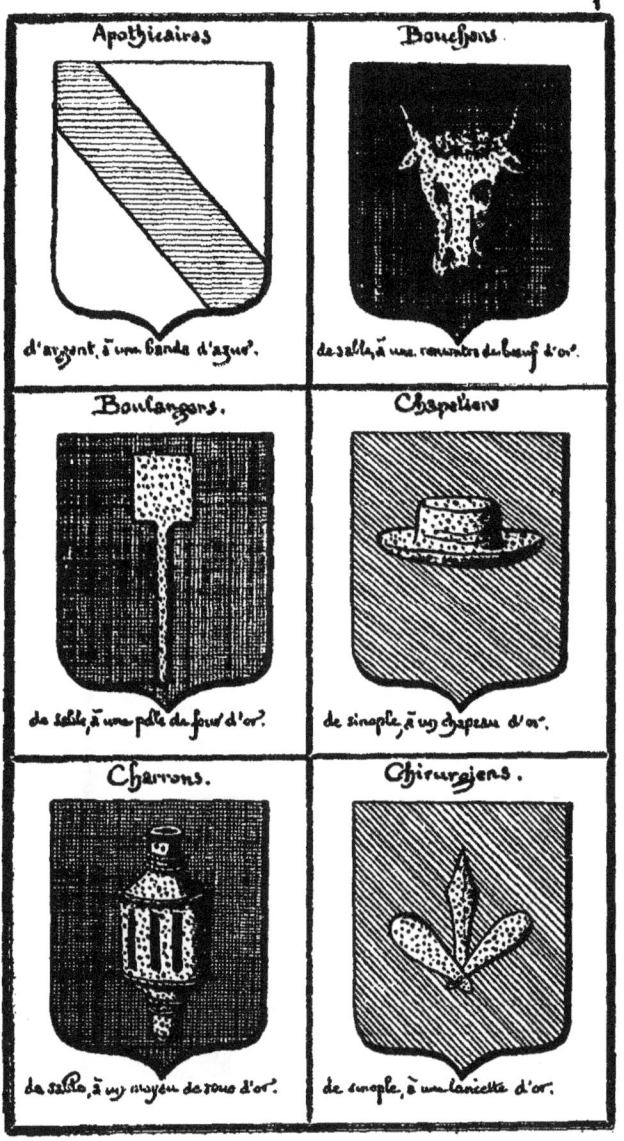

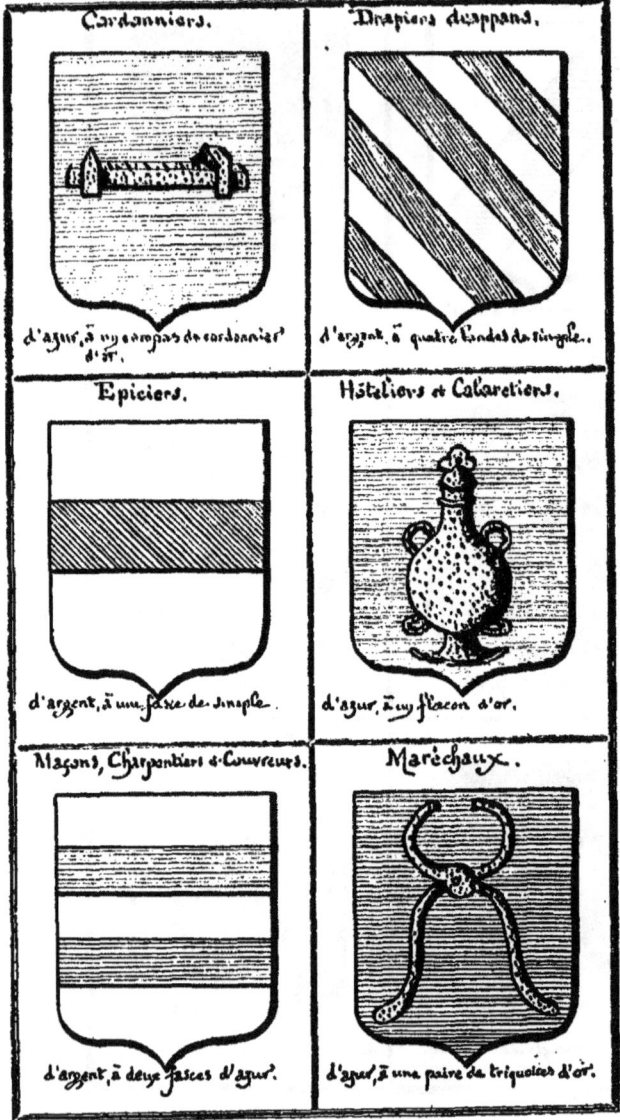

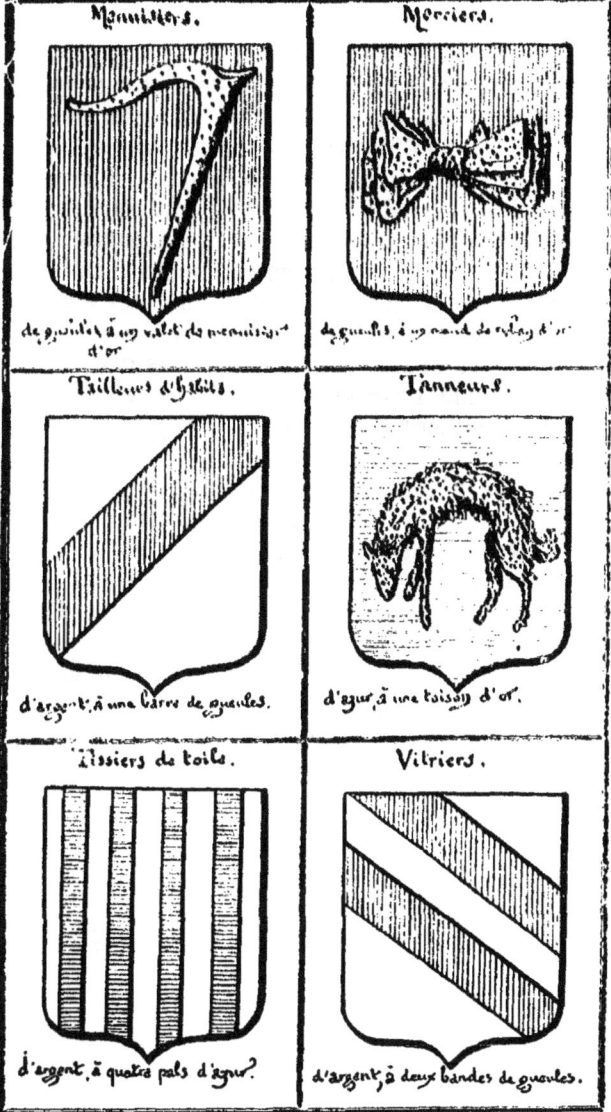

Dans l'armorial officiel de Charles d'Hozier se trouvent aussi les armoiries des communautés de métiers de Cuiseaux et de Cuisery.

La communauté des hôteliers, bouchers et boulangers de Cuiseaux portait d'argent à quatre barres de sable ; celle des marchands, de sable à un vaisseau d'or ; celle des maîtres chirurgiens et apothicaires, d'argent à quatre chevrons d'azur ; celle des maîtres tailleurs d'habit, d'azur à une paire de ciseaux d'or ; celle des maîtres cordonniers, d'argent à un chef de sinople ; celle des maîtres maréchaux, de gueules à trois fers de cheval, posés en bandes ; celle des maîtres serruriers et cloutiers, d'azur à une clef d'or couchée en fasce ; celle des maîtres charpentiers, couvreurs et maçons, d'argent à un sautoir d'azur ; celle des maîtres tisserands, de sable à une navette à tisser d'or ; celle des maîtres charcutiers, volaillers et cuisiniers, d'argent à une pairie de gueules.

La communauté des hôteliers et cabaretiers de la ville de Cuisery portait : d'argent à trois fasces de gueules ; celle des maîtres boulangers, d'azur à une pelle de four d'or, posée en barre ; celle des maîtres tonneliers, d'argent à trois bandes de sinople ; celle des maîtres bouchers, de gueules à un fusil de boucher d'or ; celle des maîtres maréchaux, d'argent à trois barres de sable ; celle des maîtres selliers et bourreliers, de sinople à une selle de cheval d'or.

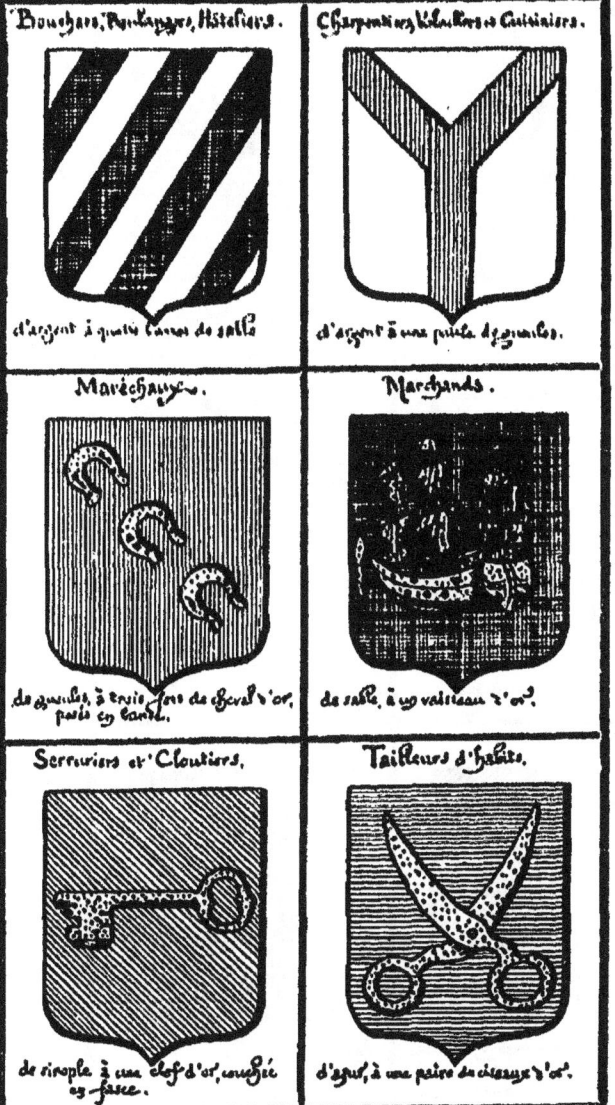

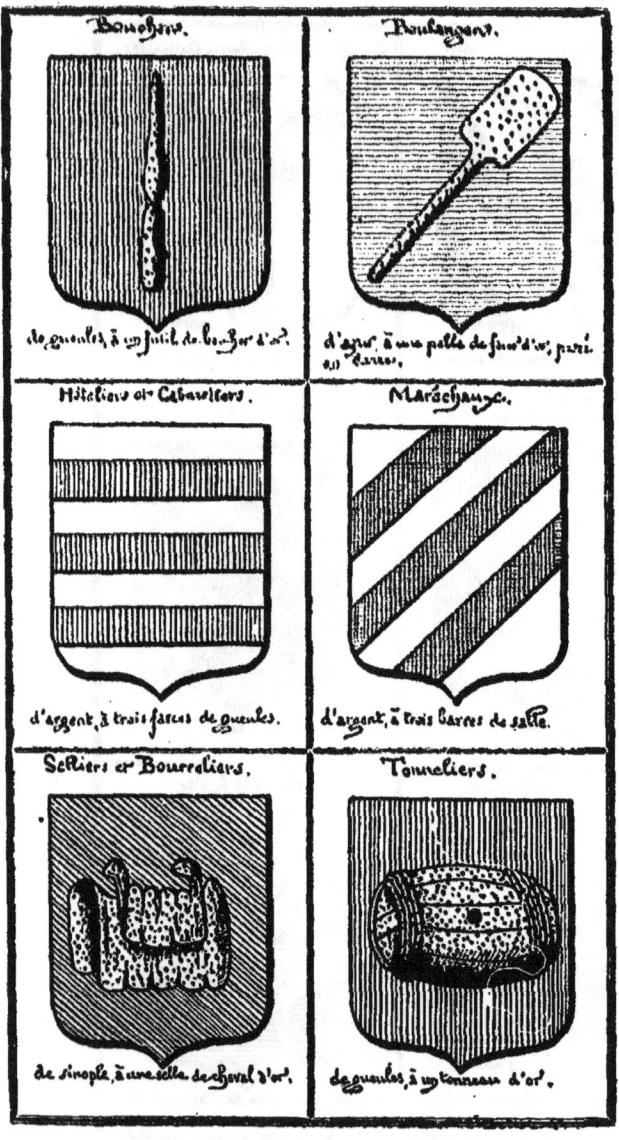

ARMOIRIES PARTICULIÈRES ET DE FAMILLES

(Curés, Médecins, Bourgeois...)

Non seulement les corporations de marchands et les corps de métiers étaient en possession de l'usage des armoiries. De simples bourgeois s'en octroyaient. Il y eut des armoiries particulières et de familles. « Tout le monde en porte, disait un historien du XVII° siècle, Mézeray, — et les roturiers en sont les plus curieux... ; ils ont fait passer des *rébus*, des allusions grossières sur leurs noms, des chiffres de marchands, des enseignes de boutique et des outils d'artisans dans les écus, à l'ombre des couronnes, des timbres, des cimiers et des supports... ; et, par un choix d'une hardiesse insupportable, quelques-uns ont donné sujet de dire *qu'il n'est point de plus belles armes que les armes d'un vilain ;* d'autres, à l'aide de généalogistes intéressés et mercenaires, se sont ainsi entés impudemment dans les maisons les plus anciennes ».

Il y eut de grands abus ; aussi des règlements et ordonnances durent être faits à diverses reprises à l'égard de la pratique et usage du Blason. Sous Lous XIV, on achetait le droit de porter des emblèmes : d'après un décret de 1696, on put obtenir, moyennant vingt francs, des armes bourgeoises, c'est-à-dire non timbrées. L'établissement de l'Armorial général, commencé à cette époque et qui était avant tout une mesure fiscale, eut pour résultat de constater, vérifier et fixer d'une manière invariable les armoiries des familles.

Aux termes de l'édit, les armoiries, avant d'être enregistrées à l'Armorial général, devaient être portées aux bureaux des maîtrises particulières de chaque généralité pour y être vérifiées par les officiers, et ensuite retournées avec l'avis de ces officiers à la grande maîtrise, qui les enregistrait après avoir reçu les droits d'enregistrement fixés à 20 livres pour chaque armoirie de personne, à 160 livres pour celles des villes, etc.

Aujourd'hui, chacun est libre de s'attribuer telles *armoiries* qu'il lui plaît, à condition que les dites armoiries n'appartiennent à personne. Dans le cas contraire une action en usurpation de propriété pourrait être intentée. Le droit aux armoiries se prouve par titres authentiques ou par possession d'état certaine. Il n'entraîne le payement d'aucun impôt. (Larousse).

Nous avons reproduit, d'après le manuscrit de l'*Armorial* de Ch. d'Hozier, une planche de 24 armoiries particulières. On y verra que les curés, notamment, aimaient à se constituer des armoiries parlantes, c'est-à-dire rappelant comme la plupart des armoiries particulières, par leur composition ou une pièce de l'armoirie, le nom de leur propriétaire.

C'est ainsi que Jean *Tournus*, curé de Brienne et Jouvençon, portait comme armoirie, « d'azur à une *tour* d'argent » ; — François *Testefort*, curé de Diconne, « d'azur à un *casque* d'or » ; — Hugues *Maire*, curé de l'Abergement-de-Cuisery, « d'azur au pélican d'argent avec sa piété », allusion à son nom, Maire, *Mère*, (le pélican qui se perce les flancs pour nourrir ses enfants) ; — Jacques *Bezuchet*, curé de Pierre, à cause de son prénom de Jacques, avait pris « d'azur à un chevron d'or, avec deux oiseaux (*jaquette* ou *jaquot*) en tête et un arbre d'argent, souche en pointe » ; — Benoît *Bouthillon*, curé de Joudes, portait « de gueules à la *bouteille* d'or » ; — François *Animé*, curé de Loisy, « d'or au *cœur* enflammé de gueules » ; — Henri de *Bouille*, curé de Bellevesvre, « d'or à deux *boules* de gueules posées en pal » ; — De la *Salle*, curé de Chapelle-Naude, « d'azur à une *salière* d'argent » ; — Jean *Griffand*, curé de Bantanges, « de sable à la *griffe* d'argent » ; — Philibert *Marchand*, curé de Montpont, « d'azur à deux *aunes* d'or en sautoir » ; — Jean *Nalet*, curé d'Ormes et de Simandre, « de sable au *navet* d'or, feuillé de sinople (on voit par altération *Nalet* devenir *Navet*) ; — *Chastein*, curé de Vérissey, « de sable à la *châtaigne* d'or » ; — *Blondant*, curé de Rancy, jouant sur la couleur *Blond*, première syllabe de son nom, portait « de gueules à un *soleil* d'or » ; — Louis *de la Gardette*, curé de

Armoiries Particulières (Curés, Médecins, Bourgeois, etc...)

la Frette, « de gueules à une *épée* d'argent posée en pal, la *garde* et la poignée d'or » ; — *Chazelaides*, curé de Ménetreuil, portait, à cause de la première syllabe de son nom, « d'argent à la tête de *chat*, arrachée de sable ; — Pierre *Le Boulanger*, curé de Saint-Vincent-en-Bresse, portait « la *pelle à enfourner* de gueules sur un champ d'azur ; — Jean de *Mont*, curé de Sagy, portait d'argent à un *mont*, parti d'azur et de sinople » ; — *Gacon*, curé du Fay, sans doute par analogie entre la première syllabe du nom, Ga, et le nom de l'oie mâle *Jars*, avait pris des cygnes comme emblèmes. Un prêtre familier de l'église de Louhans, Claude *Picard* (dont les deux syllabes peuvent faire *pique* et *arc*), avait pris comme armoirie « d'azur à deux piques d'or posées en sautoir et un arc de même, brochant en fasce sur le tout, accompagné en chef d'une étoile d'argent et en pointe d'un croissant de même ».

Ce n'est, on le voit, que des *armes parlantes, armes qui chantent*, comme on disait encore. Elles rappellent le nom par l'emblème, la pièce principale de l'armoirie. On en pourrait citer encore, sans sortir de la région. Jean *Fontez*, curé d'Authumes, portait « d'azur à une *fontaine* d'argent » ; — N. *de la Motte*-Prelle, curé de Charette, portait « de gueules à la montagne ou *motte* d'argent » ; — Pierre *Margot*, curé de Frontenard, portait « d'azur à une *marguerite* d'argent ; Claude Richepanse, « un cochon d'or sur champ d'azur ».

Comme autres armoiries particulières, nous pouvons citer encore celle de Claude Gauchat, maire perpétuel de la ville de Louhans à la fin du XVIIe siècle, portant en raison des murailles et tours de la ville « d'azur à un chevron d'or accompagné de trois *tours* d'or, deux en chef et une en pointe », reproduite aussi dans les armoiries de la noblesse *Voy*. supra p. 277) ; — celle des Clerguet, vieille famille louhannaise dont nous avons parlé, *supra* p. 262 ; — celle d'un docteur en médecine, Jean *Crestin*, de Cuisery, armoirie parlante (pour le nom) : « de sable à un coq d'or, *crêté* d'argent ».

Nous aurions pu reproduire bien d'autres armoiries conservées dans les familles, armoiries particulières et bourgeoises, dont quelques-unes mêmes ont servi d'*ex libris*, ou figuré sur des pierres tombales. Certaines indiquent une tendance bien marquée à l'anoblissement désiré, convoité et qu'on cherche au besoin à usurper.

ARMOIRIES ET FAMILLES NOBLES DU LOUHANNAIS

TABLE ALPHABÉTIQUE

Antigny de Sainte-Croix (D')	3
Arnoux de Corgeat (Chapelle-Naude)	255
Arnoux de Ronfand (Devrouze)	258
Artagnan (D'), Voy. Batz de Castelmore d'Artagnan	18
Arviset, seigneur du fief de ce nom à Sagy, puis seigneur de Montcony	14
Aumont (D'), seigneurs de diverses terres à Chapelle-Naude	16
Authumes (Seigneurs d')	16
Badoux, seigneur de Promby (Chapelle-Naude)	17
Balme (Seigneurs de la), Voy. Rouhars	36
Bantanges (Seigneurs de) et Voy. Guyet, Chamillard	17
Barillon d'Amoncourt, marquis de Branges... etc	50
Bataille de Mandelot, Voy. Chaux (la)	67
Batz de Castelmore d'Artagnan, seigneur de Sainte-Croix	18
Baume-Montrevel (De la), seigneurs de Ratte	19
Beaurepaire (De), seigneurs du lieu	21
Beauvernois (Seigneurs de), Chabot, — Noyrot, — Quarré, — Ryard	26
Bellevesvre (Seigneurs de) : de Vienne, — Fournoret, — Damas, — Pinsonnat, — de Montessus	28
Berbis (De), seigneurs de Rancy, — de Molaise, à Huilly, — Chevru.. etc. 33 et	176
Bernard de Montessus, seigneurs de Bellevesvre	29
Bernard de Sassenay, seigneurs du Tartre	30
Beuverand (De) de Chardenoux, à Bruailles	260
Bisson (Le général, comte)	34
Bosjean (Seigneurs de) Voy. Fyot	35
Bouchat (Hermann du), le château du Bouchat à Varennes-St-Sauveur 244 et	310
Bouhans (Seigneurs de), Voy. Brancion (de) 44, — Scorailles (de)	36
Bourbon-Condé (Princes de), de Longueville, de Nemours, seigneurs et Dames de Louhans, Voy. Louhans (Seigneurs de)	115
Bourbonne (De), seigneur de Loisy, Voy. Chartraire et Loisy... 62 et	113
Bouthillon de la Serve, à Molaise (Huilly)	323
Bouton, seigneurs du Fay et autres lieux	37
Bouton de Chamilly, autre branche de la famille Bouton	44
Brancion (De), seigneurs de Visargent, à Sens	44
Branges (Seigneurs de)... et Voy. aussi Camus (Le)...... 47 et	54
Branges (De), famille louhannaise. Voy. Debranges ...... 266 et	270
Breuil de Sacconay (Du) à Dommartin	301
Brienne (Seigneurs de)	52
Bruailles (Seigneurs de)	52
Camus (Le), marquis de Branges	54
Canorgue (Comte de la)	302
Carrelet de Loisy, à Terrans	274
Chabot (De), seigneurs de divers lieux, Charette, Sagy, Cuisery, Cuiseaux	55

Chabrillan (De), député de Louhans. 56
Chaignon (De), seigneurs de Condal. 56
Chalon (De), princes d'Orange . . . . 57 et 75
Chambre (De la), Voy. Branges 50 et Savigny-en-Revermont. . . . 200
Chamillard (Comtesse de), Voy. Guyot. . . . . 57 et 103
Champagnat (Seigneurs de), Voy. Puvis de Chavannes. 57
Chanteret (De), seigneurs de Terrans, Frontenard. 80
Chapelle (De la), à Loisy. 302
Chapelle-Naude (Seigneurs de), Voy. Badoux, Arnoux. . . . 17, 57 et 254
Chapelle-St-Sauveur (Seigneurs de). 57
Chapelle-Thècle (Seigneurs de) 58
Chapuys-Montlaville (Baron de). 58
Chardenoux (Du Puget de, — et Beuverand de), Bruailles. . . 168 et 260
Charette (Seigneurs de) 62
Charnay (Seigneurs de), à Frangy. 90
Charpy de Jugny, à Cuiseaux 303
Chartraire de Bourbonne, baron de Loisy, Voy. Loisy. . . . . 62 et 113
Châteaurenaud (Seigneurs de), divers et Voy. Mailly (De), marquis de
 Châteaurenaud. . . . . 63 et 129
Châtenay (De), seigneurs de Saint-Vincent. 67
Chaux (Seigneurs de La) : d'Ugny, Bataille de Mandelot. 67
Chaux (La), à Cuisery, fief et prieuré aux Dames de Lanchare. . . 68
Clémencey (Seigneurs de), à Frangy. 90
Clerguet (Famille), à Louhans et Chalon 262
Clermont Mont-Saint-Jean (De), Voy. Brancion-Visargent. 45
Coligny (De) .. et Voy. Flacey (Seigneurs de) . . . . 70 et 89
Compagnon de Ruffieux, à Champagnat 303
Condal (Seigneurs de)... les Chaignon (de) 70
Condé (Princes et Princesses de Bourbon), seigneurs de Louhans, Voy.
 Louhans, Cuiseaux. . . . . 78 et 115
Corgeat (Arnoux de), Voy. Arnoux. 255
Courdier, seigneurs de l'Abergement-les-Frangy, Voy. Frangy . . . 89
Courlet de Vrégille, Voy. Vrégille (De) 325
Courtivron (Le Compasseur, — Créqui, — Montfort de) 71
Crozet (Du), Voy. Duretal et Périeux . . . . 81 et 87
Cuiseaux (Seigneurs de) ; — la Maison de Chalon, les princes d'Orange ; —
 suite des seigneurs de Cuiseaux 75
Cuisery (Seigneurs et Châtelains de), la Châtellenie 81
Cuisine (De la), famille louhannaise . . . . 83 et 303
Dampierre (Seigneurs de) : Esmonin, Saint-Seine (de). . . . 84 et 87
Dananche (Gaillard de), à Condal 305
David, seigneur de Granod, à Sornay. . . . . 206 et 265
Debranges, famille louhannaise 266
Chavannes, à Dommartin (fief de) aux Puvis de Chavannes, Voy. ce nom. 317
Deloisy, alias De Loisy, à Louhans, Cuisery 271
Deschamps de la Villeneuve, à la Genête 84
Desglans de Cessiat, — le château de Réal, à Varennes St-Sauveur . 242 et 305
Devrouze (Seigneurs de) : de Scorailles, — Fyot, — et Arnoux de Ronfand. 85
Diconne (Seigneurs de)... Fyot 85
Dommartin (Seigneurs de) et Voy. Cuiseaux . . . . 75 et 85
Dulong de Rosnay, au château d'Ormes 160
Dupuget de Chardenoux, Voy. Puget (Du) 168
Durand, à Sagy et Louhans. . . . . 85 et 306
Duretal (De), à Montpont, Voy. Périeux (du) et Crozet (du) . 85 et 128
Epernay (Arnoux d') à Patran (Bruailles). . . . . 87 et 258
Esmonin, seigneur de Dampierre . . . . 84 et 87
Estampes (D'), au château de Pierre. 307
Eudel du Gord, de la famille des Guerret à Grannod (Sornay). . . 87
Fay (Seigneurs du). Voy. Bouton, St-Mauris . . . . 37 et 194
Flacey-en-Bresse (Seigneurs de) : les de Salins, — les Coligny, — les de
 Laurencin 89
Folin, à Terrans. 89
Fontaine des Bertins, Voy. Cuiseaux (Seigneurs de) . . . . . 78 et 242

Frangy (Seigneurs de) : les Bouton, — les Fyot, — les de Courteille, — les Brancion, — de Sainte-Croix. 80
Frette (Seigneurs de la), *Voy.* Loisy, Ténarre (de). . . . . . . 90, 113 et 207
Fretterans (Seigneurs de) : D'Elbœuf, — d'Harcourt, — de Thiard 92
Frontenard (Seigneurs de), divers seigneurs, une branche des de Truchy. . 95
Frontenaud (Seigneurs de) 98
Fussey (De), famille noble à Serrigny-en-Bresse, *Voy.* ce nom 204
Fyot de la Marche, comte de Bosjean... etc. 96
Gacon (famille), alliée aux Arnoux et Vitte. 260
Gagne de Perrigny, *Voy.* Louhans, Guyet, Chamillard. . . . . . 99 et 106
Gaillard de Dananche, à Condal. 305
Garets (Garnier des), à Patran, Bruailles. 307
Gauchat, famille louhannaise. 277
Genête (Seigneurs de la). 99
Godefroy, famille louhannaise. 278
Grannod (Seigneurs de), à Sornay . . . . 206, 278 et 308
Gravier de Vergennes, seigneur d'Ormes 99
Grêén (De), seigneur de Montjay 101
Grivel (Comte de), à Bellevesvre. 308
Guerret de Grannod (Sornay) 308
Guyet, comte de Louhans, marquis de Bantanges 103
Guyot de Pravieux, à Cuiseaux 310
Goux (Le) de Saint-Seine, seigneur de Louhans 106
Hochberg (D'), *Voy.* Louhans. 120
Huilly (Seigneurs de) : de Berbis, de Saint-Seine . . . . . 33, 106, 108 et 198
Jehannin, famille louhannaise et de Sagy. 279
Jordan, à Mervans. 310
Joudes (Seigneurs de) et *Voy.* de Thoisy. . . . . 109 et 234
Jouvençon (Seigneurs de), *Voy.* Loisy, La Genête. . . . . 99 et 113
Juif (Seigneurs de), *Voy.* Branges. 109
L'Abergement-de-Cuisery (Seigneurs de), *Voy.* Cuisery (Seigneurs et Châtellenie de) . . . . 81 et 109
Laborde (Léo de), à Sens. . . . . 45 et 312
Lacuisine (De), famille louhannaise 303
Lacurne, seigneur du Thiellay, à Savigny-sur-Seille 109
Lantin, *Voy.* Esmonin, seigneur de Dampierre 87
Larché (le baron), conseiller à la cour, baron de l'Empire 312
Larue (De), à Lusigny (Sornay) 312
Laurencin (De), seigneur de Beaufort, Flacey. 110
Lays-sur-le-Doubs (Seigneurs de), *Voy.* de Truchis. . . . . . . 111 et 239
Layssardière (De) 312
Le Sueur, à Brienne et à la Villeneuve (La Genête) 282
Lhuillier de Hoff, baron de l'Empire, né à Cuisery. 111
Loisy (Seigneurs de), — les Quarré, — de Bretagne, — de la Michaudière, — de Bourbonne 113
Loisy (Carrelet de), à Terrans. . . . . 113 et 274
Loisy (De), à Louhans, Cuisery, *Voy.* Deloisy. 271
Longeville (De), *Voy.* Mareschal de Longeville 282
Longueville (Princesse de), dame de Louhans 115
Lorin (famille) plusieurs branches dans le Louhannais, Lorin de Lasseunière, — Lorin de Reure, — Montpont... etc 314
Louhans (Seigneurs de), *Voy.* Antigny, 3, — les de Longueville, d'Orléans, — de Condé, de Nemours... — Guyet, Chamillard (Mme de), Gagne de Perrigny, — Le Gouz . . . . 3, 104 et 115
Lugny (De), seigneurs de Branges, *Voy.* Branges 127
Maigret (De), seigneur de Chavannes ; et *Voy.* Puvis de Chavannes et Dommartin-les-Cuiseaux . . . . 127 et 317
Maillauderie (Thiébaud de), à Cuiseaux 312
Mailly (De), à Châteaurenaud. 129
Mallessis (Tardieu de), marquis de Branges. 54
Malmazet de Saint-Andéol 323
Marais (Du), à Ronfand (Devrouze). 316
Marche (De la), *Voy.* Fyot . . . . 96 et 139
Marché (Du) 316

Mareschal de Longeville, à Montcony 989
Mazenod (Da), Voy. Renouard de Sainte-Croix . . . . 179 et 317
Michaudière (De la) à Savigny-sur-Seille, Voy. de Bourbonne et Loisy 127 et 264
Mauris (De Saint), Voy. Saint-Mauris . . . . 24 et 194
Ménetreuil (Seigneurs de) 148
Morvans (Seigneurs de) 148
Michet de Champy, à Cuiseaux 317
Miroir (Abbaye du) 149
Montagny (Seigneurs de) 152
Montcony (Seigneurs de) 152
Montessus (De), Voy. Bernard de Montessus 29
Montjay (Seigneurs de), Voy. Gréen (De) 101
Montjouvent (Seigneurs de), à Varennes-St-Sauveur. 244
Montpont (Seigneurs de) 151
Montret (Seigneurs de) 150
Montrevost (De) 156
Mouthier-en-Bresse (Seigneurs de) 158
Nayme des Orioles, seigneur de Cuiseaux, Voy. Cuiseaux . . . 80 et 317
Orange (Princes d'), seigneur de Cuiseaux, Voy. Cuiseaux 77
Orléans (D') de Longueville... etc. seigneurs de Louhans, Voy. Louhans (Seigneurs de) 115
Ormes (Seigneurs d') : les de Lugny, — de la Baume-Montrevel, — de Bauffremont, — de Ténarre, — du Bié d'Uxelles, — de Beringhen, — de Truchis. — de Vergennes 158
Paillot de Montabert, au château de Terrangeot, Pierre 317
Périeux (Du), seigneur de Duretal, Voy. Duretal . . . . 86 et 128
Perruchot de la Bussière . . . . 306 et 307
Pierre-en-Bresse (Seigneurs de) : les Bouton, les Thiard, Voy. Estampes (d')... 8e et 11e planche des armoiries . . . . 161 et 307
Planois (Le) (Seigneurs de) 166, Voy. Bosjean . . . . 35 et 96
Poligny (Quirot de), Voy. Quirot . . . . 175 et 261
Pot, seigneurs de Torpes 166
Pravieux (Guyot de), à Cuiseaux 310
Promby (Seigneur de), Voy. Radoux p. 17 et Chapelle-Naude 57
Puget (Du), de Chardenoux, Bruailles 168
Putigny (Le baron), baron de l'Empire, né à Saillenard 169
Puvis ; Puvis de Chavannes, fief à Dommartin-les-Cuiseaux, plusieurs branches de la famille Puvis 317
Quarré, seigneurs de Loisy, Châteaurenaud 172
Quarré de Verneuil 322
Quirot de Poligny, à Chardenoux (Bruailles) . . . . 175 et 261
Racineuse (Seigneurs de la) 177
Rancy (Seigneurs de), les de Berbis 177
Raquet (Du), de Montjay, Voy. du Breuil de Sacconay . . . . . 177 et 301
Ratte (Seigneurs de), de la Baume-Montrevel 177
Renouard de Fleury, marquis de Sainte-Croix 179
Rigure (Lorin de), Voy. Lorin 314
Rodde (De la), seigneurs de Montcony 183
Rolin, seigneur d'Authumes 285
Ronfand (Arnoux de), à Devrouze 258
Rupt (De), seigneurs de Louhans au XVe siècle 182
Sacconay (Du Breuil de), à Dommartin 301
Sagy (Seigneurs et Châtelains de), châtellenie de Sagy . . . . 81 et 185
Saillenard (Seigneurs de) 186
Saint-Andéol (Malmazet de) 323
Saint-André (Seigneurs de) 186
Saint-Bonnet-en-Bresse (Seigneurs de) 186
Sainte-Croix (Seigneurs de) . . . . 1, 14 et 186
Saint-Etienne-en-Bresse (Seigneurs de) 192
Saint-Phalle (De), sous-préfet de Louhans 287
Saint-Germain-du-Bois (Seigneurs de) 192
Saint-Martin-du-Mont (Seigneurs de) ; — Mons et la Tournelle aux de Mailly 194
Saint-Mauris (De), de Montbarrey, comtes de Savigny-en-Revermont, barons du Fay... etc. . . . . 24 et 194

Saint-Méloir (De), à Sens.	324
Saint-Seine (Le Goux de), *Voy.* Le Goux. . . . . . 108, 198 et	323
Saint-Usuges (Seigneurs de).	199
Saint-Vincent-en-Bresse (Seigneurs de) les du Chatenay, — de la Teyssonnière	206
Salins Vincelles (De), *Voy.* Vincelles (Seigneurs de)	249
Saumaise (De), seigneur de Baloste, à Saint-Germain-du-Bois . . . . 90 et	206
Savigny-en-Revermont (Seigneurs de) les de la Chambre, — d'Amoncourt, — de Saint-Mauris .	206
Savigny-sur-Seille (Seigneurs de), au Thiellay, la Michaudière.	203
Scorailles (Marquis de), seigneurs de Bouhans, la Halme Saubertier, Saint-Germain-du-Bois, Serley, l'Isle-en-Bresse, partie de Montjay, et autres lieux	202
Sens (Seigneurs de). *Voy.* de Brancion, Visargent	41
Serley (Seigneurs de) les de Montrevel, les de Scorailles, *Voy.* ce nom	204
Serrée (Seigneurs de la), à Ormes et Simandre, *Voy.* ces noms . . . 158 et	205
Serrigny-en-Bresse (Seigneurs de), de la baronnie de Mervans, puis du marquisat de la Marche.	201
Serve (Bouthillon de la), à Molaise (Huilly).	324
Seymour de Constant, à Cuiseaux .	324
Simandre (Seigneurs de) .	205
Simard (Seigneurs de), . . . les de Thésut. . . . . 206 et	208
Sornay (Seigneurs de), *Voy.* Grannod . . . . 30 et	206
Tartre (Seigneur du) et *Voy.* Bernard . . . . 90, 91 et	207
Ténarre (De), seigneurs d'Ormes, la Frette, Saint-André .	
Terrans (Seigneurs de) : Bouton, de Chamilly, de Chanterat, de Truchis ; — château actuel à M. Carrelet de Loisy .	210
Teyssonnière (De la,) *Voy.* St-Vincent-en-Bresse.	210
Thésut (De), seigneurs de Simard . . . . 205 et	210
Thiard (De), seigneurs de Pierre, Authumes, Frotterans, La Chapelle-Saint-Sauveur, Dampierre-en-Bresse... etc .	211
Thiébaud de la Maillauderie, à Cuiseaux .	312
Thoisy (De), seigneurs de Joudes .	234
Thomas, seigneur de Varenne-sur-le-Doubs, *Voy.* Varenne	242
Thorey (de), à Cuiseaux .	324
Thorigny (De), à Couverte-Fontaine (Cuisery) .	236
Thurey (Seigneurs de) .	238
Torpes (Seigneurs de) .	239
Toytot (De) .	312
Trambly de Laissardière .	239
Truchis (De), seigneurs de Lays-sur-le-Doubs .	242
Truchis (De), seigneurs de Varenne-sur-le-Doubs .	280
Tupinier (Le baron), né à Cuisery .	95
Vadot, seigneur de Frontenard, *Voy.* Frontenard.	317
Varax (De), à Sainte-Croix, *Voy.* Renouard, Mazenod . . . . . 179 et	242
Varenne-sur-le-Doubs (Seigneurs de) : de Chanteret, — de Truchis . . .	242
Varennes-Saint-Sauveur (Seigneurs de).	245
Venot, seigneurs de Vérissey.	99
Vergennes (Gravier de), seigneurs d'Ormes, *Voy.* Gravier.	
Vérissey (Seigneurs de).	
Verneuil (Quarré de).	
Vienne (De), seigneurs de Louhans, Sainte-Croix, etc., etc., *Voy.* d'Antigny de Sainte-Croix. . . . . 3, 13 et	245
Villeneuve (Deschamps de la). *Voy.* Deschamps .	84
Vincelles (Seigneurs de) les de Salins-Vincelles, les de Beaurepaire . . .	249
Vitte, seigneur de Grannod (Sornay), branche louhannaise .	293
Vrégille (Courlet de), à la Motte, Sainte-Croix, — et Chapelle-Naude. . .	325
Armoiries ouvrières des corps de métiers, à Louhans, Cuiseaux, Cuisery	327
Armoiries particulières et de familles (Curés, Médecins, Bourgeois....	335

www.ingramcontent.com/pod-product-compliance
Lightning Source LLC
Chambersburg PA
CBHW070434170426
43201CB00010B/1086